엑스포지멘터리

마태복음 II

Matthew

엑스포지멘터리 마태복음 Ⅱ

초판 1쇄 발행 2021년 5월 31일
2쇄 발행 2021년 6월 1일

지은이 송병현

펴낸곳 도서출판 이엠
등록번호 제25100-2015-000063
주소 서울시 강서구 공항대로 220, 601호
전화 070-8832-4671
E-mail empublisher@gmail.com

내용 및 세미나 문의 스타선교회: 02-520-0877 / EMail: starofkorea@gmail.com / www.star123.kr

ISBN 979-11-86880-83-8 93230

「이 도서의 국립중앙도서관 출판시 도서목록(CIP)은 서지정보유통지원시스템 홈페이지(http://seoji.nl.go.kr)와 국가자료공동목록시스템(http://www.nl.go.kr/kolisnet)에서 이용하실 수 있습니다. (CIP제어번호:CIP2015000753)」

엑스포지멘터리

마태복음 II

Matthew

| 송병현 지음 |

EXPOSItory comMENTARY

EM Exposi Mentary

한국 교회를 향한 아름다운 섬김

우리 시대를 포스트모던 시대라고 합니다. 절대적 가치를 배제하고 모든 것을 상대화하는 시대입니다. 이런 시대를 살아가면서 목회자들은 여전히 변하지 않는 절대적인 계시의 말씀인 성경을 들고 한 주간에도 여러 차례 설교하도록 부름을 받습니다. 그런가 하면 진지한 평신도들도 날마다 성경을 읽고 해석하며 삶의 마당에 적용하도록 도전을 받고 있습니다.

이런 시대 속에서 우리는 전통적인 주석과 강해를 종합하는 도움을 기다리고 있었습니다. 저는 이러한 시대적 요청에 송병현 교수가 꼭 필요한 응답을 했다고 믿습니다. 그것이 구약 엑스포지멘터리 전권 발간에 한국 교회가 보여 준 뜨거운 반응의 이유였다고 믿습니다.

물론 정교하고 엄밀한 주석을 기대하거나 혹은 전적으로 강해적 적용을 기대한 분들에게는 이 시리즈가 다소 기대와 다를 수도 있을 것입니다. 그러나 목회 현장에서 설교의 짐을 지고 바쁘게 살아가는 설교자들과 날마다 일상에서 삶의 무게를 감당하며 성경을 묵상하는 성도들에게 이 책은 시대의 선물입니다.

저는 저자가 구약 엑스포지멘터리 전권을 발간하는 동안 얼마나 자신을 엄격하게 채찍질하며 이 저술을 하늘의 소명으로 알고 치열하게 그 임무를 감당해 왔는지 지켜보았습니다. 그리고 그 모습에 큰 감동을 받았습니다. 그렇기에 다시금 신약 전권 발간에 도전하는 그에게 중보 기도와 함께 진심 어린 격려의 박수를 보내고 싶습니다.

구약 엑스포지멘터리에 추천의 글을 쓰며 말했던 것처럼 이는 과거 박윤선 목사님 그리고 이상근 목사님에 이어 한국 교회를 향한 아름다운 섬김으로 기억될 것입니다. 더불어 구약과 신약 엑스포지멘터리 전권을 곁에 두고 설교를 준비하고 말씀을 묵상하는 주님의 종들이 하나님 말씀 안에서 더욱 성숙해 한국 교회의 면류관이 되기를 기도합니다.

이 참고 도서가 무엇보다 성경의 성경 됨을 우리 영혼에 더 깊이 각인해 성경의 주인 되신 주님을 높이고 드러내는 일에 존귀하게 쓰이기를 축복하고 축원합니다. 제가 그동안 이 시리즈로 받은 동일한 은혜가 이 선물을 접하는 모든 분에게 넘치기를 기도합니다.

2021년 1월

이동원 목사 | 지구촌 목회리더십센터 대표

신약 엑스포지멘터리 시리즈를 시작하며

지난 10년 동안 구약에 관해 주석 30권과 개론서 4권을 출판했다. 이 시리즈의 준비 작업은 미국 시카고 근교에 자리한 트리니티복음주의신학교(Trinity Evangelical Divinity School)에서 목회학석사(M. Div.)를 공부할 때 시작되었다. 교수들의 강의안을 모았고, 좋은 주석으로 추천받은 책들은 점심을 굶어가며 구입했다. 덕분에 같은 학교에서 구약학 박사(Ph. D.) 과정을 마무리하고 한국으로 올 때 거의 1만 권에 달하는 책을 가져왔다. 지금은 이 책들 대부분이 선교지에 있는 여러 신학교에 가 있다.

신학교에서 공부할 때 필수과목을 제외한 선택과목은 거의 성경 강해만 찾아서 들었다. 당시 트리니티복음주의신학교가 나에게 참으로 좋았던 점은 교수들의 신학적인 관점의 폭이 매우 넓었고, 다양한 성경 과목이 선택의 폭을 넓혀 주었다는 점이다. 세계적으로 유명한 구약과 신약 교수들의 강의를 들으면서도 내 마음 한구석은 계속 불편했다. 계속 "소 왓?"(So what?, "그래서 어쩌라고?")이라는 질문이 나를 불편하게 했다. 그들의 주옥같은 강의로도 채워지지 않는 부분이 있었기 때문이다.

주석은 대상에 따라 학문적 수준이 천차만별인 매우 다이내믹한 장르다. 평신도들이 성경 말씀을 쉽게 이해하도록 돕기 위해 출판된 주석들은 본문 관찰에 대한 가장 기본적인 내용과 쉬운 언어로 작성된다. 나에게 가장 친숙한 예는 바클레이(Barclay)의 신약 주석이다. 나는 고등학생과 대학생 시절에 바클레이가 저작한 신약 주석 17권으로 큐티(QT)를 했다. 신앙생활뿐 아니라 나중에 신학교에 입학할 때도 많은 도움이 되었다.

평신도들을 위한 주석과는 대조적으로 학자들을 위한 주석은 당연히 말도 어렵고, 논쟁적이며, 일반 성도들이 몰라도 되는 내용을 참으로 많이 포함한다. 나는 당시 목회자 양성을 위한 목회학석사(M. Div.) 과정을 공부하고 있었기 때문에 성경 강해를 통해 설교와 성경 공부를 인도하는 데 도움이 될 만한 강의를 기대했다. 교수들의 강의는 학문적으로 참으로 좋았다. 그러나 그들이 가르치는 내용을 성경 공부와 설교에는 쉽게 적용할 수 없다는 생각이 들었다. 이러한 필요가 채워지지 않았기 때문에 계속 "소 왓"(So what?)을 반복했던 것이다.

그때부터 자료들을 모으고 정리하며 나중에 하나님이 기회를 주시면 목회자들의 설교와 성경 공부에 실질적인 도움을 줄 수 있는 주석을 출판하겠다는 꿈을 품었다. 그러면서 시리즈 이름도 '엑스포지멘터리'(exposimentary=expository+commentary)로 정해 두었다. 그러므로 『엑스포지멘터리 시리즈』는 20여 년의 준비 끝에 10년 전부터 출판을 시작한 주석 시리즈다. 2010년에 첫 책인 창세기 주석을 출판할 무렵, 친구인 김형국 목사에게 사전에도 없는 'Exposimentary'를 우리말로 어떻게 번역하면 좋겠냐고 물었다. 그는 우리말로는 쉽게 설명할 수 없는 개념이니 그냥 영어를 소리 나는 대로 표기해 사용하라고 조언했다. 이렇게 해서 엑스포지멘터리 시리즈 주석이 탄생하게 되었다.

지난 10년 동안 많은 목회자가 이 주석들로 인해 설교가 바뀌고 성경 공부에 자신감을 얻었다고 말해 주었다. 참으로 감사한 일이다. 나는 학자들을 위해 책을 쓰는 것이 아니라, 목회자들을 위해 주석을 집필하고 있다. 그래서 목회자들이 알아야 할 정도의 학문적인 내용과 설교 및 성경 공부에 도움이 될 만한 실용적인 내용이 균형을 이룬 주석을 출판하기 위해 노력하고 있다. 또한 학문적으로 높은 수준의 주석을 추구하지 않기 때문에 구약을 전공한 내가 감히 신약 주석을 집필할 생각을 했다. 나의 목표는 은퇴할 무렵까지 마태복음부터 요한계시록까지 신약 주석을 정경 순서대로 출판하는 것이다. 이 책으로 도움을 받은 독자들이 나를 위해 기도해 준다면 참으로 감사하고 영광스러운 일이 될 것이다.

2021년 1월 방배동에서

시리즈 서문

"너는 50세까지는 좋은 선생이 되려고 노력하고, 그 이후에는 좋은 저자가 되려고 노력해라." 내가 미국 시카고 근교에 위치한 트리니티복음주의신학교(Trinity Evangelical Divinity School) 박사 과정을 시작할 즈음에 지금은 고인이 되신 스승 맥코미스키(Thomas E. McComiskey)와 아처(Gleason L. Archer) 두 교수님이 주신 조언이다. 너무 일찍 책을 쓰면 훗날 아쉬움이 많이 남는다며 하신 말씀이었다. 박사 학위를 마치고 1997년에 한국에 들어와 신학대학원에서 가르치기 시작하면서 나는 이 조언을 마음에 새겼다. 사실 이 조언과 상관없이 당시에 곧장 책을 출판하기는 불가능한 일이었다. 중학생이었던 1970년대 중반에 캐나다로 이민 가서 20여 년 만에 귀국해 우리말로 강의하는 일 자체가 그 당시 나에게 매우 큰 도전이었던 만큼, 책을 출판하는 일은 사치로 느껴질 뿐이었다.

세월이 지나 어느덧 선생님들이 말씀하신 쉰 살을 눈앞에 두었다. 1997년에 귀국한 후 지난 10여 년 동안 나는 구약 전체에 대한 강의안을 만드는 일을 목표로 삼았다. 나 자신에게 동기를 부여하기 위해 몸담고 있는 신대원 학생들에게 매 학기 새로운 구약 강해 과목을 개설

해 주었다. 감사한 것은 지혜문헌을 제외한 구약 모든 책의 본문 관찰을 중심으로 한 강의안을 13년 만에 완성할 수 있었다는 점이다. 앞으로 수년에 거쳐 이 강의안들을 대폭 수정해 매년 2-3권씩을 책으로 출판하려 한다. 지혜문헌은 잠시 미루어 두었다. 시편 1권(1-41편)에 대해 강의안을 만든 적이 있는데, 본문 관찰과 주해는 얼마든지 할 수 있었지만 무언가 아쉬움이 남았다. 삶의 연륜이 가미되지 않은 데서 비롯된 부족함이었다. 그래서 지혜문헌에 대한 주석은 예순을 바라볼 때쯤 집필하기로 했다. 삶을 조금 더 경험한 후로 미루어 둔 것이다. 아마도 이 시리즈가 완성될 즈음이면, 자연스럽게 지혜문헌에 대한 책을 출판할 때가 되지 않을까 싶다.

이 시리즈는 설교를 하고 성경 공부를 인도해야 하는 중견 목회자들과 평신도 지도자들을 마음에 두고 집필한 책이다. 나는 이 시리즈의 성향을 'exposimentary'('해설주석')이라고 부르고 싶다. Exposimentary라는 단어는 내가 만든 용어다. 해설/설명을 뜻하는 'expository'라는 단어와 주석을 뜻하는 'commentary'를 합성했다. 대체로 expository는 본문과 별 연관성이 없는 주제와 묵상으로 치우치기 쉽고, commentary는 필요 이상으로 논쟁적이고 기술적일 수 있다는 한계를 의식해 이러한 상황을 의도적으로 피하고 가르치는 사역에 조금이나마 실용적이고 도움이 되는 교재를 만들기 위해 만들어낸 개념이다. 나는 본문의 다양한 요소와 이슈들에 대해 정확하게 석의하면서도 전후 문맥과 책 전체의 문형(文形, literary shape)을 최대한 고려해 텍스트의 의미를 설명하고 우리 삶과 연결하고자 노력했다. 또한 히브리어 사용은 최소화했다.

이 시리즈를 내놓으면서 감사할 사람이 참 많다. 먼저, 지난 25년 동안 내 인생의 동반자가 되어 아낌없는 후원과 격려를 해 준 아내 임우민에게 감사한다. 아내를 생각할 때마다 참으로 현숙한 여인(cf. 잠 31:10-31)을 배필로 주신 하나님께 감사할 뿐이다. 아빠의 사역을 기도와 격려로 도와준 지혜, 은혜, 한빛에게도 고마운 마음을 표한다. 평생

기도와 후원을 아끼지 않는 친가와 처가 친척들에게도 감사하다는 말을 전하고 싶다. 항상 옆에서 돕고 격려해 주는 평생 친구 장병환·윤인옥 부부에게도 고마움을 표하며, 시카고 유학 시절에 큰 힘이 되어 주신 이선구 장로·최화자 권사님 부부에게도 이 자리를 빌려 평생 빚진 마음을 표하고 싶다. 우리 가족이 20여 년 만에 귀국해 정착할 수 있도록 배려를 아끼지 않으신 백석학원 설립자 장종현 목사님에게도 감사드린다. 우리 부부의 영원한 담임 목자이신 이동원 목사님에게도 고마움을 표하고 싶다.

2009년 겨울 방배동에서

감사의 글

스타선교회의 사역에 물심양면으로 헌신해 오늘도 하나님의 말씀이 온 세상에 선포되는 일에 기쁜 마음으로 동참하시는 백영걸, 정진성, 장병환, 임우민, 정채훈, 강숙희 이사님들께 감사의 마음을 전하고 싶습니다. 이사님들의 헌신이 있기에 세상은 조금 더 살맛 나는 곳이 되고 있습니다. 온 세상이 코로나19로 인해 겸손해질 수밖에 없는 시간을 지나고 있습니다. 여호와 라파의 주님께서 창궐한 코로나19를 다스리시고, 투병 중인 정채훈 이사님을 온전히 낫게 하실 것을 믿습니다.

2021년 꽁꽁 얼어붙은 방배동에서

일러두기

엑스포지멘터리(exposimentary)는 '해설/설명'을 뜻하는 엑스포지토리(expository)라는 단어와 '주석'을 뜻하는 코멘터리(commentary)를 합성한 단어다. 본문의 뜻과 저자의 의도와는 별 연관성이 없는 주제와 묵상으로 치우치기 쉬운 엑스포지토리(expository)의 한계와 필요 이상으로 논쟁적이고 기술적일 수 있는 코멘터리(commentary)의 한계를 극복해 목회 현장에서 가르치고 선포하는 사역에 실질적으로 도움을 주는 새로운 장르다. 본문의 다양한 요소와 이슈에 대해 정확하게 석의하면서도 전후 문맥과 책 전체의 문형(文形, literary shape)을 최대한 고려해 텍스트의 의미를 설명하고 성도의 삶과 연결하고자 노력하는 설명서다. 엑스포지멘터리는 다음과 같은 원칙을 바탕으로 인용한 정보를 표기한다.

1. 참고문헌을 모두 표기하지 않고 선별된 참고문헌으로 대신한다.
2. 출처를 표기할 때 각주(foot note) 처리는 하지 않는다.
3. 출처는 괄호 안에 표기하되 페이지는 밝히지 않는다.
4. 여러 학자가 동일하게 해석할 때는 모든 학자를 표기하지 않고 일

부만 표기한다.

5. 한 출처를 인용해 설명할 때 설명이 길어지더라도 문장마다 출처를 표기하지 않는다.
6. 본문 설명을 마무리하면서 묵상과 적용을 위해 "이 말씀은…"으로 시작하는 문단(들)을 두었다. 이 부분만 읽으면 잘 이해되지 않는 것들도 있다. 그러나 본문 설명을 읽고 나면 이해가 될 것이다.
7. 본문을 설명할 때 유대인들의 문헌과 외경과 위경에 관한 언급을 최소화한다.
8. 구약을 인용한 말씀은 장르에 상관없이 가운데 맞춤으로 정렬했으며, NAS의 판단 기준을 따랐다.

주석은 목적과 주된 대상에 따라 인용하는 정보의 출처와 참고문헌 표기가 매우 탄력적으로 제시되는 장르다. 참고문헌 없이 출판되는 주석도 있고, 각주가 전혀 없이 출판되는 주석도 있다. 또한 각주와 참고문헌 없이 출판되는 주석도 있다. 엑스포지멘터리 시리즈는 이 같은 장르의 탄력적인 성향을 고려해 제작된 주석이다.

선별된 약어표

개역	개역한글판
개역개정	개역개정판
공동	공동번역
새번역	표준새번역 개정판
현대	현대인의 성경
아가페	아가페 쉬운성경
BHS	Biblica Hebraica Stuttgartensia
ESV	English Standard Version
KJV	King James Version
LXX	Septuaginta
MT	Masoretic Text
NAB	New American Bible
NAS	New American Standard Bible
NEB	New English Bible
NIV	New International Version
NIRV	New International Reader's Version

NRS	New Revised Standard Bible
TNK	Jewish Publication Society Tanakh

AB	Anchor Bible
ABCPT	A Bible Commentary for Preaching and Teaching
ABD	The Anchor Bible Dictionary, 6 vols. Ed. by D. N. Freedman. New York, 1992
ABR	Australian Biblical Review
ABRL	Anchor Bible Reference Library
ACCS	Ancient Christian Commentary on Scripture
ANET	The Ancient Near Eastern Texts Relating to the Old Testament. 3rd ed. Ed. by J. B. Pritchard. Princeton: Princeton University Press, 1969
ANETS	Ancient Near Eastern Texts and Studies
ANTC	Abingdon New Testament Commentary
AOTC	Abingdon Old Testament Commentary
ASTI	Annual of Swedish Theological Institute
BA	Biblical Archaeologist
BAR	Biblical Archaeology Review
BAGD	A Greek–English Lexicon of the New Testament and Other Early Christian Literature, 2nd ed. Ed. by Bauer, W., W. F. Arndt, F. W. Gingrich, and F. W. Danker. Chicago, 1979.
BAR	Biblical Archaeology Review
BBR	Bulletin for Biblical Research
BCBC	Believers Church Bible Commentary
BCL	Biblical Classics Library
BECNT	Baker Exegetical Commentary on the New Testament

BETL	Bibliotheca Ephemeridum Theoloicarum Lovaniensium
BETS	Bulletin of the Evangelical Theological Society
BibOr	Biblia et Orientalia
BibSac	Bibliotheca Sacra
BibInt	Biblical Interpretation
BR	Bible Reseach
BRev	Bible Review
BRS	The Biblical Relevancy Series
BSC	Bible Student Commentary
BST	The Bible Speaks Today
BT	Bible Translator
BTB	Biblical Theology Bulletin
BTC	Brazos Theological Commentary on the Bible
BV	Biblical Viewpoint
BZ	Biblische Zeitschrift
BZNW	Beihefte zur Zeitschrift fűr die neutestamentliche Wissenschaft
CB	Communicator's Bible
CBC	Cambridge Bible Commentary
CBQ	Catholic Biblical Quarterly
CBQMS	Catholic Biblical Quarterly Monograph Series
CGTC	Cambridge Greek Testament Commentary
CurBS	Currents in Research: Biblical Studies
CurTM	Currents in Theology and Missions
DJG	Dictionary of Jesus and the Gospels. Ed. by J. B. Green, S. McKnight, and I. Howard Marshall. Downers Grove, 1992.
DNTB	Dictionary of New Testament Background. Ed. by C. A. Evans and S. E. Porter. Downers Grove, 2000.

DPL	Dictionary of Paul and His Letters. Ed. by G. F. Hawthorne, R. P. Martin, and D. G. Reid. Downers Grove, 1993.
DSB	Daily Study Bible
ECC	Eerdmans Critical Commentary
ECNT	Exegetical Commentary on the New Testament
EDNT	Exegetical Dictionary of the New Testament. Ed. by H. Balz, G. Schneider. Grand Rapids, 1990–1993.
EvJ	Evangelical Journal
EvQ	Evangelical Quarterly
ET	Expository Times
FCB	Feminist Companion to the Bible
GTJ	Grace Theological Journal
HALOT	The Hebrew and Aramaic Lexicon of the Old Testament. Ed. by L. Koehler and W. Baumgartner. Trans. by M. E. J. Richardson. Leiden, 1994–2000.
Hist. Eccl.	Historia ecclesiastica (Eusebius)
HNTC	Holman New Testament Commentary
HTR	Harvard Theological Review
IB	Interpreter's Bible
IBS	Irish Biblical Studies
ICC	International Critical Commentary
IDB	Interpreter's Dictionary of the Bible
ISBE	The International Standard Bible Encyclopedia. 4 vols. Ed. by G. W. Bromiley. Grand Rapids, 1979–1988.
JAAR	Journal of the American Academy of Religion
JBL	Journal of Biblical Literature
JESNT	Journal for the Evangelical Study of the New Testament

JETS	Journal of the Evangelical Theological Society
JQR	Jewish Quarterly Review
JRR	Journal from the Radical Reformation
JSNT	Journal for the Study of the New Testament
JSNTSup	Journal for the Study of the New Testament Supplement Series
JTS	Journal of Theological Studies
LABC	Life Application Bible Commentary
LB	Linguistica Biblica
LCBI	Literary Currents in Biblical Interpretation
LEC	Library of Early Christianity
Louw–Nida	Greek–English Lexicon of the New Testament: Based on Semantic Domains, 2nd ed., 2 vols. By J. Louw, and E. Nida. New York, 1989.
LTJ	Lutheran Theological Journal
MBC	Mellen Biblical Commentary
MenCom	Mentor Commentary
MJT	Midwestern Journal of Theology
NAC	New American Commentary
NCB	New Century Bible
NIB	The New Interpreter's Bible
NIBC	New International Biblical Commentary
NICNT	New International Commentary on the New Testament
NICOT	New International Commentary on the Old Testament
NIDNTT	New International Dictionary of New Testament Theology. Ed. by C. Brown. Grand Rapids, 1986.
NIDOTTE	The New International Dictionary of Old Testament Theology and Exegesis. Ed. by W. A. Van Gemeren.

	Grand Rapids, 1996.
NIGTC	New International Greek Testament Commentary
NIVAC	New International Version Application Commentary
NovT	Novum Testamentum
NovTSup	Novum Testamentum Supplements
NSBT	New Studies in Biblical Theology
NTL	New Testament Library
NTM	New Testament Message
NTS	New Testament Studies
PBC	People's Bible Commentary
PNTC	Pillar New Testament Commentary
PRR	The Presbyterian and Reformed Review
PSB	Princeton Seminary Bulletin
ResQ	Restoration Quarterly
RevExp	Review and Expositor
RR	Review of Religion
RRR	Review of Religious Research
RS	Religious Studies
RST	Religious Studies and Theology
RTR	Reformed Theological Review
SacP	Sacra Pagina
SBC	Student's Bible Commentary
SBJT	Southern Baptist Journal of Theology
SBL	Society of Biblical Literature
SBLDS	Society of Biblical Literature Dissertation Series
SBLMS	Society of Biblical Literature Monograph Series
SBT	Studies in Biblical Theology

SHBC	Smyth & Helwys Bible Commentary
SJT	Scottish Journal of Theology
SNT	Studien zum Neuen Testament
SNTSMS	Society for New Testament Studies Monograph Series
SNTSSup	Society for New Testament Studies Supplement Series
ST	Studia Theologica
TBT	The Bible Today
TD	Theology Digest
TDOT	Theological Dictionary of the Old Testament. 11 vols. Ed. by G. J. Botterweck et al. Grand Rapids, 1974–2003.
TDNT	Theological Dictionary of the New Testament. Ed. by G. Kittel and G. Friedrich. Trans. by G. W. Bromiley. 10 vols. Grand Rapids, 1964–1976.
Them	Themelios
TJ	Trinity Journal
TNTC	Tyndale New Testament Commentaries
TS	Theological Studies
TT	Theology Today
TTC	Teach the Text Commentary Series
TWBC	The Westminster Bible Companion
TWOT	R. L. Harris, G. L. Archer, Jr., and B. K. Waltke (eds.), Theological Wordbook of the Old Testament, 2 vols. Chicago: Moody, 1980.
TynBul	Tyndale Bulletin
TZ	Theologische Zeitschrift
USQR	Union Seminary Quarterly Review
VE	Vox Evangelica

VT	Vetus Testament
WBC	Word Biblical Commentary
WBCom	Westminster Bible Companion
WCS	Welwyn Commentary Series
WEC	Wycliffe Exegetical Commentary
WTJ	The Westminster Theological Journal
WUNT	Wissenschafliche Untersuchungen zum Neuen Testament und die Kunde der älteren Kirche
WW	Word and World
ZNW	Zeitschrift fűr die neutestamentliche Wissenschaft

차례

선별된 참고문헌

(Select Bibliography)

Aland, K., ed. *Synopsis of the Four Gospels: Greek-English Edition of the Synopsis Quattuor Evangeliorum*. 7th ed. Stuttgart, Germany: German Bible Society, 1983.

Albright, W. F.; C. S. Mann. *Matthew*. AB. Garden City, NY: Doubleday, 1971.

Alexander, J. *Commentary on the Prophecies of Isaiah*. New York/London: Wiley & Putnam, 1847.

Allen, W. C. *A Critical and Exegetical Commentary on the Gospel according to St. Matthew*. ICC. Edinburgh: T&T Clark, 1912.

Allison, D. C. *The New Moses: A Matthean Typology*. Minneapolis: Fortress, 1993.

______. *Studies in Matthew: Interpretation Past and Present*. Grand Rapids: Baker, 2005.

______. "Divorce, Celibacy, and Joseph." JSNT 49 (1993): 3–10.

Augsburger, M. S. *Matthew*. CC. Waco, TX: Word, 1982.

Aune, D. E. *The New Testament in Its Literary Environment*. Philadelphia:

Westminster, 1987.

______., ed. *The Gospel of Matthew in Current Study: Studies in Memory of William G. Thompson S. J.* Grand Rapids: Eerdmans, 2001.

Aus, R. D. *Matthew 1-2 and the Virginal Conception*. Lanham, MD: University Press of America, 2004.

Bacon, B. W. "The Five Books of Moses against the Jews." Expositor 15 (1918): 56–66.

______. *Studies in Matthew*. London: Constable, 1930.

Bailey, K. E. *Poet and Peasant*. Grand Rapids: Eerdmans, 1976.

______. *Through Peasant Eyes: More Lucan Parables, Their Culture and Style*. Grand Rapids: Eerdmans, 1980.

Banks, R. *Jesus and the Law in the Synoptic Tradition*. SNTSMS 28. Cambridge: Cambridge University Press, 1975.

Barclay, W. *The Gospel of Matthew*. 2 vols. DSB. Rev. ed. Philadelphia: Westminster Press, 1975.

Barton, B. B.; M. Fackler; L. K. Taylor; D. R. Veerman. *Matthew*. LABC. Wheaton: Tyndale, 1996.

Bauckham, R., ed. *The Gospel for All Christians*. Grand Rapids: Eerdmans, 1998.

______. *Jesus and the Eyewitnesses: The Gospels as Eyewitness Testimony*. Grand Rapids: Eerdmans, 2006.

Bauer, D. R. *The Structure of Matthew's Gospel: A Study in Literary Design*. JSNTSup 31. Sheffield: Almond, 1988.

______. "The Kingship of Jesus in Matthean Infancy Narrative: A Literary Analysis." CBQ 57: 306–23.

Baumgardt, D. "Kaddish and the Lord's Prayer." JBQ 19 (1991): 164–69.

Beale, G. K.; B. L. Gladd. *The Story Retold: A Biblical-Theological Introduction to the New Testament*. Downers Grove, IL: InterVarsity Press, 2020.

Beare, F. W. *The Gospel according to Matthew: Translation, Introduction and Commentary*. Philadelphia: Harper & Row, 1981.

______. "The Mission of the Twelve of the Twelve and the Mission Charge: Matthew 10 and Parallels." JBL 89 (1970): 1–13.

Beasley–Murray, G. R. *Baptism in the New Testament*. Grand Rapids: Eerdmans, 1962.

Betz, H.–D. *Essays on the Sermon on the Mount*. Philadelphia: Fortress, 1985.

______. *The Sermon on the Mount: A Commentary on the Sermon on the Mount, Including the Sermon on the Plain (Matthew 5:3-7:27 and Luke 6:20-49)*. Hermeneia. Minneapolis: Fortress, 1995.

Blomberg, C. L. *The Historical Reliability of the Gospels*. Downers Grove, IL: InterVarsity Press, 1987.

______. *Interpreting the Parables*. Downers Grove, IL: InterVarsity Press, 1990.

______. *Matthew*. NAC. Nashville: Broadman & Holman, 1992.

Bonhoeffer, D. *Discipleship*. Trans. by B. Green and R. Krauss. Minneapolis: Fortress, 2001.

Bonnard, P. *L'évangile selon Saint Matthieu*. Neuchâtel: Delachaux & Niestlé, 1963.

Boring, M. E. "The Gospel of Matthew: Introduction, Commentary, and Reflections." Pp. 87–505 in *NIB*, vol. 8. Nashville: Abingdon, 1995.

Bornkamm, G.; G. Barth, H. J. Held. *Tradition and Interpretation in*

Matthew. NTL. Philadelphia: Westminster Press, 1963.

Brandon, S. G. F. *Jesus and the Zealots*. New York: Scribner's, 1967.

Broadus, J. A. *Commentary on the Gospel of Matthew*. Philadelphia: American Baptist Publication Society, 1886.

Brooks, S. H. *Matthew's Community: The Evidence of His Special Sayings Material*. JSNTSup. 16. Sheffield: Sheffield Academic Press, 1987.

Brown, D. *The Four Gospels: A Commentary, Critical, Experimental and Practical*. Carlisle, PA: The Banner of Truth Trust, 1976rep.

Brown, J. K. *The Disciples in Narrative Perspective: The Portrayal and Function of the Matthean Disciples*. SBL Academic Biblica 9. Atlanta: Society of Biblical Literature, 2002.

Brown, R. E. *The Birth of the Messiah: A Commentary on the Infancy Narratives in the Gospels of Matthew and Luke*. 2nd ed. New York: Doubleday, 1993.

______. *The Death of the Messiah: From Gethsemane to Grave. A Commentary on the Passion Narratives of the Four Gospels*. 2 vols. New York: Doubleday, 1994.

Brown, S. "The Twofold Representation of the Mission in Matthew's Gospel." ST 31 (1977):21–32.

Bruce, A. B. *The Gospel According to Matthew*. The Expositor's Greek Testament. Grand Rapids: Eerdmans, 1976.

Bruce, F. F. *Hard Sayings of Jesus*. Downers Grove, IL: InterVarsity Press, 1983.

______. *New Testament History*. Garden City, New York: Doubleday & Company, 1980.

Bruner, F. D. *Matthew: The Christbook(Matthew 1-12). The*

Churchbook(Matthew 13-28). 2 vols. Dallas: Word, 1987, 1990.

Buchanan, G. W. *Gospel of Matthew*. 2 vols. Mellen Biblical Commentary. Lewiston, NY: Mellen Biblical Press, 1996.

Bultmann, R. *The History of the Synoptic Tradition*. 2nd ed. Trans. by J. Marsh. Oxford: Blackwell, 1968.

______. *Theology of the New Testament*. 2 vols. Trans. by K. Grobel. New York: Charles Scribner's Sons, 1951.

Burgess, J. A. *A History of the Exegesis of Matthew 16:17-19 from 1781 to 1965*. Ann Arbor: Edwards Brothers, 1976.

Burridge, R. A. "Gospel Genre and Audiences." Pp. 113–46 in *The Gospels for All Christians: Rethinking the Gospel Audiences*. Ed. by R. Bauckham. Grand Rapids: Eerdmans, 1998.

______. *What Are the Gospels? A Comparison with Graeco-Roman Biography*. 2nd ed. Grand Rapids: Eerdmans, 2004.

Byrskog, S. *Story as History—History as Story: The Gospel Tradition in the Context of Ancient Oral History*. Leiden: Brill, 2002.

Calvin, J. *Calvin's New Testament Commentaries, Volume 2: A Harmony of the Gospels: Matthew, Mark, and Luke*. Grand Rapids: Eerdmans, 1995.

Cameron, P. S. "Lead Us Not into Temptation." ExpTim 101(1990): 299–301.

______. *Violence and the Kingdom: The Interpretation of Matthew 11:12*. Frankfurt: Peter Lang, 1984.

Caragounis, C. C. *Peter the Rock*. BZNW 58. Berlin: de Gruyter, 1990.

Carlston, C. E.; D. Norlin. "Statistics and Q—Some Further Observations." NovT 41 (1999): 108–23.

Carrington, P. *The Primitive Christian Calendar*. Cambridge: Cambridge University Press, 1952.

Carson, D. A. "Matthew." Pp. 1–599 in *The Expositor's Bible Commentary*, vol. 8. Ed. by F. E. Gaebelein. Grand Rapids: Zondervan, 1984.

______. *The Sermon on the Mount: An Evangelical Exposition of Matthew 5-7*. Grand Rapids: Baker, 1978.

______. *When Jesus Confronts the World*. Grand Rapids: Baker, 1987.

______. "What is the Gospel?—Revisited." Pp. 147–170 in *For the Fame of God's Name: Essays in Honor of John Piper*. Ed. by S. Storms and J. Taylor. Wheaton, IL: Crossway, 2010.

Carson, D. A.; Moo, D. J.; Morris, L., eds. *An Introduction to the New Testament*. Grand Rapids: Zondervan, 1992.

Carter, W. *Households and Discipleship: A Study of Matthew 19-20*. JSNTSup 103. Sheffield: JSOT Press, 1994.

______. *Matthew: Storyteller, Interpreter, Evangelist*. Peabody, MA: Hendrickson, 1996.

Casey, M. "General, Generic, and Indefinite: The Use of the Term 'Son of Man' in Jewish Sources and the Teaching of Jesus." JSNT 29 (1987): 21–56.

Cassidy, R. J. "Matthew 17:24–27—A Word on Civil Taxes." CBQ 41 (1979): 571–80.

Cassuto, U. *A Commentary on the Book of Exodus*. Jerusalem: Magnes Press, 1967.

Chapman, D. W. "Perceptions of Crucifixion Among Jews and Christians in the Ancient World." TynBul 51 (2000): 313–16.

Charette, B. *The Theme of Recompense in Matthew's Gospel*. JSNTSup 79. Sheffield: JSOT Press, 1992.

Combrink, H. J. B. "The Structure of the Gospel of Matthew as

Narrative." TynBul 34 (1983): 61–90.

Cope, O. L. *Matthew: A Scribe Trained for the Kingdom of Heaven*. New York: Ktav, 1977.

Cousland, J. R. C. *The Crowds in the Gospel of Matthew*. NovTSup 102. Leiden: E. J. Brill, 2002.

Crossan, J. D. *Cliffs of Fall: Paradox and Polyvalence in the Parables of Jesus*. New York: Seabury, 1980.

______. *The Historical Jesus: The Life of a Mediterranean Jewish Peasant*. San Francisco: Harper, 1991.

Cullman, O. *The Christology of the New Testament*. Philadelphia: Westminster Press, 1959.

Daube, D. *The New Testament and Rabbinic Judaism*. London: University of London Press, 1956.

Davies, M. *Matthew*. Readings: A New Biblical Commentary. Sheffield: JSOT Press, 1993.

Davies, W. D. *The Setting of the Sermon on the Mount*. Cambridge: Cambridge University Press, 1966.

Davies, W. D.; D. C. Allison. *The Gospel According to Matthew*. 3 vols. ICC. Edinburgh: T&T Clark, 1988, 1991, 1997.

Davis, S.; D. Kendall; G. O'Collins, ed. *The Resurrection: An Interdisciplinary Symposium on the Resurrection of Jesus*. Oxford: Oxford University Press, 1997.

Deatrick, E. P. "Salt, Soil, Savior." BA 25 (1962): 41–48.

deSilva, D. A. *An Introduction to the New Testament: Context, Methods and Ministry Formation*. Downers Grove, IL: InterVarsity Press, 2004.

Derrett, J. D. M. *Law in the New Testament*. London: Dartman, Longman & Todd, 1970.

_____. "Binding and Loosing (Matt 16:19, 18:18; John 20:23)." JBL 102 (1983): 112–17.

Dibelius, M. *From Tradition to Gospel*. Trans. by B. L. Woolf. Cambridge: James Clarke & Company, 1971.

Doeve, J. W. *Jewish Hermeneutics in the Synoptic Gospels and Acts*. Assen: Van Gorcum, 1954.

Donaldson, T. L. *Jesus on the Mountain: A Study in Matthean Theology*. JSNTSup 8. Sheffield: JSOT Press, 1985.

Dunn, J. D. G. *Jesus and the Spirit: A Study of the Religious and Charismatic Experience of Jesus and the First Christians as Reflected in the New Testament*. London: SCM, 1975.

_____. *Unity and Diversity in the New Testament: An Inquiry into the Character of Earliest Christianity*. Philadelphia: Westminster Press, 1977.

Edwards, R. A. *Matthew's Narrative Portrait of the Disciples*. Valley Forge, PA: Trinity Press International, 1997.

_____. *Matthew's Story of Jesus*. Philadelphia: Fortress, 1985.

Ellis, P. F. *Matthew: His Mind and His Message*. Collegeville, MN: Liturgical Press, 1974.

Farrer, A. M. "On Dispensing with Q." Pp. 55–88 in *Studies in the Gospels: Essays in Memory of R. H. Lightfoot*. Ed. by D. E. Nineham. Oxford: Blackwell, 1955.

_____. *St. Matthew and St. Mark*. 2nd ed. London: Dacre, 1966.

Fenton, J. S. *Saint Matthew*. Westminster Pelican Commentaries. Philadelphia: Westminster, 1963.

_____. "Matthew and the Divinity of Jesus: Three Questions concerning Matthew 1:20–23." Pp. 79–82 in *Studia Biblica 1978, Vol 2:*

Papers on the Gospels. Ed. by E. A. Livingstone. Sheffield: JSOT Press, 1980.

Ferguson, E. *Backgrounds of Early Christianity*. Grand Rapids: Eerdmans, 1987.

Feiler, P. F. "The Stilling of the Storm in Matthew: A Response to Gűnther Bornkamm." JETS 26 (1983): 399–406.

Filson, F. V. *The Gospel according to St. Matthew*. 2nd ed. BNTC. London: Adam & Charles Black, 1971.

Fitzmyer, J. A. "The Matthean Divorce Texts and Some New Palestinian Evidence." TS 37 (1976): 208–11.

Fleming, T. V. "Christian Divorce." TS 24 (1963): 109.

France, R. T. *The Gospel of Matthew*. NICNT. Grand Rapids: Eerdmans, 2007.

______. *Jesus and the Old Testament*. Grand Rapids: Baker, 1982.

______. *Matthew*. TNTC. Grand Rapids: Eerdmans, 1985.

______. *Matthew: Evangelist and Teacher*. London: Paternoster, 1989.

Frye, R. M. "The Synoptic Problems and Analogies in Other Literatures." Pp. 261–302 in *The Relationships among the Gospels: An Interdisciplinary Dialogue*. Ed. by W. O. Walker. San Antonio, TX: Trinity University Press, 1978.

Funk, R. W., R. W. Hoover, Jesus Seminar. *The Five Gospels: What Did Jesus Really Say? The Search for Authentic Words of Jesus*. San Francisco: HarperOne, 1996.

Gardner, R. B. *Matthew*. BCBC. Scottdale, PA: Herald, 1991.

Garland, D. E. *Reading Matthew: A Literary and Theological Commentary on the First Gospel*. New York: Crossroad, 1993.

Gathercole, S. J. *The Preexistent Son: Recovering the Christologies of Matthew,*

Mark, and Luke. Grand Rapids: Eerdmans, 2006.

Garlington, D. B. "Oath–Taking in the Community of the New Age (Matthew 5:33–37)." TJ 16 (1995): 139–70.

Gench, F. T. *Wisdom in the Christology of Matthew*. New York: University Press of America, 1997.

Gerhardsson, B. *The Testing of God's Son (Matt 4:11 & Par.): An Analysis of an Early Christian Midrash*. Lund: Gleerup, 1966.

Gibbs, J. A. *Matthew 1:1-11:1*. Concordia Commentary. St. Louis, MO: Concordia, 2006.

Glasscock, E. *Matthew*. Moody Gospel Commentary. Chicago: Moody Press, 1997.

Goodacre, M. *The Case Against Q: Studies in Markan Priority and the Synoptic Problem*. Harrisburg, PA: Trinity Press International, 2002.

______. *The Synoptic Problem: A Way Through the Maze*. London/New York: T&T Clark, 2001.

Goulder, M. D. *Midrash and Lection in Matthew*. London: SPCK, 1974.

Gray, S. W. The *Least of My Brothers: Matthew 25:31-46—A History of Interpretation*. Atlanta: Scholars Press, 1989.

Green, H. B. *The Gospel According to Matthew: Introduction, and Commentary*. The New Clarendon Bible. Oxford: Oxford University Press, 1975.

______. *Matthew, Poet of the Beatitudes*. JSNTSup. Sheffield: Sheffield Academic Press, 2001.

Green, J. B., J. K. Brown, N. Perrin, eds. *Dictionary of Jesus and the Gospels*, 2nd ed. Downers Grove, IL: InterVarsity Press, 2013.

Guelich, R. A. *The Sermon on the Mount: A Foundation for Understanding*.

Waco, TX: Word, 1992.

_____. "The Gospel Genre." Pp. 173–208 in *The Gospel and the Gospels*. Ed. by P. Stuhlmacher. Grand Rapids: Eerdmans, 1991.

Gundry, R. H. *Matthew: A Commentary on His Literary and Theological Art*. Grand Rapids: Eerdmans, 1982.

_____. *Matthew: A Commentary on His Handbook for Mixed Church Under Persecution*. 2nd ed. Grand Rapids: Eerdmans, 1994.

_____. *A Survey of the New Testament*. Rev. ed. Grand Rapids: Zondervan, 1981.

Guthrie, D. *New Testament Introduction*. Downers Grove, IL: InterVarsity Press, 1970.

_____. *New Testament Theology*. Downers Grove, IL: InterVarsity Press, 1981.

Hagner, D. A. *Matthew*. 2 vols. WBC. Dallas: Word, 1993, 1995.

Hanson, A. T. "Rahab the Harlot in Early Christian Tradition." JSNT 1 (1978): 53–60.

Hare, D. R. A. *The Theme of Jewish Persecution of Christians in the Gospel according to St. Matthew*. Cambridge: Cambridge University Press, 1967.

_____. *Matthew*. Interpretation. Louisville: John Knox, 1993.

Harrington, D. J. *The Gospel of Matthew*. SacP. Collegeville, MN: Liturgical Press, 1991.

Harris, M. J. *Jesus as God: The New Testament Use of Theos in Reference to Jesus*. Grand Rapids: Baker, 1992.

Hauerwas, S. *Matthews*. BTC. Grand Rapids: Baker, 2006.

Hays, R. B. *The Moral Vision of the New Testament: Community, Cross, New Creation, A Contemporary Introduction to New Testament Ethics*. San

Francisco: HarperOne, 1996.

Heil, P. *Jesus Walking on the Sea*. Rome: Pontifical Biblical Institute, 1981.

Held, H.-J. "Matthew as Interpreter of the Miracle Stories." Pp. 165-299 in *Tradition and Interpretation in Matthew*. Ed. by G. Bornkamm et al. Philadelphia: Westminster Press, 1963.

Hendriksen, W. *Exposition of the Gospel according to Matthew*. Grand Rapids: Baker, 1973.

Hengel, M. *The Four Gospels and the One Gospel of Jesus Christ: An Investigation into the Collection and Origin of the Canonical Gospels*. London: SCM, 2000.

______. *Crucifixion in the Ancient World and the Folly of the Message of the Cross*. Philadelphia: Fortress, 1977.

Hengstenberg, E. W. *Christology of the Old Testament, abridged edition*. Grand Rapids: Kregel, 1970.

Hill, D. *The Gospel of Matthew*. NCB. Greenwood, NC: Attic, 1972.

Hoehner, H. W. *Chronological Aspects of the Life of Christ*. Grand Rapids: Zondervan, 1977.

Holst, R. "The One Anointing of Jesus: Another Application of the Form-Critical Method." JBL 95 (1976): 435-46.

Hooker, M. *Jesus and Servant*. London: SPCK, 1959.

House, H. W. *Chronological And Background Charts of the New Testament*. Grand Rapids: Zondervan, 1981.

Hughes, D. *The Star of Bethlehem: An Astronomer's Confirmation*. New York: Walker, 1979.

Isaksson, A. *Marriage and Ministry in the New Testament*. Lund: Gleerup, 1965.

Jeremias, J. *The Parables of Jesus*. 2nd ed. New York: Scribner's, 1972.

______. *The Sermon on the Mount. Trans*. by N. Perrin. Philadelphia: Fortress, 1963.

Jones, B. C. *Matthean and Lukan Special Material: A Brief Introduction with Texts in Greek and English*. Eugene, OR: Wipf & Stock, 2011.

Jones, I. H. *The Matthean Parables: A Literary and Historical Commentary*. SNT 80. New York: E. J. Brill, 1995.

Keener, C. S. *A Commentary on the Gospel of Matthew*. Grand Rapids: Eerdmans, 1999.

______. *The Gospel of Matthew: A Socio-Rhetorical Commentary*. Grand Rapids: Eerdmans, 2009.

Kidger, M. *The Star of Bethlehem: An Astronomer's View*. Princeton, NJ: Princeton University Press, 1999.

Kilpatrick, G. D. *Origins of the Gospel according to St. Matthew:Textual and Source Study*. Bolchazy–Carducci Publishers, 2007rep.

Kingsbury, J. D. *Matthew as Story*. 2nd ed. Philadelphia: Fortress, 1988.

______. *Matthew: Structure, Christology, Kingdom*. Philadelphia: Fortress, 1975.

Kissinger, W. S. *The Sermon on the Mount: A History of Interpretation and Bibliography*. Metuchyen, NY: Scarecrow & ATLA, 1975).

Knowles, M. P. *Jeremiah in Matthew's Gospel: The Rejected Prophet Motif in Matthean Redaction*. London: Bloomsbury Publishing, 2015.

Kűmmel, W. G. *Introduction to the New Testament*. Trans. by H. C. Kee. Nashville: Abingdon, 1975.

Kupp, D. D. *Matthew's Emmanuel: Divine Presence and God's People in the First Gospel*. SNTSMS. Cambridge: Cambridge University Press, 1997.

Ladd, G. E. *A Theology of the New Testament*. Grand Rapids: Eerdmans, 1974.

Lambrecht, J. *The Sermon on the Mount: Proclamation and Exhortation*. Wilmington, DE: Michael Glazier, 1985.

La Grand, J. *The Earliest Christian Mission to "All Nations" in the Light of Matthew's Gospel*. Atlanta: Scholars Press, 1995.

Levine, A.-J. *A Feminist Companion to Matthew*. FCB. Sheffield: Sheffield Academic Press, 2001.

______. *The Social and Ethnic Dimensions of Matthean Salvation History*. Lewiston, NY: Mellen Biblical Press 1988.

Lewis, J. P. "'The Gates of Hell Shall Not Prevail against It'(Matt 16:18): A Study of the History of Interpretation." JETS 38(1995): 349-67.

Lightfoot, R. H. *History and Interpretation in the Gospels*. New York: Hodder & Stoughton, 1934.

Lohr, C. H. "Oral Techniques in the Gospel of Matthew." CBQ 23 (1961): 403-35.

Long, T. G. *Matthew*. WBCom. Louisville: Westminster John Knox, 1997.

Longenecker, R. N. *The Christology of Early Jewish Christianity*. Grand Rapids: Baker, 1981.

______. *Biblical Exegesis in the Apostolic Period*. Grand Rapids: Eerdmans, 1999.

Longman, T.; D. G. Reid. *God is a Warrior*. Grand Rapids: Zondervan, 1995.

Luther, M. *Luther's Works*. 15 vols. Ed. & Trans. by J. J. Pelikan and H. T. Lehmann. St. Louis: Concordia, 1955-1960.

Luz, U. *Matthew: A Commentary*. 3 vols. Trans. by W. C. Linss and J. E. Crouch. Minneapolis, MN: Augsburg, 1989–2005.

Manson, T. W. *The Sayings of Jesus*. London: SCM, 1949.

Marcus, J. "The Gates of Hades and the Keys of the Kingdom (Matt 16:18–19)." CBQ 50 (1988): 443–55.

Massaux, E. *The Influence of the Gospel of Saint Matthew on Christian Literature before Saint Irenaeus*. Macon, GA: Mercer University Press, 1990.

Martin, R. *New Testament Foundation: A Guide for Christian Students*. vol. 1. Grand Rapids: Eerdmans, 1975.

McArthur, H. K. *Understanding the Sermon on the Mount*. New York: Harper, 1960.

McConnell, R. S. *Law and Prophecy in Matthew's Gospel: The Authority and Use of the Old Testament in the Gospel of St. Matthew*. Basel: Friedrich Reinhardt, 1969.

McHugh, J. *The Mother of Jesus in the New Testament*. Garden City, NJ: Doubleday, 1975.

McKnight, S. *Turning to Jesus: The Sociology of Conversion in the Gospels*. Louisville: John Knox Press, 2002.

______. *The Jesus Creed: Loving God, Loving Others*. Brewster, MA: Paraclete, 2004.

McNeile, A. H. *The Gospel According to Matthew: The Greek Text with Introduction, Notes, and Indices*. Grand Rapids: Baker, 1980.

Maier, J. P. *Matthew*. Wilmington, DE: Michael Glazier, 1980.

______. *The Vision of Matthew: Christ, Church, and Morality in the First Gospel*. New York: Paulist, 1979.

Meier, J. P. *A Marginal Jew: Rethinking the Historical Jesus: The Roots of the*

Problem and the Person. New York: Doubleday, 1991.

Menken, M. J. *Mathew's Bible: The Old Testament Text of the Evangelist*. BETL. Leuven: Leuven University Press, 2004.

Metzger, B. A *Textual Commentary on the Greek New Testament*. New York: United Bible Societies, 1971.

Miller, R. J. *The Jesus Seminar and Its Critics*. Salem, OR: Polebridge Press, 1999.

_____. *Born Divine: The Births of Jesus and Other Sons of God*. Santa Rosa, CA: Polebridge Press2003.

Molnar, M. *The Star of Bethlehem: The Legacy of the Magi*. Piscataway, NJ: Rutgers University Press, 1999.

Moo, D. J. *The Old Testament in the Gospel Passion Narratives*. Sheffield: Almond Press, 1983.

_____. "Matthew and Midrash: An Evaluation of Robert H. Gundry's Approach." JETS 26 (1983): 31–39.

Morris, L. *The Gospel according to Matthew*. Grand Rapids: Eerdmans, 1992.

Motyer, J. A. *The Prophecy of Isaiah*. Downers Grove, IL: InterVarsity Press, 1993.

Mounce, R. H. *Matthew*. Good News Commentaries. New York: Harper & Row, 1985.

Neusner, J. "First Cleanse the Inside." NTS 22 (1976): 486–95.

Nolland, J. *The Gospel of Matthew: A Commentary on the Greek Text*. NIGTC. Grand Rapids: Eerdmans, 2005.

_____. "A Text-Critical Discussion of Matthew 1:16." CBQ 58 (1996): 665–73.

Olmstead, W. G. *Matthew's Trilogy of Parables: The Nation, the Nations and the Reader in Matthew 21:28-22:14)*. SNTS Monograph. Cambridge: Cambridge University Press, 2003.

Orchard, B.; T. Longstaff, eds. *J. J. Griesbach: Synoptic Text Critical Studies, 1776-1976*. SNTSMS. Cambridge: Cambridge University Press, 1978.

Orton, D. E. *The Understanding Scribe: Matthew and the Apocalyptic Ideal*. JSNTSup 25. Sheffield: Sheffield Academic Press, 1989.

Osborne, G. R. *Matthew*. ECNT. Grand Rapids: Zondervan, 2010.

Osborne, G. R.; M. C. Williams. "The Case for the Markan Priority View of Gospel Origins: The Two/Four-Source View." Pp. 19-96 in *Three Views on the Origins of the Synoptic Gospels*. Ed. by R. L. Thomas. Grand Rapids: Kregel, 2002.

Oswalt, J. N. *The Book of Isaiah*. 2 vols. NICOT Grand Rapids: Eerdmans, 1986, 1998.

Overman, J. A. *Church and Community in Crisis: The Gospel according to Matthew*. Valley Forge, PA: Trinity Press International, 1996.

______. *Matthew's Gospel and Formative Judaism: The Social World of the Matthean Community*. Philadelphia: Fortress, 1990.

Parker, P. *The Gospel before Mark*. Chicago: University of Chicago Press, 1953.

Parpola, S. "The Magi and the Star: Babylonian Astronomy Dates Jesus' Birth." BRev 17 (2001): 16-23.

Patte, D. *The Gospel according to Matthew: A Structural Commentary on Matthew's Faith*. Philadelphia: Fortress, 1987.

Payne, P. B. "The Order of Sowing and Ploughing in the Parable of Sower." NTS 25 (1978): 123-29.

Perkins, L. "'Let the Reader Understand': A Contextual Interpretation of

Mark 13:14." BBR 16 (2006): 95–104.

Perlewitz, M. *The Gospel of Matthew. Message of Biblical Spirituality*. Wilmington: Michael Glazier, 1988.

Pesch, R. "He Will Be Called a Nazorean': Messianic Exegesis in Matthew 1–2. Pp. 129–78 in *The Gospels and the Scriptures of Israel. Ed. by C. A. Evans and W. R. Stegner*. JSNTSup. Sheffield: Sheffield Academic Press, 1994.

Plummer, A. *An Exegetical Commentary on the Gospel according to St. Matthew*. Grand Rapids: Baker, 1982.

Powel, M. A. "Do and Keep What Moses Says(Matthew 23:2–7)." JBL 114 (1995): 419–35.

Porter, S. E. *Idioms of the Greek New Testament*. Sheffield: Almond Press, 1992.

Porter, S. E.; B. R. Dyer, eds. *The Synoptic Problem: Four Views*. Grand Rapids: Baker Academic, 2016.

Pregeant, R. *Matthew*. Chalice Commentaries. St. Louis: Chalice, 2004.

Przybylski, B. *Righteousness in Matthew and His World of Thought*. Cambridge: Cambridge University Press, 1980.

Reicke, B. "Synoptic Prophecies on the Destruction of Jerusalem." Pp. 121–34 in *Studies in New Testament and Early Christian Literature*. Ed. by D. E. Aune. Leiden: Brill, 1972.

Reymond, R. L. "Who Is the 'LMH of Isaiah 7:14?" Presbyterion 15 (1989): 1–15.

Ridderbos, H. N. *Matthew*. BSC. Grand Rapids: Zondervan, 1987.

Rist, J. M. *On the Independence of Matthew and Mark*. Cambridge: Cambridge University Press, 1978.

Robinson, J. A. T. *Redating the New Testament*. Philadelphia: Westminster

Press, 1976.

Robinson, J. M.; P. Hoffmann; J. S. Kloppenborg, eds. *The Critical Edition of Q: Synopsis Including the Gospels of Matthew and Luke, Mark, and Thomas, with English, German and French Translations of Q and Thomas*. Hemeneia. Minneapolis: Fortress, 2000.

Rousseau, J. J.; R. Arav. *Jesus and His World: An Archaeological and Cultural Dictionary*. Minneapolis: Fortress, 1995.

Saldarini, A. *Matthew's Christian-Jewish Community*. Chicago: University of Chicago Press, 1994.

Sanders, E. P. *Jesus and Judaism*. Philadelphia: Fortress, 1985.

Sanders, J. A. "Nazwrai/oj in Matthew 2:23." Pp. 116–28 in *The Gospels and the Scriptures of Israel*. Ed. by C. A. Evans and W. R. Stenger. JSNTSup. Sheffield: Sheffield Academic Press.

Schnabel, E. J. *Early Christian Mission*. 2 vols. Downers Grove, IL: InterVarsity Press, 2004.

Schnackenburg, R. *The Gospel of Matthew*. Trans. by R. R. Barr. Grand Rapids: Eerdmans, 2002.

Schweizer, E. *The Good News according to Matthew*. Trans. by D. E. Green. Atlanta: John Knox, 1975.

Scott, B. B. *Hear Then the Parable: A Commentary on the Parables of Jesus*. Minneapolis: Fortress, 1989.

Seitz, C. R. *Isaiah 1-39*. Interpretation. Louisville: John Knox, 1993.

Senior, D. P. *Matthew*. ANTC. Nashville: Abingdon, 1998.

Shuler, P. L. *A Genre for the Gospels: The Biographical Character of Matthew*. Philadelphia: Fortress, 1982.

Sider, J. W. *Interpreting the Parables: A Hermeneutical Guide to Their Meaning*. Grand Rapids: Zondervan, 1995.

Siker, J. S. *Disinheriting the Jews: Abraham in Early Christian Controversy*. Louisville, KY: Westminster John Knox Press, 1991.

Sim, D. C. *The Gospel of Matthew and Christian Judaism: The History and Social Setting of the Matthean Community*. Edinburgh: T&T Clark, 1998.

______. *Apocalyptic Eschatology in the Gospel of Matthew*. SNTSMS 88. Cambridge: Cambridge University Press, 1996.

Simonetti, M., ed. *Matthew*. 2 vols. ACCS. Downers Grove, IL: InterVarsity Press, 2001, 2002.

Slingerland, H. D. "The Transjordanian Origin of St. Matthew's Gospel." JSNT 3 (1979): 18–28.

Smallwood, E. M. *The Jews under Roman Rule*. Leiden: E. J. Brill, 1976.

Smillie, G. R. "'Even the Dogs': Gentiles in the Gospel of Matthew." JETS 45 (2002): 73–97.

Smith, R. H. "Mt 27:25—The Hardest Verse in Matthew's Gospel." Currents in Theology and Missiology 17 (1990): 421–428.

Snodgrass, K. R. "Recent Research on the Parable of the Wicked Tenants An Assessment." IBR 8 (1998): 187–215.

Soarés–Prabhu, G. *The Formula Questions in the Infancy Narrative of Matthew*. Rome: Biblical Institute Press, 1976.

Stanton, G. *Gospel for a New People: Studies in Matthew*. Edinburgh: T&T Clark, 1992.

Stein, R. H. *An Introduction to the Parables of Jesus*. Philadelphia: Westminster Press, 1981.

______. *Jesus the Messiah*. Downers Grove, IL: InterVarsity Press, 1996.

Stendahl, K. *The School of St. Matthew and Its Use of the Old Testament*. Philadelphia: Fortress, 1968.

Streeter, B. H. *The Four Gospels: A Study of Origins Treating of the Manuscript Tradition, Sources, Authorship, and Dates*. New York: Macmillan, 1925.

Strauss, M. L. *Four Portraits, One Jesus: A Survey of Jesus and the Gospels*. Grand Rapids: Zondervan, 2007.

Suggs, M. J. *Wisdom, Christology, and Law in Matthew's Gospel*. Cambridge, MA: Harvard University Press, 1970.

Stuhlmacher, P., ed. *The Gospel and the Gospels*. Grand Rapids: Eerdmans, 1991.

Sweeney, M. A. *Isaiah 1-39*, FOTL. Grand Rapids: Eerdmans, 1996.

Tagama, K. "People and Community in the Gospel of Matthew." NTS 16 (1969–70): 149–62.

Talbert, C. H. *What Is a Gospel? The Genre of the Canonical Gospels*. Philadelphia: Fortress, 1977.

Tasker, R. V. G. *The Gospel according to St. Matthew*. TNTC. Grand Rapids: Eerdmans, 1961.

Theissen, G. *The Gospels in Context: Social and Political History in the Synoptic Tradition*. Trans. by L. M. Maloney. Minneapolis: Fortress, 1991.

Theissen, G.; A. Merz. *The Historical Jesus: A Comprehensive Guide*. Minneapolis: Fortress, 1997.

Thomas, R. L., ed. *Three Views on the Origins of the Synoptic Gospels*. Grand Rapids: Kregel, 2002.

Tolbert, M. *Perspectives on the Parables: An Approach to Multiple Interpretations*. Philadelphia: Fortress, 1979.

Toussaint, S. D. *Behold the King: A Study of Matthew*. Portland, OR: Multnomah, 1981.

Trilling, W. *The Gospel According to St. Matthew*. 2 vols. New York: Crossroad, 1981.

Tuckett, C. M. "Jesus and the Gospels." Pp. 71–86 in *The New Interpreter's Bible, vol. 1*. Nashville: Abingdon, 1994.

Turner, N. *Grammatical Insights into the New Testament*. New York: Bloomsbury Academic, 2015.

Twelftree, G. H. *Jesus the Miracle Worker*. Downers Gorve, IL: InterVarsity Press, 1999.

Van Tilborg, S. *The Jewish Leaders in the First Gospel*. New York: Paulist, 1979.

Vermes, G. *The Religion of Jesus the Jew*. Minneapolis: Fortress, 1993.

Verseput, D. *Rejection of the Humble Messianic King: Study of the Composition of Matthew 11-12-European University Studies v. 291*. Frankfurt: Peter Lang, 1986.

Viviano, B. T. "Where Was the Gospel According to Matthew Written?" CBQ 41 (1979): 533–46.

Walker, P. W. *Jesus and the Holy City: New Testament Perspectives on Jerusalem*. Grand Rapids: Eerdmans, 1996.

Walvoord, J. F. *Matthew: The Kingdom Come*. Chicago: Moody Press, 1974.

Watts, J. D. W. *Isaiah 1-33*. WBC Waco, TX: Word, 1985.

Watts, R. E. "Immanuel: Virgin Birth Proof Text or Programmatic Warning of Things to Come (Isa. 7:14 in Matt. 1:23)?" Pp. 92–113 in *From Prophecy to Testament: The Function of the Old Testament in the New*. Ed. by C. A. Evans. Peabody, MA: Hendrickson, 2004.

Weaver, D. J. *Matthew's Missionary Discourse: A Literary Critical Analysis*. JSNTSup 38. Sheffield: JSOT Press, 1990.

Weber, S. K. *Matthew*. HNTC. Nashville: Holman, 2000.

Wenham, D. *The Parables of Jesus*. Downers Grove, IL: InterVarsity Press, 1989.

Wenham, J. W. "Gospel Origins." TJ 7 (1978): 112–134.

_____. "When Were the Saints Raised?" JTS 32 (1981): 150–52.

Wiebe, P. H. "Jesus' Divorce Expectation." JETS 32 (1989): 327–33.

Wildberger, H. *Isaiah 1-12*. CC. Philadelphia: Fortress, 1991.

Wilkins, M. J. *The Concept of Disciple in Matthew's Gospel as Reflected in the Use of the Term Mathētēs*. NTSup. Leiden: E. J. Brill, 1988.

_____. *Following the Master: A Biblical Theology of Discipleship*. Grand Rapids: Zondervan, 1992.

_____. *Discipleship in the Ancient World and Matthew's Gospel*. 2nd ed. Grand Rapids: Baker, 1995.

_____. *Matthew*. NIVAC. Grand Rapids: Zondervan, 2004.

Willis, J. T. "The First Pericope in the Book of Isaiah." *VT* 34 (1984): 63–77.

Williams, M. C. *The Gospels from One: A Comprehensive New Analysis of the Synoptic Gospels*. Grand Rapids: Kregel, 2006.

Willis, J. T. *Isaiah*. The Living Word Commentary on the Old Testament. Austin, TX: Sweet, 1980.

Willis, W. L., ed. *The Kingdom of God in Twentieth-Century Interpretation*. Peabody, MA: Hendrickson, 1987.

Windisch, H. *The Meaning of the Sermon on the Mount*. Philadelphia: Fortress, 1951rep.

Winterhalter, R.; G. W. Fisk. *Jesus' Parables: Finding Our God Within*. New York: Paulist, 1993.

Witherington, B. *Matthew*. SHBC. Macon, GA: Smith & Helwys,

2006.

______. "The Turn of the Christian Era: The Tale of Dionysius Exiguus." BAR 43 (2017): 26.

Wolf, H. M. *Interpreting Isaiah: The Suffering and Glory of the Messiah*. Grand Rapids: Zondervan, 1985.

Wrede, W. *The Messianic Secret*. Trans. by J. C. G. Greig. Cambridge: James Clarke & Company, 1971.

Wright, N. T. *Jesus and Victory of God*. Christian Origins and the Question of God 2. Minneapolis: Fortress, 1996.

______. *The New Testament and the People of God*. Christian Origins and the Question of God 1. Minneapolis: Fortress, 1992.

______. "The Lord's Prayer as a Paradigm of Christian Prayer." Pp. 132–54 in *Into God's Presence: Prayer in the New Testament*. Ed. by R. L. Longenecker, Grand Rapids: Eerdmans, 2001.

Wright, N. T.; M. F. Bird. *The New Testament in Its World: An Introduction to the History, Literature, and Theology of the First Christians*. Grand Rapids: Zondervan Academic, 2019.

Wuest, K. S. *The Practical Use of the Greek New Testament*. Chicago: Moody Press, 1982.

Yamasaki, G. *John the Baptist in Life and Death: Audience-Oriented Criticism of Matthew's Narrative*. JSNTSup 167. Sheffield: Sheffield Academic Press, 1998.

Yang, Y.-E. *Jesus and the Sabbath in Matthew's Gospel*. JSNTSup 138. Sheffield: Academic Press, 1997.

Young, E. J. *The Book of Isaiah*. 3 vols. NICOT. Grand Rapids: Eerdmans, 1965–1972.

Zanchettin, L., ed. *Matthew: A Devotional Commentary*. Mahwah, NJ:

Paulist, 1997.

Zerwick, M. *A Grammatical Analysis of the Greek New Testament, 5th ed*. Trans. by M. Grosvenor. Rome: Biblical Institute Press, 1996.

Ⅳ. 예수님의 사역이 분란을 초래함(11:2-13:53)

B. 디스코스 3(비유들)(13:1-52)

그동안 예수님은 여러 차례 비유로 말씀하셨지만(cf. 5:13-15; 7:24-27; 9:16-17; 11:16-19; 12:27-29), 마태가 주님의 가르침을 '비유'라고 부르는 것은 이 본문이 처음이다. 실제로 13장은 대부분 비유와 이 비유들의 설명으로 구성되어 있다. '비유'(παραβολή)는 '비교'라는 의미를 지녔으며, 칠십인역(LXX)은 '비유'라는 의미의 히브리어 단어 'מָשָׁל'를 'παραβολή'로 번역했다(Boring, cf. TDNT). 비유는 오묘한 가르침이며 청중이 듣는 즉시 곧바로 이해할 수 있는 것이 아니다. 들은 것을 깊이 생각해 보고 해석해야 의미를 알 수 있다(Sider, Wenham). 그래서 비유는 '하늘의 의미를 담은 세상적 이야기'(an earthly story with a heavenly meaning)라고 불리기도 한다(Wilkins). 구약에서는 다윗이 밧세바와 간음했을 때 나단이 그를 찾아가 가난한 사람의 양 비유로 다윗을 책망하며 회개하도록 한 것이 대표적인 사례다(cf. 삼하 12:1-10)

어떤 이들은 13장에 기록된 모든 비유가 씨 뿌리는 자 비유(13:1-9)에서 유래한 것이라고 한다(Gerhardsson). 하나님 나라에 대한 다양한 비유로 구성되어 있는 13장에서 씨 뿌리는 자 비유가 가장 중요한 것은 맞지만 모든 비유가 이 비유를 보완한다는 주장은 다소 지나치다. 몇몇 비유와 씨 뿌리는 사람 비유가 하나님 나라에 대한 서로 다른 면모를 강조하고 있기 때문이다.

학자들 대부분은 13장이 일곱 개의 비유로 구성되었다고 하지만(cf. Osborne), 실제로는 8개로 구성되어 있다. 51-52절도 비유이기 때문이다. 그러나 이 마지막 비유는 예수님이 먼저 들려주신 7개 비유를 결론적으로 가르치시며 말씀하신 것이라 독립적으로 취급하지 않아도 된다(cf. 53절). 이러한 차이를 암시하듯 두 번째에서 일곱 번째 비유는 모두 '천국은…같으니'로 시작하지만, 여덟 번째 비유에서는 그런 말이 없다.

일상적으로 예수님은 제자들을 가르치시는데, 이번에는 무리를 가르치신다. 그러나 무리에게 비유로 말씀하신 후 그 의미를 제자들에게 따로 가르치신다(10–23, 36–43절). 이에 주석가들은 무리를 떠나 제자들을 따로 가르치시는 13:36을 13장에서 가장 중요한 말씀으로 간주해 36절을 기준으로 이 장을 1–35절과 36–52절 두 파트로 나눈다(Carson, Gnilka, Hagner, Kingsbury, Luz, Turner). 그러나 마태가 숫자 3을 중심으로 책을 전개해 나가는 것을 고려하면(cf. 서론), 13장의 비유를 1–23절, 24–43절, 44–52절 세 파트로 구분하는 것이 더 바람직해 보인다(Boring, Davies & Allison, Nolland, Osborne). 이 기준으로 본문을 구분하면 다음과 같다.

A. 첫 번째 비유: 씨 뿌리는 자(13:1–23)
B. 비유 셋(13:24–43)
C. 추가적 비유 셋(13:44–50)
D. 결론적 비유: 곳간(13:51–52)

Ⅳ. 예수님의 사역이 분란을 초래함(11:2–13:53)
B. 디스코스 3(비유들)(13:1–52)

1. 첫 번째 비유: 씨 뿌리는 자(13:1–23)

하나님 나라에 대한 여러 비유로 구성된 13장에서 씨 뿌리는 비유가 가장 중요하다는 것은 대부분이 동의하는 사실이다. 일부 학자들은 이 비유가 “이는 비와 눈이 하늘로부터 내려서 그리로 되돌아가지 아니하고 땅을 적셔서 소출이 나게 하며 싹이 나게 하여 파종하는 자에게는 종자를 주며 먹는 자에게는 양식을 줌과 같이 내 입에서 나가는 말도 이와 같이 헛되이 내게로 되돌아오지 아니하고 나의 기뻐하는 뜻을 이루며 내가 보낸 일에 형통함이니라"라는 이사야 55:10-11을 배경으로 한다고 하지만(Beale & Carson), 구체적인 연관성은 그다지 확실하지 않다. 이 비유는 다음과 같은 순서로 전개된다.

A. 비유를 말씀하시는 정황(13:1-3a)
B. 비유(13:3b-9)
C. 비유로 말씀하시는 이유(13:10-17)
D. 비유를 설명하심(13:18-23)

Ⅳ. 예수님의 사역이 분란을 초래함(11:2-13:53)
B. 디스코스 3(비유들)(13:1-52)
1. 첫 번째 비유: 씨 뿌리는 자(13:1-23)

(1) 비유를 말씀하시는 정황(13:1-3a)

1 그날 예수께서 집에서 나가사 바닷가에 앉으시매 2 큰 무리가 그에게로 모
여들거늘 예수께서 배에 올라가 앉으시고 온 무리는 해변에 서 있더니 3a 예
수께서 비유로 여러 가지를 그들에게 말씀하여 이르시되

'그날'(τῇ ἡμέρᾳ ἐκείνῃ)(1절)은 12장에 기록된 일이 있었던 날이다. 이 날은 바리새인들과 서기관들과 사람들이 예수님을 메시아로 영접하기를 끝까지 거부한 날이다. 앞으로 예수님은 더는 유대인만 상대로 가르치지 않으실 것이다(Carson).

이날 예수님은 잠시 갈릴리 바다(호수)로 가셨다가(1절), 다시 돌아오신다(36절). 아마도 유대인들의 싸늘한 반응에 답답함을 느끼셨던 것으로 생각된다. 예수님이 머무시는 집은 어머니와 형제들이 예수님을 만나기 위해 밖에서 서성이던 바로 그 집이다(cf. 12:46-50). 또한 예전에 예수님이 베드로의 장모를 치료하셨던 베드로와 안드레의 가버나움 집이었을 것이다(Osborne, Wilkins, cf. 8:14-15).

예수님은 갈릴리 바닷가에 앉으셨는데, 이는 스승이 제자들을 가르치려 하는 모습이다(cf. 5:1-2; 15:29; 23:2; 24:3). 무리도 예수님이 가르치시려는 것을 알았기 때문에 예수님 주변으로 모여들었다(2절). 그런데 너무 많이 모여들었다. 무리가 너무 커지자 예수님은 배에 올라가 앉으시고, 무리는 해변에 서서 예수님의 가르침을 기다렸다.

비록 바리새인들과 서기관들이 예수님이 메시아이신 것을 부인하지만, 진리는 바뀌지 않는다. 또한 예수님은 아직도 많은 인기를 누리고 계신다. 그러나 사람이 많이 모일수록 바리새인들과 서기관들은 반성하고 회개하기는커녕 오히려 시기와 질투만 더 심해져 예수님을 해치려는 악한 계획을 구체화했다. 누구에게는 구세주이신 예수님이 악한 종교인들에게는 망언자이자 경쟁자일 뿐이었다.

한 주석가는 배에 타신 예수님이 '비유들의 만'(Cove of the Parables, 가버나움 근처에 있음)으로 불리는 작은 만에 둘러서 있는 청중을 향해 말씀하신 것이라 한다. 이곳은 완만한 언덕이 호수를 향해 있어 원형 극장(amphitheater)과 비슷한 음향 효과를 낸다(Wilkins).

예수님은 모여든 사람에게 비유로 여러 가지를 말씀하셨다. '비유'(παραβολή)의 기본적인 의미는 비교한다는 뜻이며, 히브리어 단어(מָשָׁל)를 번역한 것이다. 예화, 수수께끼, 격언, 알레고리, 유사, 이야기 등 다양한 유형의 가르침을 의미한다. 마태복음에서는 이야기(20:1-16), 알레고리(21:28-32), 유사(10:16; 13:33), 격언(6:22-23) 등이 사용된다(Stein). 예수님이 비유로 말씀하시는 것은 사람들의 관심과 호기심을 자극하기 위해서다.

이 말씀은 우리가 성경 말씀을 해석하는 일이 항상 쉽지만은 않다는 사실을 지적한다. 하나님이 사람과 소통하기 위해 사용하시는 방법이 참으로 다양하기 때문이다. 그러므로 우리는 성경 말씀을 해석할 때 성령님의 인도하심에 따라 많은 기도와 묵상으로 해석해야 한다.

Ⅳ. 예수님의 사역이 분란을 초래함(11:2-13:53)
B. 디스코스 3(비유들)(13:1-52)
1. 첫 번째 비유: 씨 뿌리는 자(13:1-23)

(2) 비유(13:3b-9)

3b 씨를 뿌리는 자가 뿌리러 나가서 4 뿌릴새 더러는 길가에 떨어지매 새들
이 와서 먹어 버렸고 5 더러는 흙이 얕은 돌밭에 떨어지매 흙이 깊지 아니하
므로 곧 싹이 나오나 6 해가 돋은 후에 타서 뿌리가 없으므로 말랐고 7 더러
는 가시떨기 위에 떨어지매 가시가 자라서 기운을 막았고 8 더러는 좋은 땅
에 떨어지매 어떤 것은 백 배, 어떤 것은 육십 배, 어떤 것은 삼십 배의 결실
을 하였느니라 9 귀 있는 자는 들으라 하시니라

마태가 공식적으로 비유라고 말하는 예수님의 첫 번째 가르침은 농부들의 삶에서 가져온 내용이다. 예수님의 비유는 당시 사람들이 일상에서 경험하는 일을 배경으로 한다. 사람들이 비유의 정황을 쉽게 이해하도록 하기 위해서다. 그러나 비유의 의미를 해석하는 일은 별개 문제다.

갈릴리 지역은 땅이 비옥했기 때문에 농사를 많이 지었다. 그러므로 예수님의 씨 뿌리는 사람 비유는 모든 사람이 일상에서 쉽게 목격하는 장면이다. 당시에는 농사를 지을 때 씨를 뿌리기 전이나 후에 한 차례, 혹은 씨를 뿌리기 전후로 두 차례 밭을 갈았다(Payne).

이 비유가 주는 메시지는 무엇일까? 만일 씨 뿌리는 농부가 이 비유의 핵심이라면 이 이야기는 씨 뿌리는 농부로 묘사되는 예수님에 대한 기독론이 중심이 된다(Wenham). 만일 씨앗이 가장 중요한 요소라면 하나님 나라의 복음이 비유의 핵심이 된다. 한편 농부가 뿌린 씨앗이 떨어지는 흙이 중심이라면 예수님이 선포하시는 하나님 나라 복음에 대한 사람들의 다양한 반응이 비유의 가장 중요한 부분이 된다. 예수님이 이 비유에서 씨앗이 떨어지는 네 가지 흙(토양)에 대해 자세하게 언급하시는 것으로 보아 농부(예수님)나 씨앗(하나님 나라 복음)보다 흙(복음에 대한 사람들의 반응)이 가장 중요하다(cf. Bloomberg, Carson, Osborne, Wilkins).

농부가 뿌린 씨앗은 각기 다른 네 곳에 떨어지는데, 첫 번째 씨앗은 길가에 떨어졌고 곧바로 새들이 와서 먹어 버렸다(4절). 농부가 씨앗을 사람들이 다니는 길에 일부러 뿌리는 일은 없을 것이다. 당시에는 마을에서 마을을 잇는 길이 밭을 가로지르기 일쑤였기 때문에, 밭에 뿌린 씨앗의 일부가 길에 떨어진 것이다. 흙에 묻히지 않고 표면에 노출된 씨앗은 새들의 좋은 먹잇감이다. 그러므로 새들이 와서 먹었다.

두 번째 씨앗은 흙이 얕은 돌밭에 떨어져 싹이 나왔다(5절). 그러나 해가 나자 얕은 흙이 머금고 있던 습기가 모두 증발해 버렸고, 결국 싹의 뿌리가 말라 죽었다(6절). 가나안 지역의 밭은 상당 부분이 석회암(limestone) 위에 얕게 덮인 흙으로 이뤄졌던 상황을 배경으로 하는 말씀이다(Payne, cf. ABD). 11월쯤 상당히 많은 양의 이른 비가 메말랐던 땅을 적셔 부드럽게 만들면 씨앗을 파종했고, 4월쯤에 늦은 비가 와서 곡식을 영글게 해야 풍성하게 수확할 수 있었다. 싹이 튼 지 얼마 되지 않아 말라 죽는 것으로 보아 이야기 속의 씨앗은 가을에 내리는 이른 비에 젖은 얕은 땅에 떨어진 씨앗이다.

세 번째 씨앗은 가시떨기 위에 떨어졌으므로 가시가 자라서 기운을 막았다(7절). 가시떨기(ἄκανθα)는 주로 울타리로 사용하는 식물이었다. 가시떨기는 매우 강인해 가뭄이나 홍수에도 끄떡없다. 또한 심어진 흙에서 마지막 물기를 빨아들여 주변에 심은 좋은 식물을 질식시킨다. 이런 상황을 본문은 기운을 막는다고 표현한다.

네 번째 씨앗은 좋은 땅에 떨어져서 어떤 것은 백 배, 어떤 것은 육십 배, 어떤 것은 삼십 배의 결실을 보았다(8절). 마가는 반대 순서(30배-60배-100배)로 나열한다(막 4:8). 어떤 이들은 당시 팔레스타인 농부들은 파종한 씨앗의 5-10배를 수확했다며 100배의 결실은 지나치다고 한다(Hill, Jeremias). 그들은 예수님이 넘치는 메시아 시대의 축복을 강조하기 위해 일종의 과장법 또는 기적적인 수확을 언급하시는 것이라 한다. 그러나 구약은 이삭이 백 배의 수확을 올렸다고 기록한다(창 26:12). 충분히 가능한 이야기다(Carson, France, Keener, Payne).

예수님은 이 비유를 "귀 있는 자는 들으라"라는 말씀으로 마무리하신다(9절). 요한계시록 2–3장에 기록된 일곱 교회에 주신 권면에 자주 등장하는 말씀이다. 메시지를 알아들은 사람은 메시지에 따라 적절한 행동을 취하라는 권면이다. 예수님은 우리가 모두 하나님 나라 복음을 영접하고 100배의 열매를 맺는 삶을 살기를 원하신다.

이 말씀은 하나님의 말씀은 우리의 삶에서 풍성한 열매로 드러나야 한다고 한다. 우리가 말씀을 연구하고 배우는 이유는 열매를 맺기 위해서다. 그러므로 말씀 공부는 새로운 정보를 습득하는 것으로 끝나는 것이 아니라, 그 말씀이 우리의 삶을 변화시킬 때 비로소 목적을 달성한다.

Ⅳ. 예수님의 사역이 분란을 초래함(11:2–13:53) B. 디스코스 3(비유들)(13:1–52) 1. 첫 번째 비유: 씨 뿌리는 자(13:1–23)

(3) 비유로 말씀하시는 이유(13:10–17)

10 제자들이 예수께 나아와 이르되 어찌하여 그들에게 비유로 말씀하시나이
까 11 대답하여 이르시되 천국의 비밀을 아는 것이 너희에게는 허락되었으나
그들에게는 아니 되었나니 12 무릇 있는 자는 받아 넉넉하게 되되 없는 자는
그 있는 것도 빼앗기리라 13 그러므로 내가 그들에게 비유로 말하는 것은 그
들이 보아도 보지 못하며 들어도 듣지 못하며 깨닫지 못함이니라 14 이사야
의 예언이 그들에게 이루어졌으니 일렀으되

너희가 듣기는 들어도 깨닫지 못할 것이요

보기는 보아도 알지 못하리라
15 이 백성들의 마음이 완악하여져서
그 귀는 듣기에 둔하고
눈은 감았으니
이는 눈으로 보고
귀로 듣고
마음으로 깨달아
돌이켜 내게 고침을 받을까 두려워함이라
하였느니라 16 그러나 너희 눈은 봄으로, 너희 귀는 들음으로 복이 있도다
17 내가 진실로 너희에게 이르노니 많은 선지자와 의인이 너희가 보는 것들
을 보고자 하여도 보지 못하였고 너희가 듣는 것들을 듣고자 하여도 듣지
못하였느니라

예수님은 그동안에도 종종 비유를 통해 말씀하셨다(7:24-27; 9:15-17; 11:16-19). 그러나 이제부터는 더 자주, 또한 알아듣기 더 어렵게 말씀하신다(Hagner). 그러므로 무리와 함께 예수님의 비유를 들은 제자들이 나와서 물었다(10절). 어떤 이들은 제자들이 비유의 의미를 모두 알아듣고도 예수님이 비유로 말씀하신 이유를 알고자 했다고 하지만(Bornkamm, Grundmann, Kingsbury), 예수님이 그들에게 의미를 설명하시는 것으로 보아(cf. 18-23절) 그들도 이 비유가 무엇을 의미하는지 혼란을 겪고 있다(Carson). 또한 예수님이 제자들에게만 비유의 의미를 설명하시는 것으로 보아 제자들은 무리가 떠난 다음에 예수님에게 따로 물어보았다.

제자들의 질문에 예수님은 천국의 비밀을 아는 것이 무리에게는 허락되지 않고, 그들에게만 허락되었다고 답하신다(11절). '허락되었다'(δέδοται)는 신적 수동태(divine passive)이며 모든 사람을 허락된 자들과 허락되지 않은 자들로 구분한다. 오직 하나님에게 택하심을 받은 사람들에게만 천국 비밀이 허락된 것이라며 하나님의 선택(election)을 암시하신다. 하나님이 세워 가시는 천국 백성이 되도록 선택받은 사람들에게만 천국의 비밀이 제공된다는 것이다. 요즘 말로 하자면 '인싸'(insider)만이 비밀을 알 수 있다. 마태복음에서 인사이더(insider)와 아웃사이더(outsider)의 구분은 매우 중요한 개념이다(France).

인사이더에게만 공개된 천국의 비밀은 무엇인가? 유대인들은 하나님의 나라가 종말에 임할 것으로 생각했다. 하나님은 예수님을 통해 이미 하나님의 나라를 세워 가고 계신다. 이것이 바로 제자들에게만 공개된 비밀이다. 다른 사람들은 이 사실을 믿지 않거나 사실이 아니라고 한다. 그러므로 이 비밀은 오직 제자들에게만 공개된 것이다.

예수님은 무릇 있는 자는 받아 더 넉넉하게 되지만, 없는 자는 있는 것마저 빼앗길 것이라고 경고하신다(12절). 이 말씀은 원래 부(富)에 관한 격언이었는데(cf. 잠 9:9; 11:24; 15:6), 예수님은 제자도에 관해 말씀하시며 사용하신다(Luz, cf. 25:29). 어떤 이들은 이 말씀이 종말에 주의 백성이 누릴 축복에 관한 것이라 하지만(Kingsbury), 언제 어디서든 주님의 자녀들이 하나님 나라에 대한 진리를 알수록 더 많이 알게 될 것이라는 뜻이다. 천국을 사모하는 사람들에게는 하나님이 더 많이 보여 주시고 가르쳐 주실 것이기 때문이다. 반면에 예수님을 메시아로 영접하지 않은 사람들은 그나마 그들이 하나님 나라에 대해 가지고 있는 이해와 지식을 모두 빼앗길 것이다. 그들에게는 이제 그러한 지식이 필요 없기 때문이다.

예수님은 이러한 이유로 무리에게 비유로 말씀하셨다(13절). 하나님 나라에 대해 마음을 닫은 사람들이 보아도 보지 못하고 들어도 듣지 못하게 해 깨닫지 못하게 하시기 위해서다. 바리새인들과 서기관들을 포함한 유대인들이 예수님이 메시아이심을 거부한 것이 그들이 알아듣지 못하도록 주님이 비유로 말씀하시는 이유가 되었다(Luz). 하나님 나라는 모든 사람을 위한 나라가 아니다.

본문은 신적 선택(election)(11절)과 인간의 책임(12-13절)을 동시에 말하는데, 이 둘의 관계를 어떻게 이해해야 하는가? 출애굽 때 있었던 일이 도움이 된다. 모세가 이스라엘을 데리고 이집트를 떠나기 전 이스라엘을 약속의 땅으로 인도하시려는 하나님과 그들을 노예로 붙잡아 두려는 이집트 왕 바로가 갈등을 빚는다. 결국 하나님이 바로의 강퍅함으로 인해 이집트에 열 가지 재앙을 내리시고 나서야 바로가 항복하고 이스라엘 사람들을 내보낸다.

그렇다면 이집트에 열 가지 재앙을 내리게 한 바로의 강퍅함은 그의 책임인가, 혹은 하나님이 작정하신 일인가? 다르게 묻자면 바로는 스스로 자신의 마음을 강퍅하게 한 것인가, 혹은 하나님이 그의 마음을 강퍅하게 하신 것인가? 이 질문에 대한 답은 상당히 중요하다. 만일 바로가 스스로 자기 마음을 강퍅하게 했다면, 이집트가 받은 벌은 당연한 것이다. 그러나 만일 하나님이 그의 마음을 강퍅하게 하신 것이라면, 어느 정도의 책임은 하나님에게 있다고 생각할 수 있기 때문이다(cf. 『엑스포지멘터리 출애굽기』).

하나님이 호렙산에서 모세에게 소명을 주실 때 그분이 바로를 강한 손으로 치지 않으시면 그가 결코 이스라엘을 내보내지 않을 것이라고 말씀하시는 것을 보면(출 3:19-20), 바로가 자신의 마음을 강퍅하게 한 것으로 생각된다. 이 경우 바로는 자신의 몰락을 스스로 결정한 것이 된다. 그러나 출애굽기의 나머지 부분을 살펴보면 꼭 그렇지만은 않다. 성경은 바로의 마음이 '강퍅함/강퍅해짐/강퍅하게' 된 것을 묘사하면서 세 가지 히브리어 동사(כבד, חזק, קשה)를 4-14장에서 정확히 20차례 사용한다. 그중 10차례는 주어가 하나님이다(4:21; 7:3; 9:12; 10:1, 20, 27; 11:10; 14:4, 8 17). 바로가 주어인 경우는 4차례(8:15, 32; 9:34; 13:15), 바로의 마음이 주어로 사용되는 경우는 6차례다(7:13, 14, 22; 8:19; 9:7, 35).

하나님이 바로의 마음을 강퍅하게 하신 것인가? 아니면 그가 스스로 자신의 마음을 강퍅하게 한 것인가? 출애굽기 저자는 양면성을 논한다. 정확히 열 번은 바로가 스스로 자신의 마음을 강퍅하게 했으며, 열 번은 하나님이 그를 강퍅하게 하신 것으로 묘사한다. 바로가 자신의 마음을 스스로 강퍅하게 하는 것은 7:13, 14, 22; 8:15, 19, 32; 9:7, 34, 35; 13:5 등에 기록되어 있다. 반면에 하나님이 그의 마음을 강퍅하게 하신 것은 4:21; 7:3; 9:12; 10:1, 20, 27; 11:10; 14:4, 8, 17 등에 기록되어 있다.

처음에는 바로 스스로 자기 마음을 강퍅하게 하는 것으로 묘사되어 있다. 그러나 시간이 지나면서 하나님이 그의 마음을 강퍅하게 하신다. 처음에는 바로가 스스로 자기 마음을 강퍅하게 했지만 어느 순간부터는 스스로 강퍅하지 않으려고 해도 강퍅하지 않을 수 없었다는 것이다. 하나님이 열 가지 재앙이 이집트에 임할 때까지 바로의 회심을 주권적으로 허락하지 않으셨기 때문이다(cf. 롬 9:18; 출 4:21; 7:3; 14:4; 신 2:30). 바로의 불순종으로 재앙이 시작된 후에는 열 가지 재앙이 모두 진행될 때까지 바로와 이집트에 대한 심판은 멈추지 않았다.

재앙을 시작하고 하지 않고는 바로의 결정에 달려 있다. 만일 그가 겸허히 하나님의 요구를 받아들였다면 재앙이 그와 이집트에 임하지 않았을 것이다. 그러나 바로의 불순종으로 일단 재앙이 시작되면 열 가지로 구성된 재앙 시리즈가 끝날 때까지 멈추지 않는다. 그러므로 이집트에 내려진 열 가지 재앙은 바로가 시작한 것이며, 바로가 자기 마음을 스스로 강퍅하게 한 결과물이다. 재앙에 대한 책임은 바로에게 있다.

본문에서도 같은 원리가 적용된다. 처음에는 바리새인들과 서기관들이 예수님을 거부하기로 했다. 이제 하나님이 결정하신다. 하나님은 지금부터 앞으로 영원히 그들에게 천국 비밀을 보이지 않으실 것이다. 그들은 회심할 기회를 스스로 포기했으며, 하나님은 그들의 결정을 영원히 존중하실 것이다.

우리는 '회개는 언제든지 가능하다'는 생각에 젖어 있다. 이론적으로는 옳은 말이다. 회개는 언제든지 가능하다. 아무리 흉악한 죄를 지었다 할지라도 진정한 회개의 기도를 드리면 용서받을 수 있다. 그러나 현실적으로 생각할 때 어느 선을 넘으면 회개는 불가능하다. 우리 자신이 더는 죄를 용서받을 수 있는 기도를 드릴 수 없게 되거나 회개의 필요성을 느끼지 못하게 되기 때문이다. 또한 바로와 바리새인들과 서기관들의 경우처럼 때로는 하나님이 죄인을 심판하시기 위해 회개하지 못하도록 막으신다(cf. 사 6장). 그러므로 회개는 기회가 있을 때 해야 한다. 회개의 기회가 항상 주어지는 것은 아니기 때문이다.

예수님은 무리가 듣고도 깨닫지 못하는 것은 이사야의 예언이 그들에게 이루어졌기 때문이라고 하신다(14절). 이때까지 마태는 예수님이 구약 예언을 성취하셨다는 말을 여러 차례 했는데, 이번에는 무리가 구약 말씀을 성취한다고 한다. 안타깝게도 좋은 성취는 아니다(cf. Gundry). 또한 예수님이 인용하시는 이사야 말씀은 이스라엘 역사에서 수없이 성취된 예언이다. 그들이 하나님이 선지자들을 통해서 하신 말씀에 귀를 기울이는 것을 지속적으로 거부했기 때문이다.

예수님은 13절에서 이사야의 예언 내용을 요약하신 다음 14-15절에서 자세하게 인용하신다. 14-15절은 이사야 6:9-10에서 온 것이다. 15절이 인용하고 있는 이사야 6:10은 지혜와 연관되어 있는 신체 부위와 그 기능을 교차대구법 순서로 나열한다(cf. 『엑스포지멘터리 이사야 1』).

이사야 6:10		본문
마음 귀 눈 "염려하건대" 눈 귀 마음	둔하게 막히고 감기게 "염려하건대" 보고 듣고 깨닫고	완악해짐 둔함 감음 "두려워함" 보고 듣고 깨달아

이와 같은 구조는 본문이 심판을 전제하고 있음을 보여 준다. 새번역은 이사야서 말씀에서 '염려하건대'(פֶּן)를 '걱정이다'라고 번역했다. 본문에서는 '두려워함이라'(μήποτε)를 '[고쳐주지] 않으려는 것이다'로 번역했다. 하나님이 바리새인들과 서기관들을 포함한 유대인 중 예수님의 메시지를 듣고도 주님을 메시아로 영접하지 않은 자들이 회개하고 돌아오는 것을 더는 원하지 않으신다! 그들이 예수님을 통해 주어진 기회를 스스로 포기했기 때문이다. 어떤 이들은 15절 마지막 말씀을 이스라엘이 치료를 원치 않는 것으로 해석하지만(Hagner, Luz), 이는 그들이 돌이키는 것을 하나님이 원치 않으신다는 의미다(Bloomberg, Carson, Osborne, Wilkins). 그들이 이미 용서받지 못할 죄를 저질렀기 때문이다(Wilkins, cf. 12:31-32).

반면에 이미 예수님을 메시아로 영접한 제자들은 보는 눈을 가진 사람들이며, 듣는 귀를 지닌 사람들이다(16a절). 귀가 있어도 듣지 못하고, 눈이 있어도 보지 못하는 바리새인들 및 서기관들과 강력한 대조를 이룬다. 그러므로 예수님은 제자들이 복이 있다고 하신다(16b절). 하나님이 그들을 보는 눈과 듣는 귀로 축복하셨기에 그들이 볼 수 있고 들을 수 있게 되었기 때문이다. 하나님은 이 사람들을 택하셔서 예수님의 제자가 되게 하셨다.

제자들은 그들 자신이 얼마나 큰 복을 받았는지 잘 모를 것이다. 또한 그들이 얼마나 큰 특권을 누리고 있는지도 별로 생각해 보지 않았을 것이다. 그래서 예수님은 제자들이 구약 시대 선지자들과 성도들이 참으로 보고 싶어 했고 듣고 싶어 했던 것들을 누리고 있다고 하신다(17절). 미래를 볼 수 있었던 선지자들은 메시아 시대를 보았다. 그러나 먼 발치에서 부러워할 뿐 누릴 수는 없었다. 그들이 살아 있는 동안 메시아가 다스리시는 시대가 도래하지 않았기 때문이다. 구약 시대 의인들(성도들)도 장차 임할 하나님 나라를 참으로 사모했지만, 그 나라의 일부가 될 수는 없었다. 그들의 시대에는 하나님 나라가 임하지 않았기 때문이다(cf. 롬 4:1-25). 이제 드디어 메시아이신 예수님을 통해 하나님 나라가 임했다! 그리고 하나님 나라 백성이 된 제자들은 구약의 선지자들과 의인들의 선망의 대상이 되었다.

이 말씀은 우리가 얼마나 큰 복을 받았으며, 얼마나 큰 특권을 누리고 있는지 생각하게 한다. 구약 시대 사람들이 그렇게 갈망했던 것들을 우리는 당연한 것으로 누리고 있다. 또한 이러한 사실은 우리가 별로 가진 것이 없다 할지라도 무엇에 대해, 어떻게 하나님께 감사해야 하는지 생각하게 한다. 구약 시대 성도들이 갈망했지만 경험하지 못했던 일을 우리는 누리고 있다. 이 사실 하나만으로도 우리는 하나님께 감사할 수 있다.

Ⅳ. 예수님의 사역이 분란을 초래함(11:2-13:53) B. 디스코스 3(비유들)(13:1-52) 1. 첫 번째 비유: 씨 뿌리는 자(13:1-23)

(4) 비유를 설명하심(13:18-23)

18 그런즉 씨 뿌리는 비유를 들으라 19 아무나 천국 말씀을 듣고 깨닫지 못
할 때는 악한 자가 와서 그 마음에 뿌려진 것을 빼앗나니 이는 곧 길가에 뿌
려진 자요 20 돌밭에 뿌려졌다는 것은 말씀을 듣고 즉시 기쁨으로 받되 21 그
속에 뿌리가 없어 잠시 견디다가 말씀으로 말미암아 환난이나 박해가 일어
날 때에는 곧 넘어지는 자요 22 가시떨기에 뿌려졌다는 것은 말씀을 들으나
세상의 염려와 재물의 유혹에 말씀이 막혀 결실하지 못하는 자요 23 좋은 땅
에 뿌려졌다는 것은 말씀을 듣고 깨닫는 자니 결실하여 어떤 것은 백 배, 어
떤 것은 육십 배, 어떤 것은 삼십 배가 되느니라 하시더라

천국 비밀은 듣는 귀와 보는 눈과 깨닫는 마음이 있는 사람들에게만 주어진다(13-15절). 제자들은 하나님의 복을 받아 듣는 귀와 보는 눈과 깨닫는 마음을 지녔다(16절). 그러므로 예수님은 제자들에게 비유를 설명해 주겠다며 들으라 하신다(18절).

씨 뿌리는 비유에서 씨를 뿌리는 농부는 예수님이며, 씨앗은 천국 복음이다. 농부와 씨앗은 모두 좋다. 그러므로 이 비유에서 결과를 결정하는 것은 흙이다. 네 가지 흙은 예수님이 선포하신 복음에 대한 사람들의 다양한 반응이다.

첫째, 길가에 뿌려진 자는 복음을 듣고 깨닫지 못하는 자다(19절). 왜 깨닫지 못하는가? 스스로 마음을 닫았기 때문이다(cf. 13-16절). 이런 사람은 하나님 나라 복음을 들어도 듣지 못하고, 보아도 보지 못한다. 복음이 자신을 변화시키지 못하게 하나님께 마음 문을 닫은 것이다. 반면에 사탄에게는 마음을 열어 두었다(Osborne).

지켜보던 악한 자(사탄, cf. 5:37; 6:13)가 와서 뿌려진 복음을 낚아채 마음에 뿌리를 내리지 못하게 한다. 예수님이 메시아이심을 인정하지 않은 자들(cf. 11-12장)의 마음에 뿌려진 복음의 씨앗을 사탄이 새처럼 먹어 치우는 것이다. '빼앗다'(ἁρπάζει)는 현재형 동사이며 지속성을 강조한다. 이런 사람에게는 사탄의 영향력이 계속된다는 뜻이다.

둘째, 돌밭에 뿌려진 자는 하나님 나라의 복음을 듣고 즉시 기쁨으로 받지만, 뿌리가 없어 잠시 견디다가 환난이나 박해가 오면 곧바로 넘어지는 자들이다(20-21절). 이런 사람들은 복음을 빨리(εὐθὺς) 받아들이지만(20절), 빨리(εὐθὺς) 버린다(21절). 유행에 민감한 사람들이다. 한 지역에 부흥이 일어날 때 이런 일이 일어난다. 우리나라도 1970-80년대에 큰 부흥이 있었고, 많은 사람이 하나님 나라 복음을 기쁨으로 받아들였다 하지만 지금은 그중 많은 사람이 타락하고 실족해 교회를 떠났다. 학자들은 이런 사람을 예수님을 반쯤 따르다가 실족하는 자(Hagner), 또는 영원한 하늘나라가 아니라 지금 이 순간 이곳을 사는 자라 하기도 한다(Luz).

왜 이런 일이 일어나는가? 하나님 나라 메시지를 처음 들었을 때 감탄하지만, 헌신은 하지 않기 때문이다. 예수님의 말씀을 들은 무리 중 감탄은 하지만 제자가 되기를 주저하는 자들이 바로 이런 사람이다. 말씀이 뿌리내리는 것은 헌신을 상징하는데, 이들은 뿌리를 내리기 전에 환난이나 박해가 일어나면 잠시 견디다가 곧바로 넘어진다. 예수님은 제자들의 삶에서 환난과 박해가 항상 있을 것이라고 하셨다(cf. 5:11-12; 10:17-25, 28, 34-36; 11:18-19). 결국 환난과 박해를 견뎌내는 사람만이 예수님의 제자가 될 수 있다.

셋째, 가시떨기에 뿌려진 자는 말씀을 듣지만 세상의 염려와 재물의 유혹으로 인해 말씀이 막혀 결실하지 못하는 사람이다(22절). 두 번째 유형(돌밭에 떨어진 자들)과 다른 점은 세상의 핍박이 아니라, 세상의 염려와 재물에 대한 욕심이 그들의 신앙을 망친다는 것이다. 돌밭에 떨어지는 자들은 외부적인 압박으로 인해 하나님에게서 멀어지지만, 가시떨기에 뿌려진 자들은 내부적인 요인으로 인해 스스로 하나님에게서 멀어진다. 예수님은 이미 무엇을 먹고 마실까 걱정하지 말라고 하셨다(6:25-34). 앞으로 부에 대해서도 가르침을 주실 것이다(19:16-24). 이런 것들에 대해 하나님께 맡기지 않으면 예수님의 제자가 될 수 없다. 이러한 경고는 영원히 유효하다(Carson).

왜 이런 일이 벌어지는가? 복음이 우선순위에서 첫 번째가 아니기 때문이다. 여러 가지 세상적인 것들이 높은 위치를 차지하고 그다음 복음이 낮은 순서를 차지한다. '유혹'(ἀπάτη)은 속임수를 뜻하지만(골 2:8; 살후 2:10), 즐거움을 의미하기도 한다(벧후 2:13). 그러므로 본문에서는 재물을 '속이는 즐거움'이라고 한다(Carson). 재물의 속이는 즐거움에 유혹된 사람은 하나님 나라 복음이 그의 삶을 조정하도록 허락하지 않는다. 하나님 나라는 그의 삶에서 최우선이 아니기 때문이다.

넷째, 좋은 땅에 뿌려진 자는 말씀을 듣고 깨닫는 사람이다(23절). 이런 사람은 결실해 수십 배의 열매를 맺는다. 첫 번째인 길에 떨어진 사람과 가장 강력한 대조를 이룬다. 사람이 열매를 맺는다는 것은 하나님께 순종하며 윤리적인 삶을 산다는 뜻이다(Osborne). 제자도는 고백에 멈추지 않고 순종과 도덕적인 삶으로 정의되기 때문이다(Wilkins). '결실하다'(καρποφορεῖ)는 현재형 동사이며 평생 계속해서 열매를 맺을 것을 뜻한다.

좋은 땅에 떨어진 씨앗이라 해서 모두 백 배의 결실을 보는 것은 아니다. 어떤 것은 60배, 어떤 것은 30배 맺는다. 그러므로 결실의 양은 그다지 중요하지 않다. 다만 좋은 열매를 맺으면 된다.

이 말씀은 하나님 나라의 복음에 대한 사람들의 반응이 매우 다양하게 나타난다고 한다. 복음을 거절하거나 어떠한 변화도 경험하지 못하는 사람부터 풍족한 열매를 맺는 사람까지 다양하다. 그러므로 당장은 흡족한 열매를 맺는 삶을 살지 못하는 사람들도 격려하며 기다려 주어야 한다. 복음을 거부하지 않는 한 언젠가는 열매를 맺을 소망이 있기 때문이다.

Ⅳ. 예수님의 사역이 분란을 초래함(11:2-13:53)
B. 디스코스 3(비유들)(13:1-52)

2. 비유 셋(13:24-43)

13장에서 가장 중요한 비유인 씨 뿌리는 비유를 통해 말씀하신 예수님이 이번에는 세 가지 비유를 연속적으로 들려주신다. 이 비유들은 모두 무리를 대상으로 말씀하신 것이다(34절). 이중 첫 번째인 가라지 비유의 의미를 나중에 설명하시는 것으로 보아 이 비유가 셋 중 가장 중요하다. 세 가지 비유로 구성된 이 섹션은 다음과 같이 구분된다.

A. 두 번째 비유: 가라지(13:24-30)
B. 세 번째 비유: 겨자씨(13:31-32)
C. 네 번째 비유: 누룩(13:33)

D. 비유로 말씀하시는 이유(13:34-35)
E. 가라지 비유를 설명하심(13:36-43)

Ⅳ. 예수님의 사역이 분란을 초래함(11:2-13:53)
B. 디스코스 3(비유들)(13:1-52)
2. 비유 셋(13:24-43)

(1) 두 번째 비유: 가라지(13:24-30)

24 예수께서 그들 앞에 또 비유를 들어 이르시되 천국은 좋은 씨를 제 밭에
뿌린 사람과 같으니 25 사람들이 잘 때에 그 원수가 와서 곡식 가운데 가라
지를 덧뿌리고 갔더니 26 싹이 나고 결실할 때에 가라지도 보이거늘 27 집주
인의 종들이 와서 말하되 주여 밭에 좋은 씨를 뿌리지 아니하였나이까 그런
데 가라지가 어디서 생겼나이까 28 주인이 이르되 원수가 이렇게 하였구나
종들이 말하되 그러면 우리가 가서 이것을 뽑기를 원하시나이까 29 주인이
이르되 가만두라 가라지를 뽑다가 곡식까지 뽑을까 염려하노라 30 둘 다 추
수 때까지 함께 자라게 두라 추수 때에 내가 추수꾼들에게 말하기를 가라지
는 먼저 거두어 불사르게 단으로 묶고 곡식은 모아 내 곳간에 넣으라 하리라

이번에도 농부의 삶에 있을 만한 일이 이 비유의 배경이 된다. 이 비유에 묘사된 내용이 도저히 있을 수 없는 일이라 주장하는 이들도 종종 있지만(Boring), 주석가 대부분은 별문제 없이 가나안 지역 농경사회에서 충분히 있을 수 있는 일이라 한다. 예수님은 중간에 하나님 나라는 번창할 것이며 온 세상을 변화시킬 것이라는 두 가지 비유(31-33절)를 말씀하신 다음 이 비유를 설명하신다(36-43절).

이 비유는 첫 번째로 등장한 씨 뿌리는 비유(3-9절)와 연관이 있어 보인다. 백 배까지 수확을 내는 좋은 씨앗과 밭이 있고(23절), 악한 자(19절)가 있다. 또한 두 비유에서 좋은 수확을 내는 일의 중요성이 강조된다. 먼저 비유를 말씀하시고 나중에 설명하시는 것도 첫 번째 비유와 유사하다.

이 비유의 핵심 메시지는 왜 악이 현존하는가에 대한 것이다. 하나님 나라가 이미 임했으므로 마귀와 악이 곧바로 심판을 받아 사라지면 좋을 텐데 오히려 악은 날이 갈수록 더 성행하는 듯 보인다. 이에 대해 예수님은 지금은 복음의 씨앗을 뿌리고 가꾸는 때라며 종말에 가서야 악(가라지)이 심판을 받을 것이라고 하신다. 이는 선(좋은 열매)을 보호하기 위해서이며, 하나님이 택하지 않으신 자들에게는 하나님 나라와 마귀의 나라가 알곡과 가라지가 어느 정도 자랄 때까지 구분되지 않는 것처럼 잘 구분되지 않기 때문이다(Wilkins).

예수님이 그들에게 비유를 들어 말씀하셨다(24a절). '그들'은 제자들이다. 무리는 이미 떠났다(cf. 10절). '천국은…같으니'(ὡμοιώθη ἡ βασιλεία τῶν οὐρανῶν)는 여섯 가지 비유를 시작하는 신호다(24, 31, 33, 44, 45, 47절). 하나님이 택하신 자들에게만 알려 주시는 천국에 관한 '비밀'(11절)이 제자들에게 본격적으로 드러나기 시작했다. 첫 번째 비유(1-9절)가 가난한 소작농에 관한 이야기였다면, 이번에는 많은 종을 둔 땅 주인 이야기다.

주인은 자기 밭에 좋은 씨앗을 뿌렸다(24b절). 좋은 씨앗은 25절에서 곡식(σῖτος, 밀)으로 밝혀진다. 갈릴리 지역의 주요 생산물이다. 사람들이 잘 때 원수가 와서 곡식을 심은 밭에 가라지를 덧뿌리고 갔다(25절). 본문에서 '종들이 잘 때'가 아니라 '사람들이 잘 때'(τῷ καθεύδειν τοὺς ἀνθρώπους)라고 하는 것은 잠과 연결된 게으름 등 부정적인 뉘앙스를 제거하기 위해서다(Davies & Allison). 모든 사람이 잠든 밤에 원수가 누구도 눈치채지 못하게 은밀하게 와서 조용히 가라지를 뿌리고 갔으므로 그 누구도 원수를 막을 수 없었다.

'원수'(ὁ ἐχθρὸς)는 땅 주인과 경쟁하며 적대적 관계에 있는 사람을 뜻한다. 야밤에 남의 밭에 가서 나쁜 씨앗을 뿌리는 일은 종종 있었던 일이다. 로마 제국은 이러한 일을 법으로 금했다(France, Keener). 원수가 뿌린 '가라지'(ζιζάνιον)는 독보리(darnel)라는 식물이다(BAGD). 이 식물이 맺는 씨에는 독이 있으며, 자랄 때 보리와 잘 구분이 되지 않는다. 하지만 추수 때는 확실히 다르다(Carson, Wilkins). 원수가 독보리를 '곡식 가운데'(μέσον τοῦ σίτου) 뿌렸다는 것은 밭 전체에 골고루 심었다는 뜻이다(Carson).

처음에는 밀과 독보리가 자라는 모습이 비슷하기 때문에 종들이 눈치채지 못하다가 곡식이 성숙기에 접어들자 차이가 나는 것을 알아보기 시작했다(26절). 종들은 주인에게 가서 좋은 씨(밀)를 뿌린 밭에 왜 가라지가 생겨났는지 도대체 알 수 없다고 했다(27절). 주인은 그의 원수가 이런 짓을 했다는 것을 직감했다(28a절). 그 말을 들은 종들은 주인에게 자신들이 밭에 가서 가라지들을 뽑기를 원하는지 물었다(28b절).

주인은 가라지를 뽑다가 곡식까지 뽑을 수 있다며 가만두라고 했다(29절). 독보리와 밀의 뿌리는 서로 엉켜 자라기 때문에 독보리만 뽑는 일은 거의 불가능하다(Carson, Keener). 주인은 종들을 야단치거나 탓하지 않는다. 그들이 게을러서 빚어진 일이 아니라 원수가 악의적으로 한 일이기 때문이다. 종들은 추수 때 알곡과 가라지를 분류해 가라지를 태우는 일을 맡을 것이다(30절).

주인이 가라지를 곧바로 뽑지 않고 추수 때까지 남겨 두는 것이 이상하다고 생각하는 이들도 있지만(Luz), 충분히 있을 만한 일이다. 게다가 원수는 밭 전체에 독보리를 골고루 뿌렸다. 가라지를 뽑으려 했다가 그만큼 피해도 커질 수 있는 상황이다.

주인이 추수하는 날 가라지를 태우라고 하는 것(30절)이 당시 시대적 상황과 잘 어울리지 않는다고 생각하는 이들도 있다. 당시 농부들은 잡초를 짐승들의 먹이나 땔감으로 사용했기 때문이다(Witherlington). 그러나 예수님은 종말에 악에 대한 혹독한 심판이 있을 것을 강조하기 위해 불 심판을 말씀하신다. 또한 당시 농부들이 곡식을 수확할 때는 곡식의 머리만 베고 온 밭을 불태우는 방법을 사용하기도 했고 (Gundry), 본문에서처럼 전체를 베어 분류하기도 했다(Davies & Allison). 비유의 모든 요소를 삶의 정황과 연결해 해석할 필요는 없다.

이 말씀은 하나님의 나라가 임했다고 해서 곧바로 악이 근절되는 것은 아니라고 한다. 어떤 이들은 심판이 곧바로 임하지 않는 것이 놀랄 만한 일이라 하지만(Hagner), 알곡들을 위한 배려로 생각하면 놀랄 만한 일이 아니다. 하나님의 백성은 세상 사람들로부터 분리되어 따로 사는 것이 아니라, 함께 섞여 살아야 한다(Carson). 예수님은 제자들에게 최종 심판은 곧바로 임하지 않을 것이니 장기전을 준비하라고 권면하신다.

Ⅳ. 예수님의 사역이 분란을 초래함(11:2-13:53)
B. 디스코스 3(비유들)(13:1-52)
2. 비유 셋(13:24-43)

(2) 세 번째 비유: 겨자씨(13:31-32)

31 또 비유를 들어 이르시되 천국은 마치 사람이 자기 밭에 갖다 심은 겨자씨 한 알 같으니 32 이는 모든 씨보다 작은 것이로되 자란 후에는 풀보다 커서 나무가 되매 공중의 새들이 와서 그 가지에 깃들이느니라

예수님은 천국이 마치 사람이 밭에 갖다 심은 겨자씨 같다고 하신다(31절). 겨자씨는 모든 씨보다 작지만, 자란 후에는 풀보다 커서 새들이 가지에 깃들 정도가 된다(32절). 겨자씨가 세상에서 가장 작은 씨앗은 아니지만, 당시에는 가나안 지역 사람들이 접할 수 있는 가장 작은 씨앗이었다(Wilkins). 예수님은 사람들이 쉽게 알아들을 수 있도록 그들 삶의 정황을 바탕으로 이렇게 말씀하신다.

겨자씨가 얼마나 크게 자라 공간을 많이 차지하는지, 그 당시 겨자씨를 정원에 심지 말라는 말이 있을 정도였다(Nolland, Witherlington). 그런데 작은 겨자씨가 새들이 쉴 만한 나무로 자란다는 것은 무엇을 의미하는가? 한 주석가는 학자들의 해석을 네 가지로 정리한다(Luz). (1)끝에 가서 기독교가 온 세상을 아우르는 종교로 기적적인 성장을 할 것이라는 뜻이다. (2)예수님이 선포하신 하나님 나라가 이를 받아들인 사람들과 교회를 크게 변화시킬 것이라는 의미다. (3)성도들이 세상을 조용히 침투해 큰 영향력을 행사하는 것처럼 교회도 세상에 조용히 침투해 크게 성장할 것이라는 의미다. (4)하나님의 나라가 세상 끝 날 최종적으로, 절대적으로 승리할 것을 뜻한다. 이 중에서 두 번째와 세 번째 해석이 어느 정도 설득력이 있어 보이지만, 가장 기본적인 의미는 예수님이 시작하신 하나님 나라가 현재는 매우 미약하지만 나중에는 참으로 커져 많은 사람을 포함할 것이라는 의미다.

이 비유는 하나님 나라가 유대인들의 기대와 전혀 다르게 시작되었음을 암시한다. 유대인들은 하나님의 나라가 매우 화려하고 극적으로 임할 것을 기대했다. 반면에 예수님은 하나님의 나라가 매우 미약한 형태로 시작될 것이라고 하신다. 아주 작은 겨자씨가 엄청나게 크게 자라는 것처럼 하나님의 나라도 범 세계적인 영향력을 발휘하도록 크게 자랄 것이며 모든 인류와 족속을 포함할 것이다(Beale & Carson). 그러므로 이 비유는 예수님 시대의 미약한 하나님 나라 모습과 미래의 왕성한 하나님 나라 모습을 대조한다(Davies & Allison). “네 시작은 미약하였으나 네 나중은 심히 창대하리라”라는 구약 말씀을 생각나게 한다(욥 8:7).

겨자씨가 자라 나무(관목)가 되면 새들이 와서 그 자리에 깃들 것이다(32b절). 구약에서 새는 이스라엘을 차지하기 위해 오는 이방인들을 상징하기도 한다(겔 17:23; 31:6; 단 4:9-12, 20-22). 이에 많은 학자가 이 말씀을 이방인 선교를 뜻하는 알레고리로 해석한다(Davies & Allison, Hill, Gundry, Luz, Morris, Nolland). 예수님이 이 땅에 세우신 하나님 나라가 당시에는 참으로 미약했지만, 세월이 지나면서 온 열방 사람 중에 크게 세워질 것이다.

이 말씀은 하나님 나라는 참으로 대단한 영향력을 지녔다고 한다. 겨자씨같이 작은 말씀이라도 심어지면 상상을 초월하는 나비효과를 발휘하며 온 세상을 이롭게 한다. 우리의 신앙과 삶도 항상 남에게 덕을 끼쳐야 한다.

Ⅳ. 예수님의 사역이 분란을 초래함(11:2-13:53) B. 디스코스 3(비유들)(13:1-52) 2. 비유 셋(13:24-43)

(3) 네 번째 비유: 누룩(13:33)

33 또 비유로 말씀하시되 천국은 마치 여자가 가루 서 말 속에 갖다 넣어 전부 부풀게 한 누룩과 같으니라

누룩이 성경에서 부정적인 의미를 지녔다 하여(cf. 출 12:8, 15-20; 23:18; 34:25; 레 2:11; 마 16:6; 고전 5:6-7; 갈 5:9) 이 비유에서도 부정적인 의미를 지닌 것으로 해석해야 한다는 이들도 있다(cf. Carson). 그러나 이 비유에서는 긍정적인 의미로 사용되었다. 겨자씨 비유(31-32절)처럼 이 누룩 비유도 눈에 보이지 않을 정도로 지극히 작은 것이 크게 자라는 것을 의미한다.

천국은 마치 여인이 가루 서 말 속에 넣어 전부 부풀게 한 누룩과 같다고 하신다. 서 말은 약 40ℓ에 달하는 많은 양이다. 이 정도 밀가루로 빵을 만들면 100-150명을 먹일 수 있다(Boring, Davies & Allison, Gundry, Keener, Luz). 그러므로 이 비유에 등장하는 여인이 잔치 음식을 준비하는 것이라 하기도 하고, 대안으로 3세아(약 22ℓ)를 제시하기도 한다(Carson). 그러나 3세아도 한 가족이 먹기에는 지나치게 많다. 그러므로 이 비유의 핵심은 밀가루의 양보다 반죽이 많이 부푸는 데 있다.

당시 사람들은 누룩이 들어가 부풀어 오른 반죽을 조금 떼어 두었다가 나중에 새 반죽과 섞는 방식으로 누룩을 보존하며 사용했다(Wilkins). 이러한 정황을 배경으로 본문은 누룩을 '서 말 속에 갖다 넣었다'라고 한다.

유대인들은 하나님의 나라가 임하면 세상의 질서가 완전히 변할 것을 기대했다. 반면에 예수님이 시작하신 하나님 나라는 곧바로 눈에 띄는 변화를 가져오지 않았다. 누룩이 은밀하게 온 반죽을 변화시키는 것처럼 하나님 나라는 조용히 세상을 바꿔 나갈 것이다. 예수님이 선포하신 복음이 사람의 마음부터 바꿔 나가기 시작했기 때문이다.

이 말씀은 하나님 나라의 복음은 은밀하게 조금씩 세상을 바꿔 나간다고 한다. 먼저 예수님을 영접한 사람의 마음을 바꾸고, 그다음 그를 통해 세상을 바꿔 나간다. 그러므로 당장 변화가 보이지 않는다고 낙심하지 말자. 좋은 일은 시간이 걸린다.

Ⅳ. 예수님의 사역이 분란을 초래함(11:2–13:53)
B. 디스코스 3(비유들)(13:1–52)
2. 비유 셋(13:24–43)

(4) 비유로 말씀하시는 이유(13:34–35)

34 예수께서 이 모든 것을 무리에게 비유로 말씀하시고 비유가 아니면 아무
것도 말씀하지 아니하셨으니 35 이는 선지자를 통하여 말씀하신바

내가 입을 열어 비유로 말하고
창세부터 감추인 것들을 드러내리라

함을 이루려 하심이라

마태는 예수님이 이 모든 것을 무리에게 비유로만 말씀하셨다고 한다(34절). 그러나 예수님은 앞으로 비유를 통하지 않고 직접 가르치실 것이다(cf. 15:3-10; 17:17, 25; 19:4-12, 17-21). 그러므로 이 구절을 이때만 비유로 말씀하셨다는 의미로 해석하는 이들이 있다(Bloomberg). 더 설득력 있는 해석은 비유가 예수님의 가르치는 사역에서 매우 중요한 부분이었음을 강조한다는 것이다(Carson, Morris).

예수님이 무리에게 비유로 말씀하는 것은 그들을 아웃사이더(outsiders)로 간주하시기 때문이다(Osborne, cf. 11-12절). 이제부터 13장의 나머지 부분에서는 제자들만 가르치실 것이다. 예수님은 무리에게 하나님 나라에 대해 충분히 선포했다고 생각하신다. 이제는 그들이 결정해야 한다. 예수님을 하나님 나라를 시작하는 메시아로 영접하든지, 혹은 거부하든지 해야 한다. 계속 중립을 지킬 수는 없다. 그러므로 무리가 더는 잘 알아듣지 못하도록 비유로 말씀하시는 것은 그들의 결단을 요구하는 하나의 방법이다(cf. 12:30).

13장은 마태복음의 중심점(pivot point)이다(Osborne). 13장을 기점으로 예수님은 점차 유대인 무리를 멀리하고 이방인 사역과 제자 양육에 집중하신다. 이 본문은 이러한 위치에 있는 13장 안에서도 중심점이다. 1-33절에서는 예수님이 무리에게 더 집중하셨지만 이 말씀 이후 36-52절에서는 제자들에게 더 집중하시기 때문이다.

마태가 성취되었다고 말하는 선지자의 말씀은 시편 78:2이다. 시편 78편은 이스라엘의 역사 중 출애굽에서 다윗왕에 이르기까지 있었던 일들을 회고하는 서사시다. 그러므로 엄밀히 말해 예언은 아니다. 이 말씀이 예수님이 이루신 예언이라고 하는 것은 마태가 구약 전체를 예언이라고 생각하기 때문일 수 있다(Boring). 그러나 더 가능성이 있는 해석은 역대기에 따르면 이 시편의 저자로 기록된 아삽이 선지자이기 때문이다(Hagner, Morris, cf. 대상 25:2; 대하 29:30).

아삽은 서사시를 통해 이스라엘 역사에서 하나님이 하신 일을 기념하고자 한다. 이스라엘에 역사를 통해 배울 것을 권면하기 위해서다.

그들은 역사에서 무엇을 배워야 하는가? 창세부터 감추어진 것들을 배워야 한다. 하나님의 구속사적 관점에서 그들의 역사를 해석해 하나님과 그의 나라에 대해 배우라는 것이다. 그러므로 '창세부터 감추인 것들'은 비밀이나 예언이 아니라, 계시에 관한 것이다. 이스라엘과 항상 함께 있었지만, 그들이 깨닫지 못한 것들이다. 이스라엘이 역사에서 배우면 하나님께 교만하고 목이 곧은 백성이 되지 않는다.

이 말씀도 마태복음의 다른 구약 인용처럼 예언을 이루는 의미에서의 성취가 아니다. 하나님이 태초부터 계시하셨지만 사람들이 깨닫지 못해 세상에서 감추어진 것들을 예수님이 드러내시는 차원에서 구약 말씀의 성취다. 그러므로 학자들은 이러한 성취를 '순수한 모형/유형'(pure typology)이라 한다(Davies & Allison, Kidner). 하나님의 선지자가 하나님의 영감을 받아 백성에게 숨겨졌던 사실을 드러낸 것처럼 예수님도 예전에 숨겨진 진실을 비유를 통해 드러내신다.

이 말씀은 예수님의 말씀과 가르침은 새로운 것도 있지만, 태초부터 하나님이 계시하신 것이 대부분이라 한다. 예수님은 사람들이 미처 깨닫지 못한 것들을 보여 주시고 가르쳐 주신 것이다. 그러므로 예수님은 이미 하나님이 계시하신 진리를 새로이 선포하는 사역을 하셨다.

Ⅳ. 예수님의 사역이 분란을 초래함(11:2-13:53) B. 디스코스 3(비유들)(13:1-52) 2. 비유 셋(13:24-43)

(5) 가라지 비유를 설명하심(13:36-43)

36 이에 예수께서 무리를 떠나사 집에 들어가시니 제자들이 나아와 이르되
밭의 가라지의 비유를 우리에게 설명하여 주소서 37 대답하여 이르시되 좋은
씨를 뿌리는 이는 인자요 38 밭은 세상이요 좋은 씨는 천국의 아들들이요 가
라지는 악한 자의 아들들이요 39 가라지를 뿌린 원수는 마귀요 추수 때는 세

상 끝이요 추수꾼은 천사들이니 40 그런즉 가라지를 거두어 불에 사르는 것
같이 세상 끝에도 그러하리라 41 인자가 그 천사들을 보내리니 그들이 그
나라에서 모든 넘어지게 하는 것과 또 불법을 행하는 자들을 거두어 내어
42 풀무 불에 던져 넣으리니 거기서 울며 이를 갈게 되리라 43 그때에 의인들
은 자기 아버지 나라에서 해와 같이 빛나리라 귀 있는 자는 들으라

예수님이 무리를 떠나 집으로 들어가셨다(36a절). 베드로와 안드레의 가버나움 집이다(cf. 8:14; 13:1). 집으로 따라 들어온 제자들이 예수님께 가라지 비유(24-30절)를 설명해 달라고 부탁했다(36b절). 제자들도 비유를 이해하지 못하기는 무리와 별반 다를 바 없다. 그러나 그들은 예수님을 메시아로 영접했을 뿐 아니라 하나님 나라에 대해 배우려는 열정을 보인다. 그들은 하나님 나라의 인사이더들(insiders)인 것이다(Osborne). 이제부터 예수님은 제자들을 주로 가르치신다. 앞에서는 바리새인들과 무리가 예수님을 거부했지만, 지금부터는 예수님이 그들을 거부하신다.

예수님은 좋은 씨를 뿌리는 이는 인자라며 바로 예수님 자신이 가라지 비유의 씨 뿌리는 농부라고 하신다(37절). '인자'(ὁ υἱὸς τοῦ ἀνθρώπου)는 영광스러운 모습의 메시아를 뜻한다(단 7:13-14). 예수님이 좋은 씨를 뿌린 밭은 세상이다(38a절). 기독교 역사를 살펴보면 '세상'(ὁ κόσμος)을 교회로 해석한 이들이 있었다. 아우구스티누스와 칼뱅을 비롯한 상당수의 종교 개혁자가 이렇게 해석했다(Carson). 그러나 세상은 교회가 아니라 우리가 사는 이 세상이다. 예수님은 세상이 밭이라며 이스라엘뿐 아니라 온 세상이 선교와 전도의 대상임을 선언하신다.

메시아이신 예수님이 밭인 세상에 뿌리시는 좋은 씨는 천국의 아들들이다(38b절). 제자들을 두고 하시는 말씀이다. 예수님은 온 세상을 하나님 나라로 만들라며 세상에 제자들을 심으신 것이다. 가라지는 악한 자의 아들들이라 하신다(38c절). '악한 자'(τοῦ πονηροῦ)는 사탄을 두고 하시는 말씀이다. 세상은 하나님 나라와 사탄을 추종하는 세력이 대립하며 갈등을 빚는 곳이다. 세상에서 벌어지는 영적인 싸움은 매우 치열하다. 그 누구도 오랫동안 중립을 지킬 수 없는 곳이다. 그러므로 예수님은 자기와 함께하지 않는 자들은 모두 반대하는 자들이라고 하셨다(12:30).

가라지를 뿌린 원수는 마귀다(39a절). 마귀는 예수님이 하시는 일을 끊임없이 방해한다. 때로는 직접 예수님께 저항하기도 하지만, 세상의 악한 사람들을 동원해 주님의 제자들을 괴롭게 한다. 그러므로 제자들은 사람들의 훼방과 핍박 뒤에 마귀가 있다는 것을 깨달아야 한다. 우리는 죽는 날까지 마귀와 영적 전쟁을 해야 한다.

추수하는 때는 세상 끝 날이다(39b절; cf. 사 17:5; 욜 3:13; 계 14:14-20). 그날이 되면 밭에서 베어 낸 알곡과 가라지가 따로 구분될 것이다. 이런 일을 하는 추수꾼은 천사들이다(39c절). 예수님의 일꾼인 천사들은 가라지를 모아 모두 불사를 것이다(40절). 세상이 끝나는 날 악인들은 혹독한 심판을 받을 것이라는 뜻이다.

가라지를 태우신 예수님은 천사들을 보내 온 세상에서 악과 악을 행하는 자들을 제거해 풀무 불에 던지실 것이다(41-42a절). 구약은 여호와 하나님이 세상을 심판하신다고 하는데, 본문은 예수님이 세상의 최종적인 심판자이심을 암시한다(cf. 단 7:13-14). 하나님과 예수님이 함께 심판하시기 때문이다. 예수님은 세상에서 사람들을 실족하게 하는 것과 불법을 행하는 자들을 제거하는 심판을 하신다(41절). 그날에 심판받은 자들은 울며 이를 갈 것이다(42b절). 울음은 슬픔을 상징하며, 이를 가는 것은 고통(Luz), 절망(McNeile), 혹은 심한 분노의 표현이다(Davies & Allison).

이와는 대조적으로 의인들은 아버지 나라에서 해와 같이 빛날 것이다(43절). 의인들은 하나님의 말씀과 뜻에 순종하며 사는 사람들이다(3:15; 5:6). 예수님은 하나님을 아버지라 하셨다. 이번에는 하나님을 의인들의 아버지라 하시며 의인들과 자신은 하나님과 특별한 관계를 동일하게 누리게 될 것이라 하신다. 예수님이 우리를 형제로 대하시는 것이다(cf. 12:46-50).

의인들이 해와 같이 빛난다는 것은 그들이 예수님의 영광을 함께 나눌 것을 의미한다(cf. 17:2). 다니엘은 오래전에 의인들의 빛남에 대해 이런 예언을 남겼다. "지혜 있는 자는 궁창의 빛과 같이 빛날 것이요 많은 사람을 옳은 데로 돌아오게 한 자는 별과 같이 영원토록 빛나리라"(단 12:3). 예수님이 의인들을 빛나는 별이 되게 하실 것이다. 예수님은 비유 설명을 "귀 있는 자는 들으라"라는 권면으로 마무리하신다(43절; cf. 11:15; 13:9).

이 말씀은 천국과 지옥이 있다고 한다. 어떤 이들은 선하신 하나님이 악하다고 해서 사람을 지옥으로 보내시는 일은 없을 것이라고 한다. 지옥은 상상에 불과한 것이지 실제가 아니라는 것이다. 그러나 세상이 끝나는 날, 하나님은 모든 사람을 두 부류로 구분하실 것이다. 하나님이 알곡으로 간주하는 성도들은 천국으로, 하나님을 대적하거나 믿지 않은 자들은 지옥으로 보내실 것이다. 천국에 입성한 성도들은 하나님과 영원히 살 것이며, 지옥으로 간 자들은 영원히 고통을 당할 것이다.

Ⅳ. 예수님의 사역이 분란을 초래함(11:2-13:53)
B. 디스코스 3(비유들)(13:1-52)

3. 추가적 비유 셋(13:44-50)

하나님 나라에 대한 비유가 계속되고 있다. 이번에도 세 개의 짧은 비유가 연속적으로 등장한다. 이때까지 예수님은 각 섹션의 첫 번째 비유를 설명하셨지만, 이번에는 세 가지 비유 중 마지막 비유(47-48절)를 설명하신다. 이 섹션은 다음과 같이 구분된다.

A. 다섯 번째 비유: 숨겨진 보배(13:44)
B. 여섯 번째 비유: 진주(13:45-46)
C. 일곱 번째 비유: 그물(13:47-48)
D. 그물 비유를 설명하심(13:49-50)

Ⅳ. 예수님의 사역이 분란을 초래함(11:2-13:53)
B. 디스코스 3(비유들)(13:1-52)
3. 추가적 비유 셋(13:44-50)

(1) 다섯 번째 비유: 숨겨진 보배(13:44)

44 천국은 마치 밭에 감추인 보화와 같으니 사람이 이를 발견한 후 숨겨 두고 기뻐하며 돌아가서 자기의 소유를 다 팔아 그 밭을 사느니라

예수님이 제자들에게만 말씀하시는 첫 번째 비유다. 예수님은 그들에게 천국이 얼마나 귀하고 소중한 것인지 가르치신다. 예수님을 메시아로 영접하고 하나님 나라의 백성이 된 그들에게 참으로 지혜로운 선택을 했다고 하시는 것이다.

천국은 참으로 귀한 보화와 같지만, 사람들의 눈에 잘 띄지 않는 감추어진 것이다. 세상 사람들의 눈에는 천국이 잘 보이지 않는다. 반면에 제자들처럼 영적인 눈이 뜨인 사람은 곧바로 알아본다.

밭에 감춰진 보화를 알아본 사람은 그 보화를 다시 숨겨 두고 기뻐하며 돌아가서 자기 소유를 다 팔아 그 밭을 산다. 그 밭에 묻어 둔 보화를 얻기 위해서다. 은행이 없는 세상에서 금과 보석 등 귀중품을 항아리나 상자에 넣어 자기만 아는 곳에 묻어 두는 관습이 이 비유의 정황이다. 외부의 침략이나 약탈자들의 습격에 대비해 집에는 숨기지 않았다.

아마도 이 밭의 주인은 보화를 묻어 놓고 가족들에게 알려 주기 전에 죽었거나, 혹은 밭의 소유권이 여러 차례 바뀌면서 보화도 잊힌 것으로 생각된다. 핵심은 하나님 나라는 숨겨져 있기 때문에 사람들이 쉽게 알아보지 못한다는 것이다. 또한 밭에서 보배를 찾는 것은 예나 지금이나 흔한 일이 아니다(Jeremias). 천국도 마찬가지다. 세상 사람들이 천국을 알아보는 것도 결코 흔한 일이 아니다(Carson).

어떤 이들은 이 비유가 법적인 문제를 안고 있다고 한다. 밭에서 발견된 보배는 밭 주인의 것이므로 밭을 산 사람이 밭 주인을 속이고 산 것이라고 한다. 당시 로마 사람들의 법과 유대인들의 법은 땅을 판 사람이 그 땅에 이 같은 보화가 묻혀 있는 것을 모르고 팔았다면, 보화는 땅을 산 사람의 몫이라고 한다(Luz, Witherington). 그러나 만일 땅을 사기 전에 주인에게 보화를 발견했다고 말하면 주인의 소유가 된다(Morris).

사실 이 같은 법적, 윤리적 잣대로 이 비유를 분석하는 것은 별 의미가 없다(cf. Hagner). 예수님이 이 비유를 통해서 하시고자 하는 말씀과 별 상관이 없기 때문이다. 예수님은 하늘나라는 사람이 가진 모든 것을 내주고서라도 얻을 만한 가치가 있는 소중한 것이라고 하신다. 이곳에서 행복하게 영생을 보낼 것이기 때문이다.

이 비유에서도 기쁨이 강조된다. 밭에서 보화를 발견한 사람이 밭에 다시 묻어 두고 기뻐하며 자기 집으로 돌아가 즐거운 마음으로 재산을 처분해 기쁜 마음으로 그 밭을 샀다. 이 비유는 사람이 하나님 나라가 어떤 곳인지 깨달으면 힘들게 헌신과 희생을 각오하고 그곳에 들어가려고 하는 것이 아니라, 자기가 가진 모든 것을 즐겁게 버리고 들어갈 것이라고 한다. 그가 버린 것보다 몇 십 배의 가치가 있는 곳이 천국이기 때문이다.

우리 주변에는 주님을 따르기 위해 많은 경제적 손실을 감수하는 사람들이 있다. 신앙 때문에 직장을 바꾸고, 업종을 바꾸는 이들이 있다. 사업을 하면서도 하나님 나라 원칙대로 하느라 큰 계약을 포기하는 이들도 있다. 그들이 이처럼 기꺼이 포기하는 것은 더 좋은 천국을 보았기 때문이다. 세상이 끝나는 날, 예수님은 이런 것들을 기꺼이 버리고 주님을 따라나선 사람들이 올바른 선택을 했다는 것을 온 세상에 나타내실 것이다.

Ⅳ. 예수님의 사역이 분란을 초래함(11:2–13:53)
B. 디스코스 3(비유들)(13:1–52)
3. 추가적 비유 셋(13:44–50)

(2) 여섯 번째 비유: 진주(13:45–46)

45 또 천국은 마치 좋은 진주를 구하는 장사와 같으니 46 극히 값진 진주 하나를 발견하매 가서 자기의 소유를 다 팔아 그 진주를 사느니라

예수님이 제자들에게만 주신 두 번째 가르침이다. 이 비유는 바로 앞에 나온 보화 비유와 강조하는 바가 거의 같다. 차이라면 보화 비유는 밭을 산 가난한 농부의 이야기였지만, 이 비유는 부유한 보석상의 이야기라는 점이다. 천국은 가난한 사람에게나 부자에게나 귀하기는 마찬가지이며, 복음은 경제적 지위에 상관하지 않고 모든 계층의 사람을 아우른다는 의미다. 또한 앞의 비유는 하나님 나라가 숨겨져 있음을 함께 강조했지만, 이 비유는 값짐만을 강조한다.

예수님은 천국이 좋은 진주를 구하는 장사와 같다고 하신다(46절). 이 비유에서 '장사'(ἀνθρώπῳ ἐμπόρῳ)는 값진 보석을 사다가 되파는 상인이다. 그러므로 그는 참으로 많은 돈을 가진 사람이다. 그에게 중요한 것은 보석의 질이지 값이 아니다. 그는 끊임없이 좋은 보석을 구한다. 앞 비유에서 천국은 사람들이 잘 볼 수 없도록 숨겨져 있어서 농부가 우연히 발견했다고 했는데, 이 비유는 상인이 진주를 구하러 찾아다니는 것처럼 구하는 사람들만 천국을 볼 수 있다고 한다(Davies & Allison).

우연히 발견하든, 구하다가 찾든 별로 중요하지 않다. 중요한 것은 그 다음에 나타나는 반응(모든 것을 포기하는 것)이다.

상인은 극히 값진 진주 하나를 발견하고는 집에 가서 모든 소유를 처분해 마련한 돈으로 그 진주를 샀다(46절). 오늘날에는 다른 보석에 비해 진주의 가치가 그다지 높지 않다. 양식된 진주가 주류를 이루고 있기 때문이다. 그러나 예수님 시대에는 진주가 참으로 값진 보배로 여겨졌다. 특히 홍해에서 생산된 진주는 오늘날 가치로 수백만 달러까지 나갔다(Jeremias).

상인은 아마도 되팔기 위해서가 아니라 소장하기 위해 이 진주를 구했을 것이다. 평생 진주 장사를 한, 진주의 가치를 아는 사람이 가장 좋은 진주를 발견했으니 팔지 않고 가지고 있으려 하는 것을 충분히 이해할 수 있다. 천국은 이런 것이다. 가치를 알아보는 사람은 어떠한 대가를 치르더라도 그것을 가지려 한다. 사람이 생각할 수 있는 가장 귀한 것이기 때문이다(cf. Hagner).

이스라엘 종교 지도자들은 하나님 나라의 가치를 모른다(cf. 11:25; 13:13-15). 그러나 제자들은 안다(cf. 13:11-12, 16-17). 어떻게 해야 영생을 얻을 수 있는지 질문하며 예수님을 찾아온 젊은 부자(19:16-22)는 부(副)를 포기할 수 없어서 천국을 포기했다. 반면에 주님을 위해 모든 것을 포기한 바울은 이렇게 증언한다. "모든 것을 해로 여김은 내 주 그리스도 예수를 아는 지식이 가장 고상하기 때문이라 내가 그를 위하여 모든 것을 잃어버리고 배설물로 여김은 그리스도를 얻고 그 안에서 발견되려 함이니"(빌 3:8-9). 우리 모두 이와 같은 각오로 하늘나라를 사모하며 살면 좋겠다.

이 말씀은 하나님 나라는 우리가 가진 모든 것을 투자할 만큼 가치가 있다고 한다. 사실 우리는 투자하는 것보다 훨씬 더 많은 것을 이 땅과 하늘나라에서 누리게 된다. 그러므로 하나님 나라에 올인하는 것은 가장 현명한 투자다.

Ⅳ. 예수님의 사역이 분란을 초래함(11:2-13:53)
B. 디스코스 3(비유들)(13:1-52)
3. 추가적 비유 셋(13:44-50)

(3) 일곱 번째 비유: 그물(13:47-48)

47 또 천국은 마치 바다에 치고 각종 물고기를 모는 그물과 같으니 48 그물에 가득하매 물가로 끌어내고 앉아서 좋은 것은 그릇에 담고 못된 것은 내버리느니라

종말에 있을 심판에 관한 이 비유는 알곡과 가라지 비유(24-30절)처럼 구별에 관한 것이다. 이 비유가 교회에 관한 것이라고 하는 이들은 종말에 하나님이 좋은 성도와 나쁜 성도를 구분하실 것이라는 의미로 이해한다(Boring, Gundry, Hagner, Kingsbury, Scott). 하나님이 좋은 열매를 맺는 삶을 산 사람들과 그렇지 못한 사람들을 구분하실 것이라는 뜻이다. 반면에 온 세상에 관한 비유로 해석하는 사람들은 하나님이 예수님을 영접한 사람들과 그렇지 않은 사람들을 구분하시는 일에 관한 것이라 한다(Blomberg, Carson, Davies & Allison, Keener). 이 비유가 '각종 물고기'를 언급하는 것으로 보아 후자가 더 설득력이 있는 해석이다.

사람이 사는 동안 예수님의 복음에 어떻게 반응하느냐가 최종 심판과 그 이후의 영원한 운명을 결정한다. 한순간의 판단이 영원을 결정하는 것이다. 그러므로 우리는 최대한 많은 사람이 그릇에 담기는 좋은 물고기가 되도록 최선을 다해 전도하고 선교해야 한다.

이 비유의 정황은 갈릴리 호수에서 고기를 잡는 어부의 삶이다. '그물'(σαγήνη)은 이 본문에서만 사용되는 단어이며, 저인망(dragnet)을 가리킨다(BAGD). 당시 갈릴리 호수에서 사용된 저인망은 길이가 220-300m에 달했으며, 그물의 높이는 중앙이 8m, 양쪽 끄트머리는 1.5m 정도였다(cf. ABD, ISBE). 그물의 위쪽에는 가벼운 나뭇조각이나 코르크 등을 매달아 물에 뜨게 했고, 아래쪽에는 추를 달아 가라앉게 했다. 두

배가 양쪽에서 그물을 끌거나, 그물 한쪽을 육지에 고정해 놓고 배 한 대가 다른 쪽을 끌어 고기를 몰아오는 방식을 취했다.

이 방법으로 고기를 잡으면 온갖 종류가 다 걸렸다. 그러므로 본문은 '각종'(παντὸς γένους), 곧 온갖 종류의 물고기를 잡는 그물이라 한다. 어떠한 인종이나 사회적 계층도 최종 심판을 피할 수 없다는 것을 의미한다. 그날 세상 모든 사람이 두 그룹 중 하나로 구분될 것이다(Blomberg, cf. Carson).

그물이 물고기로 가득해지면 물가로 끌어낸 후 앉아서 구분한다. 앉아 있는 자세는 심판을 상징한다(Osborne). 하나님과 예수님이 그날 그물에 걸린 물고기를 판단하실 것이다. 좋은 물고기는 그릇에 담아 보관하시고, 못된 것은 버리실 것이다. '못된 것'(σαπρός)은 '썩은 것'이라는 의미다(BAGD). 그러나 방금 물에서 끌어낸 물고기가 썩었을 리는 없다. 마태는 이미 앞에서 나쁜 열매를 뜻하는 의미로 이 단어를 네 차례 사용했다(7:17, 18; 12:33[×2]). 그러므로 '먹지 못하는 것'으로 해석하는 것이 좋다.

버려지는 물고기는 아마도 부정하거나(cf. 레 11:9-12), 너무 작거나 독이 있어서 사람이 먹을 수 없는 물고기였을 것이다. 당시 어부들은 갈릴리 호수에서 잡히는 물고기를 24종으로 구분했다(Keener). 예수님은 이 비유를 통해 세상이 끝나는 날 모든 사람이 심판을 받아 하나님의 택하심을 입거나 버림을 받을 것이라고 하신다.

이 말씀은 하나님이 종말에 모든 사람을 선한 사람들과 나쁜 사람들로 구분하실 것이라고 한다. 선한 사람들은 하나님의 택하심을 받아 하나님과 함께 있을 것이지만, 악한 사람들은 버림받을 것이라고 한다. 하나님과 함께 있을 수 없다는 뜻이다. 우리는 모두 하나님의 택하심을 받을 수 있도록 신실하고 성실하게 살아야 한다.

Ⅳ. 예수님의 사역이 분란을 초래함(11:2-13:53)
B. 디스코스 3(비유들)(13:1-52)
3. 추가적 비유 셋(13:44-50)

(4) 그물 비유를 설명하심(13:49-50)

49 세상 끝에도 이러하리라 천사들이 와서 의인 중에서 악인을 갈라내어
50 풀무 불에 던져 넣으리니 거기서 울며 이를 갈리라

온갖 물고기를 잡아서 분류하는 비유(47-48절)에 대한 설명이다. 하나님은 의인 중에서 악인들을 갈라내실 것이다. 알곡과 가라지를 갈라낸 일꾼들이 천사들이었던 것처럼(39-41절), 이번에도 천사들이 악인들과 의인들을 구분한다. 이 일은 당장 있을 것이 아니라 종말에 가서 있을 일이다.

예수님은 의인들이 어떻게 될 것인지에 대해서는 말씀하지 않으시고 악인들에 대해서만 말씀하신다. 그들은 풀무 불에 던져질 것이며 거기서 울며 이를 갈 것이다(cf. 42절). 혹독한 심판을 받을 것이라는 뜻이다.

물고기는 땅에 버리거나 물에 다시 던지는 것이라며 불에 던지는 것은 적절치 않다고 하는 이들도 있다(Boring, Hill). 만일 이러한 논리로 비유를 해석한다면 풀무 불에 던져진 자들이 그안에서 울며 이를 가는 것도 이상하다. 던져지자마자 타서 없어져야 하기 때문이다. 비유의 모든 요소를 지나치게 문자적으로 해석하는 것은 바람직하지 않다.

예수님은 영원한 심판을 받을 악인들을 못된 물고기라고 하셨다(48절). 사람을 낚는 어부로 부르심을 받은 우리는 열심히 낚시해 어떻게든 하나님의 심판을 받을 못된 물고기 수를 줄여야 한다. 못된 물고기의 수를 줄이는 것은 교회가 이 땅에 존재하는 이유 중 하나다.

이 말씀은 하나님이 종말에 의인 가운데 악인이 섞여 있지 못하도록 따로 구분하실 것이라 한다. 하나님은 천사들을 시켜 악인들을 구분한 후 영원한 형벌이 있는 지옥으로 보내실 것이다. 의인들은 악인들이 없는 세상에서 낙원을 이루며 살 것이다.

Ⅳ. 예수님의 사역이 분란을 초래함(11:2-13:53)
B. 디스코스 3(비유들)(13:1-52)

4. 결론적 비유: 곳간(13:51-52)

51 이 모든 것을 깨달았느냐 하시니 대답하되 그러하오이다 52 예수께서 이르
시되 그러므로 천국의 제자 된 서기관마다 마치 새것과 옛것을 그 곳간에서
내오는 집주인과 같으니라

예수님은 제자들에게만 하늘나라에 대한 비밀을 보이시고 앞으로도 많은 것을 가르쳐 주실 것이다(11-12절). 그러므로 그들은 하나님 나라에 대해 세상 사람들보다 훨씬 더 많은 것을 알게 될 것이다. 이는 구약의 선지자들과 의인들이 간절히 원했지만 얻지 못한 것들이다(17절). 그러므로 제자들은 참으로 하나님의 복을 받은 사람들이다(16절).

제자들은 지금까지 예수님이 하늘나라에 대해 가르쳐 주신 것을 다 깨달았다(51절). 그러나 하나님 나라에 대해 모든 것을 알지는 못한다. 그래서 예수님의 책망을 받기도 받는다(15:16). 그들은 조금씩 더 알아 가며 성장하고 있다.

예수님은 제자들을 대견해하시며 그들을 서기관에 비유하신다(52a절). 서기관은 율법을 해석하고 가르치는 일을 하는 사람이다. 제자들이 앞으로 서기관 역할을 해야 한다는 것이다(France). 그러나 보통 서기관이 아니다. 천국의 제자 된 서기관이다.

천국의 서기관으로서 제자들은 집주인과 같다(52b절). 예수님의 비유에서 집주인은 하나님(21:33) 혹은 예수님(10:25; 13:27)을 뜻한다. 그러므로 제자들을 집주인으로 부르시는 것은 제자들과 하나님과 예수님이 같은 비전을 품고 하나 됨을 상징한다.

천국의 서기관인 제자들은 무엇을 가르쳐야 하는가? 그들이 예수님께 배운 대로 가르치면 된다. 예수님께 받은 천국의 비밀을 사람들에게 가르쳐야 한다(France). 이 과정에서 새것과 옛것을 모두 꺼내 가르쳐야 한다. 새것은 예수님이 선포하신 하나님 나라의 복음이며, 옛것은 '율법과 선지자'인 구약을 의미한다.

유대인 서기관들은 옛것만 해석하고 가르쳤다. 제자들은 새것을 먼저 가르치지만, 옛것도 등한시하지 않아야 한다. 예수님은 구약이 예언한 메시아이시며(1:22; 2:5, 15, 17, 23; 4:14), 새로운 율법에 근거한 하나님 나라를 세우셨다. 또한 옛 율법과 선지자를 완성하셨다(5:17-20). 제자들은 이러한 사실을 사람들에게 가르쳐야 한다(Orton). 한쪽으로 치우치지 않는 영적 균형은 우리에게 항상 필요하다.

이 말씀은 말씀을 연구하고 배우는 일에 균형을 추구하라고 한다. 한쪽으로 치우쳐 구약만 혹은 신약만 가르치면 안 된다. 모두 하나님의 말씀이기 때문이다. 하나님 나라의 서기관들로서 우리는 균형 있게 하나님 말씀을 골고루 선포해야 한다. 쏠림 현상은 절대 건강하지 않다.

Ⅳ. 예수님의 사역이 분란을 초래함(11:2-13:53)

C. 끝맺음(13:53)

53 예수께서 이 모든 비유를 마치신 후에 그곳을 떠나서

학자 중에는 이 말씀이 다음 섹션을 시작하는 말씀이라고 하는 이들도 있다(Boring). 그러나 마태가 각 섹션을 세 단계로 구성하고 있다는 점을 고려해 앞 섹션을 끝맺는 말씀으로 간주하는 것이 바람직하다(cf. 7:28; 11:1; 19:1; 26:1). 예수님은 가버나움 사역을 마치시고 그곳을 떠나 고향인 나사렛으로 가신다.

Ⅴ. 예수님과 제자들
(13:54-19:2)

이 섹션에서 예수님은 제자들에게 자신이 메시아임을 더욱더 강조하신다. 베드로도 예수님이 메시아이심을 입으로 고백하고(16:15-19) 또 변화산에서 경험한다(17:1-8). 예수님의 메시아 되심이 이 섹션의 중요한 주제다. 예수님은 그동안 메시아가 감당해야 할 고난에 관해 별로 말씀하지 않으셨는데, 이 섹션에서는 고난에 대해 예언하신다(16:21-28; 17:22-23; cf. 20:17-19).

비록 바리새인과 서기관 등 종교 지도자들이 예수님을 죽이기로 결정했지만, 예수님의 인기는 날이 갈수록 높아진다. 급기야 2만 명이 예수님의 말씀을 들으려고 모이기도 한다(14:13-21). 그러나 대중의 인기 속에서 고독을 느끼시는 예수님은 머지않아 예루살렘으로 올라가 죽으실 것을 아신다. 본 텍스트는 다음과 같이 세 파트로 구분된다.

A. 내러티브(13:54-17:27)
B. 디스코스 4(공동체의 원칙)(18:1-35)
C. 끝맺음(19:1)

V. 예수님과 제자들(13:54-19:2)

A. 내러티브(13:54-17:27)

마태복음이 담고 있는 다섯 개의 '내러티브-디스코스-끝맺음' 사이클 중 네 번째 사이클의 처음 요소인 내러티브다. 이 섹션은 다양한 사건으로 구성되어 있어 구조를 쉽게 파악할 수 있다. 이제 예수님은 장차 감당하실 고난과 죽음에 대해 제자들에게 말씀하신다. 본 텍스트는 다음과 같이 구분된다.

A. 나사렛의 배척(13:54-58)
B. 헤롯과 예수님(14:1-12)
C. 오천 명을 먹이심(14:13-21)
D. 물 위를 걸으심(14:22-33)
E. 사역에 대한 전환적 요약(14:34-36)
F. 장로들의 전통(15:1-20)
G. 가나안 여자(15:21-28)
H. 많은 병자를 고치심(15:29-31)
I. 사천 명을 먹이심(15:32-39)
J. 표징 요구(16:1-4)
K. 바리새인들과 사두개인들의 누룩(16:5-12)
L. 베드로의 고백(16:13-20)
M. 첫 번째 수난에 대한 말씀(16:21-23)
N. 제자의 길(16:24-28)
O. 예수님의 변모(17:1-13)
P. 귀신 들린 아이(17:14-20)
Q. 두 번째 수난에 대한 말씀(17:22-23)
R. 성전세(17:24-27)

Ⅴ. 예수님과 제자들(13:54-19:2)
A. 내러티브(13:54-17:27)

1. 나사렛의 배척(13:54-58)

54 고향으로 돌아가사 그들의 회당에서 가르치시니 그들이 놀라 이르되 이
사람의 이 지혜와 이런 능력이 어디서 났느냐 55 이는 그 목수의 아들이 아
니냐 그 어머니는 마리아, 그 형제들은 야고보, 요셉, 시몬, 유다라 하지 않
느냐 56 그 누이들은 다 우리와 함께 있지 아니하냐 그런즉 이 사람의 이 모
든 것이 어디서 났느냐 하고 57 예수를 배척한지라 예수께서 그들에게 말씀
하시되 선지자가 자기 고향과 자기 집 외에서는 존경을 받지 않음이 없느니
라 하시고 58 그들이 믿지 않음으로 말미암아 거기서 많은 능력을 행하지 아
니하시니라

예수님이 많은 이적을 베푸는 사역자로 고향인 나사렛에 돌아오셨다. 회당에 들어가 가르치고 치료하시니 사람들이 보고 들은 것을 도저히 믿을 수 없다는 말만 되풀이하다가 결국 예수님을 배척한다(57절). 이 섹션을 구성하는 질문들을 보면 예수님에 대한 그들의 부정적인 시각이 확연하게 드러난다(cf. Boring, Osborne).

고향(πατρίς)(54a절)
  어디서 났느냐(πόθεν τούτῳ)(54b절)
    아니냐(οὐχ οὗτός)(55a절)
      않느냐(οὐχ αὐτοῦ)(55b절)
    아니하냐(αὐτοῦ οὐχὶ)(56a절)
  어디서 났느냐(πόθεν τούτῳ)(56b절)
고향(πατρίς)(57절)

마태는 예수님의 고향이 어디인지 말하지 않지만, 누가는 예수님이 자라나신 곳이 나사렛이라고 한다(눅 4:16). 대부분 사람들이 본문에 기록된 나사렛 방문과 누가복음 4:16-30에 기록된 나사렛 방문을 같은 사건으로 본다. 누가복음에 기록된 방문에서는 예수님이 이방인 역시 하나님의 구원 사역에 포함된다고 하시자 사람들이 예수님을 절벽에서 밀어 죽이려 했다. 이는 거짓 선지자와 거짓 선생을 처형하는 흔한 방법이었다. 그 일과 본문에 기록된 일의 차이를 고려할 때 아마도 이번 방문은 그 일 후에 있었던 것으로 보인다(Carson, Wilkins).

예수님은 왜 다시 나사렛을 찾아오셨을까? 가나의 혼인 잔치에서 어머니의 부탁으로 물을 술로 만드신 것처럼(요 2:1-10), 이번에도 가족들의 부탁으로 다시 찾으신 것일까(cf. 12:46-50)? 정확히 알 수는 없지만 이번 고향 방문에서는 첫 번째 방문 때보다 동네 사람들이 예수님에게 조금 누그러진 태도를 보인다.

고향에 도착하신 예수님은 회당으로 가서 가르치셨다. 항상 하던 대로 하신 것이다(cf. 4:23; 9:35; 12:9). 이 회당은 아마도 예수님이 어렸을 때부터 다니던 회당이었을 것이다. 이번에도 마태는 '그들의 회당'이라며 유대인들과 거리를 유지한다(cf. 4:23; 7:29; 9:35; 10:17; 11:1; 12:9-10).

고향 사람들은 예수님의 가르침과 사역에 놀랐다(54절). 그들은 예수님을 통해 드러난 하나님의 능력과 영광에 놀란 것이 아니다. 예수님이 이러한 능력을 소유한 것에 놀랐다. 그러므로 그들은 예수님이 어디서 이런 능력을 얻으셨는지에만 관심이 있다. 그들은 상당히 부정적이고 믿을 수 없다는 투로 "이런 능력이 어디서 났느냐?"라고 질문한다(Luz).

이어 그들은 예수님과 그분의 가정사에 대해 상세히 알고 있다는 것을 강조한다(55-56절). 그들의 눈에 예수님은 그 목수의 아들이다. '그 목수'(ὁ τοῦ τέκτονος υἱός)라며 정관사를 붙이는 것으로 보아 예수님의 아버지 요셉은 나사렛의 유일한 목수였던 것이 확실하다. 사실 '목수'(τέκτων)는 나무뿐 아니라 돌과 벽돌도 다루는 건축업자를 뜻한다

(Carson, cf. BAGD).

그들은 예수님의 어머니가 마리아이고, 형제들은 야고보, 요셉, 시몬, 유다라며 마치 예수님 집안의 '숟가락 개수까지 다 알고 있다'는 투로 말을 이어간다(55절). 본문에 언급된 이 형제들이 어머니와 함께 예수님을 만나러 왔었다(12:46; cf. 요 2:12; 6:42). 야고보는 훗날 예루살렘 교회의 중추 역할을 하는 장로가 되었으며(행 12:17; 15:13; 갈 1:19; 2:9) 야고보서를 저작했다. 유다는 유다서를 저작한 것으로 알려졌다(Osborne, Wilkins). 그 외 형제들에 대해서는 알려진 것이 없다. 아마도 야고보와 유다는 예수님이 살아 계실 때는 믿지 않다가(cf. 막 3:21; 요 7:5), 부활 후에 영접한 것으로 생각된다(cf. 고전 15:7).

동네 사람들은 예수님의 누이들도 자신들과 함께 있다고 한다(56절). 마가도 예수님에게 누이들이 있었다고 하지만(막 6:3), 마태처럼 그들의 이름을 기록하지는 않았다. 아마도 누이들은 아직 나사렛에서 살고 있으며, 회당에서 마을 사람들과 함께 예수님의 가르침을 듣고 있었을 것이다.

예수님은 지난 30년 동안 나사렛에 사시면서 조용히 사역을 준비하셨다. 랍비 훈련을 받으신 적도 없으시다. 그러니 그들의 관점에서는 동네 목수의 아들이 어느 날 갑자기 율법 선생이자 기적을 행하는 이(miracle worker)가 되어 나타났으니 놀라 자빠질 노릇이다. 지난 30년 동안 쌓인 예수님과 가족들에 관한 기억이 이 사실을 믿을 수 없게 만든다. 그러므로 그들의 유일한 관심사는 예수님이 보여 주시는 능력의 출처다. "이 모든 것이 어디서 났느냐?"(56절).

안타깝게도 그들은 바리새인들과 서기관들의 잘못된 판단을 반복한다(cf. 12:24). 예수님이 사탄에게서 능력을 받았다는 것이다. 이미 마음이 결정된 상태에서 질문한 것이기에 그들의 결론이 놀랍지 않다(Carson, Wilkins). 결국 그들은 예수님을 배척한다(57a절). '배척하다'(σκανδαλίζω)는 완전히 거부하는 것을 뜻하며, 배척당한 사람에게 배척한 사람이 죄를 짓는다는 뜻이다(BAGD). 신약에서는 오직 예수님만 배척당하신다(Carson).

예수님은 별로 놀라지 않으시고 마치 흔히 있는 일이 벌어졌을 뿐이라는 말씀으로 대응하신다. "선지자가 자기 고향과 자기 집 외에서는 존경을 받지 않음이 없느니라"(57절). 이 말씀은 예수님이 만드신 일종의 격언이라 할 수 있다. 구약의 선지자들이 대체로 이처럼 부당한 대우를 받았다(Morris). 특히 예레미야는 고향인 아나돗 사람들에게 두 차례나 암살 음모를 당했다.

예수님은 고향 사람들이 믿지 않기 때문에 그곳에서 많은 능력을 행하지 않으셨다(58절). 예수님이 무능해서가 아니라, 그들이 믿지 않아서 기적이 일어나지 않은 것이다. 우리의 삶에 이적이 일어나지 않는 것은 우리의 불신 때문일 수도 있다는 사실을 기억해야 한다. 기적이 일어나려면 믿음이 필요하다.

이 말씀은 가장 잘 아는 사람들에게 사역하기가 가장 어렵다고 한다. 여러 가지 편견과 선입견, 혹은 가족사에 대한 익숙함도 부정적으로 작용한다. 우리도 항상 우리를 가장 잘 아는 가족들을 전도하기가 가장 어렵다고 말하지 않는가! 그러므로 사역자는 익숙한 테두리를 벗어나 새로운 환경에서 사역하는 것이 바람직하다.

V. 예수님과 제자들(13:54-19:2) A. 내러티브(13:54-17:27)

2. 헤롯과 예수님(14:1-12)

[1] 그때에 분봉 왕 헤롯이 예수의 소문을 듣고 [2] 그 신하들에게 이르되 이는
세례 요한이라 그가 죽은 자 가운데서 살아났으니 그러므로 이런 능력이 그
속에서 역사하는도다 하더라 [3] 전에 헤롯이 그 동생 빌립의 아내 헤로디아의
일로 요한을 잡아 결박하여 옥에 가두었으니 [4] 이는 요한이 헤롯에게 말하되

당신이 그 여자를 차지한 것이 옳지 않다 하였음이라 [5] 헤롯이 요한을 죽이
려 하되 무리가 그를 선지자로 여기므로 그들을 두려워하더니 [6] 마침 헤롯의
생일이 되어 헤로디아의 딸이 연석 가운데서 춤을 추어 헤롯을 기쁘게 하니
[7] 헤롯이 맹세로 그에게 무엇이든지 달라는 대로 주겠다고 약속하거늘 [8] 그
가 제 어머니의 시킴을 듣고 이르되 세례 요한의 머리를 소반에 얹어 여기
서 내게 주소서 하니 [9] 왕이 근심하나 자기가 맹세한 것과 그 함께 앉은 사
람들 때문에 주라 명하고 [10] 사람을 보내어 옥에서 요한의 목을 베어 [11] 그 머
리를 소반에 얹어서 그 소녀에게 주니 그가 자기 어머니에게로 가져가니라
[12] 요한의 제자들이 와서 시체를 가져다가 장사하고 가서 예수께 아뢰니라

이 섹션의 두 번째 거부 이야기다. 앞에서는 마을 사람들이 예수님을 통해서 선포된 하나님 나라를 거부했지만, 이번에는 헤롯왕이 세례 요한을 통해 선포된 천국을 거부한다. 하나님이 보내신 메신저 요한을 죽인 헤롯은 하나님 나라를 적극적으로 거부하고 핍박하는 사람들을 상징한다. 그러므로 그의 이야기는 이미 있었던 일에 대한 회상(flashback)에 그치지 않고 앞으로 예수님이 당하실 고난을 예시(foreshadowing)한다(France). 하나님 나라가 아무리 좋다 해도 거부하는 사람들은 언제 어디에든 있다. 그러므로 우리의 목표는 '온 세상을 주님께로'가 아니라 '하나님이 택하신 사람들을 주님께로'가 되어야 한다.

분봉 왕 헤롯이 예수님에 대한 소문을 들었다(1절). 마태복음에서 접하는 세 번째 헤롯이다. 첫 번째는 동방 박사들과 연관된 헤롯이며 그는 '헤롯 대왕'(Herod the Great)으로 불리기도 한다(2:1). 그는 제2성전을 재건했으며 10명의 아내를 두었다. 헤롯이 죽은 후 그가 다스리던 나라는 셋으로 나뉘어 그의 아들들에게 분배되었다(ABD). 빌립(Philip II)은 가장 북쪽 지역, 곧 갈릴리 북쪽에 위치한 이두매(Iturea)와 다마스쿠스 남동쪽이자 갈릴리 호수 북동쪽에 위치한 드라고닛(Tracontis) 지역의 분봉 왕이 되었다.

빌립의 이복형제 안티파스(Antipas)는 갈릴리와 요단강 동편 베뢰아(Perea) 지역을 다스리는 분봉 왕(τετραάρχης, tetrarch)이 되었다. 그는 헤롯의 아들 중 신약과 가장 많은 연관이 있는 자다. 예수님이 십자가에 매달리시기 전에 예수님을 심문한 헤롯이 바로 이 사람이다(눅 23:6-12).

남쪽 지역을 차지한 아켈라오(Archelaus)는 19세에 왕위에 올랐다. 그는 형제들보다 더 높은 지위인 에트나크(ἐθνάρχης, ethnarch, cf. 개역개정은 고후 11:32에서 이 단어를 '방백'이라고 번역함)가 되어 유대와 사마리아와 이두메를 다스렸다(ABD).

마태복음에서 아버지 헤롯 다음으로 접하는 두 번째 헤롯은 아켈라오왕이다(2:22). 그도 아버지처럼 잔악한 사람이었다. 그러므로 이집트에서 돌아온 예수님의 아버지 요셉은 아켈라오가 다스리는 베들레헴에 정착하지 않고 헤롯 안티파스가 다스리는 북쪽 지역의 나사렛에 정착했다. 본문을 통해 접하는 세 번째 헤롯이 바로 이 안티파스(Antipas)다.

헤롯 안티파스의 통치 수도는 디베랴(Tiberias)로 가버나움에서 약 14㎞ 남쪽, 갈릴리 호수의 남서쪽 해변에 위치했다(ABD). 그는 지난 30년 동안 이 지역을 다스렸다(Carson). 그가 다스리는 지역에서 일어나는 일이었고, 예수님의 주요 활동 무대가 디베랴에서 별로 멀지 않았기 때문에 헤롯은 예수님에 대한 소문을 접했을 것이다.

예수님에 대한 소문을 들은 헤롯 안티파스는 예수님이 온갖 능력을 행하는 것은 자신이 죽인 세례 요한이 죽음에서 돌아와 예수님이 되었기 때문이라고 한다(2절). 요한은 분봉 왕 헤롯 안티파스(Herod Antipas)와 그의 동생 빌립의 아내 헤로디아(=헤롯의 제수[弟嫂])의 결혼을 반대했다가 옥에 갇혔다(4절). 이 빌립은 아버지 헤롯의 영토 중 가장 북쪽을 차지한 분봉 왕 빌립(Philip II)과 다른 사람이다. 헤롯 안티파스는 나바티아(Nabatea) 왕 아레타스(Aretas IV)의 딸과 결혼했는데, 동생의 아내였던 헤로디아와 결혼하기 위해 이혼했다. 헤로디아도 안티파스와 결혼하기 위해 빌립과 이혼했다. 그러므로 이 두 사람의 결혼은 유대인들에게 큰 스캔들이 되었다. 율법을 위반하는 결혼이었기 때문이다(레 18:16; 20:21).

게다가 헤로디아는 헤롯 안티파스의 반(半)형제인 아리스토불루스(Aristobulus)의 딸이었다. 즉, 헤롯은 반(半)조카(half-niece)였던 헤로디아와 결혼한 것이다(Carson, Wilkins, cf. Osborne). 요한은 폭동을 선동했다는 혐의로 사해 동쪽에 있던 마케루스(Machaerus) 산성에 투옥되었다(DGJ, cf. 3절).

마태복음 4:12은 세례 요한의 투옥이 예수님이 사역을 시작하기 얼마 전에 있었다고 한다. 본문에 기록된 일이 있기 약 1년 반쯤 전의 일이다(Wilkins). 감옥에 있는 동안 요한은 예수님에게 제자들을 보내 예수님이 '장차 오실 그분'(메시아)이 맞는지 물어본 적이 있다(11:2-3). 예수님은 긍정적으로 대답하셨고, 얼마 후 요한은 그를 감옥에 가둔 자의 손에 순교했다. 마태는 본문에서 요한이 죽게 된 경위를 간략하게 설명한다.

세례 요한을 잡아들인 헤롯은 그를 곧바로 죽이려 했지만, 무리가 요한을 선지자로 여겼기 때문에 주저했다. 요한이 아니라 그를 선지자라고 하는 무리가 두려웠기 때문이다(5절). 헤롯이 요한을 해하지 못하는 것은 유대교 지도자들이 예수님을 죽이려 하지만 예수님을 선지자로 생각하는 사람들이 두려워 실천하지 못하는 상황을 예시(foreshadowing)하기도 한다(21:46; 26:5).

요한이 갇혀 있는 마케루스 산성에서 헤롯의 생일잔치가 벌어졌다(6절, cf. Wilkins). 헤로디아의 딸이 춤을 추어 헤롯을 기쁘게 했다. 일상적으로 이런 곳에서는 창녀들이 춤을 추었다. 주로 남자들을 성적으로 유혹하는 춤이기 때문이다. 그러므로 양딸(step-daughter)이 저속한 춤을 추게 내버려 둔 헤롯의 부패한 도덕성을 엿볼 수 있는 대목이다(Carson, Osborne). 요세푸스는 춤을 춘 딸의 이름이 살로메이며 12-14살의 소녀였다고 한다(DGJ). 헤롯은 살로메의 저질스러운 춤을 매우 특별하고 영광스러운 일로 간주했다.

춤이 끝나자 헤롯이 그녀에게 무엇이든 달라는 대로 주겠다고 맹세했다(7절). 마가는 "나라의 절반까지라도 주리라"라는 말을 더한다(막 6:23). 옛적에 페르시아 제국을 호령하던 아하수에로왕이 에스더에게 한 말이다(에 5:2-3). 헤롯은 참으로 작은 지역을 다스리는, 그것도 로마 사람들의 허락하에 다스리고 있는 보잘것 없는 분봉 왕이다. 그러나 그의 허세는 큰 제국을 다스리는 왕에 버금간다.

평소 자신과 헤롯 안티파스의 결혼을 문제 삼은 요한을 가시 같은 존재로 생각해 왔던 헤로디아(막 6:19)가 딸 살로메에게 무엇을 구할 것인지 알려 주었다(8절). 세례 요한의 머리를 잘라 소반에 얹어 달라는 것이다. 정복자가 패배한 나라의 왕의 머리를 잘라 공개하는 것은 그 당시 풍습이었다. 그러나 잔치에서 이런 일이 벌어지는 것은 헤롯이 얼마나 부패하고 악했는지를 보여 준다.

헤롯은 참으로 악하고 타락한 사람이었지만, 요한을 죽이는 일이 부담스러워 근심했다(9절). 이는 빌라도가 예수님을 처형하기 주저한 일을 예시한다(Davies & Allison). 헤롯은 악하고 약했다. 약한 사람의 가장 치명적인 면은 다른 사람들이 그를 약하게 보는 것을 두려워하는 것이다. 결국 그는 양딸에게 한 맹세와 함께 앉은 사람들 때문에 요한의 목을 베라고 명령했다(9-10절). 그는 체면을 지키기 위해 400여 년의 침묵을 깨고 온 선지자 요한을 죽인 것이다. 재판하지 않고는 사람을 처형할 수 없다는 로마법과 유대인의 법을 어기는 불법을 행하면서 말이다(cf. Carson). 썩은 권력은 언제든지 법이 보장하는 권리와 절차를 무시하고 약자들을 짓밟을 수 있다.

살로메는 쟁반에 담긴 요한의 머리를 어머니 헤로디아에게 가져갔다. 당시 잔치가 벌어지면 남자와 여자는 서로 다른 공간에서 잔치를 즐겼다. 그러므로 살로메는 어머니 헤로디아가 있는 여자만 모여 있는 방으로 요한의 잘린 머리를 가져갔다. 참으로 잔인하고 역겨운 정황이지만, 종종 있었던 야만적 행위였다(cf. Carson). 헤로디아의 잔인성은 아합의 아내 이세벨과 그의 딸 아달랴를 생각나게 한다(왕상 18-21장, 왕하 11:1-16).

요한의 제자들이 요한의 시체를 가져다가 장사하고 예수님께 와서 소식을 알렸다(12절). 요한과 그의 제자들이 예수님을 좋게 생각하고 있었다는 것을 의미한다. 안타까운 것은 요한의 제자들이 예수님의 제자가 되지는 않았다는 점이다. 그들은 앞으로도 계속 죽은 스승을 추종할 것이다. 그러나 시간이 지날수록 스승인 요한의 가르침에서 멀어진다(cf. 19:1-7). 그럼에도 불구하고 스승의 시신을 가져다가 장사한 요한의 제자들이 예수님의 제자들보다 더 낫다(cf. 27:57-61).

헤롯은 요한을 죽였지만, 마음이 편안하지 않았다. 그러므로 예수님의 소식을 듣자마자 요한이 살아 돌아온 것이라며 두려워했다(1-2절). 그는 예수님이 죽음에서 돌아온 요한이기 때문에 능력을 행한다고 생각했다(2절). '능력'(δύναμις)은 병자를 고치는 등 온갖 이적을 행하는 것을 뜻한다. 그러나 세례 요한은 가르치고 선포했지 기적을 행하지는 않았다. 죄책감과 유대인들의 신학 그리고 어설픈 부활에 대한 이해와 미신이 섞인 반응이다(Carson, Wilkins).

이 말씀은 사역자가 세상 권세자들의 죄를 지적할 때 순교할 각오로 하라고 한다. 요한은 분봉 왕 헤롯의 죄를 지적했다가 참으로 어이없게 목숨을 잃었다. 하나님을 섬기지 않는 권력자들에게 하나님의 사람들은 양심에 가책을 느끼게 하는 귀찮은 존재에 불과하다.

V. 예수님과 제자들(13:54-19:2)
A. 내러티브(13:54-17:27)

3. 오천 명을 먹이심(14:13-21)

13 예수께서 들으시고 배를 타고 떠나사 따로 빈 들에 가시니 무리가 듣고 여

러 고을로부터 걸어서 따라간지라 14 예수께서 나오사 큰 무리를 보시고 불
쌍히 여기사 그중에 있는 병자를 고쳐 주시니라 15 저녁이 되매 제자들이 나
아와 이르되 이곳은 빈 들이요 때도 이미 저물었으니 무리를 보내어 마을에
들어가 먹을 것을 사 먹게 하소서 16 예수께서 이르시되 갈 것 없다 너희가
먹을 것을 주라 17 제자들이 이르되 여기 우리에게 있는 것은 떡 다섯 개와
물고기 두 마리뿐이니이다 18 이르시되 그것을 내게 가져오라 하시고 19 무리
를 명하여 잔디 위에 앉히시고 떡 다섯 개와 물고기 두 마리를 가지사 하늘
을 우러러 축사하시고 떡을 떼어 제자들에게 주시매 제자들이 무리에게 주
니 20 다 배불리 먹고 남은 조각을 열두 바구니에 차게 거두었으며 21 먹은
사람은 여자와 어린이 외에 오천 명이나 되었더라

일명 '오병이어' 기적으로 알려진 이 이야기는 교회학교에서 자주 들었던 이야기다. 또한 네 복음서에 기록된 유일한 기적이기도 하다(막 6:32-44; 눅 9:10-17; 요 6:1-15). 이는 예수님의 능력을 가장 잘 나타내는 기적이며, 장차 종말에 메시아가 성도들을 위해 베푸실 잔치가 어떤 것인지 조금은 상상할 수 있게 한다.

예수님이 빵 다섯 조각과 물고기 두 마리로 5,000명의 성인 남자(=여자들과 아이들을 포함하면 최소 1만 명)를 먹이시는 모습은 옛적 모세가 출애굽한 이스라엘 백성을 광야에서 만나로 먹인 일을 생각나게 한다(출 16장). 또한 엘리사가 빵 20개(=20명이 겨우 먹을 수 있는 양)로 100명을 먹인 일도 연상케 한다(왕하 4:42-44). 그러나 비율로 계산하면 엘리사는 5배로 늘리는 기적을 행했지만, 예수님은 최소 1,000배 이상으로 늘리는 기적을 행하셨다!

앞서 세례 요한이 악인들에게 처형된 이야기에서 헤롯의 풍성한, 그러나 타락한 잔치를 보았다. 한편 이어지는 이야기에서는 메뉴는 담백해도 훨씬 더 경건하고 행복한 분위기에서 펼쳐지는 잔치가 열린다(France). 예수님이 이미 종말에 성도들을 위해 열릴 잔치에 관해 말씀하셨는데(8:11), 본문은 이를 조금 더 자세하게 설명한다. 종말에 성도들이 참여할 메시아의 잔치는 즐거움과 풍요로움으로 가득할 것이다(Carson, Twelftree, cf, 눅 14:15; 22:30). 종말에 있을 잔치는 구약에서도 종종 예언되었다. "만군의 여호와께서 이 산에서 만민을 위하여 기름진 것과 오래 저장하였던 포도주로 연회를 베푸시리니 곧 골수가 가득한 기름진 것과 오래 저장하였던 맑은 포도주로 하실 것이며"(사 25:6).

그러므로 이 기적은 기독론과 종말론에서도 중요한 사건이다. 또한 예수님은 모든 것을 하나님께 맡기고 무엇을 먹을까, 무엇을 마실까 염려하지 말라고 하셨는데(6:25), 우리가 하나님께 모든 것을 맡기면 하나님이 우리를 어떻게 먹이시는지에 대한 실질적인 사례라 할 수 있다. 구약에서는 이러한 원리를 '여호와 이레'(יְהוָה יִרְאֶה)라고 한다(창 22:14).

예수님은 들으시고 머물던 가버나움 지역을 떠나셨다(13절). 무엇을 들으셨는가? 해석자들은 요한의 처형 소식(Boring, Hagner, France, Hill, McNeile), 또는 헤롯이 예수님에 대한 소문을 듣고 놀랐다는 말을 듣고(Bloomberg, Carson, Morris, Osborne) 떠나시는 것이라 한다. 요한이 처형된 일은 이미 얼마 전에 있었던 일을 회상하는(flashback) 것이므로 헤롯이 놀랐다는 소식을 듣고 떠나시는 것이 더 설득력이 있다. 혹은 두 소식 모두를 듣고 떠나신다는 해석도 괜찮다(Wilkins).

예수님은 정치적인 상황에 연루되는 것을 싫어하셨다. 이전에도 바리새인들이 예수님을 죽이려 한다는 음모를 아시고 그들과 다투지 않으려고 조용히 그 자리를 떠나셨다(12:15). 그러나 그들의 잘못된 신학과 생각을 맹렬하게 비난하시며 적극적으로 대응하기도 하셨다(12:22-45). 예수님은 언제 적극적으로 대응해야 하고, 언제 피하는 것이 좋은지를 분별하신 것이다. 이번에는 소식을 듣고 곧바로 떠나신다.

예수님은 배를 타고 가버나움을 떠나 따로 빈 들로 가셨다(13절). 마태는 정확한 지명을 밝히지 않지만, 누가는 벳새다로 가셨다고 한다

(눅 9:10). 벳새다는 갈릴리 호수 북동쪽에 위치한 마을이며, 요한을 죽인 헤롯 안티파스의 영역 밖이다. 예수님은 이곳으로 '따로'(κατ' ἰδίαν, privately) 가셨다. 제자들과 사적인 시간을 갖고 그들을 가르치기 위해 무리를 떠나신 것이다.

예수님은 조용히 제자들과 함께 시간을 보내려고 떠나셨지만, 소문을 들은 무리가 따라왔다(13절). 예수님과 제자들은 배를 타고 가시고, 무리는 갈릴리 호숫가를 따라 걸어서 이동하는 모습이다. 그들은 여러 고을에서 왔다. 예수님의 가르침과 치료를 간절히 원하는 사람들이 포기하지 않고 먼 길을 걸어온 것이다.

예수님은 오직 주님만 바라며 먼 길을 온 사람들을 못 본 척할 수 없으셨다. 그렇게 하기에는 예수님의 마음이 너무 따뜻하고 긍휼로 가득했다. 예수님은 그분을 따라온 큰 무리를 불쌍히 여기시고 병자들을 고쳐 주셨다(14절). 메시아의 자비와 사랑이 한 번 더 치료를 통해 드러났다(cf. Luz).

예수님은 시간 가는 줄도 모르고 병자들을 고치셨다. 선한 목자가 병든 양을 돌보듯 집중해 그들을 돌보셨기 때문이다(cf. Schnackenburg). 저녁이 되자 옆에서 지켜보던 제자들이 예수님께 말했다. 저녁 시간이 되었으니 사람들을 주변 마을로 보내 먹을 것을 사 먹게 하는 것이 좋을 것 같다고 했다(15절). 제자들은 그들이 가장 합리적인 제안을 하고 있다고 생각했을 것이다. 사람들 대부분이 급히 따라오느라 저녁 식사로 먹을 것을 챙겨오지 못했다. 음식을 챙겨 온 사람들은 대부분 점심으로 먹었을 것이다. 게다가 제자들에게는 이 많은 사람을 먹일 음식이 없다. 그러니 주변 마을로 보내는 것이 가장 합리적이다.

그러나 제자들의 제안은 문제를 해결하는 것이 아니라 단지 피하거나 떠넘기는 것에 불과하다. 당시 상황을 고려할 때, 주변에 있는 마을들도 이 많은 사람이 먹을 만한 음식을 비축하고 있지 않았을 것이기 때문이다(Keener). 주변에서 가장 큰 마을인 벳새다도 인구가 겨우

3,000명 정도였다(cf. ABD). 그러므로 이 마을에 만 명 이상이 먹을 만한 음식이 있다는 것은 상상하기 어렵다.

제안을 들으신 예수님은 무리가 마을로 갈 필요가 없도록 제자들에게 먹을 것을 주라고 하셨다(16절). 예수님은 리더들은 항상 그들을 바라보고 따르는 사람들을 모든 면에서 돌봐야 한다는 교훈을 주기 위해 이런 말씀을 하셨다. 그러나 제자들로서는 상당히 황당한 말로 들릴 수밖에 없다. 그들은 가진 것이 아무것도 없기 때문이다.

제자들은 가진 것이라고는 고작 떡 다섯 개와 물고기 두 마리뿐이라고 했다(17절). 마태는 생략하고 있지만, 요한은 이 빵이 보리떡이며 한 어린 소년의 음식이라고 한다(요 6:9). 보리떡과 말린 물고기는 갈릴리 지역에 사는 가난한 사람들의 식사였다. 이 정도 양이면 아이가 혼자 배불리 먹거나, 친구 하나와 나눠 먹을 만한 양이다(Morris). 마가는 제자들이 이날 모인 사람들을 다 먹이려면 최소 200데나리온(1데나리온은 한 노동자의 일당)이 필요하다는 디테일을 더한다(막 6:37; cf. 요 6:7).

제자들은 예수님이 병자들을 치료하고 죽은 사람을 살리는 기적은 행하시지만, 산 사람들을 먹이는 기적은 행하지 못하시리라 생각했다. 생각해 보면 다소 이상한 논리다. 예수님은 죽은 사람을 살리시고 산 사람은 건강하게 살 수 있도록 기적을 행하시는 분이다. 그렇다면 산 사람들에게 먹을 것을 주는 기적을 행하시는 것이 당연하다고 생각할 수 있는데 말이다.

예수님은 제자들에게 떡 다섯 개와 물고기 두 마리를 가져오라고 하셨다(18절). 만일 제자들이 예수님께 기적을 베풀어 음식 문제를 해결해 달라고 더 적극적으로 나섰더라면 이 이야기에서 그들의 역할은 더 컸을 것이다. 그러나 그렇게 하지 못했기 때문에 지금부터 제자들은 예수님의 명령에 따라 수동적인 역할만 한다(Carson).

예수님은 무리를 잔디 위에 앉히셨다(19절). 잔디가 있다는 것은 이 일이 봄철에 일어난 일임을 의미한다(Wilkins). '앉다'(ἀνακλίνω)는 잔치에 참여하는 사람이 옆으로 누워 담소하며 음식을 나누는 모습을 묘사하는 단어이기도 하다. 마태가 이런 정황에서 이 동사를 사용하는 것은 의도적이다. 예수님은 종말에 주의 백성이 참여하게 될 메시아의 잔치를 미리 맛보게 하신 것이다(Carson, Osborne). 그날에 열릴 잔치는 주의 백성이 세상에서 가장 좋은 음식을 마음껏 먹고도 남을 것이다(20절; cf. 사 25:6).

예수님은 떡 다섯 개와 물고기 두 마리를 앞에 두고 하늘을 우러러 축사하셨다(19절). 음식을 축복하신 것이 아니라, 음식을 주신 하나님께 감사하셨다. 예수님이 새로 시작한 '하늘 가족'의 가장임을 확인해 주시는 행위다. '갖다–축사하다–떼다–주다'는 모두 최후의 만찬에서 사용되는 동사다(Hagner, cf. 26:26–27).

이어 음식을 제자들에게 주어 무리에게 나누게 하셨다(19절). 제자들이 말씀에 따라 음식을 나누어 주니 모두 다 배불리 먹고 남은 조각이 열두 바구니에 찼다(20절). 성인 남자 5,000명이면 아이들과 여자들을 합해 최소 만 명이 함께 식사했다는 뜻이다(21절). 그런데도 20절은 '모두, 배불리, 남은 조각, 차다' 등 풍성함에 관한 언어로 가득하다.

이 이야기는 기적이 어떤 현상으로 일어났는가에 대해 언급하지 않고 기적이 이룬 결과만을 요약한다. 강조하고자 하는 것은 기적이 시작될 때보다 먹고 남은 음식이 더 많다는 사실이다. 당시 유대인들은 메시아가 오면 유월절이 있는 봄에 오실 것으로 생각했다. 그들은 메시아가 유월절에 오셔서 옛적에 모세가 만나로 이스라엘을 먹인 것처럼 그들을 먹이실 것을 기대했다(Hagner). 예수님이 이 봄날에 그들의 소망을 이루셨다. 그러나 그들은 대부분 그 자리에 없었다. 주님을 배척했기 때문이다(cf. 13:57).

이 말씀은 하나님이 때로는 지극히 작은 것을 통해 매우 큰일을 하신다고 한다. 예수님은 빵 다섯 개와 물고기 두 마리로 수천 명을 먹이셨다. 우리의 가장 작은 것이라도 주님께 드리면 주님은 그것을 통해 상상을 초월하는 일을 하신다. 하나님은 우리의 작은 헌신을 헛되게 하지 않으시는 분이기 때문이다.

V. 예수님과 제자들(13:54-19:2)
A. 내러티브(13:54-17:27)

4. 물 위를 걸으심(14:22-33)

22 예수께서 즉시 제자들을 재촉하사 자기가 무리를 보내는 동안에 배를 타
고 앞서 건너편으로 가게 하시고 23 무리를 보내신 후에 기도하러 따로 산에
올라가시니라 저물매 거기 혼자 계시더니 24 배가 이미 육지에서 수 리나 떠
나서 바람이 거스르므로 물결로 말미암아 고난을 당하더라 25 밤 사경에 예
수께서 바다 위로 걸어서 제자들에게 오시니 26 제자들이 그가 바다 위로 걸
어오심을 보고 놀라 유령이라 하며 무서워하여 소리 지르거늘 27 예수께서
즉시 이르시되 안심하라 나니 두려워하지 말라 28 베드로가 대답하여 이르
되 주여 만일 주님이시거든 나를 명하사 물 위로 오라 하소서 하니 29 오라
하시니 베드로가 배에서 내려 물 위로 걸어서 예수께로 가되 30 바람을 보고
무서워 빠져 가는지라 소리 질러 이르되 주여 나를 구원하소서 하니 31 예수
께서 즉시 손을 내밀어 그를 붙잡으시며 이르시되 믿음이 작은 자여 왜 의
심하였느냐 하시고 32 배에 함께 오르매 바람이 그치는지라 33 배에 있는 사
람들이 예수께 절하며 이르되 진실로 하나님의 아들이로소이다 하더라

예수님은 이전에도 갈리리 호수를 요동치게 한 풍랑을 잔잔하게 하신 적이 있다(8:23-27). 그때 제자들은 "이분이 누구이기에 바람과 바다까지도 이분에게 복종하는가?"라며 의아해했다(8:27). 이번에는 예수님께 절을 하며 진실로 하나님의 아들이라고 경배한다(33절). 그들의 작은 믿음(cf. 31절)이 조금씩 성장하고 있다.

기독교 역사에서 이 이야기에 등장하는 배를 교회로, 요동치는 바다를 세상으로 간주하는 알레고리적 해석은 상당히 흔한 일이었다(cf. Boring). 그렇다면 베드로는 왜 배(교회)를 떠나려 했는가에 대한 설명이 필요하다. 그러나 이 부분에 대해서는 아무도 답을 제시하지 못했다. 따라서 문제가 있는 해석이다. 그러나 아직도 파도에 요동치는 배를 교회로 해석하는 이들이 간혹 있다(Bonnard, Schweitzer).

예수님은 5,000명을 먹이신 기적 후에 제자들에게 배를 타고 호수 건너편으로 가라고 하셨다(22절). '즉시 제자들을 재촉하사'(εὐθέως ἠνάγκασεν τοὺς μαθητὰς)는 그들에게 지체하지 말고 곧바로 집으로 돌아가라고 명령하셨다는 뜻이다. 원래 제자들과 예수님은 밖에서 밤을 새울 생각이 아니었기 때문에 아침에 아무런 준비 없이 집을 나섰을 것이다(Wilkins). 그러므로 밤이 깊어지기 전에 속히 집으로 돌아가야 한다. 예수님은 제자들에게 그분이 무리를 해산하는 동안 배를 타고 속히 건너편으로 가라고 하신다. 그날 일어난 기적을 경험한 제자들이 온전히 하나님만 믿고 의지하기를 바라는 마음으로 그들을 보내셨다(cf. Osborne).

예수님은 제자들과 무리를 보내신 후에 홀로 기도하기 위해 산에 올라가셨다(23절). 요한은 예수님이 5,000명을 먹이시는 기적을 행하자 사람들이 드디어 오랫동안 기다리던 메시아가 오셨다며 그들의 임금으로 삼으려 하는 줄 알고 홀로 산으로 떠나셨다고 한다(요 6:14-15).

예수님은 평상시에도 기도를 많이 하셨지만, 지금은 더욱더 홀로 하나님과 시간을 보내야 할 필요를 느끼셨다. 사역에서 매우 중요한 전환점에 와 계시기 때문이다(Wilkins). 이제부터 예수님은 주로 이방인들이 사는 지역을 돌아다니며 사역하실 것이다. 또한 머지않아 십자가가 기다리고 있는 예루살렘으로 가셔야 한다. 그러므로 무리와 제자들을 보내고 기도하기 위해 산에 오르셨다. 삶의 가장 결정적인 순간에 조용히 하나님을 찾으신 것이다.

예수님이 산에서 기도하시는 동안 제자들을 태운 배가 큰 위기를 맞았다(24절). 육지에서 멀리 떨어진 곳에서 풍랑을 만난 것이다. 한 '리'(στάδιος)는 약 180m이다(BAGD). 그러므로 '수 리'(σταδίους πολλοὺς)는 육지에서 상당히 떨어져 있다는 뜻이다. 요한은 배가 25-30리(σταδίους εἴκοσι πέντε ἢ τριάκοντα, 개역개정은 '십여 리'로 번역함), 즉 육지에서 약 4-5㎞ 떨어져 있었다고 한다. 풍랑 속에서 육지로 돌아가기가 쉽지 않은 거리다. 배는 거친 물결로 인해 '고난을 당했다'(24절). 엄청난 스트레스를 받고 있다는 뜻이다. 마치 요나를 실은 배가 파괴되기 일보 직전이었던 상황을 연상케 한다(욘 1:4).

제자들이 풍랑과 사투를 벌이고 있는 동안 예수님은 산에서 기도하셨다. 그러다가 밤 4경에 갈릴리 호수 위를 걸어서 제자들에게 오셨다(25절). 유대인들은 해가 질 때부터 다음날 해가 뜰 때까지 시간을 세 경으로 나누어 보초를 세웠다(삿 7:19; 애 2:19). 로마 사람들은 밤을 네 경으로 나누었다. 그러므로 예수님이 배에 오신 때는 마지막인 4경이며 새벽 3-6시다(Boring, Carson).

제자들이 해 질 녘에 노를 젓기 시작했으니 약 9시간 정도 노를 저었다(Wilkins). 아무리 저어도 풍랑을 헤쳐 갈 수 없었으니, 아마도 이때쯤에는 지칠 대로 지쳐 모든 것을 체념했을 것이다. 그러나 하나님의 도움을 바라기에는 이런 때가 가장 좋은 때다.

예수님이 드디어 파도치는 바다 위로 몇 킬로미터를 걸어서 제자들을 구하러 오셨다(25절). 예수님이 물 위를 걸으시는 모습은 하나님이 바다를 걸으시는 모습을 연상케 한다(욥 9:8; 38:16; 시 77:19; 사 43:16). 또한 출애굽 때 백성을 위해 홍해를 갈라 길을 내신 하나님을 연상케 한다.

예수님은 그동안 제자들이 보는 앞에서 많은 기적을 행하셨다. 또한 제자들은 예수님이 그들의 필요를 모두 채우시는 분이라는 것을 잘 안다. 그러므로 이때까지 그들은 하나님과 예수님께 도와 달라고 간절히 기도했을 것이다. 그러나 정작 예수님이 오시니 두려워한다! 처음 폭

풍 이야기에서는 죽음을 두려워하더니(8:25), 이번에는 예수님이 유령인 줄 알고 두려워한다.

'유령'(φάντασμά)은 이 본문과 마가복음 6:49에서만 사용되는 단어다. 칠십인역(LXX)은 '환상'을 이 단어로 번역한다(욥 20:8; cf. 사 28:7). 제자들은 어떤 악한 영이 그들을 속이려고 예수님의 모습으로 나타났다고 생각했다(Osborne). 예수님은 너무나도 무서워 소리 지르는 제자들에게 "안심하라 나니 두려워 말라"라고 하셨다(27절). '나다'(ἐγώ εἰμι)는 너희들의 스승이니 두려워하지 말라며 안심시키시는 말씀이다. 또한 하나님이 자신이 누구인지 밝히시며 모세에게 하신 말씀이다(출 3:14; cf. 사 41:4; 43:10-13; 47:8, 10; 51:12). 구약에서 물 위를 걸으시는 것은 오직 여호와만이 하실 수 있는 일이다(욥 9:8; 시 77:19). 또한 오직 하나님만이 사람을 물에서 구원하실 수 있다(Davies & Allison, cf. 출 14:10-15:21; 시 107:23-32; 욘 1:16). 그러므로 예수님은 "나다"라는 말을 통해 그분이 여호와 하나님이심을 제자들에게 밝히신다(Wilkins).

예수님이 메시아로 오신 하나님의 아들이라는 믿음을 제자들이 가질 수 있도록 예수님은 물 위를 걸어오셨다. 마치 이러한 의도를 아는 것처럼 베드로가 나섰다(28절). 베드로가 제자 중에 벌써 두각을 나타내기 시작한 것이다(Hill). '만일 주님이시거든'(εἰ σὺ ει, 직역하면 '만일 당신이시면')은 예수님이 평상시에 잘 알던 스승이라는 것을 전제하고 시작하는 조건문이다. 믿지 못하거나 불확실한 상황에서 하는 말이 아니다.

또한 베드로는 예수님을 '주여'(κύριε)라고 부르는데, 이 상황에서는 베드로가 만났던 그 누구보다 위대하고 존귀한 분, 곧 하나님이심을 고백하는 말이다. 물론 베드로는 아직 자신이 하는 말의 의미를 온전히 알지는 못한다(Carson). 그러나 예수님이 하나님이심을 계속 알아가고 있다. 마태복음에서 믿지 않는 사람들은 이 타이틀이 아닌 다른 호칭으로 예수님을 부른다(Boring).

베드로는 예수님의 "나다"(여호와 하나님)라는 말씀을 믿는 작은 믿음을 가졌다(cf. 31절). 또한 그가 '물 위를 걷게 하소서'가 아니라 '[주께] 오라 하소서'라고 말하는 것을 보면 그 역시 오직 예수님을 바라보아야만 짧은 거리나마 주님을 향해 걸을 수 있다고 믿는다. 그럼에도 불구하고 베드로는 상황을 판단하는 능력이 조금은 부족한 사람이다. 앞으로도 제자 중에 베드로가 주로 대답할 텐데 대부분 판단력이 조금 부족한 상태로 답을 한다(15:15; 16:16, 22; 17:4, 24). 그러나 그가 지닌 잠재력은 그 어느 제자들보다도 뛰어나다. 그러므로 예수님은 베드로의 신앙을 반석으로 삼아 그 위에 교회를 세우실 것이다(16:18).

베드로의 요청에 따라 예수님이 그에게 오라고 하시자 그는 물 위를 걸어 예수님께 나아갔다(29절). 그러나 얼마 가지 못해서 물에 빠졌다(30절). 주변에서 요동치는 파도를 보니 무서웠던 것이다. 믿음이 무엇인지 생각하게 한다. 믿음은 바다를 다스리시는 예수님에게서 눈을 떼는 순간 약해지거나 없어진다. 믿음으로 산다고 할지라도 세상을 의식할수록 믿음은 사라지고, 믿음의 자리는 두려움으로 채워진다.

베드로는 물에 빠져도 괜찮다. 구원이 누구에게 있는지 알기 때문이다. 베드로는 물 위를 걷게 하신 분이 그를 구원하실 것도 믿는다. 그러므로 그는 "주여 나를 구원하소서" 하고 예수님께 소리를 질렀다(30절). 이 외침은 제자들이 죽게 되었다며 소리를 지르던 모습(8:25)을 상기시킨다. 사람이 곤경에 처했을 때 예수님께 외치는 것이 가장 중요하다.

예수님은 즉시 손을 내밀어 베드로를 붙잡으시며 베드로의 믿음이 작다고 하셨다(31절). 손을 내밀어 붙잡으시는 것은 구약에서 온 이미지다. 하나님이 손을 뻗어 흉흉한 바다에서 자기 백성을 구원하시는 모습이다(시 144:7; 삼하 22:17). 예수님이 바로 여호와이신 것이다. '믿음이 작은 자'(ὀλιγόπιστος)를 믿음이 없다는 뜻으로 해석하는 이들도 있지만(France), 이는 믿음이 있기는 있되 부족하다는 뜻이다(Bloomberg, Carson, Morris, Wilkins, cf. 17:20). 처음에는 주님만 바라보는 믿음이 있었지만, 주변 상황을 의식하니 두려워졌던 것이다. 우리는 오직 주님만 바라보아야 믿음을 유지할 수 있다는 것을 마음에 새겨야 한다.

예수님이 베드로를 데리고 배에 오르시니 바람이 그쳤다(32절). 베드로를 두렵게 했던 바람이 예수님의 통제 아래 있다. 예수님은 바다와 풍랑을 다스리는 여호와이시기 때문이다. 세상의 파도가 아무리 험하게 몰아쳐도 주님이 우리와 함께하시면 평안하다.

드디어 제자들이 예수님이 누구이신지 깨달았다. 그들은 예수님께 절하며 주님이 하나님의 아들 메시아이심을 고백했다(33절). 처음 풍랑을 겪었을 때(8:23-27)와 반응이 사뭇 다르다. 그때 제자들은 "이분이 누구이기에 바람과 바다까지도 이분에게 복종하는가?"라며 의아해했다(8:27). 제자들의 신앙이 성장해 가기에는 아직 갈 길이 멀지만 좋은 발전이다.

'절하다'(προσκυνέω)는 사람이 하나님을 경배하는 것을 뜻한다. 구약에서는 사람들이 하나님이심을 알아차릴 때 취하는 행동이다(창 24:26-27; 출 34:8). 예수님이 하나님이 보내신 구세주라는 것을 알고 하나님을 경배하듯 예수님을 경배한 것이다.

제자들이 '하나님의 아들'(θεοῦ υἱὸς)이라는 타이틀로 예수님을 부르기는 처음이다. 비록 예수님을 메시아이신 하나님의 아들로 고백하지만, 그들이 예수님에 대해 얼마나 정확하게 알고 있는지는 알 수 없다. 예수님이 부활하신 후에야 비로소 확실히 알게 되기 때문이다. 희망적인 것은 그들의 앎이 계속 확장되고 있다는 사실이다. 제자들의 고백은 베드로의 고백을 통해 절정에 이른다. "주는 그리스도시요 살아 계신 하나님의 아들이시니이다"(16:16).

이 말씀은 믿음과 두려움은 공존할 수 없다고 한다. 믿음과 두려움은 서로 상극이기 때문이다. 그러므로 예수님을 믿는다는 것은 두려움에서 해방되는 것일 뿐 아니라, 두려워하는 것을 의지적으로 거부하는 일이다. 우리는 주님의 능력을 의심하지 않고 온전히 믿어야 두려움을 떨쳐낼 수 있다.

V. 예수님과 제자들(13:54-19:2)
A. 내러티브(13:54-17:27)

5. 사역에 대한 전환적 요약(14:34-36)

**34 그들이 건너가 게네사렛 땅에 이르니 35 그곳 사람들이 예수이신 줄을 알
고 그 근방에 두루 통지하여 모든 병든 자를 예수께 데리고 와서 36 다만 예
수의 옷자락에라도 손을 대게 하시기를 간구하니 손을 대는 자는 다 나음을
얻으니라**

제자들이 탄 배는 원래 그들이 머무는 안드레와 베드로의 집이 있는 가버나움으로 갈 계획이었지만, 풍랑으로 인해 게네사렛에 도착했다(34절). 게네사렛은 가버나움의 남쪽에 있는 매우 비옥한 지역으로 호두와 야자수와 올리브 재배로 유명했으며(ABD), 헤롯 안티파스의 수도 디베랴(Tiberias)와 막달라 마리아의 고향인 막달라(Magdala)가 가까운 곳에 있었다. 제자들이 밤새 사투를 벌인 갈릴리 바다는 게네사렛 호수로 불리기도 한다.

게네사렛 사람들이 배에서 내리시는 예수님을 알아보고 주변 마을들에 두루 통지했다(35절). 예수님은 누구나 알아보는 유명 인사가 되신 것이다. 게네사렛 사람들은 모든 질병을 낫게 하는 예수님이 오셨으니 병자들을 모두 데려오라고 주변 마을들에 기별을 보냈다. 게네사렛 사람들은 예수님이 하나님의 아들 메시아라는 사실은 잘 알지 못하더라도 예수님이 병자들을 차별하거나 돌려보내지 않고 모두 치료해 주시는 자비로운 분이라는 것은 안다. 그러므로 지역 모든 마을에 이렇게 통지한 것이다.

연락을 받은 사람들이 곳곳에서 병자들을 예수님께 데려왔다(35절). 얼마나 많이 데려왔는지 예수님이 일일이 치료하실 겨를이 없었다. 치료를 받지 못한 병자들은 예수님이 그들을 치료하기 전에 그곳을 떠나실까 봐 걱정이었다. 그래서 그들은 예수님의 옷자락에라도 손을 대게

허락하시기를 간구했다(36절; cf. 민 15:38-41).

이들이 예수님의 옷자락에 손을 댈 수 있도록 허락해 달라는 것은 미신적인 행동이 아니다. 예수님의 치료 능력이 얼마나 대단하고 충만한지 주님의 옷자락만 잡아도 낫는다는 믿음의 표현이다. 아마도 혈류병을 앓던 여인이 예수님의 옷자락을 만지고 병이 나았다는 소문이 퍼졌기 때문일 것이다(cf. 9:20-22).

예수님은 병자들이 자기 옷자락에 손을 대는 것을 허락하셨고, 주님의 옷자락을 만진 사람마다 모두 나았다! 병자들은 바리새인들과 서기관들의 불신과는 매우 대조적인 믿음을 가졌다. 하나님이 이들의 믿음을 보시고 치료해 주신 것이다.

바리새인들과 쿰란에 수도원을 세우고 집단생활을 했던 에세네파(Essene) 사람들은 길거리에서 사람들과 어깨를 닿는 것도 금했다. 어떠한 부정을 접하게 될지 모른다는 논리에서였다. 그러나 예수님은 전혀 개의치 않으신다. 예수님의 거룩하심이 그 어떤 사람의 부정도 정결하게 하기 때문이다.

이 말씀은 우리의 삶에서 우연은 없으며, 모든 것이 합하여 선을 이룬다고 한다. 예수님과 제자들은 원래 가버나움으로 가려 했지만, 풍랑을 만나 게네사렛에 도착했다. 그곳에도 주님의 치유를 간절히 소망하는 사람이 참으로 많았고 예수님은 그들을 모두 치료해 주셨다. 이는 치료받은 사람들에게 하나님의 은총이고 섭리였다. 이 모든 사고와 일들이 합하여 하나님이 기뻐하시는 선을 이루었다.

V. 예수님과 제자들(13:54-19:2)
A. 내러티브(13:54-17:27)

6. 장로들의 전통(15:1-20)

1 그때에 바리새인과 서기관들이 예루살렘으로부터 예수께 나아와 이르되

[2] 당신의 제자들이 어찌하여 장로들의 전통을 범하나이까 떡 먹을 때에 손을
씻지 아니하나이다 [3] 대답하여 이르시되 너희는 어찌하여 너희의 전통으로
하나님의 계명을 범하느냐 [4] 하나님이 이르셨으되

네 부모를 공경하라

하시고 또

아버지나 어머니를 비방하는 자는
반드시 죽임을 당하리라

하셨거늘 [5] 너희는 이르되 누구든지 아버지에게나 어머니에게 말하기를 내
가 드려 유익하게 할 것이 하나님께 드림이 되었다고 하기만 하면 [6] 그 부
모를 공경할 것이 없다 하여 너희의 전통으로 하나님의 말씀을 폐하는도다
[7] 외식하는 자들아 이사야가 너희에 관하여 잘 예언하였도다 일렀으되

[8] 이 백성이 입술로는 나를 공경하되
마음은 내게서 멀도다
[9] 사람의 계명으로 교훈을 삼아 가르치니
나를 헛되이 경배하는도다

하였느니라 하시고 [10] 무리를 불러 이르시되 듣고 깨달으라 [11] 입으로 들어가
는 것이 사람을 더럽게 하는 것이 아니라 입에서 나오는 그것이 사람을 더
럽게 하는 것이니라 [12] 이에 제자들이 나아와 이르되 바리새인들이 이 말씀
을 듣고 걸림이 된 줄 아시나이까 [13] 예수께서 대답하여 이르시되 심은 것마
다 내 하늘 아버지께서 심으시지 않은 것은 뽑힐 것이니 [14] 그냥 두라 그들은
맹인이 되어 맹인을 인도하는 자로다 만일 맹인이 맹인을 인도하면 둘이 다
구덩이에 빠지리라 하시니 [15] 베드로가 대답하여 이르되 이 비유를 우리에게
설명하여 주옵소서 [16] 예수께서 이르시되 너희도 아직까지 깨달음이 없느냐
[17] 입으로 들어가는 모든 것은 배로 들어가서 뒤로 내버려지는 줄 알지 못하
느냐 [18] 입에서 나오는 것들은 마음에서 나오나니 이것이야말로 사람을 더럽
게 하느니라 [19] 마음에서 나오는 것은 악한 생각과 살인과 간음과 음란과 도
둑질과 거짓 증언과 비방이니 [20] 이런 것들이 사람을 더럽게 하는 것이요 씻

지 않은 손으로 먹는 것은 사람을 더럽게 하지 못하느니라

예수님의 가르침은 바리새인들이 반영하는 보수 유대교를 자극했다. 예수님이 가르치신 곳마다 바리새인들은 주님의 가르침으로 인해 위협을 느꼈고(12:1-13) 급기야 예수님을 죽이기로 했다(cf. 12:14). 그들은 유대교 최고 기관인 예루살렘 공회에도 보고했다. 마찬가지로 예수님의 가르침을 우려한 공회는 바리새인들과 서기관들을 파견해 예수님을 감시하고 가르침에 대해 알아보게 했다(1절). 그러나 진실 파악에 관심이 있어서가 아니라, 예수님을 처단하는 데 필요한 꼬투리를 잡기 위해서다(cf. France).

예루살렘에서 내려온 자들은 예수님을 직접 공격하지 않고 제자들의 행동을 꼬투리 잡는다. 전에도 바리새인들은 제자들의 행실을 문제 삼았다(cf. 12:1-7) 그때는 제자들이 안식일 율법을 범했다고 하더니, 이번에는 제자들이 식사할 때 손을 씻지 않아 장로들의 전통을 범했다고 한다(2절).

'장로들의 전통'(τὴν παράδοσιν τῶν πρεσβυτέρων)은 바리새인들이 율법을 해석해 행동 규칙으로 만든 구전 법전(oral Torah)을 말한다(Josephus). 그러므로 율법을 적용하는 사례가 주류를 이루었다. 처음에는 사람들이 율법을 범하는 일을 막으려는 좋은 의도로 시작되었지만, 세월이 지나면서 비상식적인 규칙으로 사람들을 억압하는 결과를 초래했다. 사도 바울은 이를 '[내] 조상의 전통'(τῶν πατρικῶν μου παραδόσεων)이라고 불렀고(갈 1:14), 예수님은 '너희의 전통'(3, 6절)이라 하신다. '사람의 전통'으로 불리기도 한다(막 7:8; 골 2:8). 하나님의 율법과 대조를 이루기 때문에 좋은 의미는 아니다. 이는 훗날 랍비 유다 왕자(Rabbi Judah the Prince, 135-200)의 지휘하에 미쉬나로 문서화되었다(Carson).

예루살렘에서 온 바리새인과 서기관들은 예수님이 그들의 구전 법전을 인정하지 않으시는 것을 제자들의 행동을 통해 문제를 제기했다.

율법은 부정한 사람이 손을 씻지 않고 누구를 만지면, 그 사람도 부정하게 된다고 한다(레 15:11). 그러나 사람이 음식을 먹기 전에 손을 씻어야 한다는 것이 율법에 기록되어 있지는 않다. 이 구전 법전은 제사장들이 성전에서 사역을 시작하기 전 물두멍에서 손과 발을 씻어야 한다는 율법(cf. 출 30:18-21)을 일반인들의 식사에 적용한 것이다(Luz).

공격받은 예수님은 그분의 가르침을 방어하는 대신 장로들의 전통이 심각한 죄를 범하고 있다며 역공을 펼치신다. 그들의 구전 법전이 하나님의 계명을 범하고 있다는 것이다. 바리새인들은 그들이 개발한 구전 법전에 구약 율법에 버금가는 권위를 부여했다. 예수님은 이 같은 행위가 인간의 전통으로 하나님의 말씀을 폐하는 것이라 하신다(6절).

예수님은 다섯 번째 계명인 '네 부모를 공경하라'(출 20:12)를 언급하시면서 하나님이 이르신 말씀이라고 하신다(4a절). 반면에 마가는 예수님이 모세가 말한 것이라 했다고 한다(막 7:10). 마태는 '모세'를 '하나님'으로 대신해 바리새인들이 단순히 사람의 말이 아니라, 하나님의 말씀을 폐하는 심각한 죄를 저지르고 있다는 사실을 강조하고자 한다.

'공경하라'(τίμα)는 현재 명령형이다. 계속 이렇게 하라는 의미를 지녔으며, 자식은 부모를 항상 섬기고 보살펴야 한다는 뜻이다. 이 계명은 약속을 동반한 첫 번째 계명이다(엡 6:2). 그만큼 중요하며, 준수하면 하나님의 큰 축복이 임하는 계명이다.

또한 하나님은 아버지나 어머니를 비방하는 자는 반드시 죽임을 당할 것이라 하셨다(4b절). 예수님은 "자기의 아버지나 어머니를 저주하는 자는 반드시 죽일지니라"(출 21:17; 레 20:9)라는 말씀을 인용하신다. 부모의 명예를 치명적으로 손상시키거나 자식의 도리를 심각하게 위반하는 자식들에 대한 율법이다.

예수님은 부모 공경에 대한 이 율법들을 지적하시고는 바리새인들과 서기관들이 편법을 만들어 부모 공경 율법을 폐하고 있다고 하신다(5-6절). 바리새인들의 구전 법전은 누구든지 자기 재산을 하나님께 드리면 부모를 돌보지 않아도 된다고 했다. 마가는 하나님께 드림을 '고르반'(κορβᾶν)이라고 부른다(막 7:11). '고르반'(κορβᾶν)은 예물을 뜻하는 히브리어 단어 '코르반'(קָרְבָּן)을 헬라어로 음역한 것이다(cf. 레 27:9, 16). 바리새인들의 고르반 법은 사람이 자기 재산이나 돈을 성전에 헌납하는 제도였다. 고르반을 서원한 사람은 살아 있는 동안 자기 재산을 마음껏 활용하다가, 그가 죽으면 남은 재산이 성전에 헌납됐다. 이 법에 따르면 서원한 사람은 자기 재산을 다른 사람과는 나누거나 누릴 수 없다. 그러므로 고르반 법에 따라 재산을 성전에 헌납한 사람들은 부모를 돌볼 필요가 없다고 했다.

부모를 공경하라는 계명이 선포된 고대 근동의 정황을 고려하면 바리새인들의 고르반 법은 참으로 야비하다. 우리나라에 고려장이 있었던 것처럼, 근동 지역에서도 나이가 들어 노동력을 상실한 노인들이 집에서 쫓겨나고 길거리로 내몰리는 일들이 있었다(cf. 출 21:15, 17; 레 20:9; 신 27:16). 따라서 부모를 공경하라는 계명은 이러한 정황에 처한 힘없는 노부모들의 인권을 보호하는 데 그 본래 취지가 있다. 늙고 병든 부모가 최소한의 존엄성은 유지하고 살 수 있도록 자식들이 재정적으로 돌보아야 한다는 계명이다.

바리새인들은 그들의 고르반 법을 통해 심각한 죄를 저지르고 있다. 그들의 전통으로 하나님의 말씀을 폐하고 있기 때문이다(6절). '폐하다'(ἀκυρόω)는 법적인 효력이 없게 한다는 뜻이다(BAGD). 예수님은 바리새인들이 인간의 전통으로 하나님의 말씀을 무효화시키고 있다며 그들을 맹렬히 비난하신다.

예수님은 앞에서 하나님 나라가 가족보다 더 우선이 되어야 하며, 가족보다 주님을 더 사랑해야 한다고 하셨다(10:37-39). 한편 이 말씀을 통해서는 하나님을 더 사랑한다는 핑계로 가족들을 등한시해서는 안 된다고 경고하신다. 하나님 나라의 백성은 두 가지 모두 잘할 수 있다.

예수님은 바리새인들과 서기관들을 외식하는 자들이라고 비난하신다(7a절). '외식하는 자'(ὑποκριτής)는 말과 행동이 일치하지 않는 자를 뜻한다. 말은 그럴싸하게 하지만 행동은 엉망인 사람이다. 예수님이 바리새인들을 이렇게 부르시는 것은 이번이 처음이다.

예수님은 이사야가 그들에 관해 적절하게 예언했다고 하신다(7b절). 그러나 예수님이 인용하시는 이사야의 예언(8-9절)은 선지자가 예배에 임하는 자기 시대 사람들의 겉과 속이 다르다며 한 말이지, 바리새인들을 두고 한 말은 아니다. 그러므로 이사야의 예언은 언제 어디서든 조건이 맞으면 반복될 수 있는 모형적(typological) 예언이다. 바리새인들에게 적용될 수 있으며, 오늘날 일부 교인에게도 적용될 수 있다.

예수님이 인용하시는 이사야서 말씀은 29:13이다. 성전에서 예배는 잘 드리지만, 정작 마음가짐과 삶에서는 하나님에게서 멀어진 자들을 책망하는 말씀이다. 예수님은 이 구약 말씀을 인용해 유대교 지도자들을 결정적으로 비난하시려고 이때까지 인용을 보류해 오셨다(Gundry, cf. Luz).

바리새인들은 하나님의 율법을 준수하는 삶은 이러하다며 온갖 교리를 만들었다. 그러나 그들의 교리는 사람의 전통에 불과하며 오히려 하나님의 말씀을 폐하고 있다(6절). 그러므로 예수님은 바리새인들의 교리에 수긍하기를 거부하신다. 하나님의 말씀이 아닌 것은 준수할 필요가 없기 때문이다.

예수님은 지금까지 제자들의 행동에 문제를 제기하던 바리새인들과 서기관들에게 말씀하셨다. 이제 이 광경을 지켜보고 있던 무리를 향해서 말씀하신다. "듣고 깨달으라"(10절). 예수님이 바리새인들에게 하신 말씀을 생각해 보고 더는 그들의 그늘에 머물지 말고 떠나 하나님의 말씀을 제대로 따르는 예수님의 제자가 되라는 것이다(Davies & Allison).

예수님은 무리에게 사람의 입으로 들어가는 것이 그를 더럽게 하는 것인지, 혹은 입에서 나오는 것이 그를 더럽게 하는 것인지 논리적으로 생각해 보라고 하신다(11절). 바리새인들은 입으로 들어가는 것이 사람을 부정하게 한다고 가르쳤다. 그래서 제자들이 손을 씻지 않자 이를 문제 삼은 것이다(2절). 그들은 육체적 부정함을 영적 부정함보다 더 심각한 문제로 여긴 것이다. 그러나 예수님은 사람의 마음에서 언행으로 흘러나오는 영적 부정함이야말로 참으로 심각한 문제라고 하신다. 죄가 대부분 마음에서 시작되기 때문이다(cf. 19절).

마가는 예수님이 이 말씀을 하시면서 '모든 음식물을 깨끗하다'고 하셨다고 한다(막 7:19). 반면에 마태는 이 말씀을 생략한다. 그래서 일부 학자는 마태가 예수님과 달리 음식법을 유효한 것으로 생각했다고 주장한다(Davies & Allison, Hagner, Luz). 그러나 마태가 모든 음식물이 깨끗하다고 하신 말씀을 의도적으로 생략해 음식법뿐 아니라 모든 정결 예식(ceremonial ritual)을 무력하게 만들었다는 해석이 더 정확하다(Carson, France, Morris, Osborne, Wilkins).

12-20절은 예수님이 무리를 보내시고 집(숙소)에서 제자들과 따로 계실 때 있었던 일이다(cf. 막 7:17). 제자들은 예수님이 바리새인들과 서기관들을 맹렬하게 비난하신 것이 내내 걱정되었다. 예수님이 말씀하실 때 그들의 심기가 몹시 불편해지고 안색이 변하는 것을 보았기 때문이다. 그들은 화가 단단히 나서 돌아갔다.

이러한 상황에서 제자들은 혹시 바리새인들과 서기관들과 그들을 추종하는 사람들이 예수님을 해하지 않을까 우려했다. 또한 바리새인들과 서기관들은 유대인 사회에서 존경받는 자들이기 때문에 그들을 비난한 예수님의 제자인 자신들에게도 화가 미칠 수 있다고 생각했다. 그러므로 제자들은 예수님께 바리새인들이 말씀을 듣고 걸림이 된 줄 아시는지 물었다(12절). 바리새인들이 큰 상처를 입고 화가 단단히 나 있다는 뜻이다(새번역, 공동, NAS, NIV, NRS, ESV). 제자들은 예수님과 유대교 지도자들의 갈등이 갈수록 심화되고 있음을 우려한다.

예수님은 제자들의 걱정에 아랑곳하지 않으시고 바리새인들에 대해 더 충격적인 말씀을 하신다. 하나님이 심지 않으신 것은 모두 뽑힐 것이라고 하신다(13절). 어떤 이들은 이 말씀을 하나님이 바리새인들의 교리에서 잘못된 것들을 뽑으실 것으로 해석하지만(Broadus), 바리새인들 자체가 하나님이 심으신 나무가 아니라는 뜻이다. 그들은 '하나님의 정원'에는 없는 잡초(잡목)들이다(cf. 시 1:3; 44:2; 80:8-11; 사 60:21). 예수님은 바리새인들을 가리켜 참된 이스라엘이 아니라고 하시는 것이다(Carson, Osborne, Wilkins, cf. 3:9; 8:11-12).

이 말씀은 가라지 비유(13:24-30)를 바탕으로 한다. 바리새인들은 땅 주인이신 하나님이 심지 않으셨다. 그들은 원수가 몰래 심어 놓은 가라지다. 성장하는 동안은 가라지와 알곡이 잘 구분이 되지 않는 것처럼, 바리새인들도 하나님의 백성 사이에서 활동하고 있다. 그러나 추수하는 날 모두 따로 모아 불태우실 것이다. 곧 혹독한 심판을 받을 것이라는 뜻이다.

예수님은 하나님이 그들을 반드시 벌하실 것이니 심판 때까지 그들을 상종하지 말고 내버려 두라고 하신다(14절). 그들은 자신들이 앞을 보지 못하는 맹인이면서 다른 맹인들을 인도하려고 하는 자들이라고 하신다. 결과는 뻔하다. 인도하는 자들과 인도받는 자들이 모두 잘못된다(14절).

하나님은 유대인들이 주님의 빛이 되어 어둠 속에 있는 열방을 빛으로 인도하기를 원하셨다(사 42:6-7; 롬 2:19). 유대교의 선생이라고 자부하는 바리새인들은 회당에서 율법을 가르치지만 자신들이 이해하지 못하고 알지 못하는 것을 가르치고 있다. 만일 율법을 제대로 이해했다면 예수님을 영접했을 것이다. 그들은 하나님의 법을 보지 못하고, 하나님의 아들도 보지 못하는 맹인이다. 앞을 못 보는 맹인인 바리새인들이 다른 맹인들(그들을 추종하는 자들)을 인도하면 둘 다 구덩이에 빠진다. 구덩이는 사람을 영원히 가두는 지옥이다.

예수님의 말씀은 성도가 좋은 영적 지도자를 만나는 것이 얼마나 복된 일인지 생각하게 한다. 목자가 좋은 양들을 만나는 것은 축복이다.

그러나 양들이 좋은 목자를 만나는 것은 더 큰 축복이다. 앞을 못 보는 목자를 만나면 함께 멸망하기 때문이다. 오늘날 한국 교회를 좀먹고 있는 이단들이 이러하다.

예수님이 바리새인들을 가리켜 참된 이스라엘의 멤버가 아니라고 하시자 이번에는 베드로가 나섰다. "이 비유를 우리에게 설명하여 주옵소서"(15절). 베드로는 어느 비유에 대한 추가 설명이 필요한지는 밝히지 않지만, 예수님이 17-20절에서 하시는 말씀을 보면 11절에 기록된 "입으로 들어가는 것이 사람을 더럽게 하는 것이 아니라 입에서 나오는 그것이 사람을 더럽게 한다"라는 말씀에 대해 설명해 주실 것을 요청한 것으로 보인다. 마가는 베드로가 아니라 제자들이 물었다고 한다(막 7:17). 본문에서도 예수님이 베드로에게 대답하실 때 '너희'(ὑμεῖς)라며 복수형 인칭대명사를 사용하신다(16절).

베드로는 제자들을 대표해 예수님께 요청한다. 그들도 비유의 의미를 어느 정도는 알아들었을 것이다. 그러나 예수님이 이 말씀을 통해 바리새인들과는 화해할 수 없는 곳까지 가셨으니 더 확실하게 알고 싶었다(Carson). 예수님의 제자로서 그들도 각오를 새롭게 다져야 하기 때문이다.

예수님은 제자들에게 아직도 깨달음이 없느냐고 질책하신다(16절). 다른 사람들(무리)은 몰라도 너희들은 알아들어야 할 것 아니냐는 책망이다(Hill, McNeile). 제자들은 예수님의 말씀을 모두 이해한다고 했다(13:51). 그래서 예수님은 그들을 하나님 나라의 율법 선생들이라고 부르셨다(13:52). 그러나 제자들은 아직도 부족하다. 앞으로도 계속 예수님의 말씀을 통해 하나님 나라에 대해 알아가야 한다(cf. 10절).

예수님은 17-18절을 통해 영적 부정함이 육체적 부정함보다 훨씬 더 심각한 범죄라는 사실을 말씀하신다. 그러면서 사람의 입으로 들어가는 모든 음식물은 자연적인 과정을 통해 뒤로 배설된다고 하신다(17절). 사람들의 마음과 생각에 별 영향을 미치지 못하고 몸을 빠져나온다는 것이다. 음식은 먹은 사람과 하나님의 관계에 별 영향을 미치지 않는다(cf. 막 7:19). 그러므로 사람의 입으로 들어간 음식은 먹은 사람을 부정하게 하지 않는다.

반면에 마음에서 나오는 것은 사람을 부정하게 한다(18절). 인류가 처음으로 죄를 지은 창세기 3장 이후 인간은 죄악 중에 태어나고 죄인으로 살기 때문에 악하다(시 51:5; cf. 마 7:11). 결국 사람의 마음이 악한 것은 자연스러운 현상이다(Wilkins). 예수님은 이 악한 마음에서 나오는 것이야말로 사람을 부정하게 한다고 하신다. 사람이 하나님께 저지르는 죄가 대부분 마음에서 시작되기 때문이다. 그러므로 예수님이 산상수훈을 통해 선포하신 하나님 나라의 의가 더없이 필요하다.

악한 마음에서 나오는 것은 온갖 악한 생각과 행실이다(19절). 마가는 사람의 마음에서 나오는 죄 13가지를 나열한다(막 7:21-22). 마태는 줄여서 7가지를 나열한다. 그중 첫 번째인 '악한 생각'은 나머지 여섯을 아우르는 말이다. 모든 행실이 생각에서 시작되기 때문이다. 악한 생각에서는 살인, 간음, 음란, 도둑질, 거짓 증언, 비방이라는 악한 행실만 나온다. 이 중에서도 '살인-간음-도둑질-거짓 증언'은 십계명 중 여섯 번째부터 아홉 번째까지 계명이 금하는 것들이다(Boring, Carson, Luz). 마지막 죄인 '비방'(βλασφημία)은 남을 헐뜯는 말을 하는 것이며, 또한 예수님을 비난하고 공격하는 종교적인 비방을 뜻한다(Osborne).

이런 것들이 사람을 더럽게 한다(20a절). 하나님 앞에서 사람을 부정하게 한다는 뜻이다. 반면에 바리새인들이 문제 삼는 씻지 않은 손으로 식사하는 일은 사람을 더럽게 하지 못한다(20b절, cf. 2절). 예수님은 구약 말씀 외의 것들은 준수하거나 인정하기를 거부하신다. 하나님의 말씀이 아니라 사람들이 만들어낸 계명이기 때문이다(cf. 9절). 바리새인들의 구전 법전도 인정하지 않으신다.

이 말씀은 사람들이 만들어 낸 교리와 전통이 하나님의 말씀을 폐하거나 가려서는 안 된다고 경고한다. 교리와 전통은 하나님의 말씀을 높이고 드러낼 때 비로소 옳은 교리와 전통이 된다. 그러기 위해 교리는 성경에서 흘러나와야 하며, 교리가 성경을 왜곡하거나 성경의 가르침에 역행해서는 안 된다.

V. 예수님과 제자들(13:54-19:2) A. 내러티브(13:54-17:27)

7. 가나안 여자(15:21-28)

21 예수께서 거기서 나가사 두로와 시돈 지방으로 들어가시니 22 가나안 여
자 하나가 그 지경에서 나와서 소리 질러 이르되 주 다윗의 자손이여 나를
불쌍히 여기소서 내 딸이 흉악하게 귀신 들렸나이다 하되 23 예수는 한 말씀
도 대답하지 아니하시니 제자들이 와서 청하여 말하되 그 여자가 우리 뒤에
서 소리를 지르오니 그를 보내소서 24 예수께서 대답하여 이르시되 나는 이
스라엘 집의 잃어버린 양 외에는 다른 데로 보내심을 받지 아니하였노라 하
시니 25 여자가 와서 예수께 절하며 이르되 주여 저를 도우소서 26 대답하여
이르시되 자녀의 떡을 취하여 개들에게 던짐이 마땅하지 아니하니라 27 여자
가 이르되 주여 옳소이다마는 개들도 제 주인의 상에서 떨어지는 부스러기
를 먹나이다 하니 28 이에 예수께서 대답하여 이르시되 여자여 네 믿음이 크
도다 네 소원대로 되리라 하시니 그때로부터 그의 딸이 나으니라

예수님은 4:12 이후 줄곧 갈릴리 지역에서 사역하셨다. 그러나 갈릴리 지역 사람들의 회개 거부(11:20-24)와 나사렛 사람들의 배척(13:54-58) 그리고 지역을 다스리는 분봉 왕 헤롯의 요한 처형(14:1-2) 등이 갈릴리 사역을 접고 떠날 때가 되었음을 시사한다. 예수님은 언젠가는 유대 지역으로 가셔야 하고, 예루살렘에서 최후를 맞이하셔야 한다. 그 전에 이방인들이 모여 사는 두로와 갈릴리로 가신다.

예수님이 두로와 시돈 지방으로 가신 것(21절)은 유대인들을 상대로 하는 사역과 선교(10:5-6)가 이방인 선교로 넘어가는 전환점(turning-point)이 된다(Osborne). 예수님은 그동안 이방인 사역을 암시하기는 하셨지만(cf. 8:16-17; 10:18), 이방인들의 땅에서 이방인들을 상대로 사역하시는 것은 이번이 처음이다. 나중에 대명령에서는 더 확실하고 구체적으로 열방 선교를 지시하신다(28:19).

딸을 악령에서 해방시켜 달라는 이방 여인의 믿음은 종을 살려 달라던 백부장의 믿음을 생각나게 한다(8:5-13). 또한 구약에 나오는 시리아 장군 나아만의 믿음을 연상케 한다(왕하 5장). 이방인들도 기회만 주어지면 얼마든지 예수님을 영접하고 하나님 나라의 백성이 될 만한 믿음을 가질 수 있다.

두로와 시돈은 갈릴리 접경 지역에서 북쪽으로 50㎞와 80㎞ 떨어진 곳에 있었다(Carson, cf. 11:20-24). 옛적에 엘리야 선지자가 사르밧에서 과부를 만나 도와준 적이 있는데, 이 사르밧이 시돈의 일부였다(왕상 17:9-10).

어떤 이들은 예수님이 평생 유대인이 사는 지역을 떠나신 적이 없다고 하지만, 그렇게 생각할 만한 증거는 없다. 마가도 예수님이 두로와 시돈 지역을 다니시며 사역하셨다고 한다(막 7:24, 31). 예수님은 다음 단계의 사역인 이방인 선교를 위해 제자들을 데리고 이방인들의 땅으로 가신 것이다. 두로와 시돈이 이방인 선교를 시범적으로 하기에 적합한 이유는 이 지역이 이스라엘과 끊임없이 갈등을 빚어 온 곳이기 때문이다. 그러므로 이스라엘에 두로와 시돈은 '땅끝'과 같은 곳이다. 제자들이 이곳 사람들을 전도할 수 있다면, 세상 어느 곳이든 갈 수 있다.

예수님이 두로와 시돈 지방으로 가실 때 가나안 여인 하나가 자기 딸을 살려 달라며 도움을 청했다(22절). 마가는 이 여인을 가나안 여자라 하지 않고 헬라 계통의 수로보니게(Syro-Phoenician) 사람이라 한다(막 7:26). 가나안 사람(Χαναναῖος) 혹은 가나안 여인(Χαναναία)은 예수님 시대에는 사용하지 않는 용어였다(Beale & Carson). 신약에서도 이 본문에서만 단 한 차례 사용되는 단어다. 아마도 마태는 이스라엘의 영원한 원수라는 의미에서 '가나안 여자'라는 말을 사용하는 듯하다. 하나님 나라의 복음은 이스라엘 사람들이 가장 멀다고 생각하는 '가나안 사람들'까지 포용해야 한다.

여인은 예수님을 '주 다윗의 자손'이라고 부른다(22절). 예수님을 '다윗의 자손'(υἱὸς Δαυίδ)이라 하는 것은 예수님이 메시아이심을 고백하는 것이다. 두 맹인이 예수님께 도움을 청할 때 '다윗의 자손'이라고 한 일을 생각나게 한다. 또한 마태복음에서 '다윗의 자손'은 주로 예수님께 도움을 청하는 사람들이 주님을 부를 때 사용하는 호칭이다(9:27; 12:23; 15:22; 20:30-31).

이 여인은 예수님을 세 차례나 '주'(κύριος)라고 부른다(22, 25, 27절). 유대교에 대해 상당히 많이 알고 있으며 더욱이 예수님에 대해서는 대부분 유대인보다 더 많이 알고 있다. 아마도 유대 종교로 개종한 '하나님을 경외하는 사람'(God-fearer)이었을 것이다.

여인은 자기 딸이 흉악하게 귀신이 들렸다며 딸을 치료해 달라고 소리 질러 부탁한다(22절). 예수님이 귀신들을 쫓아내신다는 소문을 들은 것 같다. 두로와 시돈 지역에서도 예수님을 알아보는 사람이 있는 것이 신기할 따름이다.

예수님은 여인에게 대꾸도 하지 않고 그냥 지나치셨다(23절). 시돈에서 북서쪽으로 5㎞를 가면 치유의 신으로 알려진 에슈문(Eshmun)의 신전이 있었다(Wilkins). 그러나 여인은 누가 자기 딸을 치료할 수 있는지 정확히 안다. 딸을 살릴 기회를 그냥 보낼 수는 없다. 그러므로 예수님 일행을 따라오면서 도와 달라고 소리질렀다. '소리 지르다'(κράζει)는 현재형 동사다. 쉬지 않고 질렀다는 뜻이다. 딸을 살리고 싶은 절박한 어머니의 울부짖음이다.

여인이 따라오며 지르는 소리에 질린 제자들이 예수님에게 '그를 보내소서'라고 말한다(23절). 제자들이 예수님에게 여인이 원하는 대로 딸을 치료해 주라는 의미로 말한 것으로 해석하는 이들이 있다(Benoit, Carson, France, Hagner, Meyer, McNeile, Morris). 그러나 이는 '귀찮으니 따라오지 못하게 하라'는 취지의 부탁이다(Davies & Allison, Gundry, Luz, Osborne, Wilkins). 그들은 예수님의 침묵을 치료를 거부하시는 것으로 간주했기 때문이다.

사실은 그렇지 않다. 예수님은 여인을 시험하고 계신다. 그녀가 얼마나 간절히 딸의 치료를 원하는지 테스트하시는 것이다. 이러한 사실을 깨닫지 못한 제자들은 예수님이 그녀의 딸을 치료하지 않으려 하시는 것으로 생각했다.

드디어 예수님이 그녀를 대면하셨다(24절). 예수님은 자신은 이스라엘 집의 잃어버린 양 외에는 다른 데로 보내심을 받지 않았다고 잘라 말씀하셨다. 이스라엘 사람들을 치료하고 돌보는 일만으로도 바쁘다는 뜻이다. 전도 여행을 떠나는 제자들에게 이방인들에게 가지 말고 이스라엘 집의 잃어버린 양에게로 가라고 하셨던 말씀을 생각나게 한다(10:5-6절). 이 말씀도 여인이 어떻게 반응할 것인지 알아보기 위한 것이었다(Bloomberg).

그러나 여인은 물러서지 않았다. 예수님에게 절을 하며 "주여 저를 도우소서"라고 호소했다(25절). 절을 하는 것은 절을 받는 이에게 모든 것을 맡기고 처분하는 대로 따르겠다는 의지의 표현이다. 그녀는 마음속으로 생각했을 것이다. "만일 그게 사실이라면 예수님은 왜 지금 이방인들의 땅에 와 계십니까?" 예수님을 메시아이신 다윗의 아들로 고백한 여인은 주님이 자기 딸을 치료하실 수 있다고 확신하며 다시 한 번 '주'(κύριε)라고 부른다.

예수님은 그녀의 믿음을 한 번 더 시험하기 위해 매우 잔인한 말씀을 하신다. "자녀의 떡을 취하여 개들에게 던짐이 마땅하지 아니하니라"(26절). 예수님은 유대인들을 자녀로, 이방인들을 개로 비유하신다. 이 말씀은 여인이 넘어야 할 가장 큰 산이고 마지막 고비다.

여인이 이처럼 치욕적인 말을 듣고 화를 낸다 해도 그 누구도 그녀가 잘못했다고 하지 않을 것이다. 그러나 흉악하게 귀신이 들려 고생하는 딸을 생각하면 그럴 만한 여유가 없다. 그녀에게 자존심은 사치에 불과하다. 그녀는 예수님이 비유에서 사용하신 언어들을 이용해 한 번 더 도움을 청한다. "주님, 그렇습니다. 그러나 개들도 주인의 상에서 떨어지는 부스러기는 얻어먹습니다"(27절, 새번역). '부스러기'(τῶν ψιχίων)는 우리말로 하면 잔반(남은 음식)을 뜻한다.

드디어 여인은 예수님의 테스트를 통과했다(28절)! 예수님이 그녀의 믿음에 탄복해 "여자여 네 믿음이 크도다"라고 칭찬하시며 "네 소원대로 되리라"라고 하셨다! 백부장에게 하신 말씀(8:10)을 상기시키는 말씀이다. 그녀가 간절히 바라던 대로 그녀의 딸이 그 순간에 나았다! 예수님이 환자를 직접 보지 않고 치료하신 것은 백부장의 종이 첫 번째이고, 이번이 두 번째다(cf. 8:13). 보통은 예수님이 다른 사람을 설득시키시는 만큼, 이 이방인 여인은 예수님을 설득시킨 유일한 사람으로 영원히 기념될 것이다.

이 말씀은 믿음과 하나님의 계획에 대해 생각하게 한다. 믿음은 자신을 끝까지 낮추며, 끝까지 포기하지 않고 하나님의 은혜를 바라는 것이다. 이런 믿음으로 하나님께 구하면 설령 하나님이 이미 확고한 계획을 가지고 계신다 할지라도 믿음으로 구하는 사람을 위해 항상 예외를 만드신다. 이번 일에서도 여인의 믿음이 예외를 만들었다.

구약에도 하나님의 계획에 예외가 생기는 경우가 종종 있다. 대표적인 사례가 여호수아서에 기록되어 있다. 하나님은 이스라엘 백성에게 가나안을 정복하면서 가나안 사람들은 모두 진멸하라고 여러 차례 말씀하셨다(cf. 신 20:17). 진멸은 남녀노소 가리지 말고 모든 사람을 죽이는 것을 말한다. 그러나 하나님은 가나안 여인 라합의 믿음을 보시고 그녀와 가족들을 살리셨고(수 2, 6장), 가나안 성읍 기브온 사람들의 믿음을 보시고 온 성 사람들을 살리셨다(수 9장). 가나안 사람들을 진멸하시는 일에 예외를 두신 것이다. 믿음은 이처럼 하나님이 이미 계획을 세웠다 할지라도 예외를 두시게 한다.

V. 예수님과 제자들(13:54-19:2)
A. 내러티브(13:54-17:27)

8. 많은 병자를 고치심(15:29-31)

29 예수께서 거기서 떠나사 갈릴리 호숫가에 이르러 산에 올라가 거기 앉으
시니 30 큰 무리가 다리 저는 사람과 장애인과 맹인과 말 못하는 사람과 기
타 여럿을 데리고 와서 예수의 발 앞에 앉히매 고쳐 주시니 31 말 못하는 사
람이 말하고 장애인이 온전하게 되고 다리 저는 사람이 걸으며 맹인이 보는
것을 무리가 보고 놀랍게 여겨 이스라엘의 하나님께 영광을 돌리니라

예수님은 두로와 시돈 지역을 떠나 갈릴리 호숫가에 이르러 산에 올라가 앉으셨다(29절). 마태는 호수의 어느 지역인지 밝히지 않지만, 마가는 데가볼리 지방으로 가셨다고 한다(막 7:31). 데가볼리(Δεκάπολις)는 갈릴리 호수 남동쪽에 있는 이방인들이 사는 지역이다. 예수님은 아직도 헤롯 안티파스가 다스리는 영토 밖, 이방인들 지역에 머물고 계신다(Boring, Carson, France).

산에 올라가 앉으신 것은 가르치기 위해서다(cf. 5:1). 그러므로 마태는 예수님이 이 자세를 취했다는 말 한마디로 이곳에서 머문 사흘 동안(cf. 32절) 몰려드는 병자들만 치료한 것이 아니라 하나님 나라에 대해 가르치기도 하셨음을 알려 준다. 또한 산으로 올라가신 것은 상징적인 의미를 지닌다. 유대인들은 종말에 하나님이 자기 백성을 시온산에 모으시고 이곳에서 병자들을 고치시고 그들을 위해 큰 잔치를 베푸실 것이라고 했다(Davies & Allison). 예수님이 병자들을 고치는 이 섹션과 4,000명을 먹이시는 다음 섹션이 이 시온산 모티브를 모형(typology)

으로 실현한다. 종말에 있을 치유와 잔치를 미리 조금이나마 맛보게 하신 것이다.

예수님이 오셨다는 소식이 돌자 큰 무리가 다리 저는 사람, 장애인, 맹인, 말 못하는 사람 등 온갖 병자들을 데려왔다(30절). 이 이방인들은 어떻게 예수님에 대해 알게 되었을까? 이곳은 예전에 예수님이 귀신 들린 자 둘을 치료하신 곳에서 멀지 않다(cf. 8:28-34). 아마도 그 일로 인해 예수님의 명성이 자자하게 되었고, 오셨다는 소식을 듣고 모든 병자를 데리고 나온 것으로 보인다.

온갖 병자를 치료해 주셨다는 이 말씀은 지금까지 살펴본 전환 요약들과 비슷하다(4:23-25; 8:16; 9:35-36; 14:13-14, 34-36). 사람들은 병자들을 데려와 예수님의 발 앞에 앉혔다. 발 앞에 앉는 것은 예수님께 자비를 구한다는 표시다.

앞 이야기(21-28절)에서 예수님은 하나님의 구속사에서 이스라엘이 우선이라고 하셨다(24, 26절). 그러나 간구하는 이방인 여인의 믿음을 보시고 그녀에게 '부스러기'를 주셨다(cf. 27절). 이 섹션에서도 이방인들에게 '부스러기'를 주신다. 놀라운 것은 예수님의 '부스러기'가 치료할 수 없는 병자는 하나도 없다는 사실이다. 예수님은 찾아온 모든 병자를 고쳐 주셨다(30절).

말 못 하는 사람이 말하고, 장애인이 온전하게 되었다(31a절). 다리 저는 사람이 걷고, 맹인이 보게 되었다(31a절). 지켜보던 사람들이 놀랍게 여겨 이스라엘의 하나님께 영광을 돌렸다(31c절). 신약에서 '이스라엘의 하나님'(τὸν θεὸν Ἰσραήλ)은 이 본문에서만 사용되는 호칭이다. 이방인들에 의해 사용되는 성호다(Carson, France, Gundry).

이 말씀은 하나님이 베푸시는 기적이 항상 믿음으로 이어지는 것은 아니라고 한다. 무리는 예수님이 병자들을 치료하시는 것을 보고 참으로 놀라고 이스라엘의 하나님께 영광을 돌린다. 그렇다고 해서 그들이 하나님을 믿기로 결단한 것은 아니다. 많은 사람이 예수님의 사역에 놀랐지만, 정작 주님을 따르는 제자는 많지 않았다. 예수님을 기적을 행하시는 분이 아니라 메시아로 영접할 때 비로소 하나님 나라에서의 삶이 시작된다.

V. 예수님과 제자들(13:54-19:2)
A. 내러티브(13:54-17:27)

9. 사천 명을 먹이심(15:32-39)

32 예수께서 제자들을 불러 이르시되 내가 무리를 불쌍히 여기노라 그들이 나와 함께 있은 지 이미 사흘이매 먹을 것이 없도다 길에서 기진할까 하여 굶겨 보내지 못하겠노라
33 제자들이 이르되 광야에 있어 우리가 어디서 이런 무리가 배부를 만큼 떡을 얻으리이까
34 예수께서 이르시되 너희에게 떡이 몇 개나 있느냐 이르되 일곱 개와 작은 생선 두어 마리가 있나이다 하거늘
35 예수께서 무리에게 명하사 땅에 앉게 하시고
36 떡 일곱 개와 그 생선을 가지사 축사하시고 떼어 제자들에게 주시니 제자들이 무리에게 주매
37 다 배불리 먹고 남은 조각을 일곱 광주리에 차게 거두었으며
38 먹은 자는 여자와 어린이 외에 사천 명이었더라
39 예수께서 무리를 흩어 보내시고 배에 오르사 마가단 지경으로 가시니라

어떤 이들은 4,000명을 먹이시는 이 기적이 마태가 이미 14:13-21에 기록한 5,000명을 먹이시는 기적을 재활용한 것이라 한다(Boring, Hill). 예수님이 유대인들만 먹이시는 것이 아니라 이방인들도 같은 은혜로 먹이신다는 것을 강조하기 위해서라는 것이다. 그러나 학자들 대부분은 두 기적의 디테일이 너무나 많이 다르기 때문에 같은 사건이 아니라고 한다(Carson, France, Hagner, Maier, Morris, Osborne). 예수님이 행하시는 기적들을 보면 비슷한 것이 많다. 세상에는 같은 병을 앓고 있는 병자가 참으로 많기 때문이다. 그러므로 한 번 행한 기적이라 해서 다시 행하지 않으실 수는 없다. 이 기적은 5,000명을 먹이신 기적과 비슷하지만, 다른 정황에서 다른 무리에게 베푸신 기적이다.

예수님이 데가볼리 지역에 있는 산에서 사역하신 지 사흘이 지났다(32절, cf. 29절; 막 7:31). 그동안 무리는 계속 예수님과 함께 있었다. 그들은 예수님의 가르침과 병 고침에 매료되어 떠나려고 하지 않는다. 이러한 전경은 종말에 시온산에서 주의 백성이 하나님과 함께할 일의 모형이다(Davies & Allison). 잠시 후 무리가 배불리 먹는 것도 그때 있을 메시아의 잔치 모형이다. 놀라운 사실은 이 일이 이스라엘 영토를 벗어나 이방인들이 사는 곳에서 일어나고 있다는 것이다.

사흘간 천국 잔치에 참여한 사람들이 배고프다. 사람들은 대부분 예수님이 오셨다는 소문을 듣고 급히 오느라 먹을 것을 제대로 챙겨오지 못했을 것이다. 설령 챙겨왔다 해도 사흘 동안 먹고 다른 사람들과 나누었기 때문에 동이 났을 것이다. 다음 행선지로 가기 위해 무리를 해산시켜 집으로 돌려보내야 하는데(cf. 39절), 그냥 보내기가 못내 안타까우시다. 그들이 배고프다는 것을 아시기 때문이다. 돌아가는 길에 쓰러질까 염려스러워 굶겨 보내지 못하겠다고 하신다(32절).

예수님의 말씀을 들은 제자들은 난감하다(33절). 근처에 큰 도시가 있고 돈이 있다면 빵을 구할 수 있겠지만, 그들은 광야에 있고 돈도 없기 때문에 이 많은 사람을 먹일 방법이 없다고 생각한다. 제자들은 아직도 예수님이 어떤 기적을 행하시는 분인지 이해가 부족하다. 예전에 5,000명을 먹이신 기적을 잊지는 않았지만(cf. 14:13-21), 이러한 기적이 이방인들의 땅에서는 일어나지 않을 것이라는 편견이 있거나, 혹은 이런 기적은 워낙 특별하고 큰 규모이기에 다시는 일어나지 않을 것이라는 '믿음'을 가졌을 것이다(cf. Carson)!

같은 유형의 기적이 반복되는 것은 구약에도 여러 사례가 있다. 모세가 만나로 이스라엘을 먹인 일이 두 차례 기록되어 있다(출 16장; 민 11장). 엘리사는 죽은 선지자의 가족이 먹고 살 수 있도록 기름이 멈추지 않는 기적과 20개의 빵으로 100명의 선지자를 먹이는 기적을 행했다(왕하 4:1-7, 42-44). 또한 엘리야와 엘리사 모두 죽은 아이들을 살렸다(왕상 17장; 왕하 4장). 제자들이 잘못 생각했던 것이다.

예수님은 가지고 있는 떡이 얼마나 되느냐고 물으셨고, 제자들은 고작 빵 일곱 개와 작은 생선 두어 마리가 전부라고 했다(34절). 한두 사람이 먹을 음식에 불과하다. 예수님은 무리에게 땅에 앉으라고 하셨다(35절). 음식을 가져다 감사 기도를 하시고, 제자들에게 주며 무리에게 나눠 주라고 하셨다(36절).

고작 빵 일곱 조각과 물고기 두어 마리로 성인 남자 4,000명과 여자들과 아이들을 배불리 먹였다(38절). 1만 명 정도가 먹은 것이다(Wilkins). 게다가 일곱 광주리가 남았다(37절). '오병이어의 기적'에 견줄 만한 '칠병이어의 기적'이 한 번 더 일어난 것이다. 오병이어의 기적에서는 이스라엘의 열두 지파를 상징하는 열두 광주리가 남았는데, 이 기적에서는 만수(滿數)인 일곱 광주리가 남았다. 이 숫자는 이스라엘 사람뿐 아니라 이방인들의 필요도 채우시는 하나님의 은혜를 상징한다(Hagner). 하나님이 원하시면 이런 기적은 언제든 되풀이될 수 있다. 종말에는 메시아가 베푸시는 큰 잔치가 우리를 기다리고 있다.

예수님은 사흘 동안 함께 했던 무리를 배불리 먹이신 후 해산시키시고 배에 올라 마가단 지경으로 가셨다(39절). '마가단'(Μαγαδάν)은 이 본문에만 언급되는 지명이며 어디인지는 알려진 바가 없다. 마가는 예수님이 '달마누다'(Δαλμανουθά)로 가셨다고 한다(막 8:10). 달마누다도 단 한 차례 나오는 지명이며 어디인지 알 수 없다. 정황을 고려할 때 예수님은 호수를 건너 다시 유대인들이 사는 갈릴리 호수 서쪽으로 가신 것으로 생각된다. 바로 이어지는 이야기(16:1-4)에서 바리새인들과 사두개인들이 모습을 보이기 때문이다. 학자들은 가장 가능성이 있는 곳으로 헤롯 안티파스의 수도 디베랴 근처에 있는 막달라(막달라 마리아의 고향)를 지목한다(Gundry, Keener, 27:55; 눅 8:2).

이 말씀은 우리가 말씀 배우기를 힘쓰면 하나님이 우리의 필요를 채우실 것이라고 한다. 이 사람들은 사흘 동안 예수님의 가르침에 전념했다. 드디어 그들이 흩어져야 할 때 예수님이 기적을 베풀어 먹이셨다. 배고픈 채 집으로 돌려보내지 않으신 것이다. 이처럼 우리가 해야 할 가장 중요한 일에 성실하게 임하면 하나님이 우리의 필요를 채우실 것이다.

V. 예수님과 제자들(13:54-19:2)
A. 내러티브(13:54-17:27)

10. 표징 요구(16:1-4)

[1] 바리새인과 사두개인들이 와서 예수를 시험하여 하늘로부터 오는 표적 보이기를 청하니 [2] 예수께서 대답하여 이르시되 너희가 저녁에 하늘이 붉으면 날이 좋겠다 하고 [3] 아침에 하늘이 붉고 흐리면 오늘은 날이 궂겠다 하나니 너희가 날씨는 분별할 줄 알면서 시대의 표적은 분별할 수 없느냐 [4] 악하고 음란한 세대가 표적을 구하나 요나의 표적 밖에는 보여 줄 표적이 없느니라 하시고 그들을 떠나가시니라

유대인들이 예수님을 부인하는 이야기가 계속된다(cf. 13:54-58; 15:1-20). 유대인 지도자들은 12:38-42에서도 예수님에게 표적을 요구했다. 그때는 바리새인들과 서기관들이 찾아왔는데, 이번에는 바리새인들과 사두개인들이 찾아왔다(1a절). 이들은 유대교에서 최고 권위를 가진 예루살렘 공회(산헤드린)를 구성하지만, 신학적인 관점이 많이 달라 앙숙 관계에 있었다. 사두개인들은 성전을 중심으로 활동했기 때문에 예루살렘에 많이 있었으므로 갈릴리 지역에서는 접하기 쉽지 않았다. 따라서 이 사람들은 예루살렘 공회가 예수님에 대해 알아보라고 보낸 사람들이었을 것이다.

평상시에는 앙숙이던 사람들이 예수님을 공동의 적으로 생각해 연합했다. 마태가 정관사 하나로 바리새인들과 사두개인들을 함께 표현하는 것(οἱ Φαρισαῖοι καὶ Σαδδουκαῖοι)은 두 부류가 한마음이 되어 행동하는 것을 의미한다(Carson). 선한 일에는 힘을 모으지 않는 사람들이 악한 일에는 힘을 합하고 있다. 예나 지금이나 인간은 변하지 않는다.

그들은 예수님에게 하늘로부터 오는 표적을 보여 줄 것을 요구했다(1b절). 순수한 동기에서 예수님이 정말 메시아이신지 확인하기 위해 표적을 보이라고 하는 것이 아니다. 그들은 예수님을 시험하기 위해 표적을 구한다. '시험하다'(πειράζω)는 마귀가 예수님을 시험할 때 사용된 동사다(4:1, 3, 7). 이 본문뿐 아니라 앞으로도 이 동사는 바리새인들이 예수님을 시험하는 데 사용될 것이다(19:3; 22:18, 35). 마귀가 예수님을 부인하는 것과 바리새인들이 부인하는 것이 맥을 같이한다는 뜻이다(Boring).

그들은 진실을 파악하기 위해 표적을 구하는 것이 아니다. 그들은 이미 예수님을 죽이려고 마음을 굳혔다(12:14). 이곳에서도 문제 삼기 위해 이적을 구한다. 그러므로 이번에도 그동안 예수님이 행하신 온갖 기적은 모두 무시하고, 12:38에서처럼 그들이 요구하는 출애굽과 같이 하늘에서 오는 스펙터클한 표적을 요구한다. 자신들의 악한 기준을 충족시키는 기적을 행하라는 것이다. 그래야 예수님을 곤경에 빠트리고 사람들이 예수님을 따르는 것을 막을 수 있기 때문이다.

그들이 '하늘'(οὐρανός)로부터 오는 표적을 구하자, 예수님도 '하늘'(οὐρανός)에 대한 말씀으로 대답하신다(2-3절). 일종의 언어유희를 구사하시는 것이다(Hagner). 하늘에 대한 예수님의 말씀(2-3절)은 일부 주요 사본에는 없다. 새번역도 이 부분을 괄호([ ])로 표기했다. 훗날 누군가가 삽입한 것으로 보는 이들이 있지만(Beare, Hill, Gnilka, Luz), 마태복음 원본에 있었는데 일부 사본에서 누락된 것이라는 견해가 월등히 우세하다(Bloomberg, Carson, Davies & Allison, France, Gundry, Hagner,

Metzger).

옛적부터 바다를 항해하는 항해사들은 날씨에 민감했고, 많은 격언을 만들어 냈다. 예수님이 말씀하시는 내용은 그들의 격언인 "저녁에 빨간 하늘은 항해사들의 기쁨이며, 아침에 빨간 하늘은 항해사들의 근심이다"(Red skies at night, sailor's delight; red skies in the morning, sailor's warning)와 같다(Wilkins). 예수님은 그들이 날씨는 분별할 줄 알면서 시대의 표적은 분별하지 못한다고 책망하신다(3절). 별로 중요하지 않은 징조는 잘 읽으면서, 정작 중요한 징조는 읽지 못하느냐는 뜻이다. 만일 그들에게 영적 분별력이 있었다면, 이미 예수님이 행하신 온갖 표적을 보고 메시아로 영접했을 것이다. 그러나 그들은 영적 눈이 먼 자들이다(Morris). 그들은 예수님을 그들의 위치를 위협하는 위험한 사람 정도로 생각한다.

옛적에 이스라엘이 하나님을 시험한 것처럼(출 17:1-7; 신 6:16; 시 78:18, 41; 95:9), 바리새인들과 사두개인들이 예수님을 시험하고 있다. 그들은 예수님을 부인하는 이스라엘을 상징한다. 그러므로 하나님이 이스라엘을 악하고 음란한 세대라고 하신 것처럼(신 1:35; 32:5) 예수님도 그들이 대표하는 유대인들을 악하고 음란한 세대라고 하신다(4절).

하늘로부터 오는 표적을 구하는 그들에게 예수님은 요나의 표적 밖에는 보여 줄 표적이 없다고 하신다(4절). 앞서 12:40-41에서 설명한 것처럼 요나가 행한 기적이 아니라, 선지자 요나가 표적이다. 그가 물고기 배 속에서 3일을 머물다가 나온 것처럼 예수님은 3일 동안 무덤에 있다가 부활하실 것이다. 훗날 베드로는 오순절 설교에서 예수님의 부활이 죽음을 정복했을 뿐 아니라 예수님을 십자가에 못 박은 이스라엘의 죄를 봉인하는 것이라 한다(행 2:22-36).

예수님은 요나의 표적밖에는 보여 줄 것이 없다며 그들을 떠나신다(4b절). 호수를 건너신 것이다(cf. 5절). 예수님이 그들을 떠나시는 것은 그들을 거부하시는 것을 상징한다. 앞에서는 그들이 예수님을 거부했지만(1절), 이제는 예수님이 그들을 거부하신다. 13절에서는 북쪽에 있는 빌립보의 가이사랴로 떠나는 일을 통해 한 번 더 그들을 거부하신다.

기회는 항상 있는 것이 아니다. 기회가 있을 때 살려야 한다. 하나님이 사람에게 항상 손을 내미시는 것은 아니다. 따라서 하나님이 손을 내미셨을 때 붙잡아야 한다. 이것이 살길이고 지혜다. 예수님은 19:3까지 유대교 지도자들을 접하지 않으실 것이다.

이 말씀은 표적을 구하지 않고 믿는 사람이 복 받은 사람들이라고 한다. 유대교 지도자들이 예수님에게 표적을 구하는 것은 이번이 두 번째다. 예수님은 두 차례 모두 그들의 요구를 거부하셨다. 설령 표적을 행하신다 할지라도 그들은 꼬투리를 잡고 또 다른 표적을 구할 것이기 때문이다. 예수님은 십자가에서 죽은 지 사흘 만에 부활하는 '요나의 기적'밖에 줄 것이 없다고 하신다. 그러나 예수님의 부활도 믿음이 있어야 믿는 기적이다. 따라서 예수님은 표적을 행하면 보고 믿겠다는 생각은 버리고, 보지 않고 하나님의 말씀을 근거로 믿으라고 도전하신다. 이런 믿음은 하나님께로부터 온다. 그러므로 하나님이 믿음을 주지 않으시면 예수님을 믿을 수 있는 사람은 없다.

V. 예수님과 제자들(13:54-19:2)
A. 내러티브(13:54-17:27)

11. 바리새인들과 사두개인들의 누룩(16:5-12)

5 제자들이 건너편으로 갈새 떡 가져가기를 잊었더니 6 예수께서 이르시되
삼가 바리새인과 사두개인들의 누룩을 주의하라 하시니 7 제자들이 서로 논
의하여 이르되 우리가 떡을 가져오지 아니하였도다 하거늘 8 예수께서 아시
고 이르시되 믿음이 작은 자들아 어찌 떡이 없으므로 서로 논의하느냐 9 너
희가 아직도 깨닫지 못하느냐 떡 다섯 개로 오천 명을 먹이고 주운 것이 몇
바구니며 10 떡 일곱 개로 사천 명을 먹이고 주운 것이 몇 광주리였는지를

기억하지 못하느냐 [11] 어찌 내 말한 것이 떡에 관함이 아닌 줄을 깨닫지 못하느냐 오직 바리새인과 사두개인들의 누룩을 주의하라 하시니 [12] 그제서야 제자들이 떡의 누룩이 아니요 바리새인과 사두개인들의 교훈을 삼가라고 말씀하신 줄을 깨달으니라

이야기가 시작되면서 예수님은 바리새인들과 사두개인들의 누룩을 주의하라고 하신다. 비록 제자들이 성장하고는 있지만, 아직 예수님의 말씀을 모두 이해할 만한 단계는 아니다. 제자들은 예수님이 하신 말씀의 의미를 깨닫지 못하고 자신들이 원하는 대로 듣고 해석했다가 주님의 책망을 받는다.

예수님은 꼬투리를 잡기 위해 표적을 요구한 바리새인들과 사두개인들을 뒤로하고 호수 건너편으로 가셨다. 유대인 지역인 갈릴리 호수 북서쪽에서 이방인 지역인 북동쪽으로 가신 것이다(Wilkins). 이로써 예수님이 4장에서 시작하신 갈릴리 사역이 마무리된 것으로 보아야 한다. 예수님은 나중에 갈릴리에 다시 들리실 것이다(17:22-24). 그러나 유대로 내려갈 준비를 하기 위해 잠시 들리시는 것이지 사역하기 위해 들리시는 것은 아니다(19:1).

마가는 이 대화가 예수님과 제자들이 배 위에서 나눈 것이라 한다(막 8:14-15). 문젯거리를 찾으려고 시비를 걸어왔던 바리새인들과 사두개인들을 뒤로하고 오는 상황이라 제자들에게 그들의 누룩을 조심하라고 말씀하셨다(6절). 누룩은 아주 적은 양으로도 반죽 전체에 영향을 끼친다(13:33; 고전 5:6; 갈 5:9). 바리새인들과 사두개인들의 가르침을 듣다 보면 조금씩 세뇌가 되어 어느 순간 자기도 모르는 사이에 하나님 나라에서 멀어져 있을 것이라는 경고다. 오늘날에도 별생각 없이 이단들의 가르침을 접하면 이렇게 된다.

그러나 제자들의 마음은 미처 챙겨오지 못한 음식 생각으로 가득하다(5절). 갈릴리로 다시 올 때까지 이방인들의 땅에서 일어난 일들을 기록하고 있는 16:5-17:20을 고려하면 이번 여행은 상당히 긴 여정이다. 그러므로 집을 떠날 때 음식 챙기는 것을 잊은 것이 더욱더 걱정되었다. 그들은 사람이 떡으로만 살 것이 아니라는 가르침(4:4)도 잊었다.

제자들은 챙겨 오지 못한 음식에 대한 생각으로 가득한 상황에서 예수님의 말씀이 잘 들리지 않는다. 그러므로 바리새인들과 사두개인들의 누룩을 조심하라는 말씀을 떡을 잊고 온 것을 지적하시는 것으로 생각했다(7절). 제자들은 예수님의 말씀을 그들이 원하는 대로 듣고 해석한 것이다.

학자 중에는 제자들이 예수님의 말씀을 왜곡해 들은 것이 도대체 납득이 가지 않는다는 이들도 있다. 그러나 그들의 마음이 집에 놓고 온 음식에 가 있으니 충분히 가능한 일이다. 사람은 어떤 생각에 젖어 있을 때 누구의 말을 들으면 자기가 듣고 싶은 것만 듣고, 자기 편할 대로 해석하고 생각한다.

제자들의 다소 황당한 대화를 들으시던 예수님이 그들을 향해 '믿음이 작은 자들'(cf. 6:30; 8:26; 14:31)이라며 어찌 떡만 생각하느냐고 나무라신다(8절). 그들에게 믿음이 전혀 없는 것은 아니다. 있기는 있지만 효력을 발휘할 정도는 못 된다. 성숙한 신앙인이 되려면 아직 갈 길이 멀다.

예수님은 떡 다섯 개로 5,000명을 먹이신 기적과 일곱 개로 4,000명을 먹이신 기적을 생각해 보라고 하신다(9-10절). 이렇게 적은 양의 음식으로 그렇게 많은 사람을 먹이고도 여러 광주리가 남았다. 예수님은 제자들에게 이러한 기적에서 무엇을 배웠냐고 책망하신다. 제자들은 끼니 걱정으로 가득하다 보니 예수님의 비유적인 가르침을 이해하는 데 실패했고, 예수님이 수많은 사람에게 먹을 것을 제공하신 기적에서 교훈을 배우는 것도 실패했다.

예수님은 6절의 말씀을 다시 한번 반복하시며 제자들에게 의미를 생각해 보라고 하신다(11절). 제자들은 그제서야 예수님이 바리새인들과 사두개인들의 가르침을 조심하라고 하신 말씀인 줄 깨닫았다(12절).

이 말씀은 사람의 마음이 어떤 이슈에 사로잡혀 있으면 하나님의 말씀을 잘 깨달을 수 없다고 경고한다. 제자들은 떡 생각에 사로잡혀 예수님의 말씀을 깨닫지 못했다. 우리는 경건하고 좋은 것들로 우리 생각을 채워야 제자들처럼 부수적인 이슈들로 인해 하나님의 말씀을 놓치지 않을 것이다.

또한 아무리 작은 것이라 해도 계속 접하다 보면 영향을 받는다. 예수님은 제자들이 바리새인들과 사두개인들의 가르침이 별것 아니라고 치부할 수 있지만, 계속 접하다 보면 자신도 모르게 영향을 받을 것이라고 경고하신다. 누룩이 은밀하게 온 반죽을 변화시키는 것처럼 말이다. 그러므로 악한 것은 처음부터 멀리하고 상종하지 않는 지혜가 필요하다.

V. 예수님과 제자들(13:54-19:2)
A. 내러티브(13:54-17:27)

12. 베드로의 고백(16:13-20)

**13 예수께서 빌립보 가이사랴 지방에 이르러 제자들에게 물어 이르시되 사람
들이 인자를 누구라 하느냐 14 이르되 더러는 세례 요한, 더러는 엘리야, 어
떤 이는 예레미야나 선지자 중의 하나라 하나이다 15 이르시되 너희는 나를
누구라 하느냐 16 시몬 베드로가 대답하여 이르되 주는 그리스도시요 살아
계신 하나님의 아들이시니이다 17 예수께서 대답하여 이르시되 바요나 시몬
아 네가 복이 있도다 이를 네게 알게 한 이는 혈육이 아니요 하늘에 계신 내
아버지시니라 18 또 내가 네게 이르노니 너는 베드로라 내가 이 반석 위에
내 교회를 세우리니 음부의 권세가 이기지 못하리라 19 내가 천국 열쇠를 네
게 주리니 네가 땅에서 무엇이든지 매면 하늘에서도 매일 것이요 네가 땅에
서 무엇이든지 풀면 하늘에서도 풀리리라 하시고 20 이에 제자들에게 경고하**

사 자기가 그리스도인 것을 아무에게도 이르지 말라 하시니라

앞 섹션(5-12절)에서 예수님은 제자들과 함께 갈릴리 호수 동북쪽에 잠시 머무셨다. 이번에는 가이사랴 빌립보를 방문하셨다. 가이사랴 빌립보(Caesarea Philippi)는 갈릴리에서 40㎞ 북쪽 헤르몬산이 있는 이방인들의 도시였다(ABD). 분봉 왕 빌립이 가이사랴(Caesar)를 기념해 세운 도시였으며, 해안가에 있는 가이사랴와 구분하기 위해 빌립보(Philippi)가 더해졌다. 빌립은 17세에 왕이 되어 37년을 다스렸다. 그는 헤롯 안티파스의 생일잔치에서 춤을 추고 요한의 머리를 요구했던 헤로디아의 딸 살로메와 결혼했다(Wilkins). 가이사랴 빌립보의 인구 대부분은 시리아 사람들과 그리스 사람들이었다(DGJ).

예수님이 제자들에게 사람들이 인자를 누구라 하느냐고 물으셨다(13절). 마가는 '인자'(υἱὸν τοῦ ἀνθρώπου) 대신 '나'로 표현한다(막 8:27). 예수님을 따르는 무리는 예수님을 '기적을 행하는 이' 정도로 이해하지만, 제자들은 메시아이신 '인자'로 조금씩 이해하기 시작했다(Luz, cf. 10:23; 13:37, 41). 이 타이틀은 예수님의 여러 메시아 타이틀 중 고난받는 종을 강조한다(cf. 21절).

예수님의 질문을 받은 제자들은 사람들이 예수님을 '세례 요한, 엘리야, 예레미야, 선지자 중 하나'로 일컫는다고 대답했다(14절). 이는 모두 당시 유대인들이 기대하던 메시아와 연관된 이름들이다. 첫째, 헤롯 안티파스가 같은 말을 한 것으로 보아(cf. 14:2) 사람들이 예수님을 세례 요한이라 하는 것은 흔한 일이었다. 둘째, 엘리야는 메시아가 오시기 전에 그의 길을 예비하는 선지자다(말 4:5-6). 예수님은 세례 요한이 바로 이 엘리야라고 말씀하셨다(11:9-10, 14). 사람들이 예수님을 엘리야라고 하는 것은 예수님을 메시아가 아니라, 메시아의 길을 예비하러 온 선지자라고 생각한다는 뜻이다. 그들은 다른 메시아를 기다리고 있다. 셋째, 눈물의 선지자 예레미야는 여러 차례 감옥에 갇히면서도 타협하지 않고 다가오는 심판을 선언했다가 백성에게 버림받았다. 종교 지도자들에게 거부당하면서도 계속 심판을 선언하시는 예수님이 예레미야 선지자 같다는 뜻이다(Knowles). 마가는 사람들이 예수님을 예레미야라고 한다는 말을 생략했다. 넷째, 선지자 중 하나라는 것은 예수님 시대 사람들의 메시아에 대한 다양한 관점을 반영한다(Carson). 그들은 각기 다른 메시아를 기대했지만, 그들이 기대한 메시아는 모두 구약 선지자들과 그들의 사역과 연관이 있는 분이라고 생각했다.

제자들의 말을 들으신 예수님이 가장 중요한 질문을 하신다(15절). "너희는 나를 누구라 하느냐?" 세상 사람들이 예수님에 대해 무어라 말하는지도 의미가 있지만, 가장 중요한 것은 제자들이 예수님을 어떻게 생각하느냐 하는 점이다. 이 점을 부각시키기 위해 예수님은 '그러나 너희는'(ὑμεῖς δὲ)을 강조형으로 사용하신다(Carson).

이때까지 또한 앞으로도 제자들을 대표할 베드로가 나섰다. "주는 그리스도시요 살아 계신 하나님의 아들이시니이다"(16절). 베드로가 말하지만 제자들이 함께 이 이슈를 여러 차례 논의하고 내린 결론이다(Hagner). 베드로의 고백은 기독론의 핵심을 모두 담고 있으며, 지금까지의 모든 이야기가 이 결정적인 고백을 준비해 왔다(Osborne).

그리스도(Χριστός)는 구약의 '기름 부음을 받은 이'(מָשִׁיחַ)를 헬라어로 번역한 것이다(TDNT, cf. 출 28:41; 삼상 2:10; 삼하 1:14, 16; 시 105:15). 그동안 내래이터(narrator)인 마태(1:1, 16-18)와 헤롯왕(2:4) 그리고 세례 요한(11:2)이 예수님에 대해 이 타이틀을 사용했지만, 제자들에 의해서는 처음 사용되고 있다. 그들도 조금씩 예수님의 정체성을 깨달아 가고 있다.

'살아 계신 하나님의 아들'(ὁ υἱὸς τοῦ θεοῦ τοῦ ζῶντος)은 호세아 1:10에서 유래한 것이다(cf. 신 5:26; 수 3:10; 시 42:2). 이들이 머무는 가이사랴 빌립보처럼 온갖 우상과 죽은 신들로 가득한 곳에서는 특별한 의미를 지닌 성호다. 하나님은 사람들이 숭배하는 우상이나 죽은 신이 아니라 생기로 가득한 살아 계신 신이라며 차별성을 강조한다. 예수님은 이 살아 계신 하나님의 아들이시다. 예수님은 탄생할 때(1:21-23), 이집트로 내려갈 때(2:15), 세례를 받을 때(3:17), 사탄에게 시험을 받을 때(4:2, 5), 귀신을 쫓을 때(8:29) 하나님의 아들로 불리셨다. 이번에는 제자들을 대표한 베드로에게 고백을 받으셨다. 베드로의 고백은 예수님이 메시아라는 사실을 인정하는 첫 고백은 아니지만, 지금까지 나온 것 중에 가장 완벽하고 온전한 고백이다.

또한 베드로의 대답은 다윗 언약의 성취를 의미한다(Davies & Allison, Hagner, Nolland, cf. 삼하 7:4-16). 선지자 나단을 통해 다윗에게 주신 "나는 그에게 아버지가 되고 그는 내게 아들이 되리니"(삼하 7:14)라는 언약은 솔로몬을 염두에 둔 말씀이지만 동시에 장차 다윗의 후손으로 오실 메시아에 관한 말씀이다. 이 말씀이 내포하고 있는 메시아사상은 메시아에 관한 예언시로 알려진 시편 2:7에서 절정을 이루며 재차 확인된다. "여호와께서 내게 이르시되 너는 내 아들이라 오늘 내가 너를 낳았도다."

베드로의 고백을 들으신 예수님이 참으로 기뻐하신다. 그러므로 베드로에게 "바요나 시몬아 네가 복이 있도다"라고 하신다(17절). 이는 베드로를 축복하시는 말씀이 아니다. '…는 복이 있도다'(μακάριος)라는 산상 수훈 스타일로 베드로의 복됨을 선언하신다(cf. 5:3-12). 베드로가 예수님을 메시아로 고백하게 된 것은 인간적으로(혈육) 노력해서가 아니라, 하나님이 알게 하셨기 때문이다. 그러므로 베드로는 하나님의 가르침을 받은 복 받은 사람이라는 뜻이다(cf. 11:25-27).

18-19절은 기독교 역사에서 가장 많이 연구되고, 가장 논쟁이 된 말씀이다(cf. Bloomberg, Carson, Hagner, Luz, Wilkins). 가톨릭에서 이 말씀을 근거로 교황들이 베드로의 대를 잇고 있다고 주장하기 때문이다. 예수님은 '너는 베드로라'라는 말씀으로 스피치를 시작하신다(18a절). 이는 그 이름의 의미가 '반석(바위)'이라는 뜻임을 지적하시는 말씀이다.

베드로의 원래 이름은 시몬이었다(요 1:40-41). 예수님이 그를 보고 '게바'(Κηφᾶς)라고 부르셨으며, 게바는 반석이라는 의미를 지닌 아람어로 헬라어로 번역하면 베드로가 된다(요 1:42).

구약에서 이름의 변화는 새로운 정체성과 신분을 상징한다. 아브람과 사래가 아브라함과 사라가 된 일이 그렇고(창 17:5, 15), 야곱이 이스라엘로 불리게 된 일도 그렇다(창 32:28). 예수님이 시몬의 이름을 게바(베드로)로 바꿔 주신 이유도 아마 본문에서 벌어지는 일을 염두에 두셨기 때문일 것이다.

예수님은 반석이라는 의미를 지닌 베드로(Πέτρος)에게 '이 반석' 위에 교회를 세우겠다고 하신다(18b절). 문법적으로 '이 반석'(ταύτῃ τῇ πέτρᾳ)이 강조형인 것은 확실한데, 정확한 의미에 대해서는 지난 수 세기 동안 계속 논쟁이 되어 왔다(cf. Burgess, Cullmann). 교부들은 이 반석을 그리스도를 뜻하는 것으로 해석했지만(Origen, Augustine), 학자들 대부분이 만족하지 못한다. 한편, 이 반석은 베드로가 아니라 베드로의 고백이라는 해석도 있다(Caragounis, Garland, Pregeant). 그러나 본문의 가장 자연스러운 해석은 예수님을 그리스도로 고백한 베드로를 반석으로 해석하는 것이다(Carson, Osborne, Wilkins).

구약은 성전이 반석 위에 세워져 영구적이고 든든하다고 한다(cf. 시 118:22). 예수님은 영구적인 든든함의 상징인 반석(베드로) 위에 교회를 세우겠다고 하신다(18절). 베드로를 예수님이 세우시는 교회의 첫 번째 이자 가장 중요한 지도자로 삼으실 것이라는 뜻이다. 실제로 부활 후 예수님은 베드로에게 나타나셨고(눅 24:34), 그에게 그분의 양을 먹이라고 특별히 부탁하셨다(요 21장). 이후 베드로는 오순절 전부터(행 1:15-26), 오순절(행 2:14, 37-38) 그리고 오순절 이후(행 3:4, 6, 12; 4:8; 8:14-25; 10:9-11:8)에도 제자 중 리더 역할을 했다. 그러나 교회가 세워진 다음에는 베드로가 그다지 특별한 역할을 하지 않는다. 사도행전에서도 교회의 기반이 어느 정도 세워진 16장 이후로는 베드로에 대한 언급이 없다(Cullmann).

'교회'(ἐκκλησία)는 마태복음에서 세 차례 사용되는 단어이며 본문이 첫 번째 사례다. 나머지 두 번은 모두 18:17에서 사용된다. 어떤 이들은 '교회'(ἐκκλησία)가 '나오다'라는 의미를 지닌 전치사(ἐκ)에 '부르다'라는 의미를 지닌 동사(καλέω)가 합쳐진 단어라 하여 '세상에서 부르심을 받아 나온 사람들의 모임'이라는 의미를 지녔다고 하지만 근거 없는 주장이다. '에클레시아'(ἐκκλησία)는 기독교인들이 처음 사용한 것이 아니라 주전 2-3세기 세속적인(비종교적인) 문헌에서 사용되기 시작한 단어로, 단순히 '모임'이라는 의미다(TDNT).

이러한 사실을 근거로 일부 학자는 원래 마태복음에 없었던 것을 사도들이 교회가 세워진 다음에 '신앙생활을 하는 그리스도인들'을 의미하는 단어로 삽입한 것이라 한다(Bultmann, Cullmann, Brown et al). 그러나 칠십인역(LXX)이 히브리어로 '총회'를 뜻하는 단어(קָהָל)를 에클레시아(ἐκκλησία)로 번역하면서 점점 하나님의 백성을 의미하는 종교적인 단어가 되었다(cf. 신 23:3). 그러므로 예수님 시대에는 이 단어가 얼마든지 예수님이 세우실 신앙 공동체를 의미할 수 있었다(Carson, Morris, Osborne, Wilkins). 예수님은 그분이 세워 가시는 하나님 나라 공동체를 '교회'(ἐκκλησία)라고 부르심으로써 교회가 구약의 하나님 백성을 대체하는 것이 아니라, 이어갈 것을 말씀하신다(Boring, Carson). 교회는 과거 이스라엘의 맥을 잇는 새 이스라엘이라는 것이다.

음부의 권세는 예수님이 세우시는 교회를 이기지 못할 것이다(18c절). 음부의 권세(πύλαι ᾅδου)를 직역하면 '음부의 문'이다(cf. 새번역, 아가페, NAS, NIV, NRS). '음부'(ᾅδης)는 구약에서 '스올'(שְׁאוֹל)로 불리며, 죽은 자들이 가는 곳이다. 우리 말로 하면 '저세상'이 가장 적합한 번역이다. 그러므로 음부의 문은 죽은 자들이 스올로 가기 위해 지나는 문이다(욥 17:16; 38:17; 시 9:13; 107:18; 사 38:10). 곧 죽음을 상징한다(Carson, Davies & Allison, Hagner).

죽음은 사탄과 졸개들이 사람들을 위협할 때 사용하는 가장 큰 권세이자 무기다. 그러므로 어떤 이들은 온 세상에 지대한 영향을 끼치는 악한 세력이 무력화될 것을 말씀하시는 것으로 해석하기도 한다. 그러나 본문 말씀은 죽음으로 상징되는 악의 세력이 무력화되는 것이 아니라 교회를 이기지 못한다는 뜻이다. 바울이 이사야 25:8과 호세아 13:14을 인용해 교회와 죽음의 권세 관계를 가장 정확하게 정리했다. "이 썩을 것이 썩지 아니함을 입고 이 죽을 것이 죽지 아니함을 입을 때에는 사망을 삼키고 이기리라고 기록된 말씀이 이루어지리라 사망아 너의 승리가 어디 있느냐 사망아 네가 쏘는 것이 어디 있느냐"(고전 15:54–55).

죽음은 절대 교회와 그리스도인들을 이기지 못한다(Lewis, McNeile). 원수들은 예수님을 죽였지만, 죽음은 예수님을 이기지 못했다. 예수님이 죽음을 이기고 부활하셨기 때문이다. 그러므로 교회와 그리스도인들은 종말 때까지 이 땅에 영원히 있을 것이다. 때로는 희미하고 쇠퇴하는 듯 보일 수 있지만, 끝내 이길 것이다. 예수님이 교회를 흔들리지 않는 반석 위에 세우셨기 때문이다. 예수님은 종말까지 이 땅에 영원히 있을 교회에 죽음과 악의 세력을 꼼짝 못하게 하는 권세를 주셨다(cf. 10:1, 8; 12:29).

예수님은 천국 열쇠를 베드로에게 주시며 그가 이 땅에서 행하는 것에 따라 하늘에서도 그대로 될 것이라 하신다(19절). 아래에 있는 음부에 대한 말씀에서 위에 있는 천국에 대한 말씀으로 바뀌고 있다. '열쇠들'(τὰς κλεῖδας)은 권세와 능력을 상징한다. "빌라델비아 교회의 사자에게 편지하라 거룩하고 진실하사 다윗의 열쇠를 가지신 이 곧 열면 닫을 사람이 없고 닫으면 열 사람이 없는 그가 이르시되"(계 3:7; cf. 사 22:22; 계 9:1–6; 20:1–3). 바리새인들은 사람들이 하늘나라에 입성하는 문을 막는 자들인데, 베드로는 그들에게 문을 열어 주는 사람이다. 예수님은 이 권세를 베드로에게 주시지만 그는 하늘 문을 열고는 역사

속으로 사라졌다. 그러므로 하늘 문은 영원히 열려 있고, 들어가는 데 열쇠가 필요 없다(Wilkins).

'땅에서 매면 하늘에서도 매이고, 땅에서 풀면 하늘에서도 풀리리라'는 구성원을 받거나 거부하는 권세를 교회에 주셨다는 의미다(Basser). 교회는 이 땅에서 하나님 나라의 특별한 에이전트다(Osborne, Wilkins). 교회는 전도와 선교를 통해 자기 죄를 고백하는 이들을 하나님 나라로 데려오는 권세와(Bloomberg, Keener, Wilkins) 예수님의 가르침을 정확하게 해석하고 전파함으로써 새로 형성되는 하나님 나라 공동체에 교리와 실천에서 허락된 것과 금지된 것을 가르치는 권세를 받았다(Carson, Guthrie, Hagner, Morris, Turner). 교회는 멤버십을 받거나 거부하는 권세를 통해 교회 안에서 무엇이 죄이고 죄가 아닌지를 결정하고(Derrett), 교회 내에서 악의 세력을 무력화시키는 권세를 받았다는 의미다(Marcus).

교회는 전도와 선교를 통해 새로운 그리스도인을 양육하고 가르칠 때 하나님이 주신 권세를 가지고 한다. 이 권세를 두렵고 떨림으로 사용해야 한다. 사람들이 어디서 영생을 보낼 것인지를 좌우하기 때문이다. 이 권세를 잘못 사용하면 넘어지게 하는 권세가 될 수도 있다(23절; cf. 사 8:14).

예수님은 그분 자신이 그리스도라는 사실을 아무에게도 알리지 말라고 경고하신다(20절). 제자들만 알고 있으라고 하시는 것이다. 유대인들은 정복자 메시아가 와서 자신들을 로마의 속박에서 해방시켜 주기를 바라고 있다. 그들은 구약에 기록된 메시아에 대한 예언들을 자기 마음대로 해석해 이런 결론에 도달했다. 그들은 오직 정치적-군사적 메시아를 원하며 다른 유형의 메시아는 필요하지 않다고 생각한다. 사람이 하나님의 말씀을 어디까지 왜곡할 수 있는지 생각하게 한다. 우리는 하나님의 말씀을 대할 때 신중하고 진실해야 한다. 우리의 편견과 선입견을 바탕으로 말씀을 읽으면 성경은 남을 해치는 명분과 무기로 변질될 수 있다.

율법과 선지자를 온전하게 이루기 위해 고난받는 종으로 오신 예수님은 그분의 죽음을 통해 인류의 죄를 해결하고 죽음의 권세를 무력화한 다른 유형의 정복자이시다. 사람들이 기대하던 메시아와 전혀 다른 메시아이시다. 그러므로 사람들의 입에 오르내리는 것과 논쟁과 다툼을 싫어하는 예수님이 아무에게도 알리지 말라고 하신다(20절). 때가 되면 온 세상이 예수님이 메시아이심을 알게 될 것이다. 그때까지는 제자들만 알고 있어야 한다.

이 말씀은 예수님이 바로 세상을 구원할 유일한 구세주이심을 재차 확인한다. 예수님을 메시아로 고백하는 믿음은 하나님이 주시는 것이다. 그러므로 우리의 신앙이 성숙할수록 구원은 우리 스스로 쟁취한 것이 아니라 하나님의 선물이라는 사실을 고백하게 된다. 그리스도인들과 교회는 최소한 이 같은 고백에 세워지고 양육되어야 한다.

교회는 사람을 천국으로 인도하는 권세를 가졌다. 교회를 통하지 않고는 그 누구도 하나님 나라로 들어갈 수 없다. 그러나 기억해야 할 것은 이 권세를 잘못 사용하면 오히려 걸림돌이 될 수 있다는 사실이다. 우리는 구원을 두렵고 떨림으로 이루어 나가야 한다(빌 2:12).

V. 예수님과 제자들(13:54–19:2) A. 내러티브(13:54–17:27)

13. 첫 번째 수난에 대한 말씀(16:21–23)

21 이때로부터 예수 그리스도께서 자기가 예루살렘에 올라가 장로들과 대제사장들과 서기관들에게 많은 고난을 받고 죽임을 당하고 제삼일에 살아나야 할 것을 제자들에게 비로소 나타내시니 22 베드로가 예수를 붙들고 항변하여 이르되 주여 그리 마옵소서 이 일이 결코 주께 미치지 아니하리이다 23 예수께서 돌이키시며 베드로에게 이르시되 사탄아 내 뒤로 물러가라 너는 나를 넘어지게 하는 자로다 네가 하나님의 일을 생각하지 아니하고 도리어 사람

의 일을 생각하는도다 하시고

'이때로부터'(ἀπό τότε)(21절)는 마태복음에서 전환점 역할을 한다(Boring, Kingsbury). 4:17에서는 예수님의 갈릴리 사역 시작을 알렸는데, 이제부터는 십자가를 지기 위해 예루살렘으로 가시는 여정이 시작된다. 예루살렘으로 가시는 여정 중 베드로의 고백이 무엇을 의미하는지 본격적으로 가르치실 것이다. 이러한 맥락에서 마태복음은 예수님이 십자가 고난에 관해 이 본문 이후 세 차례 더 말씀하신 것으로 기록한다(cf. 17:22-23; 20:17-19; 26:2).

예수님은 제자들에게 네 가지를 '나타내셨다'(δεικνύειν)고 하는데 모두 현재형이다. 예수님의 가르침이 한 번에 끝난 것이 아니라, 계속 알리고 지속되었다는 의미다. '할 것'(δεῖ)은 반드시 해야 할 일을 뜻하며(영어로 must), 마태복음에서는 구약을 성취할 때 사용된 '기록된바'와 같은 역할을 한다(Davies & Allison, cf. Boring). 반드시 해야 할 일이라는 것이다. 예수님은 반드시 해야 할 일을 억지로 하시는 것이 아니라 자원해서 하신다.

예수님이 반드시 하셔야 하는 일 네 가지는 이러하다. 첫째, 예수님은 예루살렘으로 가셔야 한다. 예루살렘의 유대교 지도자들은 이미 예수님을 해치려고 사람들을 보낸 적이 있다(15:1). 그러므로 예수님이 예루살렘으로 가는 것은 마치 예수님을 잡으려고 놓아 둔 덫 안으로 스스로 걸어 들어가시는 것과 같다.

둘째, 예수님은 예루살렘에서 장로들과 대제사장들과 서기관들에게 많은 고난을 받으셔야 한다. 이들은 유대교의 가장 중요한 재판 기관인 산헤드린을 구성하는 멤버들이다. 원래 이 그룹들은 그들의 직책과 연관된 이권으로 인해 쉽게 연합하지 않는 자들이지만, 예수님을 죽음으로 몰아가는 일에서는 일치한 마음을 보일 것이다. 예수님도 이러한 사실을 예측하시기 때문에 정관사 하나로 세 그룹을 모두 묶어 말씀하신다(τῶν πρεσβυτέρων καὶ ἀρχιερέων καὶ γραμματέων). 예루살렘에 있는 종교 지도자들이 모두 예수님을 괴롭게 할 것이다.

셋째, 예수님은 그들에게 고난을 받고 죽임을 당하셔야 한다. 십자가에 매달려 죽게 될 것을 말씀하신다. 하나님을 가장 잘 알고 가장 사랑한다는 자들이 하나님의 아들을 죽이는 모순을 범할 것이다. 잇속에 영적 눈이 가려지면 누구든 이렇게 할 수 있다.

넷째, 예수님은 죽임을 당한 후 3일째에 살아나셔야 한다. '살아나야 할 것이다'(ἐγερθῆναι)는 수동태다. 하나님이 죽음에서 예수님을 살리실 것이라는 뜻이다(cf. 고전 15:54; 사 25:8). 사흘 만의 부활은 호세아 6:2을 근거로 한 말씀이다. "여호와께서 이틀 후에 우리를 살리시며 셋째 날에 우리를 일으키시리니 우리가 그의 앞에서 살리라"(cf. 왕하 20:5; 욘 1:17; 마 12:40; 17:23; 20:19; 27:63).

예수님이 자신이 가야 할 길에 대해 얼마나 일찍 깨달으셨는지 알려진 바는 없다. 다만 열두 살 때 부모를 따라 예루살렘 성전에 가서 율법학자들과 대화를 나누며 하신 말씀을 보면 그때 자신의 특별함에 대해 어느 정도는 알고 계셨던 것이 확실하다(cf. 눅 2:41-50).

예수님이 이렇게 말씀하시자, 이번에도 베드로가 그런 말씀 하지 말라며 나섰다(22절). 그는 예수님이 죽으시고 부활해야만 자기와 다른 제자들이 교회의 기초로 변할 것을 알지 못한다(Brown et al., cf. 28:1-20). 예수님이 가시는 곳마다 모이는 무리는 고사하고, 제자들도 예수님이 이 땅에 오신 이유를 잘 이해하지 못하는 상황이다.

'붙들다'(προσλαμβάνω)는 베드로가 예수님을 무리로부터 떼어 내어 둘이 따로 만났다는 뜻이다(새번역, NAS, NIV, NRS). '항변하다'(ἐπιτιμάω)는 야단을 친다는 의미다(NAS, NIV, NRS, ESV, cf. 새번역). 당시 문화와 정서에서 제자가 스승의 가르침을 교정하는 것은 있을 수 없는 일이다. 그런데 베드로는 한술 더 떠서 예수님을 나무란다!

'그리 마옵소서'(ἵλεώς σοι)는 '절대 그런 일은 없을 것'(God forbid it)이

라는 의미다(NAS, NIV, NRS). 베드로의 강한 의지와 따뜻한 마음과 무지함이 그의 교만을 드러내고 있다. 바로 앞에서 예수님을 메시아라고 했던 그가 지금은 자신이 메시아보다 하나님의 뜻에 대해 더 많이 아는 것으로 착각하고 있다(Carson). 착각한 베드로는 절대 그런 일이 없을 것이라며 예수님을 나무라고 있다.

예수님은 베드로가 그런 일이 없도록 보호하겠다며 좋은 의도로 한 말이 달갑지 않으시다. 그래서 베드로에게 "사탄아 내 뒤로 물러가라!"라고 하신다(23절). '사탄아 물러가라'(ὕπαγε…σατανα)는 4:10에서 사탄에게 하신 말씀(ὕπαγε, σατανᾶ)과 같다. 이번에는 '내 뒤로'라는 말이 더해졌을 뿐이다. '내 뒤로'(ὀπίσω μου)를 나를 앞서가지 말고 뒤에서 따라오라는 말로 해석할 수도 있지만, 여기서는 베드로를 호통치시는 말씀이다(cf. Boring, Carson, Wilkins).

예수님의 반응이 상당히 충격적이라 할 수 있다. 염려해 주는 제자의 호의를 단호하게 뿌리치며 오히려 야단을 치시기 때문이다. 예수님은 누구든 하나님의 계획을 좌절시키려 하는 사람은 사탄의 도구가 될 수 있다는 것을 경고하신다. 또한 가장 오래된 원수인 마귀가 가장 뿌리치기 어렵고 위험한 방식인 따뜻한 벗을 통해 예수님을 유혹하고 있다(Bruce). 아무리 좋은 친구라 할지라도 사탄이 나쁜 짓을 하는 수단이 될 수 있다.

예수님은 베드로에게 '너는 나를 넘어지게 하는 자'라며 맹렬히 비난하신다. 바로 앞에서 베드로는 예수님이 교회를 세우실 반석이었다(18절). 그러나 이번에는 예수님을 넘어뜨리는 돌이 되었다(cf. 사 8:14). 사탄은 예수님을 넘어뜨리기 위해 어떠한 고통이나 대가를 요구하지 않고 예수님에게 온 세상을 주겠다고 했다(4:8-9). 베드로도 본인의 의도와 상관없이 이 같은 일을 하고 있다. 그러므로 사탄이 예수님에게 걸림돌이 되는 것처럼, 베드로도 예수님에게 걸림돌이 되었다.

예수님이 베드로를 이처럼 혹독하게 야단치시는 것은 그가 하나님의 일을 생각하지 않고 도리어 사람의 일을 생각하기 때문이다. '생각하다'(φρονεῖς)는 현재형이다. 계속 이렇게 생각하고 있다는 뜻이다. 예수님은 베드로가 하나님의 관점이 아니라 인간적인 관점에서 상황을 판단하고 있다고 책망하면서 사람들이 신앙생활에서 흔히 저지르는 실수 두 가지를 지적하신다. (1)하나님 관점에서 보지 않거나, (2)자기(인간) 중심으로 보는 것(Osborne)이다.

이 말씀은 그리스도인들도 사탄에게 이용당할 수 있다는 사실을 경고한다. 우리는 바로 앞에서 하나님의 깨닫게 하심으로 예수님을 그리스도라 고백했던 베드로가 바로 다음 순간에 이처럼 쉽게 하나님의 뜻에 무지할 수 있다는 점을 의아하게 생각할 수 있다. 그러나 이것이 영적인 세상이다. 영적인 세상에서 우리는 끊임없이 성장하며 하나님의 뜻을 추구해야 한다. 그래야 사탄이 틈타지 못한다. 또한 자신을 항상 겸손히 돌아보아야 한다. 그래야 교만하지 않을 수 있다.

V. 예수님과 제자들(13:54–19:2) A. 내러티브(13:54–17:27)

14. 제자의 길(16:24–28)

24 이에 예수께서 제자들에게 이르시되 누구든지 나를 따라오려거든 자기를
부인하고 자기 십자가를 지고 나를 따를 것이니라 25 누구든지 제 목숨을 구
원하고자 하면 잃을 것이요 누구든지 나를 위하여 제 목숨을 잃으면 찾으리
라 26 사람이 만일 온 천하를 얻고도 제 목숨을 잃으면 무엇이 유익하리요
사람이 무엇을 주고 제 목숨과 바꾸겠느냐 27 인자가 아버지의 영광으로 그
천사들과 함께 오리니 그때에 각 사람이 행한 대로 갚으리라 28 진실로 너희
에게 이르노니 여기 서 있는 사람 중에 죽기 전에 인자가 그 왕권을 가지고
오는 것을 볼 자들도 있느니라

앞 섹션에서 베드로가 하나님의 뜻에 대해 이해가 부족하고 교만하다는 것을 드러내자 예수님이 제자의 삶에 대해 말씀하신다. 한마디로 제자는 세상 중심의 삶을 포기하고 하나님 중심으로 사는 사람이다. 제자는 세계관과 가치관이 세상 사람들과 완전히 다른 사람이다.

예수님은 제자의 삶은 이런 것이라며 제자들에게 (1)자기 부인, (2)자기 십자가를 짐, (3)주님을 따름 세 가지를 말씀하신다(24절). '누구든지'(εἴ τις θέλει)는 뒤따르는 조건이 사실임을 전제하는 조건문을 시작한다. 그러므로 제자들을 새롭게 모집하는 것이 아니라 "너희들이 나를 따르는 제자임을 안다. 그러므로 이렇게 하라"라는 취지의 권면이다. '나를 따라 오려거든'(ὀπίσω μου ἐλθεῖν)과 '나를 따를 것이니라'(ἀκολουθείτω μοι)는 같은 의미이며, 제자는 예수님을 따라가는 사람임을 의미한다.

첫째, '자기 부인'(ἀπαρνησάσθω ἑαυτὸν)은 제자도의 가장 기본이며, 가장 중요한 요소다. 자기 부인은 세상에 관한 모든 권리와 이권을 포기할 것을 요구한다. 살아가면서 더는 자기 관점으로 판단하지 않고, 하나님 관점으로 모든 것을 판단한다. 그러므로 경우에 따라 세상의 관점으로 보기에 손해가 되는 선택을 하고 비효율적인 옵션을 택한다. 예수님은 하나님의 아들로서 누릴 영광과 권세가 참으로 많았다. 그러나 이 모든 것을 포기하고 고난받는 종으로 오심으로써 자기 부인이 어떤 것인지 우리에게 보이셨다.

둘째, '자기 십자가를 지는 것'(ἀράτω τὸν σταυρὸν αὑτου)은 로마 사람들이 자주 사용한 처형 방법에서 온 것이다. 제자들도 주변에서 종종 십자가에 매달려 처형되는 사람들을 보았을 것이다. 로마 제국은 심각한 죄를 지은 사람을 공개적인 장소에서 십자가에 못 박아 처형했다. 지켜보는 사람들에게 두려움을 유발해 범죄를 억제하려는 목적을 지닌 처형 방법이었다. 이때 처형될 범죄자는 자신이 달릴 십자가의 두 기둥 중 하나를 지고 처형장으로 갔다(cf. 27:26, 35). 예수님은 이러한 상황을 바탕으로 자기 십자가를 지라고 하신다.

당시 유대인들은 십자가 죽음을 두렵고 수치스러운 것으로 간주했다. 또한 로마 제국이 휘두르는 무자비한 폭력에 억울하게 당하는 죽음과 순교를 상징하는 것으로 보기도 했다(Chapman). 예수님이 십자가를 지고 따라오라고 하시는 것은 후자의 의미다. 그럼에도 불구하고 예수님이 십자가를 제자도의 상징으로 사용하시는 것은 제자들에게 충격으로 다가왔을 것이다. 십자가가 상징하는 혐오를 잘 알았기 때문이다. 그러나 사도 바울은 십자가를 하나님이 우리를 의롭다 하심(롬 3:21-26), 하나님과의 화해(골 2:11-14), 예수님이 우리 안에 사시는 것(갈 2:19-20)과 연결해 그리스도인의 삶 가장 중심에 둔다(Wilkins). 십자가는 주님의 제자들이 절대 거부할 수 없는 것이다. 십자가를 지는 것은 세상에서 부당하고 억울하게 차별받을 것을 각오하는 것이며, 필요하다면 목숨까지 내놓을 각오로 사는 것이다.

셋째, '주님을 따르는 것'(ἀκολουθείτω μοι)은 현재형 동사를 사용한다. 제자의 길은 계속, 평생 가는 것이라는 뜻이다. 또한 이 말씀은 제자들이 왜 자기를 부인하고 십자가를 져야 하는지에 대한 이유라고 할 수 있다. 주님을 따르고자 한다면 이 두 가지는 필수라는 것이다. 사람이 자기를 부인하지 않고는 주님을 따른다고 할 수 없다. 또한 십자가를 지지 않았다면 주님을 따른다고 할 수 없다. 주님을 따르는 것은 세상에 대한 모든 이권과 권리를 포기하고 죽을 각오로 십자가를 져야 비로소 가능한 일이다. 참으로 어려운 일이지만, 예수님은 자신을 부인하고 십자가를 지심으로써 이런 삶이 가능하다는 것을 우리에게 보여주셨다.

이어지는 25-26절은 자기 부인과 십자가를 지는 것이 무엇을 의미하는지 설명한다. 누구든지 자기 목숨을 구원하고자 하면 잃을 것이다(25a절). 사람은 자기 생명과 건강을 지키려고 온갖 일을 한다. 이렇게 해서라도 지킬 수 있다면 괜찮겠지만 현실은 그렇지 않다. 사람은 자기 생명을 지킬 수 없다. 그러므로 모두 죽는다.

반면에 누구든 주님을 위해 목숨을 잃으면 찾을 것이다(25b절). 주님을 위한 삶은 하나님의 자녀가 되어 예수님과 함께 사는 것이다. 자기를 부인하고 십자가를 지고 예수님을 따르는 삶을 사는 사람은 목숨을 잃더라도 찾을 것이라는 예수님의 약속이다. 그러므로 25절 말씀은 우리 모두에게 세상적이고 일시적인 삶을 추구하다가 죽는 것과 예수님의 제자가 되어 하나님 나라를 추구하는 삶을 살다가 영생을 살 것 중 하나를 선택하도록 요구한다. 당연히 잠시 있다 썩어질 것이 아니라 영원한 것을 추구해야 하는데, 지혜로운 선택을 하는 사람이 많지 않다.

26절에서 예수님은 두 개의 수사학적인 질문을 사용해 25절의 내용을 재차 확인하신다. 사람에게 목숨보다 더 소중한 것은 없다. 그러므로 온 천하를 얻는다고 해도 목숨을 잃으면 무익하다. 또한 사람의 목숨은 그 무엇으로도 바꿀 수 없다. '바꾸다'(ἀντάλλαγμα)는 이곳과 평행구절인 마가복음 8:37에서 한 번 더 사용되는 희귀한 단어이며, 그 무엇과도 바꿀 수 없는 귀한 것과 교환하는 것을 뜻한다(Wilkins). 예수님을 통해 얻는 생명의 소중함을 강조한다(Davies & Allison, Luz, Nolland, cf. 시 49:8-9).

자기를 부인하고 십자가를 지고 예수님을 따르면 최종 심판을 두려워할 필요도 없다(27절). 종말에 예수님이 아버지의 영광으로 천사들과 함께 오셔서(cf. 단 7:13-14; 슥 14:5) 모든 사람을 각자 행한 대로 심판하실 때(cf. 시 28:4; 62:12; 잠 24:12) 주님을 따르기 위해 생명까지 내놓은 제자들을 얼마나 격려하며 축복하시겠는지 상상해 보라! 이러한 상상만으로도 예수님의 제자로 사는 삶은 충분히 가치가 있다. 제자도는 종말을 염두에 두고 사는 삶이기에 현재의 모든 역경과 고난을 견딜 수 있다.

"서 있는 사람들 중에 죽기 전에 인자가 왕권을 가지고 오는 것을 볼 자들도 있다"(28절)라는 말씀은 의미를 파악하기가 참으로 어렵다. 마치 이 말씀을 듣고 있는 사람 중 생전에 예수님의 재림을 볼 사람들이 있다고 하시는 것 같기 때문이다. 그러나 아직 예수님은 오지 않으셨다. 그러므로 학자들은 이 말씀의 의미를 바로 다음 섹션(17:1-8)에 기록된 변화 산에서 예수님을 볼 것이라는 의미로 해석하기도 하고(Bloomberg, Keener, Wilkins), 부활하신 예수님을 보게 될 것이라고 해석하거나(Calvin, France, Luther, McNeile, Meier), 주후 70년에 있었던 예루살렘 파괴를 염두에 둔 말씀이라고 하기도 한다(Gaechter, Hagner, Plummer, Wright). 가장 많은 학자가 종말에 예수님을 볼 것을 뜻하는 것으로 해석한다(Boring, Grundmann, Gundry, Luz, Gnilka, Schweitzer, Schlatter). 한 사건으로 만족하지 못해 두세 사건을 의미하는 것으로 해석하는 이들도 있다. 변화 산과 부활(Senior), 부활과 종말(Davies & Allison), 부활과 오순절과 선교(Carson, Morris), 십자가와 그 이후 사건들(Nolland) 등이다.

예수님이 바로 앞 절인 27절에서 종말에 관해 말씀하시는 문맥을 고려하면 종말이 가장 합리적인 해석이다. 그렇다면 어떻게 예수님 앞에서 있는 사람 중에 죽지 않고 종말에 예수님이 왕권을 가지고 오시는 것을 볼 수 있다는 것인가? 예수님의 제자가 되어 영생을 얻는 이들은 종말에도 살아 있기 때문에 가능하다. 개역개정이 '죽기 전에'라고 번역한 문구(μὴ γεύσωνται θανάτου)를 직역하면 '죽음을 맛보지 않다'이다(cf. 새번역, NAS, NIV, NRS). '죽기 전'은 시간적 순서를 강조하는 번역이지만, '죽음을 맛보지 않고'는 살아 있음을 강조한다. 주님을 통해 이미 영생을 얻은 이들은 죽지 않고 예수님의 재림을 보게 될 것이다.

이 말씀은 우리의 삶을 지배하는 가치관과 우선권을 돌아보게 한다. 우리는 하나님과 하늘나라 중심으로 살고 있는가? 혹은 썩어 없어질 것들을 얻기 위해 사는가? 제자의 삶은 영원한 것들을 추구한다. 그러므로 썩어 없어질 것들을 중심으로 산다면 가치관과 우선권을 정비해야 한다. 그리고 예수님이 지고 가신 십자가를 지는 것을 두려워하지 않아야 한다. 결코 잃을 수 없는 영원한 생명을 얻고자 하는 삶을 살기 위해서다.

V. 예수님과 제자들(13:54-19:2)
A. 내러티브(13:54-17:27)

15. 예수님의 변모(17:1-13)

예수님이 제자들에게 제자의 삶에 대해 가르치신 지 엿새 후에 있었던 일이다. 제자 셋을 데리고 높은 산으로 올라가 그들이 보는 앞에서 예수님이 전혀 다른 모습으로 변하셨다고 해 '변화 산'(mount transfiguration) 이야기라고도 한다. 이 이야기는 예수님을 새로운 모세로 묘사하는 면모가 매우 강하다(Beale & Carson, Davies & Allison, France, Witherington). 본 텍스트는 다음과 같이 두 파트로 구분된다.

A. 모습이 변하심(17:1-8)
B. 엘리야와 세례 요한(17:9-13)

V. 예수님과 제자들(13:54-19:2)
A. 내러티브(13:54-17:27)
15. 예수님의 변모(17:1-13)

(1) 모습이 변하심(17:1-8)

**1 엿새 후에 예수께서 베드로와 야고보와 그 형제 요한을 데리시고 따로 높
은 산에 올라가셨더니 2 그들 앞에서 변형되사 그 얼굴이 해같이 빛나며 옷
이 빛과 같이 희어졌더라 3 그때에 모세와 엘리야가 예수와 더불어 말하는
것이 그들에게 보이거늘 4 베드로가 예수께 여쭈어 이르되 주여 우리가 여기
있는 것이 좋사오니 만일 주께서 원하시면 내가 여기서 초막 셋을 짓되 하
나는 주님을 위하여, 하나는 모세를 위하여, 하나는 엘리야를 위하여 하리이
다 5 말할 때에 홀연히 빛난 구름이 그들을 덮으며 구름 속에서 소리가 나서
이르시되 이는 내 사랑하는 아들이요 내 기뻐하는 자니 너희는 그의 말을
들으라 하시는지라 6 제자들이 듣고 엎드려 심히 두려워하니 7 예수께서 나**

아와 그들에게 손을 대시며 이르시되 일어나라 두려워하지 말라 하시니 [8] 제자들이 눈을 들고 보매 오직 예수 외에는 아무도 보이지 아니하더라

예수님이 모세와 엘리야를 산에서 만나시는 이 이야기는 기독론의 최고봉이라 할 수 있다. 모세와 엘리야는 구약을 상징하는 사람들이며 그들이 예수님을 만나러 온 것은 예수님이 구약이 오실 것이라고 했던 바로 그 메시아라는 사실을 증명하기 때문이다. 그러므로 예수님과 함께한 세 제자는 구약 시대의 많은 선지자와 의인이 참으로 보고 싶어 했지만 보지 못했던 광경을 보고, 듣고자 했지만 듣지 못한 것을 듣는다(cf. 13:17).

엿새 후에 예수님이 열두 제자 중 베드로와 야고보와 요한 세 명을 데리고 높은 산으로 올라가셨다(1절). 6일은 모세가 하나님을 뵈러 시내산에 오르기 전에 산을 감싸고 있던 하나님의 구름과 연기를 보며 그 자신을 준비했던 시간을 상징한다(Bloomberg, Davies & Allison, Gundry, Hagner). 이렇게 해석할 경우 제자들은 옛적에 모세가 시내산에 올라가 하나님을 뵌 것에 버금가는 일을 경험하게 될 것을 암시하는 말씀이다. 그러나 6일은 단순히 한 장소(16:13)에서 다른 장소로 이동한 시간을 의미할 수도 있다(Carson). 예수님이 제자들을 데리고 오르신 산은 가이사랴 빌립보에서 어느 정도 떨어진 곳이며, 이 사건은 예수님이 예루살렘으로 가서 고난을 받아 죽으실 것을 예언하신 지(16:21-23) 며칠 후에 있었던 일이라는 뜻이다. 이 이야기가 시내산 모티브를 배경으로 삼고 있는 것으로 보아 두 가지 의미가 복합적으로 작용한 것으로 생각된다.

예수님이 제자 중 셋만 데려가신 것은 옛적에 모세가 하나님의 명령에 따라 아론과 나답과 아비후 등 세 명을 따로 구분해 70명의 장로와 함께 하나님을 뵈러 간 일을 연상케 한다(Davies & Allison, 출 24:1, 9). 예수님이 데려가신 베드로와 야고보와 요한은 열두 제자 중에서도 요즘 말로 '핵인싸'(core insiders)라고 할 수 있다. 예수님이 이들을 특별히 가까이하셨기 때문이다(cf. 26:37; 막 5:37; 13:3).

예수님과 제자들이 오른 산은 어느 산이었을까? 전통적으로 다볼산(Tabor)을 가장 유력한 곳으로 보았다. 다볼산은 나사렛에서 10㎞, 갈릴리 호수에서 남쪽으로 20㎞ 떨어진 곳에 있었다(ABD). 그러나 이 산의 정상은 해발 580m에 지나지 않는다. 본문은 예수님이 오르신 산이 '높은 산'이라고 하는데, 다볼산은 높은 산이 아니다. 게다가 요세푸스에 따르면 당시 로마 주둔군이 정상에 성을 구축해 주둔하고 있었다. 또한 다볼산은 가이사랴 빌립보에서 가버나움으로 가는 길에서 한참 벗어나 있다.

학자들의 지지를 가장 많이 받는 견해는 헤르몬산이라는 것이다(cf. Wilkins). 헤르몬산은 해발 2,800m에 달하는 높은 산이다. 그러나 이 산은 이방인의 영토에 있고, 정상은 거의 1년 내내 눈에 덮여 있어 참으로 추운 곳이다. 누가는 예수님 일행이 이 산에서 밤을 새웠다고 하는데(눅 9:37), 정상은 밤을 새울 만한 장소가 아니다. 그러므로 많은 이가 헤르몬산 정상이 아니라 중턱 어디쯤 한적한 곳이라고 주장한다. 일부 학자는 미론산(Mount Miron)을 지목한다(Carson, France, Hagner, Osborne). 미론산은 가이사랴 빌립보와 가버나움 사이의 이스라엘 영토에서 가장 높은 산이며 해발 1,200m에 달한다. 정확히 어느 산이었는지 알 수는 없지만 마태복음에서 산은 계시의 장소다(4:8; 5:1; 8:1; 14:23; 15:29). 이번에도 예수님에 대한 특별한 계시가 이 산에서 임한다.

세 제자가 지켜보는 가운데 예수님의 모습이 변형되었다(2a절). '변형되다'(μετεμορφώθη)는 겉모습뿐 아니라 깊은 내면까지 변했다는 뜻의 수동태 동사다(Carson, Osborne). 예수님이 변형된 것은 하나님이 하신 일이며, 외모만 바뀌신 것이 아니라, 신체 모두가 바뀌신 것이다. 아마도 예수님이 성육신하기 전에 지니셨던 영광이 드러난 모습이며(요 1:14, 18; 17:5; 빌 2:6–7), 장차 영광스럽게 오실 모습의 예고라 할 수 있을 것이다(벧후 1:16-18; 계 1:16).

예수님의 얼굴이 해 같이 빛나고, 옷은 빛과 같이 희어졌다(2b절). 이는 옛적에 시내산에서 모세의 모습이 변한 일을 연상케 한다(cf. 출 34:29-35). 그러나 예수님은 모세보다 더 크신 분이다. 모세는 얼굴만 빛이 났는데, 예수님은 온몸에서 광채가 나신다. 모세가 시내산에 올라 뵙고자 했던 바로 그분이시다(cf. 단 7:9). 예수님은 종말에 의인들이 해와 같이 빛나리라고 하셨는데(13:43), 어떻게 빛나는지 감을 잡을 수 있다.

제자들은 모세와 엘리야가 와서 예수님과 대화하는 것을 목격했다(3절). 마가는 엘리야를 먼저 언급하는데(막 9:4), 마태는 모세에게 더 큰 중요성을 부여하기 위해 모세를 먼저 언급한다. 모세는 구약의 율법을 상징하며 엘리야는 선지자들을 대표한다. 마태복음에서 '율법과 선지자'는 구약 전체를 상징한다(7:12; 11:13; 22:40). 그러므로 하나님이 이 두 사람을 예수님에게 보내신 것은 예수님이 구약을 온전히 성취하시는 분임을 확인하는 일이다(5:17).

엘리야는 종말에 오실 메시아의 길을 예비하기 위해 먼저 올 선지자이며(말 4:5-6; cf. 마 3:1-3; 11:7-10; 17:9-13), 모세는 종말에 하나님이 세우실 선지자의 모형이다(신 18:18). 또한 이 두 사람은 각각 시내산과 호렙산에서 하나님의 영광을 보았다(출 24:15; 왕상 19:8-16). 예수님은 이 두 사람보다 더 위대하신 분이며, 그들이 산에 올라 뵙고자 했던 바로 그분(하나님)이시다. 그러므로 모세와 엘리야가 옛적에 산에서 뵈었던 하나님을 만나기 위해 산으로 예수님을 찾아온 것이다.

매우 특별하고 황홀한 광경을 지켜보던 제자 중에 이번에도 베드로가 대표로 나섰다(4절). 그는 먼저 이 거룩한 만남이 이루어지고 있는 장소에 자신들이 있는 것이 좋다고 했다(4a절). 이 말은 이곳에 있는 것이 참으로 영광이라는 뜻일 수도 있고, 그들이 이 영광스러운 자리에 있어도 되는지를 묻는 말일 수도 있다(Carson). 베드로가 예수님의 대답을 기다리지 않고 곧바로 제안하는 것으로 보아 질문은 아니다. 이 장소에 있는 것이 참으로 감개무량한 일이라고 하는 것이다.

베드로는 예수님이 원하시면 주님과 모세와 엘리야를 위해 초막 세 개를 짓겠다고 한다(4b절). '초막'(σκηνή)은 출애굽한 이스라엘이 광야 생활 때 처소로 사용한 것이다. 매년 이스라엘은 이 일을 기념하기 위해 장막절을 지켰다(레 23:42-43; 신 16장). 이스라엘 사람들은 장막절이면 초막을 세우고 그 안에 들어가 일주일을 지냈다. 또한 장막절은 종말과 연관된 의미도 지녔다(슥 14:16-20). 베드로는 예수님과 모세와 엘리야의 만남을 종말까지 기념하는 일종의 기념비를 세우길 원했던 것이다.

베드로가 말할 때 빛난 구름이 그들을 덮었고, 그 구름 속에서 소리가 났다(5a절). 빛난 구름은 모세가 완성한 성막을 가득 채운 구름(출 40:34-35)과 솔로몬의 성전을 감싼 구름을 연상케 한다(왕상 8:10-13). 또한 하나님의 임재를 상징한다(시 97:2; 사 4:5; 단 7:13; 습 1:15). 하나님이 이 산에 임하신 것이다.

구름 속에서 "이는 내 사랑하는 아들이요 내 기뻐하는 자니"라는 말씀이 들려왔다(5b절). 예수님이 세례를 받으실 때 들려온 그 음성이다(3:17). 내용도 3:17과 거의 같으며, 시편 2:7과 이사야 42:1을 바탕으로 한 말씀이다. 여기에 '그의 말을 들으라'는 권면을 더하신다. 옛적에 종말에 모세와 같은 선지자를 보내실 것이니 그의 말을 들으라고 하신 것을 연상케 한다(신 18:15). 예수님이 왕 같은 메시아이며, 동시에 고난받는 종임을 뜻한다(Wilkins).

구름 속에서 들려오는 하나님의 음성을 들은 제자들은 심히 두려웠다(6절). 하나님의 현현과 연관된 흔한 현상이다(출 19:16; 20:18; 34:30; 신 4:33; 5:5; 사 6:5; 겔 1:28; 44:4; 단 8:17; 합 3:2-6). 제자들은 하나님의 임재 앞에 엎드려 있다.

예수님은 두려워 떠는 제자들에게 손을 대시며 두려워하지 말고 일어나라고 하셨다(7절). 그들이 더는 두려워하지 않도록 자상하고 따뜻한 손으로 만지신 것이다. 제자들이 눈을 들어 주변을 살펴보니 모세와 엘리야는 없고 오직 예수님만 보였다(8절).

이 말씀은 우리가 오직 예수님을 중심으로 살아야 한다고 한다. 베드로는 예수님과 모세와 엘리야를 위해 초막 셋을 세우겠다며 세 인물을 동일시했다. 그러나 만남이 끝나고 나니 오직 예수님만 남았다. 예수님은 모세와 엘리야보다 더 위대하신 분, 옛적에 성막과 성전에 영광으로 임하셨던 바로 그 하나님이다. 또한 세상 끝 날까지 우리와 함께할 이는 모세나 엘리야가 아니며 오직 예수님이다. 오직 예수님을 우리 삶의 중심에 모시고 살 때, 비로소 하나님이 기뻐하시는 자녀들이 될 것이다.

V. 예수님과 제자들(13:54-19:2)
A. 내러티브(13:54-17:27)
15. 예수님의 변모(17:1-13)

(2) 엘리야와 세례 요한(17:9-13)

9 그들이 산에서 내려올 때에 예수께서 명하여 이르시되 인자가 죽은 자 가운데서 살아나기 전에는 본 것을 아무에게도 이르지 말라 하시니
10 제자들이 물어 이르되 그러면 어찌하여 서기관들이 엘리야가 먼저 와야 하리라 하나이까
11 예수께서 대답하여 이르시되 엘리야가 과연 먼저 와서 모든 일을 회복하리라
12 내가 너희에게 말하노니 엘리야가 이미 왔으되 사람들이 알지 못하고 임의로 대우하였도다 인자도 이와 같이 그들에게 고난을 받으리라 하시니
13 그제서야 제자들이 예수께서 말씀하신 것이 세례 요한인 줄을 깨달으니라

예수님은 산에서 내려오시면서 제자들에게 십자가 사건과 부활이 있을 때까지 그들이 본 일을 아무에게도 말하지 말라고 하셨다(9절). 마태복음에 기록된 메시아적 비밀(messianic secrecy)에 관한 다섯 번째이자 마지막 당부다(cf. 8:4; 9:30; 12:16; 16:20). 십자가 사건과 부활이 있은 뒤에야 세상은 예수님이 사람의 죄 문제를 해결하고 하나님과의 관계를 회복하기 위해 오신 고난받는 종이라는 것을 깨닫게 될 것이기 때문이다. 만일 지금 예수님이 엘리야와 모세를 만났다고 하면 유대인들은 분명히 그들을 로마의 억압에서 해방할 정복자 메시아가 오셨다며 예수님을 군사적 메시아로 추대할 것이다(cf. Carson).

제자들은 그렇다면 어찌 서기관들이 엘리야가 먼저 와야 한다고 하는지 설명해 달라고 한다(10절). 서기관들은 구약 말씀을 가장 잘 아는 전문가들이다. 그들의 해석에 따르면 메시아가 오시기 전에 엘리야가 와서 모든 것을 회복할 것이라고 한다. 그러므로 예수님이 메시아이신 것은 확실한데, 서기관들의 해석과 잘 어울리지 않는 부분이 있는 것 같으니 설명해 달라는 것이다.

제자들의 질문은 엘리야가 누구인가에 관한 질문이 아니다. 예수님은 이미 세례 요한이 엘리야라고 하셨다(11:14). 그들의 질문은 '어떻게'에 관한 것이다(Osborne). 만일 엘리야가 먼저 와서 주의 길을 예비한다면, 어찌 메시아가 고난을 받아야 하는지 묻고 있다(cf. Carson).

예수님도 제자들의 질문의 취지를 아셨기 때문에 "엘리야가 과연 먼저 와서 모든 일을 회복하리라"라고 하신다(11절). 모든 일을 회복하는 것은 종말에 있을 최종적인 회복이 아니라, 메시아를 맞이할 회개와 회심을 위한 모든 준비 작업을 뜻한다(Hagner).

예수님이 미래형을 사용하시는 것에 대해 학자들 사이에 상당한 혼란과 논쟁이 있다(cf. Bloomberg, Boring). 엘리야는 이미 세례 요한을 통해 세상에 왔기 때문이다. 예수님은 엘리야가 이미 와서 사람들이 회개하고 회심하도록 하는 사역을 시작했지만, 아직 끝나지 않았다고 하신다. 세례 요한이 시작한 회개와 회심 사역은 종말에 가서야 완성될 것이다(Carson, Osborne). 시작은 엘리야인 세례 요한이 했지만, 마무리는 예수님이 하시기 때문이다(Wilkins).

예수님은 메시아가 오기 전에 엘리야가 먼저 와야 한다는 서기관들의 말이 옳다고 하신다(11절). 그러나 그들은 세례 요한이 바로 엘리야라는 사실을 알지 못했다(12a절). 그들이 알았다면 요한을 그렇게 대하지 않았을 것이기 때문이다. 헤롯왕이 요한을 처형하도록 내버려 두지 않았을 것이라는 뜻이다(cf. 14:6-12).

예수님은 이처럼 인자도 그들에게 고난을 받을 것이라고 하신다(12b절). 메시아의 길을 예비하기 위해 온 엘리야를 거부하고 처형당하도록 내버려 둔 지도자들이 메시아를 알아볼 가능성은 희박하다. 따라서 고난받는 종으로 오신 인자도 그들의 손에 고난받게 될 것을 말씀하신다.

예수님의 말씀을 듣고 난 제자들이 그제야 주님이 세례 요한에 대해 말씀하신 줄 깨달았다(13절). 제자들이 하나님의 계획과 메시아이신 예수님에 대해 조금씩 더 알아가고 있다. 욕심 같아서는 한순간에 모든 것을 알고 싶겠지만, 그렇게 할 수 없는 것이 깨달음이다.

이 말씀은 신앙생활에 단계와 순서가 있다고 한다. 하나님의 구속사에 단계와 순서가 있기 때문이다. 우리는 성급하게 생각하지 말고 하나님이 보여 주시고 가르쳐 주시는 만큼 조금씩 하나님 나라와 예수님에 대해 알아가야 한다. 꾸준히 성경을 배우고 기도해야 더 깊은 깨달음을 평생 얻을 수 있다.

V. 예수님과 제자들(13:54-19:2)
A. 내러티브(13:54-17:27)

16. 귀신 들린 아이(17:14-20)

[14] 그들이 무리에게 이르매 한 사람이 예수께 와서 꿇어 엎드려 이르되 [15] 주

여 내 아들을 불쌍히 여기소서 그가 간질로 심히 고생하여 자주 불에도 넘어지며 물에도 넘어지는지라 [16] 내가 주의 제자들에게 데리고 왔으나 능히 고치지 못하더이다 [17] 예수께서 대답하여 이르시되 믿음이 없고 패역한 세대여 내가 얼마나 너희와 함께 있으며 얼마나 너희에게 참으리요 그를 이리로 데려오라 하시니라 [18] 이에 예수께서 꾸짖으시니 귀신이 나가고 아이가 그때부터 나으니라 [19] 이때에 제자들이 조용히 예수께 나아와 이르되 우리는 어찌하여 쫓아내지 못하였나이까 [20] 이르시되 너희 믿음이 작은 까닭이니라 진실로 너희에게 이르노니 만일 너희에게 믿음이 겨자씨 한 알만큼만 있어도 이 산을 명하여 여기서 저기로 옮겨지라 하면 옮겨질 것이요 또 너희가 못할 것이 없으리라 [21] (없음)

이 이야기는 예수님이 세 제자와 함께 산 위에 머무신 동안 산 아래에서 있었던 아홉 제자와 연관된 이야기다. 함께 산에 올랐던 베드로와 야고보와 요한은 예수님에 대해 어느 정도 이해하는 듯하다(13절). 그러나 나머지 아홉 제자는 아직도 턱없이 부족하다(17, 20절). 그들은 아직 예수님 없이는 아무것도 할 수 없다. 예수님은 그들이 한참 더 자라야 한다며, 겨자씨 한 알만 한 믿음만 있어도 산을 옮길 수 있다고 하신다(20절).

예수님이 세 제자와 함께 산에서 내려와 나머지 제자들이 있는 곳으로 가시니 무리가 모여 있었다(14절). 그들은 병을 고쳐 달라고 예수님에게 모였다. 무리 중 한 사람이 나와 예수님 앞에 꿇어 엎드렸다(14절). 예수님을 경배하기 위해서가 아니라 자기 형편을 아뢰기 위해서다.

그는 예수님에게 자기 아들을 불쌍히 여겨 달라고 했다(15절). 이 아버지는 자기 딸을 치료해 달라고 호소하던 가나안 여인을 생각나게 한다(15:22-28). 예수님은 여인의 믿음을 보시고 딸을 곧바로 치료해 주셨다(15:28). 이번에도 이 아버지의 믿음을 보시고 그렇게 하실 것이라는 예감이 든다.

아이의 아버지는 예수님을 전적으로 믿었기 때문에 예수님의 제자들도 당연히 예수님이 하시는 일을 할 것으로 생각했다. 예수님이 제자들에게 병을 낫게 하고 귀신을 쫓는 권세를 주셨기 때문이다(10:1, 8). 그러나 제자들은 아들을 고치지 못했다. 그래도 아버지는 낙심하지 않고 예수님을 기다렸다. 예수님은 분명히 하실 수 있다는 믿음이 있었기 때문이다(Carson).

아이는 간질로 심한 고생을 하고 있다. 자주 불에도 넘어지고 물에도 넘어진다(15b절). 마가는 귀신이 들려 이렇다고 하는데(9:22), 마태는 간질 때문이라고 한다. 잠시 후 마태도 이런 행동이 귀신의 소행이라고 하는 것으로 보아(18절), 그는 귀신이 간질을 이용한다는 취지에서 이렇게 표현한 것이다. 귀신 들린 아이는 자신을 절제할 수 없다. 발작이 일어나면 물불을 가리지 않고 아무 곳에나 쓰러진다. 매우 위험한 상황이다.

아버지는 이런 아이를 고쳐 달라며 제자들에게 데려왔다(16절). 예수님과 세 제자가 산 위에 있는 동안 땅에 남아 있던 제자 아홉 명에게 데려왔다는 뜻이다(Carson). 그러나 제자들은 아이를 고치지 못했다. 예수님은 이미 제자들에게 귀신을 쫓고 병을 낫게 하는 권세를 주셨고(10:1, 8), 그들은 예수님이 행하신 여러 기적에 동참한 경험이 있다(14:13-21, 29; 15:29-39). 그런데도 아이에게서 귀신을 쫓아내지 못했다는 것은 그들이 영적으로 아직 성숙하지 못한 것을 의미한다.

예수님은 답답하시다. 그들과 함께할 시간이 많지 않은데, 제자들은 아직 한참 더 성숙해야 한다는 것을 깨달으셨기 때문이다. 그러므로 탄식하신다. "믿음이 없고 패역한 세대여!" 이 말씀은 모세가 불순종하는 이스라엘에 사용한 것이다(cf. 신 32:5, 20). 예수님이 이 말씀을 누구에게 하신 것인지 확실하지 않다. 그래서 학자들은 무리를 향해 하신 말씀이라 하고(Boring, France, Gundry, Hagner, Luz), 제자들에게 하신 말씀이라 하고(Held, Nolland, Schnackenburg), 혹은 무리와 제자들 모두에게 하신 말씀이라고도 한다(Bloomberg, Carson, Davies & Allison, Osborne). 마태복음에서 무리는 이미 여러 차례 예수님을 불신했다. 실패한 제자들 역시 무리와 별반 다를 바 없다. 그러므로 세 번째(무리와 제자들 모두에게 하신 말씀) 해석이 문맥에 가장 잘 어울린다.

두 차례 반복되는 '얼마나(ἕως πότε)…얼마나(ἕως πότε)…'는 참으로 답답한 예수님의 심정을 표현한다(Hill, Hagner). 그들과 함께할 시간이 많지 않은데 제자들의 신앙 성장은 마냥 더디기만 하니 답답하시다. 예수님은 아이를 데려오라고 하셨다. 제자들이 실패한 일을 수습하기 위해서다.

예수님이 아이를 인질로 잡고 있는 귀신을 꾸짖으시자, 귀신이 아이에게서 나갔다(18절). 예수님이 귀신을 쫓아내시는 것은 참으로 당연한 일이기에 매우 간략하게 묘사되고 있다. 또한 이 이야기가 제자들에게 초점을 맞추고 있기 때문이다. 아이는 그 순간 곧바로 나았다. 간질에서 해방된 것이다. 가나안 여인의 믿음을 보시고 딸을 바로 그 순간에 낫게 하신 일을 연상케 한다(15:28). 이 사건이 말하는 바는 모든 간질이 귀신 때문에 빚어지는 일이라는 것이 아니다. 일부 간질이 귀신 들린 결과라고 하는 것이다.

무리가 집으로 돌아가고 예수님과 제자들만 남았다. 아이에게서 귀신을 쫓아내지 못했던 제자들이 조용히 나와 자기들은 왜 쫓아내지 못했는지 물었다(19절). 사람들이 없을 때 조용히 물었다는 것은 실패한 것에 수치심을 느끼고 있다는 것을 암시한다. 예수님은 그들의 믿음이 작아서라고 하신다(20절). 전혀 없는 것은 아닌데, 이런 일을 해낼 만큼 충분하지는 않다는 것이다(cf. 6:30; 8:26; 14:31; 16:8).

그러면서 겨자씨만 한 믿음만 있어도 산을 옮길 수 있다고 하신다(20절). 겨자씨는 당시 알려진 씨앗 중 가장 작은 것이지만, 3-4m까지 자란다. 예수님은 믿음을 겨자씨에 비교해 믿음이 지니는 큰 잠재력을 강조하신다(cf. 13:31-32). 아주 조그마한 믿음만 있어도 참으로 큰일을 할 수 있다는 것이다.

겨자씨 같은 믿음으로 산을 옮길 수 있다. 당시 산은 사람의 앞길을 막는 장애물의 상징으로 자주 사용되었다(Osborne, Wilkins, cf. 사 40:3-4; 49:11; 54:10). 이 말씀은 믿음의 크기가 아니라 믿음의 효력에 관한 것이다. 제자들은 그들의 믿음이 겨자씨보다는 크다고 생각했다. 그러나 믿음은 크기가 중요한 것이 아니라, 어디에 초점을 두고 있느냐가 중요하다. 믿음으로 행한다는 것은 우리가 무엇을 한다는 것이 아니라, 우리 안에 계신 하나님이 그분의 리소스를 이용해 직접 행하시는 것을 의미하기 때문이다. 그러므로 우리가 가진 것은 그다지 중요하지 않다. 하나님이 주시는 능력과 리소스로 하는 것이 중요하다. 이렇게 하려면 우리 믿음이 항상 주님에게 초점을 맞추고 있어야 한다. "믿음의 주요 또 온전하게 하시는 이인 예수를 바라보자"(히 12:2).

일부 헬라어 사본들은 "금식과 기도 외에 다른 것으로는 이런 종류가 나갈 수 없느니라 하시니라"를 21절로 표기한다(cf. 막 9:29). 그러나 오래된 사본 대부분과 라틴어와 시리아어 번역본에는 이런 말이 없다. 그러므로 대부분 번역본은 개역개정처럼 이 말이 마태복음의 일부가 아니라며 삭제했다(새번역, 공동, NIV, NRS, ESV, NIRV). 성경을 절(節)로 구분한 것은 1500년대 중반에 이뤄진 일인데, 당시에는 21절이 이 같은 내용을 반영했기 때문에 오늘날 각 절에 할당된 숫자를 조정하는 것이 아니라(22절을 21절로 표기하는 등), '21절 없음' 같은 방식으로 표기한다.

이 말씀은 하나님이 우리 모두에게 큰일을 할 수 있는 잠재력을 주셨으며, 그 잠재력을 활용해 하나님의 영광을 드러내는 것이 믿음이라고 한다. 제자들은 하나님께 무한한 능력을 받고도 믿음이 부족해 제대로 사용하지 못했다. 우리도 이런 실수를 범하고 있지 않은지 각자의 믿음을 돌아보아야 한다. 믿음은 하나님이 우리가 바라는 것을 허락하실 것이라고 확신하는 것이 아니다. 믿음은 자기 자녀들을 돌보시는 하나님을 온전히 의지하는 것이며, 우리 안에 계신 하나님이 일하시도록 우리의 삶을 주님의 뜻에 복종시키는 것이다.

Ⅴ. 예수님과 제자들(13:54-19:2)
A. 내러티브(13:54-17:27)

17. 두 번째 수난에 대한 말씀(17:22-23)

22 갈릴리에 모일 때에 예수께서 제자들에게 이르시되 인자가 장차 사람들의
손에 넘겨져 23 죽임을 당하고 제삼일에 살아나리라 하시니 제자들이 매우
근심하더라

마태복음에 네 번 기록된 십자가 죽음에 대한 말씀(cf. 16:21; 17:12; 17:22-23; 20:17-19) 중 세 번째 말씀이다. 예수님 일행이 갈릴리로 돌아왔다(22절). 예수님은 잠시 후 19:1에서 유대와 예루살렘을 향해 떠나시면 다시 돌아오지 않으신다. 그러므로 십자가를 향한 여정을 시작하기 전에 마지막으로 갈릴리에 들르신 것이다.

예수님은 제자들에게 그분이 장차 당해야 할 고난에 관해 말씀하셨다. 사람들의 손에 넘겨져 죽임당할 일을 말씀하신 것이다. '사람들의 손'(χεῖρας ἀνθρώπων)은 유대교 지도자들을 뜻한다. 그들에게는 사람을 처형할 권한이 없기 때문에 억울한 누명을 씌워 예수님을 로마 사람들에게 넘겨줄 것이다.

'넘겨지다'(παραδίδοσθαι)는 신적 수동태이며 배신한다는 의미도 지녔다(Carson, cf. TDNT). 비록 유대교 지도자들이 예수님을 로마 사람들에게 넘길 것이지만, 사실은 역사를 주관하시는 하나님이 온 인류를 구원하시는 구속사의 과정으로 예수님이 악인들의 손에 고난당하도록 그들의 손에 넘기실 것이다. 그렇다면 하나님은 예수님을 어떻게 넘기실 것인가? 하나님은 사람을 에이전트로 사용하시기 때문에 예수님을 넘긴다는 것은 사람의 배신을 사용하실 것을 암시한다(Carson, Wilkins). 나중에 예수님을 배신하는 자가 제자 중 하나로 드러난다(cf. 26:21–25, 47–50).

다행인 것은 예수님의 죽음이 끝이 아니라는 사실이다. 죽임을 당한 지 3일째에 부활하실 것이기 때문이다. 이 말씀은 주변에 무리가 없는 상황에서 예수님이 제자들에게만 말씀하신 것이다.

예수님의 말씀을 들은 제자들이 매우 근심했다(23절). 그들이 근심하는 것은 하나님의 계획과 예수님을 잘 이해하지 못하고, 예수님 아래 누릴 영광을 잃게 될 것을 염려했기 때문이라고 설명하는 이도 있다(Osborne). 그러나 제자들을 지나치게 부정적으로 보는 견해다. 이런 말을 듣고도 슬퍼하거나 걱정하지 않으면 오히려 더 이상하다. 그 누구보다도 아버지 하나님의 뜻을 잘 아셨던 예수님도 겟세마네 동산에서 “만일 할 만하시거든 이 잔을 내게서 지나가게 하옵소서”라며 괴로워하셨다(26:39).

이 말씀은 하나님 안에 거한다고 해서, 혹은 주님을 믿는다고 해서 헤어짐의 아픔을 겪지 않는 것은 아니라고 한다. 언제 어디서든 죽음으로 인해 누군가와 작별하는 것은 슬프고 아픈 일이다. 더욱이 그들의 스승이자 메시아인 예수님이 죄인들에 의해 죽임을 당하실 것이라고 하는데 슬퍼하지 않을 제자가 어디 있겠는가! 우리도 예수님이 우리를 대신해 죽으신 일에 항상 감사한 마음을 가지지만 동시에 주님의 죽음과 고난을 아파하는 마음도 가져야 한다. 아파하고 슬퍼하되 천국의 소망을 마음에 품고 아파하고 슬퍼하자.

V. 예수님과 제자들(13:54-19:2)
A. 내러티브(13:54-17:27)

18. 성전세(17:24-27)

[24] 가버나움에 이르니 반 세겔 받는 자들이 베드로에게 나아와 이르되 너의
선생은 반 세겔을 내지 아니하느냐 [25] 이르되 내신다 하고 집에 들어가니 예
수께서 먼저 이르시되 시몬아 네 생각은 어떠하냐 세상 임금들이 누구에게
관세와 국세를 받느냐 자기 아들에게냐 타인에게냐 [26] 베드로가 이르되 타인
에게니이다 예수께서 이르시되 그렇다면 아들들은 세를 면하리라 [27] 그러나
우리가 그들이 실족하지 않게 하기 위하여 네가 바다에 가서 낚시를 던져
먼저 오르는 고기를 가져 입을 열면 돈 한 세겔을 얻을 것이니 가져다가 나
와 너를 위하여 주라 하시니라

예수님 일행이 베드로와 안드레의 집이 있는 가버나움에 있을 때 일이다. 반 세겔을 받는 자들이 베드로에게 예수님은 반 세겔을 내지 않느냐고 물었다(24절). 성전세를 낼 것인지 물은 것이다. 율법은 이스라엘이 인구 조사를 할 때마다 20-50세 남자는 한 사람당 반(半)세겔을 성전에 내라고 한다(출 30:10-16; 38:25-26). 성전 운영비로 사용하기 위해서다. 포로기 이후에는 한 사람당 1/3세겔씩(느 10:32-33), 예수님 시대에는 한 사람당 2드라크마씩 거두었다. 당시에는 드라크마 동전이 자주 발행되거나 유통되지 않았기 때문에 2데나리온으로 대체되었다(Carson). 한 데나리온은 하루 품삯이었다.

바리새인들은 모든 유대인이 매년 이 율법에 따라 의무적으로 세금을 내야 한다고 했다. 그러나 사두개인들은 자원하는 사람들만 내도록 했고, 제자장들은 내지 않아도 된다고 했다. 쿰란 공동체의 에세네파 사람들은 평생에 한 번만 내면 되는 세금이라 했다. 이 율법에 대한 해석이 다양했던 것이다.

각국에 흩어져 있던 유대인 디아스포라 공동체에서는 매년 아달월

(2-3월) 15일에 트럼펫 모형의 헌금함을 만들어 놓고 이 세금을 징수했다. 팔레스타인 지역에서는 성전에서 파견한 사람들이 곳곳을 돌아다니며 징수해 성전으로 보냈다. 이 세금을 받는 자들이 가버나움에서 예수님과 베드로를 만난 것이다.

성전세 징수자들이 예수님을 직접 찾지 않고 베드로를 통해 물어본 것은 유대교 지도자들과의 껄끄러운 관계 때문이라는 해석이 있지만(Osborne), 아마도 유명한 선생에 대한 예우로 그렇게 한 것으로 보인다(Wilkins). 예수님이 베드로와 그들이 하는 말을 들었는지 알 수는 없지만, 어떤 대화가 오갔는지 아시고 베드로에게 먼저 말씀하셨다(25절). 예수님은 베드로에게 세상 임금들이 관세와 국세를 자기 아들들에게 거두는지, 혹은 타인들에게 거두는지를 물으셨다. 세상 이치에 관한 질문이다.

베드로는 자기 가족들과 아들들에게 세금을 징수하는 왕은 보거나 듣지 못했기 때문에 왕들은 타인들에게 세금을 걷는다고 대답했다(26a절). 예수님은 베드로의 대답을 들으시고 그렇다면 아들들은 세를 면하리라고 하셨다(26b절). '아들들'이 예수님을 뜻하거나(Carson), 이스라엘 사람들을 뜻한다는 해석이 있다(Pregean). 그러나 이 단어가 복수로 사용되기 때문에 예수님 한 분만 가리키는 것으로 볼 수는 없다. 또한 이스라엘 사람들은 세금을 내고 있다. 그러므로 '아들들'은 예수님과 제자들을 뜻한다(cf. Boring). 예수님이 시작하신 하나님 나라 공동체 멤버들, 곧 참된 이스라엘 사람들은 세금을 내지 않아도 된다. 그들은 성전이 기념하는 여호와 하나님의 자녀들이기 때문이다.

그러나 예수님은 성전세를 거두는 자들과 그들을 보낸 자들이 실족하는 것을 원하지 않으신다(27절; cf. 고전 9:22). 그들을 배려하는 차원에서 세금을 내시겠다는 뜻이다. 그러나 예수님은 돈이 없으시다. 그러므로 베드로에게 바다(갈릴리 호수)로 가서 낚시를 던져 처음 잡는 물고기 입을 열면 돈 한 세겔(=4드라크마)을 얻을 것이라고 하셨다. 그물로 물고기를 잡는 것이 일상적이었는데, 낚시를 사용해 한 마리만 잡으라고 하신 것이다. 물고기 입에서 나온 돈을 가져다가 자신과 베드로의 성전세로 납부하라고 하셨다.

이 기적은 예수님이 행하시는 기적 중 가장 특이한 것이다. 또한 남을 위한 기적이 아니라 예수님과 베드로의 개인적인 필요를 채우는 기적이기도 하다(Bloomberg). 실제로 예수님이 말씀하신 대로 이루어졌다는 말도 없다. 그래서 어떤 이들은 예수님이 성전세를 납부할 만한 돈이 없다는 것을 재미있게 표현하신 것이지 실제로 일어난 일이 아니라고 한다(France). 그러나 이렇게 해석할 만한 근거는 없다. 이는 실제로 있었던 일이다.

이 말씀은 우리의 권리와 자유로 남을 실족하게 하지 말라는 권면이다. 예수님은 하나님의 아들로서 자신이 왜 성전세를 내지 않아도 되는지 얼마든지 설명하실 수 있었다. 혹은 당시 사람 중 일부는 내지 않아도 된다고 했기 때문에 내고 안내고는 자유라며 내지 않으실 수도 있었다. 그러나 자신의 권리와 자유가 남을 실족하게 할까 봐 그렇게 하지 않으셨다. 더욱이 이 사람들은 나름대로 하나님의 성전을 위해 선한 일을 한다는 자부심으로 세금을 징수하러 다닌다. 우리의 자유나 권리가 이웃에게 상처가 된다면 차라리 사용하지 않는 것이 믿음이며 미덕이다.

사도 바울은 우상에게 바친 고기를 그리스도인들이 거리낌 없이 먹을 수 있다고 말하면서도(고전 8장) "만일 음식이 내 형제로 실족하게 한다면 나는 영원히 고기를 먹지 아니하여 내 형제를 실족하지 않게 하리라"라고 한다(고전 8:13). 이 주석이 집필되는 시기는 코로나19 바이러스가 창궐하는 때다. 여러 서양 국가에서는 많은 사람이 자신들의 권리와 자유를 운운하면서 마스크 쓰기를 거부해 이웃들을 위험에 빠트리고 있다. 참으로 어리석은 자유와 권리 행사라 할 수 있다.

V. 예수님과 제자들(13:54-19:2)

B. 디스코스 4(공동체의 원칙)(18:1-35)

예수님은 이 땅에 교회를 하나님 나라 백성 공동체로 세우실 것이다. 제자들은 교회의 주춧돌 역할을 해야 한다. 예수님은 이러한 비전을 실현하기 위해 계속 제자들을 훈련하시는 중이다. 이 섹션은 앞으로 세워질 교회 멤버들이 함께 추구할 가치와 유지해야 할 공동체의 순수성에 관한 말씀이며, 다음과 같이 구분된다.

A. 공동체의 으뜸(18:1-4)
B. 남을 실족하게 하지 말라(18:5-9)
C. 잃어버린 양(18:10-14)
D. 훈계(18:15-20)
E. 용서(18:21-35)

V. 예수님과 제자들(13:54-19:2)
B. 디스코스 4(공동체의 원칙)(18:1-35)

1. 공동체의 으뜸(18:1-4)

1 그때에 제자들이 예수께 나아와 이르되 천국에서는 누가 크니이까 2 예수께서 한 어린아이를 불러 그들 가운데 세우시고 3 이르시되 진실로 너희에게 이르노니 너희가 돌이켜 어린아이들과 같이 되지 아니하면 결단코 천국에 들어가지 못하리라 4 그러므로 누구든지 이 어린아이와 같이 자기를 낮추는 사람이 천국에서 큰 자니라

'그때'(ἐν ἐκείνῃ τῇ ὥρᾳ)(1절)는 이 섹션을 바로 앞에 나오는 내용과 연결한다. 예수님과 제자들은 하나님의 아들들이므로 성전세를 낼 필요는 없지만 세금을 걷는 유대교 지도자들과 징수자들이 실족하지 않도록 물고기 입에서 꺼내다 주라고 하신 일이 있었을 때쯤 예수님이 이 가르침을 주셨다는 것이다. 이 가르침의 정황에 대해 마가는 제자들이 길을 가면서 토론하는 것을 보고 예수님이 하신 말씀이라고 한다(막 9:33-37). 누가는 예수님이 제자 사이에 다툼이 일어나자 그들의 생각을 아시고 이 교훈을 주셨다고 한다(눅 9:46-48). 정리하자면 제자들이 변화 산에서 가버나움으로 가는 길에(cf. 17:24) 천국에서 누가 큰 자인지 토론하다가(마가) 다툼이 일었다(누가). 예수님이 그들의 생각을 아시고 가버나움 집에 도착해 이 가르침을 주신 것이다(마태).

'천국'(τῇ βασιλείᾳ τῶν οὐρανῶν)(1절)을 종말에 세워질 하나님 나라로 해석하는 이들도 있고(Davies & Allison, Luz), 예수님이 이미 세워 나가고 계신 하나님 나라라고 하는 이들도 있다(Beare, Hagner). 그러나 이 둘을 굳이 구분할 필요는 없다. 천국은 종말에 최종적으로 완성되겠지만, 이미 예수님이 세우셨고, 이 둘은 같은 나라이며 같은 가치관과 같은 멤버들을 두었기 때문이다.

제자들의 '누가 큰 자인가'(τῇ βασιλείᾳ τῶν οὐρανῶν)라는 질문은 하늘 나라에서는 어떤 인격과 능력을 지닌 사람이 존귀하게 되는지와 상관없는 질문이다. 그들은 이 세상의 기준을 근거로 서열에만 관심이 있다. 예수님은 하나님 나라에서 가장 작은 자도 세례 요한보다 더 큰 자라고 하셨다(11:11). 최근에는 열두 제자 중에서도 베드로와 야고보와 요한 등 세 명만 데리고 산에 오르셨다(17:1-3). 그러므로 나머지 제자들이 이런 질문을 하는 것이 어느 정도 이해가 된다.

예수님이 한 어린아이를 불러 제자들 가운데 세우셨다(2절). 이 일이 가버나움에 있는 베드로와 안드레의 집에서 일어난 것이기 때문에 아마도 베드로나 안드레의 자녀 중 하나였을 가능성이 있다. '어린아이'(παιδίον)는 아직 사춘기에 접어들지 않은 나이가 어린 아이를 뜻한다(Osborne).

예수님은 어린아이를 제자들 가운데 세우신 다음, 돌이켜 어린아이들과 같이 되지 아니하면 절대 천국에 들어가지 못할 것이라고 하신다(3절). '돌이키다'(στρέφω)는 회개하거나 생각을 완전히 바꾸는 것을 뜻한다(Davies & Allison, Pregeant, Thompson). 예수님은 누구든 마음을 돌이켜 어린아이들처럼 되지 않으면 하나님 나라(현재와 미래)에 들어갈 수 없다고 단호히 말씀하신다.

당시 어린아이는 이렇다 할 권리가 없고 법적으로도 잘 보호받지 못했다. 힘이 없어 자신을 방어할 수 없으니 누가 공격하면 당하기만 했다. 부모가 보호해 주지 않으면 큰일을 당할 수밖에 없는 연약한 존재였다(Wilkins). 그러므로 예수님이 아이를 실물 교수(object lesson)로 삼아 하시고자 하는 말씀은 아이의 순수성이 아니라 겸손이다.

사람들은 겸손을 다양하게 정의하고 설명한다. 어떤 이들은 사회적으로 낮은 위치와 열등한 지위(inferior position)를 감수하는 것이라 한다(France, Hagner). 마태복음을 바탕으로 아이처럼 연약한 자들에게 친절을 베풀고(cf. 5절), 낮은 자들을 용납하고(cf. 10-14절), 남을 용서하고(cf. 21-22절), 이웃을 사랑하고(cf. 19:16-21), 명예를 거부하고(cf. 23:8-10), 섬기는 것(cf. 20:26-28, 23:11)으로 정의하는 학자도 있다(Luz).

겸손은 산상 수훈의 팔복(5:3-10)이 가장 중요시하는 영성이다. 자기 자신이 영적으로, 또한 도덕적으로 부도난 사람이라는 사실을 인정하고 온전히 하나님을 의지하는 것이 겸손이다. 믿음에서 하나님을 의지하는 것이 중요한 만큼이나 겸손에서도 하나님을 의지하는 것이 중요하다. 스스로 무능하다고 겸손히 고백하는 사람은 하나님을 의지하는 일 외에는 할 수 있는 것이 별로 없다. 마치 어린아이가 생존하기 위해 부모를 의지해야 하는 것처럼 말이다.

예수님은 누구든 어린아이처럼 자기를 낮추는 사람, 곧 겸손한 사람이 천국에서 큰 사람이라고 하신다(4절). 세상과 하나님 나라의 가치관은 질적으로 다르다. 세상은 으뜸이 되고 싶으면 남을 짓밟고 올라가라고 한다. 하나님 나라에서는 스스로 낮아지는 사람이 으뜸이다. 어느 초교파적인 운동이 지향하는 리더십 모델이 생각난다. '남을 성공시키는 리더십.' 이렇게 하려면 리더는 남들보다 더 낮은 곳에서 섬겨야 한다.

예수님은 어린아이들과 같이 되라고 하신다. 그러나 이 말씀은 어린아이처럼 철없고 어리석은 자가 되라는 말이 아니다. 우리는 '아이 같음, 순진함'(childlikeness)과 '어린애 같음, 철없음'(childishness)을 구분할 줄 알아야 한다. 우리 주변에는 어린애같이 아직 성숙하지 못한 어른이 많다. 우리는 이들을 '키덜트'(kidult=kid+adult)라고 한다. 이와는 반대로 신앙이 성숙해감에 따라 우리는 더 아이같이 되어 온전히 아버지 하나님만 의지해야 한다고 예수님은 말씀하신다.

예수님은 지금까지 하나님 나라에 들어가는 조건을 세 가지로 말씀하셨다(Osborne). 첫째, 바리새인들과 서기관들의 의보다 더 나은 의를 가져야 한다(5:20). 둘째, 하늘에 계신 아버지의 뜻대로 행해야 한다(7:21). 셋째, 어린아이처럼 겸손해야 한다(3절). 이 중에서 가장 충족시키기 어려운 조건은 어린아이처럼 순수하고 연약한 사람이 되어 하나님을 온전히 의지하는 일이다. 이 조건을 충족하는 일은 평생 훈련과 연습을 반복해도 쉽지 않다.

이 말씀은 연약한 아이가 부모만 의지하고 사는 것처럼 하나님의 자녀들은 오직 주님만 의지하고 살 것을 권면한다. 하나님은 그들의 믿음을 절대 저버리지 않으실 것이다. 주님을 의지하는 사람들을 위해 모든 것을 베풀고 행하는 것은 하나님이 참으로 기뻐하시는 일이기 때문이다. 우리도 어제보다 오늘 하나님을 더 의지하고, 오늘보다 내일 하나님께 더 매달리는 '껌딱지'가 되어야 한다.

V. 예수님과 제자들(13:54-19:2)
B. 디스코스 4(공동체의 원칙)(18:1-35)

2. 남을 실족하게 하지 말라(18:5-9)

**5 또 누구든지 내 이름으로 이런 어린아이 하나를 영접하면 곧 나를 영접함
이니 6 누구든지 나를 믿는 이 작은 자 중 하나를 실족하게 하면 차라리 연
자 맷돌이 그 목에 달려서 깊은 바다에 빠뜨려지는 것이 나으니라 7 실족하
게 하는 일들이 있음으로 말미암아 세상에 화가 있도다 실족하게 하는 일이
없을 수는 없으나 실족하게 하는 그 사람에게는 화가 있도다 8 만일 네 손이
나 네 발이 너를 범죄하게 하거든 찍어 내버리라 장애인이나 다리 저는 자
로 영생에 들어가는 것이 두 손과 두 발을 가지고 영원한 불에 던져지는 것
보다 나으니라 9 만일 네 눈이 너를 범죄하게 하거든 빼어 내버리라 한 눈으
로 영생에 들어가는 것이 두 눈을 가지고 지옥 불에 던져지는 것보다 나으
니라**

연약한 자를 배려하라는 가르침이 계속된다. 앞 섹션(1-4절)에서 어린아이는 나이가 어린 실제 아이였는데, 이 섹션에서는 아직 영적으로 굳건하지 못한 하나님의 자녀들을 의미한다. 예수님은 섬김과 배려가 하나님 나라 공동체의 핵심 가치라며 그 누구도 실족하지 않게 하라고 하신다.

누구든지 예수님의 이름으로 어린아이를 영접하면 곧 예수님을 영접하는 것과 같다(5절). '영접하다'(δέχομαι)는 환영하고 인정한다는 뜻이다(BAGD). 예수님은 제자들을 선교와 전도 여행으로 떠나보내실 때(10:40-42) 믿지 않는 사람 중 제자들을 영접하는 사람은 결코 상을 잃지 않을 것이라고 하셨다. 이번에는 '내 이름으로'(ἐπὶ τῷ ὀνόματί μου)라는 말을 더해 예수님의 권위와 다스림 아래 있는 공동체에 주시는 말씀임을 밝히신다(cf. 7:22; 10:22; 18:20). 믿는 사람들에게 서로를 환대하라며 이렇게 말씀하시는 것이다.

'어린아이'(παιδίον)가 할 수 있는 일은 별로 없다. 그러므로 어린아이를 영접하는 것은 어떠한 대가도 바라지 않고 선을 베푸는 일이다(Boring). 받은 선을 갚을 수 없는 사람에게 대가를 바라지 않고 선을 베푸는 것은 곧 예수님을 환대하는 것과 같다. 주님이 몇 배로 갚으실 것이다.

영접하는 일과 대조적으로 누구든지 예수님을 믿는 작은 자를 실족하게 할 수도 있다(6a절). 5절과 6절은 모두 '누구든지'(ὃς ἐὰν)로 시작함으로써 연약한 사람을 영접하는 것과 실족하게 하는 것이 누구든 할 수 있는 선택임을 암시한다. 또한 '나를 믿는 자들'(τῶν πιστευόντων εἰς ἐμε)이라는 말을 더해 이 말씀도 믿음 공동체에 관한 것임을 암시하신다. 우리는 서로를(혹은 연약한 지체들을) 환대함으로써 하나님의 복을 받을 수도 있고, 실족하게 함으로써 벌을 받을 수도 있다.

'실족하다'(σκανδαλίζω)는 죄를 짓거나 신앙에서 떠나는 것을 의미한다(Blomberg, France, Luz, cf. 5:29, 30; 11:6; 13:21; 24:10). 예수님은 남을 실족하게 하는 사람은 차라리 연자 맷돌이 그 목에 달려서 깊은 바다에 빠뜨려지는 것이 낫다고 하신다(6b절). '연자 맷돌'(μύλος ὀνικὸς)은 방앗간에서 나귀가 돌리는 큰 맷돌이다. 블레셋 사람들이 삼손의 눈을 뽑고 그에게 이런 일을 시켰다(삿 16:21). 이런 돌을 목에 달고 바다에 빠지면 물을 헤쳐 나올 수 없다. 우리 때문에 실족하는 사람이 없도록 죽을 각오로 노력하고 조심하라는 당부다.

예수님은 실족하게 하는 일들이 있음으로 말미암아 세상에 화가 있을 것이라고 하신다(7a절). 세상은 체계적이고 조직적으로 예수님을 믿는 작은 자들을 실족하게 한다. 그들의 신앙을 파괴하려 한다는 뜻이다. 그러므로 하나님이 이러한 세상을 반드시 심판하셔서 화가 임하게 하실 것이다. 또한 이 말씀은 교회 내에서 영적 혼란과 타락을 야기하는 거짓 선생들과 선지자들도 모두 심판을 받을 세상의 일부임을 암시한다(Osborne).

마귀의 영향을 받는 세상은 끊임없이 하나님의 자녀들을 실족하게 하려 할 것이다. 그러므로 세상 끝 날까지 실족하게 하는 일이 없을 수 없다(7b절). 한편, 마귀와 세상에 이용당해 남을 실족하게 하는 도구로 사용되는 사람도 심판을 피하지 못할 것이다(7c절). 비록 사람들의 믿음이 연약해서 실족하지만, 그들도 하나님에게 참으로 소중하기 때문이다. 그러므로 그들을 실족하게 한 자들을 색출해 벌하실 것이다.

예수님은 남을 실족시키는 일이 없도록 할 뿐 아니라, 신체 부위 중 다른 사람을 실족하게 하는 것이 있으면 과감하게 도려내라고 하신다(8-9절). 학자들 사이에는 이 말씀이 공동체를 한 몸으로 표현한 것인지, 혹은 각 개인의 삶과 영성에 관한 것인지 논쟁이 있다. 어떤 이들은 고린도전서 12:12-27 등과 같은 말씀을 근거로 공동체에 관한 것이라고 한다(Hauerwas, Luz, Osborne, Thompson). 이렇게 해석할 경우 공동체가 찍어낼 신체 부위는 거짓 선생들과 선지자들을 의미한다. 공동체가 이단적인 가르침과 예언을 수용해 영원한 죽음으로 가는 것보다, 당장은 아프지만 과감하게 정리하고 천국에 가는 것이 지혜로운 선택이라는 뜻이다.

반면에 어떤 이들은 5:29-30을 근거로 이 말씀이 각 개인의 삶과 영성에 관한 것이라 한다(Carson, Davies & Allison, Hagner, Wilkins, Witherington). 신앙이 연약한 사람들을 실족하게 하는 것은 세상과 마귀만 하는 일이 아니라 제자들도 할 수 있다. 더 나아가 주님의 자녀들이 스스로 실족할 수도 있다. 물론 의도를 가지고 스스로 실족할 할 제자는 없다. 그러나 본의 아니게, 혹은 자기도 모르는 사이에 이렇게 할 수 있다. 그러므로 이 말씀은 스스로 신앙인이라고 자부하는 성도들에게 언행에 신중하라는 강력한 경고가 된다.

8-9절은 같은 내용을 두 번 반복하면서 서로 다른 신체 부위를 언급한다. 8절은 손과 발을, 9절은 눈을 사용한다. 손과 발은 행위를 상징한다. 눈은 비전과 생각을 상징한다. 생각부터 언행까지 모든 면에서

신중하고 조심해 스스로 실족하는 일이 없도록 하라는 권면이다.

이 말씀도 5:29-30처럼 과장법을 사용한다. 이는 신앙적으로 실족하는 것이 얼마나 심각한 죄인지 깨달으라는 뜻이지, 실제로 실족하게 하는 신체 부위를 도려내라는 것이 아니다. 우리의 신체는 하나님이 아름답고 놀랍게 만드신 걸작품이다(cf. 시 139:13-16). 감사한 마음으로 잘 가꾸고 유지해야 한다.

이 말씀은 서로 배려하기를 마치 성숙하고 강한 사람이 연약하고 미성숙한 사람을 대하듯 해야 한다고 한다. 강한 사람만이 약한 사람에게 자비를 베풀 수 있다. 교만과 편견이 아니라 겸손함과 따뜻한 마음으로 대해야 한다. 가장 낮은 자, 그래서 우리의 선행을 갚을 수 없는 사람을 섬기는 것이 가장 좋은 경건 훈련이다.

또한 자신을 영적 타락으로 유도할 수 있는 경건하지 않은 습관이나 버릇이 있으면 과감하게 정리해야 한다. 이 땅에 사는 동안 다른 사람을 실족시키지 않고, 스스로 실족하지 않는 영성을 겸비한 삶을 살아야 한다. 우리는 모든 사람에게 복의 근원이 되는 삶을 살라는 소명을 받았다.

V. 예수님과 제자들(13:54-19:2)
B. 디스코스 4(공동체의 원칙)(18:1-35)

3. 잃어버린 양(18:10-14)

10 삼가 이 작은 자 중의 하나도 업신여기지 말라 너희에게 말하노니 그들의
천사들이 하늘에서 하늘에 계신 내 아버지의 얼굴을 항상 뵈옵느니라 11 (없음)
12 너희 생각에는 어떠하냐 만일 어떤 사람이 양 백 마리가 있는데 그중의 하
나가 길을 잃었으면 그 아흔아홉 마리를 산에 두고 가서 길 잃은 양을 찾지
않겠느냐 13 진실로 너희에게 이르노니 만일 찾으면 길을 잃지 아니한 아흔
아홉 마리보다 이것을 더 기뻐하리라 14 이와 같이 이 작은 자 중의 하나라도

잃는 것은 하늘에 계신 너희 아버지의 뜻이 아니니라

이 비유는 구약이 하나님 백성을 양 떼에 비유하는 것을 배경으로 한다(cf. 시 23편; 겔 34장). 누가복음도 양 비유를 15:3-7에 기록하지만 메시지가 다르다. 누가복음은 교회 밖에 있는 '양' 곧 전도와 선교 대상자들에 관한 것이며, 본문은 교회(공동체) 내에 있는 '양' 곧 실족한 성도(cf. 6-9절)에 관한 말씀이다. 양을 묘사하는 것도 누가는 '잃은 양'(눅 15:4)이라 하고 본문은 '[스스로] 길을 잃은 양'(12절)이라 칭한다. 거의 같은 이야기가 조금 다르게 나온다 하여 어떤 이들은 예수님이 한 번 말씀하신 것을 두 복음서가 서로 다르게 인용하고 있다고 한다(Hill, Jeremias). 그러나 내용이 비슷하다 해서 반드시 한 번만 하신 말씀이라고 생각할 필요는 없다. 비슷하지만 중요한 메시지는 몇 번이든 반복할 수 있다. 그러므로 서로 다른 정황에서 말씀하신 것으로 보는 것이 바람직하다(Blomberg, Carson, France, Morris, Thompson, Wilkins).

예수님은 공동체에 속한 작은 자 중 하나라도 업신여기지 말라고 경고하신다(10a절). 우리말 번역에는 반영되어 있지 않지만 10절은 '보라, 신중하라'(ὁρᾶτε)라는 현재형 명령형으로 시작한다. 공동체에 속한 가장 작고 연약한 사람 하나라도 업신여기는 일이 없도록 항상 신중에 신중을 기하라는 뜻이다(cf. TDNT). '업신여기다'(καταφρονέω)는 말과 행동으로 경멸한다는 뜻이다(Gundry). 이 말씀은 특별히 교회 지도층에게 주시는 권면이다(Luz).

예수님은 작은 자들의 천사들이 하늘에서 하나님 얼굴을 항상 뵙는다고 경고하신다(10b절). 만일 누가 그들을 업신여기면, 그들을 위해 하나님께 탄원하는 천사들이 상시 대기 중이라는 것이다. 어떤 이들은 천사들은 하나님의 얼굴을 뵐 수 없다며 이 말씀에 문제를 제기하기도 하고, 천사 중에도 오직 높은 자들만 하나님의 얼굴을 뵐 수 있다는 점을 부각시키지만 별 의미 없는 추론들이다. 예수님은 작은 자들의 형편이 하나님에 의해 곧바로 헤아려진다는 사실을 말씀하실 뿐이다.

'그들의 천사들'(οἱ ἄγγελοι αὐτῶν)은 일상적으로 '수호천사'(guardian angel)라고 하는 이들이다. 각 사람에게 수호천사가 있다는 것이 성경적인 생각인가에 대해 논란이 많다. 구약은 온 나라에 영향을 끼치는 천사가 있다고 한다(단 10:10-14). 또한 신약은 각 교회를 보살피는 천사에 대해 말한다(계 1:20). 이러한 내용을 근거로 많은 사람이 한 천사가 모든 주의 백성을 대표하는 것으로 생각한다(cf. France). 그러나 구약과 신약 모두 각 성도를 개인적으로 보살피는 천사의 가능성에 대해 언급한다(cf. 창 24:7, 40; 48:16; 시 34:7; 91:11; 행 12:15; 히 1:14). 그러므로 굳이 배제할 필요는 없다. 하나님이 천사를 시켜 각 사람을 철두철미하게 지키고 보호하신다는 생각은 우리를 기분 좋게 한다.

대부분 번역본은 11절이 없다고 표기한다. 일부 헬라어 사본은 "인자는 잃어버린 것을 찾으러 왔느니라"를 11절로 하지만, 가장 오래되고 권위 있는 사본들에는 없는 말씀이기 때문이다. 17:21에서 일어난 현상이 이 구절에서도 반복되고 있다. 아마도 이 이야기와 평행을 이루는 누가복음 19:10을 인용해 이곳에 삽입한 것으로 생각된다.

예수님은 제자들에게 비유를 통해 질문하신다(12절). 한 목자가 100마리의 양을 먹이고 있는데, 그중 한 마리가 길을 잃으면 목자가 양 99마리를 두고 가서 길 잃은 양을 찾는 것에 대해 어떻게 생각하느냐는 것이다. 예수님은 목자가 이렇게 하는 것은 당연한 일이라고 하신다. 당시 100마리 양은 한 사람이 돌볼 수 있는 보통 크기의 양 떼였다(ABD).

구약에서 주의 백성을 양에 비유하는 것은 자주 있는 일이다(시 23편; 77:20; 사 53:6; 렘 3:15; 10:21; 13:17; 겔 24장; 슥 10:3; 13:7) 예수님은 앞에서 공동체 멤버들이 연약한 지체를 실족하게 하는 일에 대해 말씀하셨다(6-9절). 지금은 연약한 지체가 스스로 실족하는 것(스스로 길을 잃은 양이 되는 것)에 대해 말씀하신다. 길 잃은 양은 믿음에서 떨어져 나갈 위험에 처한 사람이다.

종종 목자가 양 한 마리를 찾기 위해 99마리를 방치하는 것을 문제 삼는 이들도 있다. 그러나 이 비유는 남아 있는 99마리가 아니라 길을 잃은 한 마리에 관한 것이며, 비유는 강조하고자 하는 포인트를 중심으로 해석해야지 모든 디테일을 해석하거나 설명하려고 하는 것은 바람직하지 않다(cf. Stein). 게다가 99마리는 함께 모여 있고, 목자는 길을 잃은 양을 찾으러 가면서 주변에 있는 다른 목자에게 자기 양을 잠시 맞아 달라고 부탁하고 갔을 것이다(Wilkins).

당시 목자가 길 잃은 양을 찾는 것은 어려운 일이었다(Morris). 따라서 목자가 길 잃은 양을 찾는다면 길을 잃지 않은 99마리보다 더 기뻐할 것이다(13절). 누가는 이 부분을 상당히 자세하게 기록하지만(눅 15:5-7), 마태는 기쁨을 강조하기 위해 매우 간략하게 정리했다(Carson).

이 말씀은 간혹 어떤 이들이 문제를 제기하는 것처럼 목자이신 하나님이 99마리 양을 기뻐하지 않으신다는 뜻이 아니다. 누가복음 15장에 기록된 돌아온 탕자 이야기에서 불만을 토로하는 큰아들(99마리 양)에게 아버지(목자)가 돌아온 작은 아들(잃은 양)에 대해 하신 말씀을 생각해 보라. "너는 항상 나와 함께 있으니 내 것이 다 네 것이로되 이 네 동생은 죽었다가 살아났으며 내가 잃었다가 얻었기로 우리가 즐거워하고 기뻐하는 것이 마땅하다"(눅 15:31-32). 우리는 한 사람도 잃어서는 안 된다. 하나님의 뜻이 아니기 때문이다(14절).

이 말씀은 한 영혼의 소중함을 절실히 느끼게 한다. 공동체는 가장 연약한 구성원 한 사람이라도 무시하거나 업신여기면 안 된다. 신앙을 버리고 하나님을 떠나려고 하는 사람이 있으면 어떻게 해서든 돌아오게 해야 한다. 그 사람은 하나님께 한없이 소중한 사람이기 때문이다. 그렇다고 해서 하나님이 길을 잃고 헤매는 사람을 직접 회개시키지는 않으실 것이다. 그를 회개시키고 회복시키는 것은 공동체의 몫이기 때문이다. 다음 섹션은 공동체가 실족한 사람을 회개시키고 회복시키는 절차에 관한 것이다.

V. 예수님과 제자들(13:54-19:2)
B. 디스코스 4(공동체의 원칙)(18:1-35)

4. 훈계(18:15-20)

**15 네 형제가 죄를 범하거든 가서 너와 그 사람과만 상대하여 권고하라 만일
들으면 네가 네 형제를 얻은 것이요 16 만일 듣지 않거든 한두 사람을 데리고
가서 두세 증인의 입으로 말마다 확증하게 하라 17 만일 그들의 말도 듣지 않
거든 교회에 말하고 교회의 말도 듣지 않거든 이방인과 세리와 같이 여기라
18 진실로 너희에게 이르노니 무엇이든지 너희가 땅에서 매면 하늘에서도 매
일 것이요 무엇이든지 땅에서 풀면 하늘에서도 풀리리라 19 진실로 다시 너
희에게 이르노니 너희 중의 두 사람이 땅에서 합심하여 무엇이든지 구하면
하늘에 계신 내 아버지께서 그들을 위하여 이루게 하시리라 20 두세 사람이
내 이름으로 모인 곳에는 나도 그들 중에 있느니라**

이 말씀은 길 잃은 양 비유(10-14절)에 자연스럽게 연결되는 가르침이다. 앞 섹션의 '길을 잃은 작은 자'가 이 가르침에서는 '형제'로 불린다. '형제'(ἀδελφός)는 신앙을 바탕으로 맺어진 공동체적(교회적) 관계를 의미한다. 이 말씀은 신명기 19:15-19을 상기시키는 공동체의 순수성과 평안을 위협하는 죄를 범한 사람에 대한 징계 절차다. 우리가 이 땅에서 하나님 나라 공동체를 이루며 살 때 징계 단계까지 가지 않는 것이 가장 좋지만, 어쩔 수 없이 징계해야 할 때가 있다. 예수님은 이 절차를 네 단계로 말씀하신다.

첫 번째 단계는 죄를 범한 사람을 개인적으로 찾아가 권고하는 것이다(15절). 17절이 출교(제명)까지 언급하는 것을 고려하면 이 말씀은 공동체 구성원들이 짓는 모든 죄에 대해 이렇게 하라는 것이 아니다. 이

는 공동체의 순수성과 평안을 위협하는 심각한 죄에 관한 것이다. 어떤 사람의 죄로 인해 구성원 사이에 해소되지 않은 불만이 있을 때도 적용되는 원리다(Beale & Carson). 물론 무엇이 이런 죄에 해당하는지는 공동체와 지도자들이 잘 판단해야 한다.

'권고하다'(ἐλέγχω)는 '잘못을 지적하다, 보이다'라는 뜻이다(BAGD). 형제를 권고하는 일에서 가장 중요한 것은 의도와 목적이다. 그를 정죄하거나 비난하기 위해서가 아니라(cf. 7:1-5) 그가 회개하고 행실을 바르게 하도록 설득하려는 것이다(cf. 레 19:17-18). 길을 잃고 헤매는 양을 찾아 바른길로 인도하려는 목자의 심정으로 해야 한다(10-14절; cf. 눅 17:3-4; 살후 3:14-15; 약 5:19-20).

만일 그가 들으면 찾아간 사람은 형제를 얻은 것과 같다(15b절). '듣다'(ἀκούω)는 권고한 사람의 말에 설득되어 회개하는 것을 뜻한다. '얻다'(κερδαίνω)는 그와 하나님의 관계를 회복시켜 계속해서 같은 공동체 구성원으로 남아 함께 신앙생활을 하는 것을 의미한다(cf. 고전 9:19-22; 빌 3:8; 벧전 3:1). 더는 절차를 밟을 필요가 없다.

두 번째 단계는 한두 사람을 데리고 가서 두세 증인의 입으로 말마다 확증하는 것이다(16절). 첫 번째 단계에서 형제가 수긍하지 않을 때 취하는 조치다. 데리고 간 증인들은 그 형제가 지은 죄를 목격한 이들이 아니라, 그가 지은 죄를 확인할 공동체 지도자들이다(Gundry). 이들은 처음 찾아간 사람과 함께 '두세 증인'이 된다. 예수님은 신명기 19:15에 기록된 원리를 그대로 반복하신다. "두 증인의 입으로나 또는 세 증인의 입으로 그 사건을 확정할 것이며"(cf. 신 17:6; 고후 13:1; 딤전 5:19). 신명기는 이 말씀의 적용 범위를 범죄에 관한 것으로 제한하지만, 예수님은 공동체에 영향을 미치는 이슈에도 적용하신다(Carson, Luz).

세 번째 단계는 교회에 말하는 것이다(17a절). '교회'(ἐκκλησία)는 복음서에서 이 본문과 16:18에서만 사용되는 단어다. 예수님은 이 땅에 교회가 세워질 날을 염두에 두고 교회의 징계 절차에 관해 말씀하신다.

교회에 말하는 것은 일종의 재판 절차를 진행하는 것이다. 피고는 말을 듣지 않는 형제이며, 그를 처음 권고했던 사람과 두 번째 단계에서 함께 갔던 지도자들은 수집한 증거들과 자료들을 온 교회에 제시해야 한다(Keener, McNeile).

네 번째이자 마지막 단계는 이방인과 세리처럼 여기는 것이다(17b절). 죄를 범한 형제가 교회의 말도 듣지 않을 때 온 교회가 취할 조치다. '듣지 않다'(παρακούω)라는 들은 말을 무시하거나 거부하는 것을 의미한다(BAGD, TDNT). 건성으로 들어 한 귀로 듣고 한 귀를 흘리고는 자기 행실에 대해 아무런 조치를 취하지 않는 것도 여기에 속한다.

이런 사람은 더는 형제(공동체의 구성원)로 생각하지 말고 이방인과 세리같이 여기라고 하신다. 이 말씀은 마태복음이 유대인 그리스도인들을 위해 저작되었음을 암시한다(Osborne). 유대인들은 아무런 거부 반응 없이 받아들이지만, 이방인 성도들에게는 상처가 될 수 있는 말씀이기 때문이다. 유대인들이 이방인들과 세리들 어떻게 생각했는지는 자세하게 설명할 필요가 없다.

어떤 이들은 이 말씀을 끝까지 회개하기를 거부하는 사람을 공동체에서 출교시키라는 의미가 아니라, 구성원들이 개인적으로 그를 외면하라는 권면으로 해석한다(Beare, France, Morris). 그러나 이는 공동체에서 제명하고 출교시키라는(excommunication) 의미다(cf. 창 17:14; 출 12:15; 30:33; 레 17:4; 롬 16:17; 고전 5:1-13; 살후 3:14-15; 딤전 1:19-20; 딛 3:1-10). 아예 상종하지 말라는 말씀이다. 바울은 심각한 죄를 짓고도 회개하기를 거부하는 사람에 대해 매우 강경하다. "너희 중에 심지어 음행이 있다 함을 들으니 그런 음행은 이방인 중에서도 없는 것이라 누가 그 아버지의 아내를 취하였다 하는도다 그리하고도 너희가 오히려 교만하여져서 어찌하여 통한히 여기지 아니하고 그 일 행한 자를 너희 중에서 쫓아내지 아니하였느냐"(고전 5:1-2). 바울은 이런 죄인을 쫓아내지 않는 것을 두고 공동체가 교만해서(하나님이 하시고자 하는 일을 자신들의 권한으로 가로막고 있음)라고 한다.

어떤 이들은 이방인들과 세리들이 예수님의 사역 대상이었던 것처럼, 회개하기를 거부하는 사람을 공동체에서 제명하지만 교회 안에 두고 처음으로 돌아가 전도 대상으로 삼으라는 것으로 해석한다(Senior). 그러나 이 또한 문제가 있다. 이런 일을 당하고 교회에 나올 사람은 별로 없다. 오히려 나오는 것이 더 이상하고 뻔뻔하다. 설령 나오려고 해도 회개하지 않는 한 나오지 못하게 해야 한다. 교회는 회개하는 죄인들이 모인 공동체이며, 그에게 회개할 기회를 주었지만 스스로 그 기회를 날렸기 때문이다. 회개하기를 거부하는 죄인에 대한 바울의 입장은 강경하다. "주 예수의 이름으로 너희가 내 영과 함께 모여서 우리 주 예수의 능력으로 이런 자를 사탄에게 내어주었으니 이는 육신은 멸하고 영은 주 예수의 날에 구원을 받게 하려 함이라"(고전 5:4-5). 참으로 안타깝지만 언젠가는 그가 회개하고 다시 하나님께 나올 날을 기도하며 교회에서 내보내라는 것이다.

예수님은 우리가 땅에서 매면 하늘에서도 매일 것이고, 땅에서 풀면 하늘에서도 풀릴 것이라고 하신다(18절). 이 말씀은 16:19에서 베드로에게 하신 말씀을 반복하신 것이다. 차이점이라면 모든 제자를 대표하는 베드로에게는 단수로 말씀하시고, 본문에서는 공동체(교회)에 복수로 말씀하신다는 점이다. 온 교회에 이 권세를 주셨기 때문이다.

예수님은 공동체 구성원을 받거나 거부하는 권세를 교회에 주셨다(Basser). 교회는 이 땅에서 하나님 나라의 특별한 에이전트다. 교회는 전도와 선교를 통해 자기 죄를 고백하는 이들을 하나님 나라로 데려오는 권세와 예수님의 가르침을 정확하게 해석하고 전파함으로써 새로 형성되는 하나님 나라 공동체에 교리와 실천에서 허락된 것과 금지된 것을 가르치는 권세를 받았다(Blomberg, Carson, Guthrie, Hagner, Morris, Turner). 교회는 멤버십을 받거나 거부하는 권세를 통해 교회 안에서 무엇이 죄이고 아닌지를 결정하고(Derrett), 교회 내에서 악의 세력을 무력

화해야 한다(Marcus).

예수님은 두 사람이 땅에서 합심해 구하면 하늘에 계신 아버지께서 이루실 것이라고 하신다(19절). 이 말씀은 사람이 각자의 필요를 채워 달라고 하나님께 구하는 일상적인 기도에 관한 것이 아니다. 징계 과정 중 지도자들이 회개하기를 거부하는 죄인을 대하는 지혜와 성령의 인도하심을 구하는 것에 관한 말씀이다(Carson, Derrett, Hagner, Osborne). 그러므로 '두 사람'은 징계 절차를 인도하는 교회 지도자들이며, '무엇이든지'(παντὸς πράγματος)는 징계 절차에 관한 모든 것을 의미한다(Carson, Hagner). 교회 지도자들이 정당하고 공평한 징계를 할 때 하나님은 전폭적으로 지도자들을 지지하실 것이다.

예수님은 두세 사람이 주님의 이름으로 모인 곳에 항상 함께하실 것이라 하신다(20절). 이 말씀도 회개하기를 거부하는 죄인을 징계하는 일과 연관된 말이다(Carson). 교회 지도자들이 징계 여부와 수위를 결정하기 위해 기도하면 예수님이 함께하셔서 올바른 결정을 하도록 도우실 것이라는 뜻이다. 교회 지도자들에게 징계가 얼마나 어렵고 고통스러운 일인지 하늘에 계신 하나님이 도우시고(19절), 예수님이 그들과 함께하시며 도우신다(20절).

예수님은 하늘에 계신 아버지와 같이 온 세상에 편재(omnipresence)하시는 하나님이다. 그러므로 학자들은 이 말씀이 기독론에 매우 중요한 말씀이라 한다(Luz, cf. Carson, Davies & Allison, Hagner). 예수님의 이름으로 모인다는 것은 교회 지도자들이 공동체의 일원이 되어 예수님의 권위에 복종하며 주님과 하나 되는 것을 의미한다(Thompson, cf. 7:22; 10:22; 18:5). 예수님은 이런 지도자들을 통해 그분의 뜻을 드러내실 것이다.

이 말씀은 오늘날 교회가 가장 곤혹스러워하고 기피하고자 하는 징계가 공동체의 순수성을 위해 필요한 것이라 한다. 세상 그 누구에게나 이웃의 죄를 지적하고 회개를 권면하는 말을 하는 것은 참으로 어려운 일이다. 그러나 교회 지도자들이 징계를 피해갈 수는 없다. 지도자들은 항상 공동체의 순수성과 평안을 좀먹는 사람들을 경계하다가 더는 미룰 수 없을 때 징계해야 한다.

오늘날 한국 교회가 이처럼 몰락하고 부패한 원인 중 하나는 징계가 이뤄지지 않기 때문이다. 목회자 차원의 징계도 없고 성도들 차원의 징계도 사라졌다. 심지어 한 교회에서 징계해 출교시키면 다른 교회에서 직분을 주며 환영하는 시대가 되었다! 이런 일이 당장에는 좋아 보일 수 있지만, 끝에 가서는 화가 되어 그를 환영한 교회를 괴롭힐 것이다. 하나님 보시기에 선한 일이 아니기 때문이다.

교회는 예배와 가르침과 친교의 장소일 뿐 아니라 하나님 백성이 영적으로 잘 성장하도록 훈육하는 곳이다. 징계는 참으로 어려운 일이지만 안타까운 마음으로 기도하며 준비하고, 그 사람의 회복을 소망하는 마음으로 행해야 한다. 그래야 공동체가 살고 그 사람도 산다. 징계하지 않는 것은 지옥으로 가는 것을 방관하는 범죄이며, 교회가 스스로 공의와 정의를 멀리하는 것이다.

V. 예수님과 제자들(13:54-19:2)
B. 디스코스 4(공동체의 원칙)(18:1-35)

5. 용서(18:21-35)

예수님은 앞 섹션에서 죄를 지은 형제를 못 본 체하지 말고 절차에 따라 징계해 회개하게 함으로써 하나님과 그의 관계가 회복될 수 있도록 하라고 하셨다. 징계는 공동체의 순수성을 위해서도 필요하지만, 공동체가 그 형제를 사랑한다는 표현이기 때문이다. 이 섹션은 공동체의 권면을 받아들여 회개하는 형제를 몇 번이나 용서해야 하는지에 관한 말씀이다. 교회는 죄를 회개하고 용서를 구하는 죄인을 무한정 용서해야 한다. 예수님의 가르침은 다음과 같이 두 섹션으로 구분된다.

A. 용서, 또 용서(18:21-22)
B. 용서할 줄 모르는 종 비유(18:23-35)

V. 예수님과 제자들(13:54-19:2) B. 디스코스 4(공동체의 원칙)(18:1-35) 5. 용서(18:21-35)

(1) 용서, 또 용서(18:21-22)

[21] 그때에 베드로가 나아와 이르되 주여 형제가 내게 죄를 범하면 몇 번이나 용서하여 주리이까 일곱 번까지 하오리이까 [22] 예수께서 이르시되 네게 이르노니 일곱 번뿐 아니라 일곱 번을 일흔 번까지라도 할지니라

이 말씀은 합리적이고 정의로운 징계 절차에 따라 구성원들을 돌보는 공동체(15-20절) 구성원들에 관한 것이다(Boring). 그리스도인들은 어디까지 서로를 용서해야 하는가? 이번에도 베드로가 제자들을 대표해서 예수님에게 질문했다. "일곱 번까지 하오리이까?" 베드로의 제안은 상당히 관대하다. 당시 율법 선생들은 세 번까지만 용서하라고 했기 때문이다(cf. 암 1:3; 2:6; 욥 33:29, 30). 반복적으로 죄를 짓는 사람은 회개하지 않은 것이기 때문에 용서도 별 의미가 없다는 생각에서 비롯된 가르침이다. 구약에서 숫자 '7'은 완전함을 상징한다는 것을 고려할 때, 베드로는 용서의 회수(quantity)가 아니라 질(quality), 곧 완전히 용서해야 하는가에 대해 묻는 것일 수도 있다(Luz, cf. Boring, Wilkins).

예수님은 일곱 번을 일흔 번까지라도 용서하라고 하셨다(22절). '일곱 번을 일흔 번'(ἕως ἑπτάκις ἀλλὰ ἕως ἑβδομηκοντάκις)의 정확한 의미는 확실하지 않다. 그래서 번역본들은 7×70으로(새번역, 공동, NAS, ESV, NLT), 혹은 77로 해석한다(NIV, NRS, NIRV). 의미에는 별 차이가 없다. 무한정 용서하라는 뜻이다. 예수님은 무지막지한 인간의 무한정 보복을 그리스도인들의 무한정 용서로 대체하셨다(McNeile).

베드로의 7과 예수님의 77(혹은 7×70)은 공교롭게도 창세기 4장의 징벌과 연관된 숫자들이다. 가인을 해하는 자는 7배의 벌을 받을 것이라고 하고(창 4:15), 정당방위로 사람을 죽였다고 주장하는 라멕은 그를 해하는 자는 77배의 벌을 받을 것이라고 한다(창 4:24). 그러므로 이 가르침은 보복과 징벌을 용서로 대체하고 있다(Boring).

이 말씀은 우리가 서로를 용서하고 용납하는 일에는 끝이 없어야 한다고 한다. 우리가 하나님의 무한한 용서를 경험했다면, 하나님의 자비로운 용서를 받은 사람으로서 다른 사람을 관대하게 용서하는 것은 당연한 일이라는 논리다. 한 가지 기억해야 할 것은 용서는 강요해서 되는 것이 아니라는 점이다. 용서할 사람이 시간을 충분히 가지고 가해자를 용서할 마음의 준비가 이뤄질 때 비로소 용서할 수 있다. 용서는 시간이 걸린다.

V. 예수님과 제자들(13:54–19:2)
B. 디스코스 4(공동체의 원칙)(18:1–35)
5. 용서(18:21–35)

(2) 용서할 줄 모르는 종 비유(18:23–35)

23 그러므로 천국은 그 종들과 결산하려 하던 어떤 임금과 같으니 24 결산할
때에 만 달란트 빚진 자 하나를 데려오매 25 갚을 것이 없는지라 주인이 명
하여 그 몸과 아내와 자식들과 모든 소유를 다 팔아 갚게 하라 하니 26 그 종
이 엎드려 절하며 이르되 내게 참으소서 다 갚으리이다 하거늘 27 그 종의
주인이 불쌍히 여겨 놓아 보내며 그 빚을 탕감하여 주었더니 28 그 종이 나
가서 자기에게 백 데나리온 빚진 동료 한 사람을 만나 붙들어 목을 잡고 이
르되 빚을 갚으라 하매 29 그 동료가 엎드려 간구하여 이르되 나에게 참아
주소서 갚으리이다 하되 30 허락하지 아니하고 이에 가서 그가 빚을 갚도록

옥에 가두거늘 [31] 그 동료들이 그것을 보고 몹시 딱하게 여겨 주인에게 가서
그 일을 다 알리니 [32] 이에 주인이 그를 불러다가 말하되 악한 종아 네가 빌
기에 내가 네 빚을 전부 탕감하여 주었거늘 [33] 내가 너를 불쌍히 여김과 같
이 너도 네 동료를 불쌍히 여김이 마땅하지 아니하냐 하고 [34] 주인이 노하여
그 빚을 다 갚도록 그를 옥졸들에게 넘기니라 [35] 너희가 각각 마음으로부터
형제를 용서하지 아니하면 나의 하늘 아버지께서도 너희에게 이와 같이 하
시리라

이웃을 무한정 용서하라는 권면(21-22절)의 뒤를 잇는 이 비유는 우리가 왜 그들을 무한정으로 용서해야 하는지 설명한다. 예수님은 우리가 하나님께 받은 용서를 빚을 탕감받는 일에 비유하신다. 상상을 초월하는 큰 빚을 탕감받았으니, 남이 진 작은 빚을 탕감해 주는 일에 인색하지 말라는 권면이다.

'천국은…같으니'(ὡμοιώθη ἡ βασιλεία τῶν οὐρανῶν)는 하나님 나라에 대한 비유를 시작하는 정형화된 표현이다(cf. 13:24, 31, 44, 45, 47). 천국은 자기 종들과 결산하려던 어떤 임금과 같다(23절). '종들'(τῶν δούλων)은 일상적으로 '노예들'을 뜻하지만, 이 비유에서는 오늘날로 말하면 '공무원들'(civil servants)이 확실하다(Boring, Carson, Osborne, Wilkins). 문제의 종이 진 빚을 보면 그는 매우 높은 관직에 있는 사람이다.

결산하는 도중 1만 달란트를 빚진 종이 왕에게 끌려왔다(24절). 상상을 초월하는 돈이 연루된 것으로 보아 이 사람은 온 나라의 재정을 담당하거나 큰 지역을 다스리며 세금을 거두는 총독이었을 것이다(Osborne). 달란트의 무게는 시대에 따라 달랐지만 항상 가장 큰 화폐 단위였다. 구약에서는 보통 34kg으로 계산한다. 로마 제국은 32.3kg을 한 달란트라고 했다(ABD). 은 한 달란트는 6,000데나리온에 달했으며, 한 데나리온은 한 사람의 하루 품삯이었다. 따라서 은 한 달란트면 한 사람의 20년 치 봉급이다(Luz). 금 한 달란트는 이 주석이 집필되는 시점의 시가로 24억 원 이상이다(1온스[28g]를 1,900USD로 계산함). 당시 유대와 사마리아에서 징수된 세금이 은 600달란트였다고 하니(Josephus) 1만 달란트는 도저히 상상할 수 없는 금액이다. 즉, 이 비유는 과장법을 사용하고 있다(Carson).

종은 빈털터리다. 도저히 빚을 갚을 길이 없다. 그러므로 주인이 그와 가족들과 모든 소유를 팔라고 명령했다. 사실 종과 가족들과 그가 소유한 것을 모두 팔아봤자 이 큰 금액의 지극히 적은 일부밖에 되지 않는다. 이 사실을 잘 아는 주인은 정의를 실현하는 차원에서 탕진자를 벌하기 위해 이런 조치를 한 것이다. 빚을 갚지 못하는 사람과 가족을 노예로 파는 것은 당시 채권자의 법적인 권리였다(cf. 출 21:2-11; 22:3; 왕하 4:1; 느 5:5, 8; 암 2:6; 8:6).

종이 주인 앞에 엎드려 절하며 "내게 참으소서 다 갚으리이다"라고 호소했다. 그가 진 빚의 금액을 생각하면 거짓말이며 허세다. 다급한 나머지 자신과 가족들을 노예로 팔아 뿔뿔이 흩어지게 하지 말아 달라며 눈물로 호소하는 것이다. 이 이야기를 듣고 있는 제자들은 가족을 지키고 싶어하는 종의 간절한 마음을 헤아렸을 것이다.

주인이 눈물로 호소하는 종을 불쌍히 여겨 풀어 주며 빚도 탕감해 주었다(27절). '불쌍히 여기다'(σπλαγχνίζομαι)는 상대에게 주어야 할 것을 주지 않는 것을 뜻한다. 종에게 내려야 할 당연한 벌을 내리지 않은 것이다(Wilkins). 주인은 종이 절대 이 돈을 갚을 수 없다는 것을 안다. 그런데도 그를 벌하지 않은 것은 주인의 자비가 얼마나 큰지를 강조한다.

주인은 종이 진 빚도 탕감해 주었다. '탕감하다'(ἀφίημι)는 완전히 취소해 주었다는 뜻이다(BAGD). '빚'(δάνειον)은 신약에서 단 한 차례 이 본문에서 사용되는 단어다. 주인은 종이 진 빚을 탕감해 줌으로써 그가 진 빚을 횡령이나 착복(embezzlement)으로 보지 않고, 채권자가 도저히 회수할 수 없는 '악성 대출'(bad loan)로 취급한다(Carson).

종은 주인에게 사면받은 후 그에게 100데나리온을 빚진 동료를 만났다(28a절). 빚을 갚으라며 그의 목을 졸랐다(28b절). 주인은 그를 이렇게 대하지 않았는데, 그는 동료에게 참으로 매몰차게 굴고 있다. 동료가 그에게 엎드려 절을 하며 다 갚을 테니 기다려 달라고 했다(29절). 종이 주인 앞에서 취한 자세와 했던 말과 거의 똑같다(cf. 26절). 즉, 종은 그의 앞에 엎드린 사람의 말과 모습을 통해 바로 얼마 전의 자기 모습을 보고 있는 것이다.

100데나리온 역시 적은 금액이 아니다. 한 사람의 100일 치 봉급이며 넉 달을 일해야 겨우 이 돈을 벌 수 있다. 게다가 생활비를 제하면 더 오랫동안 모아야 한다. 그러나 충분히 갚을 수 있는 금액이다. 그러므로 동료가 갚겠으니 기다려 달라고 하는 것은 종이 주인에게 한 거짓말과 다르다.

종은 동료의 눈물 어린 호소를 무시하고 그를 옥에 가두었다(30절). 빚진 사람을 감옥에 가두는 것은 그의 가족들에게 빨리 돈을 만들어 가져오라는 뜻이다. 그렇지 않으면 빚을 갚을 때까지 계속 감옥에 있어야 할 것이라는 협박이다. 이 종은 주인이 자신을 매우 자비롭게 대해 준 경험을 통해 배운 것이 하나도 없다.

빚을 탕감받은 종은 악한 사람이다(cf. 32절). 그가 탕감받은 1만 달란트와 동료가 빚진 100데나리온을 비율로 계산하면 60만 대 1이다. 하나님께 60만 번 용서받은 사람이 이웃을 한 번도 용서하지 않는 것과 같다.

옆에서 이 상황을 지켜보던 다른 동료들이 감옥에 갇힌 동료를 딱하게 여겨 주인에게 그 일을 다 알렸다(31절). '몹시 딱하게 여기다'(τὰ γενόμενα ἐλυπήθησαν σφόδρα)는 감옥에 갇힌 동료의 슬픔과 분노에 공감하고 있다는 의미다. '다 알리다'(διεσάφησαν πάντα τὰ γενόμενα)는 상황에 대해 자세하게 보고했다는 뜻이다. 이 동료들도 종의 소행을 매우 괘씸하게 여긴 것이다.

소식을 들은 주인 역시 분노했다. 그는 종을 당장 데려오게 하고는

'악한 종아!'라는 말로 다그치기 시작했다(32절). 주인은 종에게 자초지종을 듣는 일에는 관심이 없다. 누가 봐도 그의 소행은 악하고 괘씸한 일이기 때문이다. 주인은 종의 빚을 탕감해 준 일을 번복하고 그를 감옥에 가두었다(34절). '모든 빚'(πᾶν τὸ ὀφειλόμενον)을 갚을 때까지 풀려날 수 없으니 그는 평생 감옥에서 지내야 한다.

주인이 종을 이렇게 혹독하게 대하는 것은 불쌍히 여김을 받아 큰 빚을 탕감받은 종이 이웃을 불쌍히 여기지 않고 야비하게 굴었기 때문이다(33절). 남에게 큰 은혜를 받은 사람은 이웃을 대할 때 자신이 경험한 은혜의 조그만 부분이라도 반영해서 대해야 한다는 논리다.

예수님은 누구든 형제를 마음으로부터 용서하지 않으면 하늘 아버지도 그에게 이와 같이 하실 것이라고 하신다(35절). 은혜는 경험한 사람만이 남에게 베풀 수 있다. 그러므로 아무리 하나님의 용서와 은혜에 감사하는 기도와 찬양을 드려도 주님 안에서 같은 공동체가 된 형제와 자매들에게 은혜를 베풀지 않는다면, 그 사람은 위선자다.

우리말 번역본들은 27절과 33절을 모두 '불쌍히 여기다'로 번역하고 있지만, 헬라어로는 서로 다른 단어들이다. 27절에서 사용된 '불쌍히 여기다'(σπλαγχνίζομαι)는 상대에게 주어야 할 것을 주지 않는 것을 강조한다. 주인이 종에게 당연히 내려야 할 벌을 내리지 않은 것이다(Wilkins). 33절에서 사용된 '불쌍히 여기다'(ἐλεέω)는 상대방이 받을 자격이 없는데 주는 것이다(Wilkins). 주인은 종이 받을 자격이 없는 자비를 그에게 베풀었다. 이런 자비를 받은 자가 남에게는 자비를 베풀지 않는다. 용서는 상대방에게 주어야 할 벌과 해야 할 보복을 하지 않고, 상대방이 받을 자격이 없는 화해와 은혜를 베푸는 것이다.

이 말씀은 우리가 하나님께 용서받았다는 증거는 곧 이웃을 용서하는 것이라고 한다. 하나님이 우리를 용서하실 때 우리가 이웃을 용서할 것을 요구하시기 때문이다. 그렇다면 어떻게 해야 이렇게 살 수 있을까? 이 비유는 우리가 빚진 자의 마음으로 살 때 가능하다고 한다.

우리는 하나님께 큰 빚을 탕감받은 빚진 자들이다. 하나님께 빚진 마음으로 서로를 대할 때 비로소 우리는 서로를 용서할 수 있다.

V. 예수님과 제자들(13:54-19:2)

C. 끝말(19:1-2)

1 예수께서 이 말씀을 마치시고 갈릴리를 떠나 요단강 건너 유대 지경에 이
르시니 2 큰 무리가 따르거늘 예수께서 거기서 그들의 병을 고치시더라

지금까지 예수님은 갈릴리 지역에서만 사역을 하셨다. 이제 갈릴리 사역을 마무리하시고 남쪽에 있는 유대로 향하신다(1절). 십자가가 최종 목적지이기 때문에 다시는 집이 있는 갈릴리로 돌아오지 않으실 것이다.

갈릴리에서 유대로 가려면 육로를 통해 곧바로 남쪽으로 내려가면 된다. 그런데 예수님은 왜 요단강을 동쪽으로 건너 오늘날의 요르단 지역을 지난 후 여리고성이 있는 곳에서 다시 강을 건너(cf. 20:29) 유대 땅으로 가셨을까? 아마도 유대인들의 심기를 자극하지 않기 위해서일 것이다. 유대인들은 이방인의 피가 섞인 사람들이 사는 사마리아를 부정한 땅으로 여기고 그곳을 밟지 않아야 한다고 했다. 그러므로 유대인들을 상대로 사역을 떠나시는 예수님이 그들의 심기를 최대한 자극하지 않으려고 이 경로로 유대 땅에 이르신 것이다.

예수님의 인기는 어디를 가든 식을 날이 없다. 이번에도 가시는 곳마다 큰 무리가 따랐다. 예수님은 찾아오는 병자들을 마다하지 않고 고쳐 주셨다(2절; cf. 4:23-25; 9:35-36; 12:15; 15:29-30).

이 말씀은 할 수만 있다면 사람들의 심기를 자극하는 일을 피하라고 한다. 예수님이 육로를 통해 사마리아를 거쳐 유대로 가셨다 하더라도 문제가 될 것은 없다. 그러나 유대인들의 마음을 조금이라도 불편하게 하고 싶지 않아 요단강을 건너 돌아가는 길을 택하셨다. 우리가 전도하거나 선교할 때도 대상자의 마음을 불편하게 하지 않는 것이 바람직하다.

Ⅵ. 예수님과 심판과 예루살렘
(19:3-26:5)

오경을 패턴으로 한 마태복음의 다섯 번째 사이클이다. 이번에도 '내러티브-디스코스-끝맺음' 순서로 전개된다. 예수님은 이 사이클에서 유대교 지도자들을 맹렬하게 비난하신다. 하나님을 가장 잘 안다는 자들이 하나님에게서 가장 멀리 있기 때문이다. 게다가 그들의 잘못된 가르침과 리더십으로 인해 수많은 사람이 길 잃은 양처럼 헤매고 있다. 이 사이클은 다음과 같이 구분된다.

A. 내러티브(19:3-22:46)
B. 디스코스 5(지도자들 비난과 종말)(23:1-25:46)
C. 끝맺음(26:1-5)

Ⅵ. 예수님과 심판과 예루살렘(19:3-26:5)

A. 내러티브(19:3-22:46)

마지막 사이클의 내러티브를 구성하는 본문은 예수님이 예루살렘으로 가시는 길에 행하신 기적도 언급하지만, 주로 천국에 대해 가르치신 내용을 중점적으로 회고한다. 예수님은 십자가를 향해 가시면서 이 땅에 남을 제자들에게 하나님 나라에 대해 더 가르치고자 무던히 애쓰셨다. 본 내러티브는 다음과 같이 두 파트로 구분된다.

A. 예루살렘으로 가는 길(19:3-20:34)
B. 고난 주간이 시작될 때 있었던 일(21:1-22:46)

Ⅵ. 예수님과 심판과 예루살렘(19:3-26:5)
A. 내러티브(19:3-22:46)

1. 예루살렘으로 가는 길(19:3-20:34)

예수님은 갈릴리를 떠나 예루살렘으로 가시기 전에 유대에서 많은 시간을 보내셨다. 이때 예수님은 기적을 행하시기보다 가르치는 일에 치중하셨다. 특히 천국에 대해 많이 말씀하셨다. 이 섹션은 다음과 같이 다양한 가르침과 사건으로 구성된다.

A. 결혼과 이혼(19:3-12)
B. 아이들과 천국(19:13-15)
C. 부(副)와 천국(19:16-30)
D. 관대한 주인 비유(20:1-16)
E. 수난에 대한 네 번째 말씀(20:17-19)
F. 고난과 섬김(20:20-28)
G. 눈먼 두 사람을 고치심(20:29-34)

> Ⅵ. 예수님과 심판과 예루살렘(19:3-26:5)
> A. 내러티브(19:3-22:46)
> 1. 예루살렘으로 가는 길(19:3-20:34)

(1) 결혼과 이혼(19:3-12)

3 바리새인들이 예수께 나아와 그를 시험하여 이르되 사람이 어떤 이유가 있
으면 그 아내를 버리는 것이 옳으니이까 4 예수께서 대답하여 이르시되 사람
을 지으신 이가 본래 그들을 남자와 여자로 지으시고 5 말씀하시기를

그러므로 사람이 그 부모를 떠나서
아내에게 합하여 그 둘이 한 몸이 될지니라

하신 것을 읽지 못하였느냐 6 그런즉 이제 둘이 아니요 한 몸이니 그러므로
하나님이 짝지어 주신 것을 사람이 나누지 못할지니라 하시니 7 여짜오되 그
러면 어찌하여 모세는 이혼 증서를 주어서 버리라 명하였나이까 8 예수께서
이르시되 모세가 너희 마음의 완악함 때문에 아내 버림을 허락하였거니와 본
래는 그렇지 아니하니라 9 내가 너희에게 말하노니 누구든지 음행한 이유 외
에 아내를 버리고 다른 데 장가드는 자는 간음함이니라 10 제자들이 이르되
만일 사람이 아내에게 이같이 할진대 장가들지 않는 것이 좋겠나이다 11 예수
께서 이르시되 사람마다 이 말을 받지 못하고 오직 타고난 자라야 할지니라
12 어머니의 태로부터 된 고자도 있고 사람이 만든 고자도 있고 천국을 위하
여 스스로 된 고자도 있도다 이 말을 받을 만한 자는 받을지어다

바리새인들이 예수님을 시험하기 위해 자주 찾아온다(12:2, 14, 24, 38; 15:1; 16:1; 19:3; 22:15, 34-35). 이번에도 예수님이 유대 지역으로 오셨다는 소문을 듣고 찾아왔다. 그들은 예수님이 갈릴리 지역에서 사역하실 때보다 더 큰 위협을 느꼈을 것이다. 이제는 그들의 '구역'까지 침범하셨기 때문이다.

바리새인들은 예수님이 메시아 또는 선지자라는 사실을 확인하기 위해 주님을 시험하는 것이 아니다. 그들은 예수님을 거짓 메시아로 여겨 죽이기로 결정한 상황이다(12:14). 그들은 예수님을 곤경에 빠트리고, 무리가 주님을 멀리하게 만드는 일에만 관심이 있다. 그들이 묻는 것이 결혼에 관한 내용인 것으로 보아 세례 요한이 헤롯과 헤로디아의 결혼을 비난했다가 목숨을 잃은 일과 비슷한 상황을 연출하려 한다(Carson, Osborne, cf. 14:3-12).

바리새인들은 예수님에게 어떤 이유가 있으면 이혼할 수 있냐고 물었다(3절). '옳으니까'(ἔξεστιν, is it lawful?)는 바리새인들의 질문이 율법에 관한 것임을 암시한다(cf. NAS, NIV, NRS, ESV). 개역개정이 '어떤 이유'라고 번역한 헬라어 문구(κατὰ πᾶσαν αἰτίαν)를 직역하면 '모든 이유'다. 어떤 이유든 이유만 있으면 이혼할 수 있느냐는 질문이다(새번역, 공동, NIV, KJV, NLT). 이는 곧 하나님이 이혼을 미워하시는 것(말 2:16)과 율법이 이혼을 허락한 것(신 24:1)이 대립한다는 점에서 예수님의 성경 해석에 문제가 있기를 바라며 던진 질문이다. 그들은 쉽게 융합되지 않는 성경의 두 가르침으로 예수님을 곤경에 빠트리려 하고 있다.

예수님 시대에는 구약을 해석하고 적용하는 두 학파가 쌍벽을 이루고 있었다. 보수적인 샴마이 학파(Shammai School)와 진보적인 힐렐 학파(Hillel School)였다. 이 두 학파는 남자가 어떤 경우에 아내에게 이혼 증서를 써 줄 수 있는지에 대해 매우 다른 해석을 내놓았다. 샴마이 학파는 아내의 성적 부도덕함이 드러날 때와 천박함(immodesty)이 드러날 때로 제한했다. 그러나 '천박함'은 상당히 임의로 해석되는 면모를 지녔다. 예를 들면 머리를 단정하게 하지 않고 외출하는 것을 여자의 천박함을 드러내는 것으로 보았다! 힐렐 학파는 남편은 어떠한 이유로든 아내에게 이혼 증서를 써 줄 수 있다고 했다. 음식을 태우는 것도 이혼 사유가 되었으며, 심지어 남편이 다른 여자에게 매력을 느껴도 아내와 이혼할 수 있다고 했다(Allison, Bockmuehl, Meier).

율법이 이혼할 때 이혼 증서를 써 주라고 한 데(신 24:1-4)는 세 가지 이유가 있다. 첫째, 결혼제도가 심하게 오염된 상황에서 조금이라도 결혼의 신성함을 보존하기 위해서다(cf. Keener). 예수님 시대와 구약 시대에도 이혼은 오늘날처럼 매우 흔한 일이었다(cf. Allison, Meier). 이스라엘과 근동에서 이혼과 재혼은 언제든 신속하게 진행되었다. 이런 상황에서 이혼 증서는 가정과 부부에 대해 한 번 더 생각하게 했다.

둘째, 아무런 이유 없이 이혼을 남발하는 남편에게서 아내를 보호하기 위한 조치였다. 당시 이혼은 오늘날처럼 법정 소송을 통해 판결을 받는 것이 아니라, 각자 집에서 결정하는 이슈였다. 또한 남편만이 아내에게 이혼 증서를 써줄 수 있었다. 남편에게는 문서로 이혼하는 것이 구두로 이혼하는 것보다 상당한 심적 부담으로 작용했다.

셋째, 이혼한 여자를 보호하기 위한 조치였다. 이혼 증서는 남자가 더는 여자에 대해 어떠한 법적인 권리도 주장할 수 없다는 것을 의미했다. 예를 들면, 남편이 이혼 증서를 써 주지 않고 아내를 내보낸 상황에서 여자가 다른 남자와 재혼하면 간통죄가 적용될 수 있다. 그러므로 여자 편에서 이혼 증서를 보관하는 것은 매우 중요했다.

바리새인들의 악한 의도를 아시는 예수님은 그들이 반박할 수 없도록 창세기 1:27과 2:24-25을 근거로 들어 답하셨다(4-5절). 유대인들은 토라(오경) 내에서도 선포된 시간을 거슬러 올라갈수록(선포된 지 더 오래된 말씀일수록) 더 권위가 있다고 생각했다. 그러므로 예수님은 그들이 오경 중에서도 가장 권위가 있다고 생각한 창세기 1-2장에 기록된 창조 원리에 대한 말씀으로 그들에게 대답하시는 것이다.

'본래'(ἀπ' ἀρχῆς)는 '태초부터'라는 뜻이며, 창세기 1:1을 상기시키는 표현이다. '남자와 여자로 지으셨다'(ἄρσεν καὶ θῆλυ ἐποίησεν αὐτούς)는 칠십인역(LXX)이 창세기 1:27을 헬라어로 번역한 대로 인용하신 것이다. 또한 "사람이 그 부모를 떠나서 아내에게 합하여 그 둘이 한 몸이 될지라"(5절)도 창세기 2:24을 인용하신 것이다. 남편과 아내는 하나님이 사람을 창조하신 태초부터 영원히 함께하도록 창조된 '한 쌍'이다(5-6절).

창세기 2장에 기록된 인류의 결혼 이야기는 하나님이 남자가 홀로 있는 것은 좋지 않다고 하시면서 시작한다. 이후 하나님은 여자를 창조하시고 남자의 짝이 되어 평생 일부일처로 살게 하셨다. 부부가 결혼하는 것은 하나님이 짝을 지어 주신 것이기 때문에 하나님의 뜻이고, 이혼은 하나님의 뜻이 아니라는 것이다. 결혼은 하나님이 인류에게 축복하신 최초의 제도(institution)이다. 그러므로 부부가 결혼을 절대 깰 수 없는 것은 아니지만, 깨지 않는 것이 하나님 보시기에 좋다.

'읽지 못하였느냐'(οὐκ ἀνέγνωτε)(5절)가 헬라어 사본에서는 4절에 등장하지만, 우리말 번역본들에서는 어순 때문에 5절을 마무리하는 부분에 온다. 이 말씀은 12:3-5에서처럼 바리새인들의 가장 큰 문제는 그들이 성경의 객관적 내용(fact)을 모르는 것이 아니라 해석과 적용을 비뚤어지게 하는 것이라고 한다. 옛말에 '선무당이 사람 잡는다'고 어중간한 지식을 가진 사람들이 가장 위험하다. 목회자들은 성경을 대충 아는 것이 아니라 연구와 묵상과 기도를 통해 확실하게 알아야 한다. 그래야 하나님이 맡겨 주신 성도를 살리는 말씀을 가르칠 수 있다.

예수님은 부부는 두 사람이 한 몸이 된 것이니 하나님이 짝지어 주신 것을 사람이 나눌 수 없다고 단호하게 선언하신다(6절). 이혼은 항상 하나로 있어야 하는, 그러므로 결코 나뉘어서는 안 되는 것을 쪼개는 폭력이다(Nolland). 바리새인들이 이혼을 정당화한 것은 이러한 폭력을 정당화한 것이다. 그들은 이혼에 대해 언급하는 신명기 24:1-4에 전념하느라 토라 전체에 배어 있는 하나님의 뜻을 헤아리지 못했다. 우리도 한 나무(한 말씀의 의미)에만 집중하다 보면 숲(성경 전체가 주는 의미)을 볼 수 없다는 사실에서 교훈을 얻어야 한다.

바리새인들이 예수님이 인용하시는 말씀을 모를 리 없다. 그러나 율법이 이혼할 권리를 부여했다고 확신한다. 그들은 예수님의 스피치에서 꼬투리가 될 만한 것을 잡았다고 생각했다(Wilkins). 이러한 정황에서 예수님의 대답은 바리새인들의 다음 단계 질문을 유도한다. 예수님의 창세기 1-2장 해석이 옳다면, 어찌 모세는 창조의 의도와 질서를 위반하고 이혼 증서를 주어서 아내를 버리라고 명했냐는 것이다(7절). '명하다'(ἐντέλλω)는 주님의 백성이 지켜야 할 하나님의 명령을 뜻한다. 이 사람들은 말씀을 비틀어서 이혼이 하나님의 명령이라고 한다! 바리새인들은 하나님이 원하지도 기뻐하지도 않으시는 이혼을 하나님의 명령으로 둔갑시킨 것이다.

예수님은 바리새인들이 말씀의 의도를 왜곡하거나 오해하고 있다고 하신다(8절). 이혼은 하나님이 사람들에게 주신 권리나 명령이 아니다. 사람 마음의 완악함 때문에 어쩔 수 없이 허락하신 것이며 본래는 그렇지 않다고 하신다. '본래'(ἀπ' ἀρχῆς)(cf. 4절)는 창조의 질서를 뜻한다. 이혼은 하나님의 뜻이 아니라 인간의 완악함 때문에 어쩔 수 없이 허락하신 일이다. 이혼을 죄가 아닌 것처럼 포장하기 위해서가 아니라 조금이라도 자제하도록 조정하기(control) 위해서다(Keener). 하나님은 부부가 이혼하지 않고 두 사람이 평생 한 몸을 이루어 함께 살기를 원하신다.

예수님은 누구든 아내가 음행한 경우 외에는 아내를 버리고 다른 여자에게 장가들면 간음이라고 하신다(9절). 모든 재혼은 간음이기 때문이다. 율법은 원래 아내에게 '수치 되는 일'(עֶרְוַת דָּבָר)을 발견하면 이혼할 수 있다고 한다(신 24:1). 문제는 무엇이 '수치 되는 일'이냐는 것이다(cf. 5:31-32 주해). 수치 되는 일이 무엇인지 성경이 더 설명하지 않기 때문에 학자들 사이에 온갖 추측이 난무하다. '수치'(עֶרְוָה)의 문자적인 의미는 '발가벗음/성기'이며, 레위기는 근친상간을 '발가벗음을 벗기는 것'(לְגַלּוֹת עֶרְוָה)으로 표현한다(레 18:6). 그래서 일부 학자는 여자가 간통을 포함한 부적절한 성행위를 했다는 것으로 풀이한다. 그러나 율법은 이런 경우는 범죄자를 죽이라고 하지 이혼 증서를 써 주고 내보내는 것을 허락하지 않는다(cf. 신 22:22). 어느 정도 확실한 것은 이 표현이 상당히 포괄적인 개념이었을 것이라는 사실이다. 여러 가지 성적 부도덕함을 의미했으나, 정작 무엇이 이런 행위에 속하는지는 전적으로 남편의 개인적인 판단에 달렸다.

예수님은 '수치 되는 일'이 '음행'이라고 하신다. '음행'(πορνεία)은 무엇을 의미하는가? 만일 간음이라면 분명 다른 단어(μοιχεία)를 사용하셨을 것이다(cf. 5:27–28). 또한 예수님의 말씀에 따르면 아내의 간음은 이미 결혼을 깬 것이다. 그러므로 간음은 해석에서 배제되어야 한다. 레위기 18:6–18이 금하는 비정상적인 친족 간의 다양한 행태의 결혼이라고 생각하는 이들이 있다(Fitzmyer, Guelich, Meier, Senior). 혹은 결혼 전 성적 문란을 뜻한다는 해석도 있다(Isaksson). 그러나 학자들 대부분은 다양한 형태의 성적 문란이라고 한다(Boring, Carson, France, Hagner, cf. BAGD, TDNT).

고린도전서 7:10–16은 본문의 음행 이외의 이혼 사유로 신앙 때문에 믿지 않는 남편이나 아내가 이혼하자고 하는 상황을 추가한다. 율법은 이혼하게 되면 남자가 여자에게 이혼 증서를 써 주라고 한다. 그러나 이혼은 하나님의 뜻이 아니다. 그러므로 이혼 증서가 있든 없든 상관없이 하나님이 보시기에 재혼은 간음이라 하신다. 예수님이 재혼은 간음이라며 재혼을 금하시는 이유는 알 수 없다(cf. Beale & Carson). 이번에도 예수님은 당시 유대교 지도자들이 이혼에 대해 제시한 그 어떤 해석보다도 보수적으로 해석하신다. 하나님이 부부로 맺어 주신 남녀가 이룬 가정을 최대한 지키라는 취지에서 이렇게 말씀하신다. 한 학자는 예수님이 모세의 율법 효력을 유보(suspend)하시는 것이라 한다(Luz).

바리새인들은 예수님의 권위 있고 지혜로운 말씀 해석에 한마디도 반박하지 못하고 돌아갔다. 그들이 돌아간 후 제자들은 예수님에게 그럴 바에는 차라리 결혼하지 않고 홀로 사는 것이 좋을 것 같다고 했다(10절). 결혼은 하나님이 축복하신 참으로 좋은 것이니 가능하면 깨지 말라는 예수님의 권면(exaltation)을 독신주의에 대한 예찬으로 오해한 것이다(Wilkins).

예수님은 모든 사람이 '이 말'을 받지 못하며 오직 타고난 사람만이 받을 수 있다고 하신다(11절). '이 말'(τὸν λόγον)은 무엇을 뜻하는가? 학자 중에는 이혼에 대한 예수님의 가르침(3-9절)을 뜻한다고 하는 이들도 있고(Bonnard, Gundry, Luz), 천국을 위해 스스로 고자의 길을 택한 사람들에 대한 말씀(12절)으로 해석하는 이들도 있다(Boring, Gnilka, Schnackenberg). 주석가 대부분은 독신으로 사는 것이 좋겠다는 제자들의 말(10절)을 지적하시는 것으로 해석한다(Carson, Davies & Allison, Hagner, Nolland, Osborne, Schlatter, Wilkins). 제자들이 결혼했다가 이혼을 못 하느니 차라리 독신으로 사는 것이 더 낫겠다고 하는 논리를 지적하시는 것이라는 뜻이다.

예수님은 오직 타고난 사람만이 결혼하지 않고 독신으로 살 수 있다며 세 가지 경우에 대해 말씀하신다(12절). '고자'(εὐνοῦχος)는 원래 환관처럼 거세를 당한 사람을 뜻하지만(TDNT), 본문에서는 '결혼하지 않는(못 하는) 사람'이라는 의미를 지녔다(공동). 아무나 독신으로 살 수 있는 것이 아니라는 뜻이다.

첫째, 어머니의 태로부터 결혼할 수 없는 신체적 조건을 지니고 태어난 사람들이 있다. 성기나 그 외 다른 신체적 결함으로 발기 불능으로 태어난 사람을 뜻한다. 이들은 선택이 아니라 선천적인 문제로 인해 결혼할 수 없다.

둘째, 사람에 의해 결혼할 수 없는 몸을 지니게 된 사람들이 있다. 옛적에는 왕궁에서 왕을 섬기는 사람들을 거세하는 일이 보편적이었다. 다니엘과 세 친구가 이런 상황에 속했다(cf. 단 1장). 혹은 질병이나 사고로 이런 경우가 생겼다. 이런 사람들은 이스라엘 회중에 들어갈 수 없었다(신 23:1; cf. 레 21:20; 22:24). 그러나 에디오피아 환관 이야기에서 보듯 예수님이 세우신 새 나라에서는 환영을 받는다(cf. 행 8:26-39).

셋째, 천국을 위해 스스로 결혼을 하지 않는 사람들이다. 어떤 이들은 9절을 바탕으로 이 말씀이 아내의 성적 문란으로 인해 이혼하고 난 후 홀로 사는 사람에 관한 것이라고 한다(Gundry, Luz). 그러나 예수님은 '이 일'은 사람이 마음대로 할 수 없다고 하셨다(11절). 그러므로 하나님이 복음을 위해, 곧 하나님 나라 확장을 위해 독신의 삶을 살도록 하신 모든 사람에 관한 말씀이다. 예수님과 세례 요한과 바울 사도가 모범 사례다.

이 말씀에서 바리새인들은 아내의 문제를 남편이 결혼을 파기할 이유로 접근한다. 반면에 예수님은 결혼은 거룩하고 특별한 것이니 매우 심각한 성적 문제 외에는 결혼을 파기하는 빌미가 되어서는 안 된다고 하신다.

이혼은 오늘날 매우 심각한 사회적 문제다. 그러나 예수님 시대에도 오늘만큼이나 심각한 사회적 이슈였다(Blomberg). 따라서 이혼에 대한 예수님의 말씀이 우리가 당면하고 있는 시대적인 정황과 맞지 않는다는 생각은 버려야 한다. 하나님은 태초부터 결혼을 신성하고 거룩한 것으로 축복하셨다. 우리는 하나님이 주신 이 복을 가능한 한 죽을 때까지 유지하며 즐겨야 한다. 그렇다고 해서 모든 사람이 결혼해야 한다는 것은 아니다. 하나님 나라를 위해 독신으로 사는 것도 결혼해서 행복하게 사는 것처럼 하나님의 은혜다.

바리새인들이 율법을 잘못 해석하고 적용해 가져온 가정 파괴와 고통을 상상해 보라. 그들은 아내와 이혼할 권리가 남편에게 있다며 말씀을 왜곡해 수많은 가정을 파탄에 이르게 하고 부당하게 이혼당한 여인들의 눈에서 피눈물이 나게 했다. 하나님의 말씀을 해석하고 대언하는 우리도 정신 똑바로 차려야 한다. 우리가 하나님의 말씀을 잘못 해석하고 적용하면 우리 개인 문제로 끝나지 않는다. 자칫 잘못하면 우리의 비뚤어진 해석과 말 한마디가 사람들을 엄청난 고통의 소용돌이로 몰아갈 수 있다. 항상 기도하는 마음으로 말씀을 연구하며 하나님의 마음과 뜻을 헤아려 사람과 교회를 살리는 해석과 묵상과 적용을 내놓아야 한다.

이 말씀은 하나님의 말씀은 해석하고 적용하는 사람들에 의해 언제든 악용되고 남용될 수 있다고 경고한다. 율법의 취지(정신)보다 문자적인 의미를 준수할 것을 강조한 바리새인들은 구약을 이렇게 악용함으로써 많은 사람에게 씻을 수 없는 상처를 입혔다. 우리가 하나님을 배우고 가르치는 목적은 성도들의 상처를 치료하고 그들을 온전한 그리스도인으로 세우기 위해서다. 하나님의 따뜻한 마음을 전하는 설교와 성경 공부를 해야 한다.

VI. 예수님과 심판과 예루살렘(19:3-26:5) A. 내러티브(19:3-22:46) 1. 예루살렘으로 가는 길(19:3-20:34)

(2) 아이들과 천국(19:13-15)

13 그때에 사람들이 예수께서 안수하고 기도해 주심을 바라고 어린아이들을
데리고 오매 제자들이 꾸짖거늘 14 예수께서 이르시되 어린아이들을 용납하
고 내게 오는 것을 금하지 말라 천국이 이런 사람의 것이니라 하시고 15 그들
에게 안수하시고 거기를 떠나시니라

바로 앞 섹션에서 결혼에 대해 말씀하신 예수님이 본 텍스트에서는 결혼의 자연스러운 결과라 할 수 있는 아이들에 대해 가르침을 주신다. 당시 이방 종교와 유대교는 아이들을 예배에 참석시키지 않았다(Boring). 그러므로 이 말씀은 그 종교들과 달리 하나님 나라는 아이들까지 온 가족으로 포함한다는 것을 암시한다.

사람들이 예수님에게 손을 얹어 안수해 달라며 어린아이들을 데려왔다(13a절). 부모들은 예수님이 자녀들에게 복을 빌어 주시기를 간절히 바랐다. 머리 위에 손을 얹고 복을 빌어 주는 일은 매우 오래된 성경적 전통이다(cf. 창 48:14; 민 27:18; 행 6:6; 13:3). 오늘날도 많은 교회에서 이런 일을 행한다. 자라나는 아이들에게 믿음과 건강과 총명의 복을 빌어 주는 것은 참으로 좋은 일이며 사역자의 특권이다.

사람들이 아이들을 데려오자 제자들이 그들을 꾸짖었다(13b절). 아이들을 데려온 부모들을 꾸짖은 것이다(NRS). 제자들이 왜 그들을 꾸짖었는지 정확히 알 수는 없다. 예수님의 여정이 지체된다고 생각했을 수도 있고, 예수님은 하나님 나라를 선포하시느라 분주하신, 그러므로 이런 일을 하기에는 너무 위대하신 분이라고 생각했기 때문일 수도 있다(cf. Carson, Wilkins).

예수님은 제자들을 말리시며 아이들을 데려오라고 하셨다. 부모들이 원하는 대로 아이들을 축복하시겠다는 것이다. 마가는 예수님이 제자들에게 화를 내셨다고 한다(막 10:14). 이 순간만큼은 제자들이 바리새인들처럼 행동하고 있다. 주님께 나오는 이들의 길을 가로막고 있기 때문이다.

앞 장에서 어린아이는 힘이 없고 연약한 사람들을 상징했다(18:1-5). 자신의 연약함을 아는 사람은 어린아이가 부모를 전적으로 의존해 사는 것처럼 하나님을 전적으로 의지할 수밖에 없다. 이번에도 예수님은 하나님 나라는 이런 자들, 곧 아이들처럼 온전히 하나님만 바라고 의지하는 사람들의 것이라고 하신다(Carter).

아이들은 연약해서 쉽게 무시되고 희생될 수 있는 이들을 상징한다. 그러므로 예수님이 아이들을 환대하신 것은 교회 역사에서 인도주의의 상징이 되었다(Wilkins). 더불어 이번 말씀은 천국에 들어갈 수 있는 나이 제한을 없앴다. 아이들도 얼마든지 하나님 나라에 들어갈 수 있다. 예수님은 아이들에게 안수하며 복을 빌어 주시고 그곳을 떠나셨다. 안수는 상징적인 제스처이다. 아이들은 성장한 다음에 믿음에 대해 각자 결단을 해야 한다. 복을 빌어 주는 안수가 그들이 실제로 하나님 나라에 입성한 것을 의미하는 것은 아니기 때문이다(Carter, Hagner).

이 말씀은 천국 시민이 되기 위해서는 아이처럼 되는 것이 얼마나 중요한지를 다시 한번 가르쳐 준다(cf. 18:1-5). 우리는 아이가 부모를 전적으로 의지해 사는 것처럼 하나님을 온전히 의지하며 살아야 한다. 그렇게 하면 부모가 자식을 보호하듯 하나님이 우리를 보호하실 것이다.

또한 교회는 아이들을 매우 소중히 여겨야 한다. 많은 투자와 노력을 통해 다음 세대를 확보하고 양육해야 한다. 아이들도 얼마든지 복음의 의미를 깨닫고 하나님 나라의 시민이 될 수 있다. 따라서 교회는 그들을 인격적으로 대해야 한다.

VI. 예수님과 심판과 예루살렘(19:3-26:5)
A. 내러티브(19:3-22:46)
1. 예루살렘으로 가는 길(19:3-20:34)

(3) 부(副)와 천국(19:16-30)

예수님이 결혼(1-12절)과 아이(13-15절)에 이어 부에 관해 말씀하시는 것은 천국 백성의 가정은 어떤 재물관을 바탕으로 세워져야 하는지 가르침을 주시기 위해서다. 또한 앞 섹션의 어린아이와 본문의 부자 청년은 매우 강력한 대조를 이룬다. 가진 것 없고 연약하기만 한 아이들은 자신들이 생각하는 것보다 천국에 훨씬 더 가까이 있고, 가진 것이 많은 청년은 그가 생각한 것보다 천국에서 훨씬 더 멀리 있다. 이 섹션은 다음과 같이 세 파트로 구분된다.

A. 젊은 부자(19:16-22)
B. 부자와 천국(19:23-26)
C. 천국의 상급(19:27-30)

VI. 예수님과 심판과 예루살렘(19:3-26:5)
A. 내러티브(19:3-22:46)
1. 예루살렘으로 가는 길(19:3-20:34)
(3) 부(副)와 천국(19:16-30)

a. 젊은 부자(19:16-22)

16 어떤 사람이 주께 와서 이르되 선생님이여 내가 무슨 선한 일을 하여야 영
생을 얻으리이까 17 예수께서 이르시되 어찌하여 선한 일을 내게 묻느냐 선
한 이는 오직 한 분이시니라 네가 생명에 들어가려면 계명들을 지키라 18 이
르되 어느 계명이오니이까 예수께서 이르시되

살인하지 말라,
간음하지 말라,
도둑질하지 말라,
거짓 증언 하지 말라,
19 네 부모를 공경하라,
네 이웃을 네 자신과 같이 사랑하라

하신 것이니라 20 그 청년이 이르되 이 모든 것을 내가 지키었사온대 아직도
무엇이 부족하니이까 21 예수께서 이르시되 네가 온전하고자 할진대 가서 네
소유를 팔아 가난한 자들에게 주라 그리하면 하늘에서 보화가 네게 있으리
라 그리고 와서 나를 따르라 하시니 22 그 청년이 재물이 많으므로 이 말씀
을 듣고 근심하며 가니라

'어떤 사람'(εἷς)이 예수님을 찾아왔다. 그는 청년이며(20, 22절) 부자다(22절). 누가는 그가 '관원'(ἄρχων)이었다고 한다(눅 18:18). 이 사람은 젊음과 부와 권력 등 세상 사람들이 추구하는 것을 모두 가진 사람이다. 그는 예수님에게 '무슨 선한 일을 해야' 영생을 얻을 수 있는지 물었다(16절). 그가 예수님을 '선생님이여'(διδάσκαλε)라고 부르는 것을 보면 예수님에 대해 잘 알지 못하는 외부인(outsider)이다(Boring). 그는 자신의 완벽한 이력서에 '영생 소유자'를 추가해 내세도 완벽하게 준비하고자 한다.

마가와 누가는 이 청년이 예수님에게 '선한 일'에 대해 물은 것이 아니라, 예수님을 '선한 선생'이라 부르며 물었다고 한다(막 10:17; 눅 18:18). 이 점에 대해 학자들 사이에 상당한 논쟁이 있다(cf. Blomberg, Carson, Hagner, Hill). 그러나 의미에서 별 차이가 있는 것이 아니므로, 매우 소모적인 논쟁이다(Carson, Osborne).

그가 얻고자 하는 '영생'(ζωὴν αἰώνιον)은 마태복음에서 이 본문과 19:29, 25:46에서만 사용되는 용어이며, 하나님이 인정하신 삶으로 현재에 있는 하나님 나라와 종말에 있을 하나님 나라의 일부가 되는 삶을 뜻한다(Carson, Hill). 그는 영생을 얻고자 한다. '얻다'(ἔχω)는 소유와 연관된 단어다. 그는 선행을 통해 영생을 소유할 수 있다고 생각했고, 그 방법을 얻기 위해 예수님을 찾아왔다. 율법만으로 부족하다는 생각을 한 것은 좋은 일이지만, 그는 구원을 하나님이 이루시는 것이 아니라 자기가 얻는 것으로 생각한다.

예수님은 그에게 어찌 선한 일에 대해 자신에게 묻느냐고 하시며 선한 이는 오직 한 분이신 하나님이시니 생명에 들어가려면 하나님이 주신 계명을 지키라고 하신다(17절). 계명(τὰς ἐντολάς)은 십계명을 뜻하며, 유대인들은 십계명이 구약 전체의 요약이자 상징이라 생각했다. 본문에서도 '계명'에 십계명이 아닌 '네 이웃을 네 자신과 같이 사랑하라'는 말씀이 포함된 것을 보면 예수님은 구약 말씀 전체를 의미하신다는 것을 알 수 있다. 우리는 하나님이 주신 말씀을 모두 지켜야 한다. 말씀 순종에 우리의 생명(영생)이 있기 때문이다.

어떤 이들은 예수님의 '왜 선한 일을 내게 묻느냐'는 질문을 두고 예수님이 자신도 죄가 있다는 것을 스스로 인정하는 것이라고 하는데, 어이없는 해석이다(cf. Carson, France, Hill). 문맥을 배경으로 이 구절을 읽으면 "선하신 하나님이 이미 영생으로 가는 길을 율법을 통해 제시하셨으니 율법을 실천하며 살면 선하신 하나님이 그의 구원을 이루실 텐데 왜 굳이 나에게 그 길을 묻느냐"라는 취지의 말씀이다.

청년은 영생을 사람이 소유하는 것(노력해서 얻는 대가)으로 생각한다. 그래서 그는 '얻다'(ἔχω)라고 표현한다. 반면에 예수님은 영생으로 '들어가다'(εἰσέρχομαι)라고 표현하신다. 영생에 이르는 것은 평생 가는 여정이며, 끝에 들어가는 것이라는 뜻이다. "항상 복종하여 떨림으로 너희 구원을 이루라"(빌 2:12). 또한 사람의 구원은 스스로 노력해서 얻는 것이 아니라, 하나님이 선물로 주시는 것이다. 그러므로 이 청년이 영생을 얻고자 한다면 자기 자신에게서 등을 돌리고 오직 하나님을 바라보는 삶의 자세를 가져야 한다.

청년은 어느 계명을 지켜야 하냐고 물었다(18절). 이 사람의 '계명관'이 건전하지 않다는 것을 직감할 수 있다. 그는 하나님의 말씀 중 반드시 지켜야 할 것이 있는가 하면, 지키지 않아도 되는 것도 있다고 생각한다. 예수님은 "(1)살인하지 말라, (2)간음하지 말라, (3)도둑질하지 말라, (4)거짓 증언 하지 말라, (5)네 부모를 공경하라, (6)네 이웃을 네 자신과 같이 사랑하라"라며 여섯 가지를 말씀하신다. 이중 처음 네 개는 십계명 중 6-9계명을 순서대로 나열한 것이다. 십계명은 우리와 하나님의 관계를 정의하는 네 계명과 사람과 사람 사이의 관계를 정의하는 여섯 계명으로 이뤄졌다. 유대인들은 처음 네 계명이 한 돌판에, 나머지 여섯 계명이 두 번째 돌판에 함께 새겨졌다고 생각했다. 예수님은 두 번째 돌판(우리와 이웃과의 관계에 관한 계명이 새겨진 돌판)에 새겨진 내용만 언급하신다.

'네 부모를 공경하라'는 두 번째 돌판에 새겨진 첫 계명이며, 십계명에서는 다섯 번째 계명이다. 본문에서는 계명 중 마지막으로 언급하신다. 아마도 이어지는 말씀인 '네 이웃을 네 자신과 같이 사랑하라' 때문일 것이다. 부모는 우리가 가장 우선순위로 생각해야 할 '이웃'이기 때문이다. 이웃을 자기 몸과 같이 사랑하라는 말씀은 십계명의 일부가 아니다. 레위기 19:18에서 인용한 말씀이며, 예수님은 이것을 가장 위대하고 중요한 두 계명 중 하나라고 하셨다(22:36-40).

예수님이 첫 번째 돌판에 새겨진 율법을 말씀하지 않으신 데는 이유가 있다. 우리와 하나님과의 관계에 관한 계명들은 마음 자세와 삶의 방식에 관한 것이기 때문에 어느 정도 겉으로 드러나는 안식일 준수에 관한 계명 외에는 가름할 방법이 없다. 또한 두 번째 돌판에 새겨진 이웃을 윤리적으로 대하는 것에 관한 계명을 얼마나 신실하게 준수하는가 하는 것은 첫 번째 돌판에 새겨진 하나님과의 관계에 대한 계명들을 어떻게 대하는지 알 수 있는 지표가 되기 때문이다(cf. 22:36-40). 예수님이 나열하시는 계명 중 두 번째 돌판에서 빠진 유일한 계명은 열 번째 계명인 욕심에 관한 것이다. 예수님은 21절에서 이 계명의 적용에 대해 따로 말씀하실 것이기 때문에 이곳에서는 언급하지 않으신다.

청년은 예수님이 말씀하신 모든 계명을 지켰다며 아직 무엇이 부족한지 가르쳐 달라고 한다(20절). '청년'(νεανίσκος)은 20대의 젊은 사람(Davies & Allison) 혹은 20-40세 정도의 넓은 범위의 사람을 뜻할 수 있다(Wilkins). 모든 계명을 지켰다는 이 청년의 말을 자신감의 표현으로 보아야 하는지 혹은 교만이나 위선으로 보아야 하는지 해석이 분분하다. 청년이 자신은 이때까지 이 계명을 모두 지켜왔는데 무엇을 더 해야 하냐며 절망과 좌절을 표현하는 것이라고 해석하는 이도 있지만(McNeile), 설득력이 없다. 아직 젊고 부와 권세를 얻었기 때문에 최고조에 달한 자신감으로 보아야 한다는 해석(Allen, Gnilka, Grundmann, Lohmeyer)과 바리새인들처럼 남의 눈과 겉치레만 신경 쓰는 위선적 태도라는 해석(Wilkins)이 있다. 바울도 예수님을 만나기 전 자신의 삶에 대해 '열심으로는 교회를 핍박하고 율법의 의로는 흠이 없는 자'였다고 하는 것으로 보아(빌 3:6), 이 청년의 말을 교만으로만 간주하는 것은 무리가 있다. 그는 아직 삶을 충분히 경험해 보지 못한 자신감에서 이런 말을 하고 있다. 예수님도 이렇게 생각하셨기 때문에 그를 사랑하는 마음에서 한 가지 더할 것을 말씀하신다(21절).

예수님은 그가 참으로 영생에 들어가기를 원한다고 생각해 그에게 한 가지를 말씀하신다(21절). 만일 그가 하나님처럼 온전하고자 한다면(cf. 5:48), 재산을 모두 처분해 가난한 사람들에게 나눠 주고 그분을 따르라고 하신다. '온전'(τέλειος)은 나뉘지 않은 마음으로 하는 순종이다(Carson). 산상 수훈에서 예수님은 이 땅에 재물을 쌓지 말고 하늘에 쌓으라고 하셨는데(6:19-21), 이 청년에게 하시는 말씀에 따르면 가난한 사람들에게 나눠 주는 것이 하늘에 보화를 쌓는 것이다.

유대교가 자선을 매우 중요시 여기고 가르쳤던 점을 고려하면, 이 청년도 평상시에 자선을 행했을 것이다. 그러므로 예수님이 재산을 모두 정리해 가난한 사람들에게 나누어 주라고 하시는 것은 재물이 그의 삶의 정체성과 능력과 목표와 의미가 되었기 때문이다. 재물이 그의 신이 되어 있다. 그러므로 그가 하늘의 신성한 것을 얻으려면 우상을 버리듯 과감하게 이 땅의 것을 버려야 한다(cf. 6:19-21). 청년은 천국 시민이 되려면 아무것도 가진 것이 없고, 한없이 연약한 어린아이처럼 되어야 한다는 예수님의 가르침(13-15절)과는 참으로 거리가 먼 삶을 살아왔다.

어떻게 생각하면 참으로 모순적인 일이 벌어지고 있다. 젊음과 재산과 권력을 두루 지닌 청년은 자신의 이 같은 삶에 만족하지 못하고, 무언가 부족하다고 생각한다. 반면에 아무것도 없고 연약한 어린아이처럼 사는 사람은 삶에 만족하며 감사한 마음으로 산다. 어린아이처럼 자신의 부족함을 인정하고 하나님을 의지하면, 하나님이 그의 모든 필요를 채우시기 때문이다. 이것이 하나님의 자녀들이 매일 이 땅에서 경험하는 하나님 나라의 모순이다.

예수님은 청년에게 재산을 정리해 가난한 사람들에게 나눠 주고 자기를 따르라고 하신다. 그에게 제자의 삶을 제시하신 것이다. 제자도는 자기 자신과 세상 것을 부인할 때 시작된다(cf. 4:20, 22; 8:19, 22; 9:9;

10:38; 16:24). 한 발은 하늘나라에 들여놓고, 다른 발은 이 땅에 들여놓는 것은 제자의 삶이 아니다.

예수님의 도전을 들은 청년은 근심하며 갔다(22절). 재물이 많았기 때문이다. 어떤 이들은 그의 재물이 남을 억압해 얻은 재산이기 때문에 각별한 애착을 가졌다고 하는데(Carter), 그렇게 해석할 만한 근거는 없다. 단지 그는 온전히 하나님을 사랑하기에는 세상을 지나치게 사랑했을 뿐이다. 하나님과 재물을 겸해 섬길 수 없다는 말씀을 생각나게 한다(6:24).

'근심하다'(λυπέω)는 크게 슬퍼한다는 뜻이다(BAGD). 이 사람도 자신이 하나님 나라에 입성하지 못하는 것에 대해 많이 안타까워 했다. 그러나 어떡하겠는가! 돈과 하나님 중 돈을 택했으니 말이다.

이 말씀은 선행과 순종은 별개 이슈라고 한다. 재물에 있어서 선행은 자기가 가진 것 중에서 일부를 나눠 주는 것이다. 반면에 순종은 주님이 쓰시고자 하는 일에 전부를 나누는 것이다. 그러나 이 청년에게 모든 재산을 처분해 가난한 사람들에게 나눠 주라고 하신 말씀이 우리가 모두 당장 실천해야 하는 규범은 아니다. 이는 그의 삶에서 재물이 우상이 되었기 때문에 빚어진 일이다. 우리는 하나님의 재물을 맡은 청지기로서 주님이 쓰시겠다고 할 때까지 잘 관리할 책임이 있다. 우리가 소유한 재산이 우리 것이 아니라 하나님이 맡기신 것이라는 사실을 인정하며 산다면 이 청년에게 요구하신 일이 우리에게는 반복되지 않을 것이다. 맡기신 것을 관리하고 즐기며 살다가 언제든 하나님이 쓰시고자 할 때 하나님의 일에 드리면 된다.

예수님이 어린아이처럼 되어야 한다고 하신 말씀의 의미가 새삼 새롭게 다가온다. 이 청년은 가진 것이 너무 많아 하나님을 전적으로 의지할 필요가 없고, 의지하려 하지 않았다. 반면에 어린아이처럼 가진 것이 없는 사람은 생존을 위해서라도 하나님 아버지를 의지해야 한다. 그러므로 많이 가진 것이 반드시 좋은 것은 아니다. 오히려 가진 것이 없기 때문에 하나님을 의지하는 사람이 복되다.

VI. 예수님과 심판과 예루살렘(19:3-26:5) A. 내러티브(19:3-22:46) 1. 예루살렘으로 가는 길(19:3-20:34) (3) 부(副)와 천국(19:16-30)

b. 부자와 천국(19:23-26)

23 예수께서 제자들에게 이르시되 내가 진실로 너희에게 이르노니 부자는
천국에 들어가기가 어려우니라 24 다시 너희에게 말하노니 낙타가 바늘귀로
들어가는 것이 부자가 하나님의 나라에 들어가는 것보다 쉬우니라 하시니
25 제자들이 듣고 몹시 놀라 이르되 그렇다면 누가 구원을 얻을 수 있으리이
까 26 예수께서 그들을 보시며 이르시되 사람으로는 할 수 없으나 하나님으
로서는 다 하실 수 있느니라

예수님은 부를 포기하지 못한 청년을 떠나보내신 후 부자는 천국에 들어가기가 어렵다고 말씀하셨다(23절). 하나님 나라를 위해 재산을 포기하지 못한 청년을 마음에 두고 하신 말씀이다. 그러나 이 말씀이 모든 부자가 천국에 들어가지 못한다는 뜻은 아니다. 만일 그렇다면 아브라함과 이삭과 야곱과 다윗 등도 모두 천국에서 배제되어야 한다. 이들은 모두 부자였기 때문이다.

예수님은 부자가 천국에 들어갈 수 없다고 하시는 것이 아니라, 들어가기가 참으로 어렵다고 하시는 것뿐이다. 대부분 부자는 이 땅에서 참으로 많은 것을 누리고 즐긴다. 그러므로 그들은 예수님을 찾아온 청년처럼 영생에 대해 절박하게 생각하지 않는다. 부(副)는 사람을 거짓 평안과 거짓 안전에 취하게 하는 술과 같다(Wilkins). 부자는 아무것도 없어 온전히 하나님을 의지해야만 살 수 있는 어린아이 같은 사람과 대조를 이룬다.

예수님은 부자가 천국에 들어가는 일이 얼마나 어려운가 하면 낙타가 바늘귀로 들어가는 것보다 더 어렵다고 하신다(24절). 중세기에는 예루살렘으로 들어가는 문 중 하나가 '바늘귀 문'(Needle's Eye Gate)으로 불렸다는 말이 돌았다. 이 말에 따르면 바늘귀 문은 부정한 짐승이 예루살렘으로 들어갈 수 있는 유일한 문이었는데, 문이 얼마나 낮은지 낙타는 싣고 있는 짐을 모두 내려놓고 무릎을 꿇어야 들어갈 수 있다고 했다. 그러나 예루살렘 그 어디에도 이런 이름으로 불리거나, 이런 용도로 사용된 문은 존재하지 않았다(Boring).

예수님은 단순한 과장법을 사용하고 계신다. 낙타는 당시 가나안 지역에서 가장 덩치가 큰 짐승이었다. 바늘귀는 당시 사람들이 일상생활에서 접할 수 있는 가장 작은 구멍이었다. 그러므로 예수님은 가장 큰 것과 가장 작은 것을 대조하는 과장법을 사용하셔서(Boring, Carson, Osborne) 부자들이 천국에 들어가는 것이 참으로 어려운 일임을 말씀하시는 것이다.

예수님의 말씀에 깜짝 놀란 제자들이 그렇다면 과연 누가 구원을 얻을 수 있냐고 물었다(25절). 구약은 부가 하나님의 축복이라고 한다(cf. 신 28:1-4). 이러한 사실을 근거로 많은 유대교 지도자가 모든 부는 하나님의 축복이라고 가르쳤다. 그들은 부가 선행과 자선을 하게 하고, 율법을 공부할 여유를 제공하며, 의를 추구하게 한다고 가르쳤다(Hagner). 문제는 아모스 선지자가 불의하게 모은 재산은 부정하다고 말한다는 것이다. 그러므로 재물관에 있어서 균형적인 시각이 필요하다.

부를 정당화하는 가르침에만 익숙해져 있던 제자들이 놀라는 것이 당연하다. 그러므로 그들은 "이 땅에서 이미 하나님의 복을 받은 부자들이 천국에 갈 수 없다면 누가 구원을 얻을 수 있다는 것인가?"라는 질문을 할 수밖에 없다. 이 질문은 '아무도 없다'는 답을 유도하는 수사학적인 질문이다.

예수님은 제자들의 '아무도 할 수 없다'에 동의하신다(26절). 사람으로는 할 수 없으나 하나님으로서는 다 하실 수 있다. 사람이 자신의 노력으로 구원에 이르는 것은 불가능하지만, 하나님은 하실 수 있다. 사람의 구원은 오직 하나님이 결정하고 이루시기 때문이다.

이 말씀은 부자는 그리스도인이 될 수 없다고 하지 않는다. 부자는 이 세상에서 이미 많은 것을 누리다 보니 이것들을 하나님 나라를 위해 포기하기가 쉽지 않다는 뜻이다. 그러므로 교회 안에 경건하게 부를 축척한 사람들과 하나님 나라를 위해 그 부를 사용하는 사람들이 있다면, 교회는 그들이 있음을 감사해야 한다. 구원은 오직 하나님이 하시는 일이며, 가난한 사람만큼이나 부자들도 하나님이 구원하신 사람들이기 때문이다.

VI. 예수님과 심판과 예루살렘(19:3-26:5) A. 내러티브(19:3-22:46) 1. 예루살렘으로 가는 길(19:3-20:34) (3) 부(副)와 천국(19:16-30)

c. 천국의 상급(19:27-30)

27 이에 베드로가 대답하여 이르되 보소서 우리가 모든 것을 버리고 주를 따
랐사온대 그런즉 우리가 무엇을 얻으리이까 28 예수께서 이르시되 내가 진
실로 너희에게 이르노니 세상이 새롭게 되어 인자가 자기 영광의 보좌에 앉
을 때에 나를 따르는 너희도 열두 보좌에 앉아 이스라엘 열두 지파를 심판
하리라 29 또 내 이름을 위하여 집이나 형제나 자매나 부모나 자식이나 전토
를 버린 자마다 여러 배를 받고 또 영생을 상속하리라 30 그러나 먼저 된 자
로서 나중 되고 나중 된 자로서 먼저 될 자가 많으니라

이번에도 베드로가 모든 제자를 대표해 말했다(cf. 14:28; 15:15; 16:16,

22; 17:4; 18:21). 그와 제자들은 재산을 버리지 못한 젊은 청년과 달리 모든 것을 버리고 예수님을 따랐다며, 그들의 헌신과 희생으로 무엇을 얻게 될 것인지 묻는다(27절). 어떤 이들은 베드로 자신은 부자 청년과 달리 큰 재산을 버리고 왔다는 착각에서 비롯된 질문이라며(Bruner, Osborne), 돈의 우상을 벗어난 후 자화자찬의 우상에 빠지지 않도록 조심하라고 한다(Bruner).

그러나 베드로는 제자들을 대표해 그들의 불투명한 미래에 대해 질문하고 있다(Blomberg, Morris, Ridderbos). 그들은 모든 것을 포기하고 예수님을 믿고 따르고 있지만, 정작 그들의 미래가 어떻게 될 것인지 별로 아는 바가 없다. 따라서 이는 그들의 현실적 헌신과 희생에 대해 장차 임할 하나님 나라에서 어떤 보상을 받게 되는가에 관한 질문이다.

아무런 조건 없이 보상을 요구하지 않고 온전히 하나님만 의지하며 천국 시민으로 사는 것이 가장 좋은 일이다. 그러나 사람은 본능적으로 자신의 헌신에 대해 보상을 기대하게 된다. 이러한 기대를 숨기거나 보상이 실현되지 않는다고 불만을 표하는 것은 바람직하지 않다. 하나님께 보상에 관해 묻는 것은 나쁜 일이 아니다. 특히 삶이 고단하고 힘이 들 때 장차 받게 될 보상을 생각하며 힘을 낼 수 있다면 좋은 일이다.

예수님은 세상이 새롭게 될 때 그들이 반드시 보상을 받을 것이라고 하신다(28절). '세상이 새롭게 될 때'(ἐν τῇ παλιγγενεσίᾳ)는 회심 때 일어나는 새로움과 세례를 뜻한다(딛 3:5; cf. 요 3:3; 고후 5:17; 벧전 1:3). 이 본문에서는 종말에 있을 피조물의 갱생과 회복을 의미한다(Boring, Carson, cf. 사 65:17; 66:22; 롬 8:18-25; 벧후 3:7, 10, 12; 계 21:1). 이때 예수님은 영광의 보좌에 앉으실 것이다. 인자가 보좌에 앉으신 모습은 다니엘 7:9-14의 '옛적부터 계신 이'와 연관된 예언에서 비롯되었다(France, cf. 시 110:1).

이때 열두 제자도 보좌에 앉아 이스라엘 열두 지파를 심판하는 영광과 권세를 누릴 것이다(28b절). 어떤 이들은 이 말씀이 예수님을 믿지 않는 이스라엘을 제자들이 심판할 것을 의미한다고 한다(Bonnard, Boring, Carson, France, Gundry, cf. 눅 22:30; 고전 6:2). 다른 이들은 제자들이 온 교회를 상징하기 때문에 이 말씀은 모든 성도가 온 세상을 심판할 것을 상징한다고 한다(Blomberg, Carter, Hill, cf. 계 21:12-14). 종말에 성도들이 예수님과 함께 보좌에 앉아(계 3:21; 20:4, 6; 22:5) 세상과 천사들을 심판하는 것은 사실이지만(고전 6:2-3), 본문에서는 유대인인 제자들이 유대인들을 심판할 것을 의미한다. 교회와 옛 이스라엘은 완전히 일치하는 개념이 아니기 때문이다.

그날이 되면 누구든지 예수님을 위해 집이나 형제나 자매나 부모나 자식이나 전토를 버린 사람은 모두 여러 배의 보상을 받을 것이다. '여러 배'(ἑκατονταπλασίων)를 직역하면 '백 배'이다. 예수님을 위해 형제와 자매와 부모와 자식 등 사랑하는 이들과 전토 등 소유한 것들을 포기한 사람에게는 그가 포기한 모든 것에 대한 충분한 보상이 이뤄질 것이라는 뜻이다. 주님을 위해 이 땅에서 사랑하는 사람 하나를 포기하면 천국에서는 영원히 가족으로 지낼 백 명을 얻을 것이다(Carson).

영생도 상속할 것이다. '영생'(ζωὴν αἰώνιον)은 부자 청년이 그토록 갖고 싶어 했던 것이다(cf. 16-22절). '상속하다'(κληρονομέω)는 자식이 부모의 유산에 권리를 행사하는 것을 뜻한다. 그러므로 장차 우리가 상속하는 것에는 이미 하나님이 우리 몫으로 준비해 두신 영생이 포함되어 있다. 영생은 사람이 노력해서 얻는 것이 아니라 하나님이 예비해 두신 선물이다(cf. 26절).

예수님은 '먼저 된 자가 나중 되고, 나중 된 자가 먼저 될 것'이라는 말씀으로 이 섹션을 마무리하신다(30절). 격언과 같은 이 말씀을 다음 섹션(20:1-16)에 기록된 비유를 통해 설명하실 것이다. 사람들은 나사로 이야기(눅 16:19-31)를 근거로 이 말씀을 하나님 나라에서는 부자와 가난한 자의 위치가 바뀔 것이라는 의미로 해석하는가 하면, 유대인과 이방인의 위치가 바뀔 것이라는 의미로 해석하기도 하고, 제자들의 '으뜸' 논란(18:1-5)을 잠재우기 위해 이렇게 말씀하신 것이라고 하기도 한다. 아마도 이 땅에서는 부자와 가난한 자, 권력자와 힘없는 자의 차별이 분명하지만, 하늘나라에는 이런 차별이 없다는 사실을 강조하시는 말씀인 듯하다(Carson). 하늘나라에서는 모든 사람이 같은 대우를 받을 것이기 때문이다. 또한 먼저 하나님의 백성이 된 사람들에게 자만하지 말라는 경고이기도 하다(Wilkins).

이 말씀은 우리가 이 땅에서 예수님 때문에 하는 헌신을 하나님은 참으로 귀하게 여기실 뿐 아니라, 반드시 여러 배로 보상하실 것이라고 한다. 그러므로 우리가 이 땅에서 희생하고 헌신하는 것은 희생과 헌신으로 끝나는 것이 아니라, 하나님 나라에서 백 배의 수익을 올릴 투자다. 만일 부자 청년이 하나님 나라를 위해 재산을 가난한 사람들에게 나눠 주고 예수님을 따랐다면 그가 천국에서 받을 보상은 상상을 초월할 정도로 컸을 것이다.

우리는 하나님 나라를 위해 이 땅에서 되도록 많은 것을 희생하고 헌신하는 삶을 살아야 한다. 영생을 누리며 즐길 보상을 위한 가장 확실한 투자이기 때문이다. 썩어 없어질 것으로 영원히 썩지 않을 것을 얻는 투자는 참으로 지혜롭고 귀한 투자다. 나중 된 자가 처음 된다고, 우리 모두에게는 아직 기회가 있다.

VI. 예수님과 심판과 예루살렘(19:3-26:5)
A. 내러티브(19:3-22:46)
1. 예루살렘으로 가는 길(19:3-20:34)

(4) 관대한 주인 비유(20:1-16)

1 천국은 마치 품꾼을 얻어 포도원에 들여보내려고 이른 아침에 나간 집 주인과 같으니 2 그가 하루 한 데나리온씩 품꾼들과 약속하여 포도원에 들여

보내고 3 또 제삼시에 나가 보니 장터에 놀고 서 있는 사람들이 또 있는지
라 4 그들에게 이르되 너희도 포도원에 들어가라 내가 너희에게 상당하게 주
리라 하니 그들이 가고 5 제육시와 제구시에 또 나가 그와 같이 하고 6 제십
일시에도 나가 보니 서 있는 사람들이 또 있는지라 이르되 너희는 어찌하여
종일토록 놀고 여기 서 있느냐 7 이르되 우리를 품꾼으로 쓰는 이가 없음이
니이다 이르되 너희도 포도원에 들어가라 하니라 8 저물매 포도원 주인이 청
지기에게 이르되 품꾼들을 불러 나중 온 자로부터 시작하여 먼저 온 자까지
삯을 주라 하니 9 제십일시에 온 자들이 와서 한 데나리온씩을 받거늘 10 먼
저 온 자들이 와서 더 받을 줄 알았더니 그들도 한 데나리온씩 받은지라
11 받은 후 집 주인을 원망하여 이르되 12 나중 온 이 사람들은 한 시간밖에
일하지 아니하였거늘 그들을 종일 수고하며 더위를 견딘 우리와 같게 하였
나이다 13 주인이 그중의 한 사람에게 대답하여 이르되 친구여 내가 네게 잘
못한 것이 없노라 네가 나와 한 데나리온의 약속을 하지 아니하였느냐 14 네
것이나 가지고 가라 나중 온 이 사람에게 너와 같이 주는 것이 내 뜻이니라
15 내 것을 가지고 내 뜻대로 할 것이 아니냐 내가 선하므로 네가 악하게 보
느냐 16 이와 같이 나중 된 자로서 먼저 되고 먼저 된 자로서 나중 되리라

이 비유는 앞 섹션을 마무리하는 '먼저 된 자가 나중 되고, 나중 된 자가 먼저 될 것'이라는 말씀(19:30)을 뒤집은 '나중 된 자가 먼저 되고, 먼저 된 자가 나중 된다'는 말씀(16절)으로 마무리함으로써 앞의 내용과 연결 고리를 유지한다. 앞에서 베드로는 부자 청년과 달리 그와 제자들은 모든 것을 포기하고 예수님을 따르고 있다며 어떤 보상이 있는지 질문했다(19:27). 이 비유는 그 질문에 대한 예수님의 답이다.

예수님은 19장에서 아무런 힘이나 능력이 없는 어린아이는 하나님 나라에 들어가지만, 재산과 권력 등 모든 것을 갖춘 청년은 그것으로 천국에 들어갈 수 없다며 하나님 나라는 세상의 기준이나 관습과 다르다고 하셨다. 이제 20장에서는 세상 사람들의 기대와 가치관을 뒤집으신다(France). 예수님이 강조하고자 하시는 것은 처음 된 자가 나중 되는 것이 아니라, 나중 된 자가 처음 되는 것이다(Davies & Allison). 사람은 이러한 일을 할 수 없다. 오직 하나님의 은혜와 자비만이 가능케 한다(cf. 19:26).

구약은 종종 이스라엘을 하나님의 포도원으로 비유한다(시 80:8-9; 사 5:1-7; 27:2-6; 렘 2:21; 호 10:1). 그러므로 예수님의 여러 비유가 포도원과 연관된 것은 생소한 일이 아니다(cf. 21:28-32; 막 12:1-9; 요 15:1-6). 포도원의 자비로운 주인에 관한 이 비유도 예외는 아니다. 비유의 정황은 포도를 추수하는 시즌이다.

포도원을 소유한 주인이 이른 아침에 품꾼들을 구하러 나갔다(1절). 주인이 온종일 여러 일꾼을 고용하는 것으로 보아 그는 매우 큰 포도원을 가진 사람이었다. 당시 하루 노동은 해 뜰 때(새벽 6시쯤) 시작해 해 질 때(저녁 6시쯤)까지 12시간 정도 진행되었다. 그러므로 주인은 일꾼을 구하러 이른 아침에 집을 나섰다.

과수원 주인들은 추수철에 일용직 일꾼을 많이 고용했는데, 일용직 노동자들은 매일 아침 장터에 모여 일거리를 찾았다. 당시 일용직 노동자들은 노예 다음으로 연약한 사회 계층이었으며, 하루 일당은 한 데나리온이었다(cf. 2절; 17:24-27; 18:24-28). 한편 서기관들은 일주일 봉급으로 12데나리온을 받았다고 한다(Nolland).

주인은 새벽 6시에 각각 한 데나리온씩 주기로 하고 일꾼들을 구해 그의 포도원으로 들여보냈다(2절). 이어서 제3시에도 장터에 나가 놀고 서 있는 사람들에게 상당하게 주겠다며 포도원으로 보냈다(3-4절). 유대인들은 하루 중 해가 있는 시간을 네 등분하거나(cf. 막 15:25, 33, 34) 12시간으로 나누기도 했다. 그러므로 제3시는 오전 9시쯤이다. 이 사람들은 이때까지 일거리를 구하지 못해 고용주들과 고용인들이 만나는 장터에서 놀며 서 있었다. 주인은 이들에게 '상당하게'(δίκαιος) 일당을 주겠다고 하는데, 그들의 노동에 정당하고 적당한 품삯을 줄 테니 믿고 따르라는 것이었다. 이때부터 일을 시작한 일꾼들은 다른 일꾼들보다 3시간 늦게 일을 시작했으니 주인이 1데나리온보다 적은 일당을 줄 것으로 생각했을 것이다.

주인은 제6시(=정오)와 제9시(=오후 3시)에도 장터에 나가 일꾼들을 구해 포도원으로 보냈다(5절). 이번에도 '상당한'(적당한) 일당을 주겠다고 했을 것이다. 주인은 제11시(=오후 5시)에도 장터로 나갔다. 주인은 종일토록 놀고 서 있는 사람들에게 어찌 된 일이냐고 물었고(6절), 그들은 일을 하고 싶은데 일거리를 찾지 못해서 그렇다고 했다(7절). 아마도 이 사람들은 경험이 부족하거나 너무 어리다는 이유 등으로 아무도 원하지 않는, 곧 고용주들이 기피하는 사람들이었을 것이다. 주인은 그들을 불쌍히 여겨 '상당한' 품삯을 주겠다며 그들도 포도원으로 보냈다.

날이 저물었다(8절). 아마도 마지막 일꾼들이 포도원에 투입된 지 1시간 정도 지난 후였을 것이다. 일용직 일꾼들은 일이 끝날 때 삯을 주어야 한다(cf. 레 19:13; 신 24:15). 주인은 일꾼들을 지휘하고 그들의 품삯을 관리하는 청지기를 불러 이상한 명령을 했다(8a절). 가장 나중에 고용된 사람들부터 가장 먼저 고용된 사람들 순서로 일당을 주되 모두 동일하게 한 데나리온씩 주라는 것이었다(8b-9절). 하루 일이 끝나는 때를 한 시간 남겨 두고 일꾼들을 고용한 것도 이상한데, 그들에게 한 시간 일을 시키고 한 데나리온을 주는 것은 더 이상하다.

한 시간 일한 사람이 한 데나리온을 받자, 온종일 일하고 맨 뒤에 서 있던 사람들은 당연히 더 받을 줄 알았다. 그러나 그들도 한 데나리온씩 받았다. 그들은 주인을 원망하며 물었다. "우리는 온종일 고생하며 일했는데, 어찌 한 시간 일한 사람과 대우가 같을 수 있습니까?"(11-12절).

이에 대해 주인은 그중 한 사람에게 자신은 잘못한 것이 없다며 두 가지 이유를 들었다(13-14절). 첫째, 주인은 이 일꾼에게 온종일 일하면 한 데나리온을 주겠다며 아침 일찍부터 일을 시켰다(cf. 2절). 드디어 하루 일이 끝나서 약속대로(계약대로) 한 데나리온을 주었으니 법적으로 잘못된 것이 없다(13절). 그러므로 그에게 삯으로 받은 한 데나리온을 가지고 가라고 한다.

둘째, 나중에 밭일을 시작한 사람들에게도 한 데나리온씩 주는 것은 주인이 마음대로 할 수 있는 일이다(14-15절). 주인은 이 일에 대해 불만을 토하는 다른 일꾼의 허락을 구할 이유가 없다. 특히 하루가 저물어가는 시간까지 일거리를 구하지 못한 사람들을 불쌍히 여겨 그들에게 겨우 한 시간 일을 시키고 하루 임금을 준 것은 주인의 자비와 은혜다(15절). 그러므로 이는 처음에 합의한 대로 온종일 일하고 한 데나리온을 받기로 한 일꾼이 불만을 표할 나쁜 일이 아니라 선한 일이다(15절).

불만을 표하는 일꾼은 주인이 하는 선한 일을 악하게 본다(15절). 그는 늦게 일을 시작하고도 같은 일당을 받은 사람들을 시기하고 있으며(Hagner, Luz), 주인이 자기에게는 인색하다며(Morris) 원망하고 있다(Nolland). 모두 비뚤어진 관점이다. 이 비유가 강조하고자 하는 것은 포도원의 품꾼들이 아니라, 주인의 자비와 은혜로움이다(Bailey, Jeremias). 우리 하나님은 이 주인과 같이 자비와 은혜로 충만한 분이라는 것이다. 하나님 나라에서는 나중 된 자가 먼저 되는 일이 있고, 먼저 된 자가 나중 되는 일도 있다(16절).

이 말씀은 아침 일찍 일을 시작한 일꾼들처럼 더 큰 보상을 바라고 순종하는 사람들은 나중 될 것이고, 늦게 일을 시작한 일꾼들처럼 그 무엇도 바랄 상황이 아니어서 아무런 조건 없이 순종하는 사람들은 먼저 될 것이라 한다(Wilkins). 그러므로 예수님은 베드로의 "우리는 일찍 시작했으니 얻을 것은 무엇입니까?"(19:27)라는 질문에 조건 없이 섬기라고 답하신다.

생각해 보면 일찍 일을 시작한 일꾼들은 일거리를 찾아야 하는 스트레스를 벗어났기 때문에 온종일 즐겁게 일할 수 있었을 것이다. 이것도 복이다. 이처럼 일찍 하나님 나라에 입성한 사람들도 늦게 예수님을 따르는 사람들보다 누리는 복이 많다. 죄를 덜 짓고 살면서 주님 안에서 평안과 행복을 누리는 시간이 더 길며, 미래에 대한 소망을 더 오래 품고 살 수 있다.

또한 이 비유는 간절히 소망하며 끝까지 포기하지 않는 사람은 찾을 것이라고 한다. 하루가 다 저문 시간까지 일거리를 찾으며 인내한 사람들을 생각해 보라. 진작에 집으로 돌아가 다음날을 기약한다 해도 욕할 사람은 없다. 그러나 그들은 가족들 식탁에 빵 몇 조각 올려놓기 위해 끝까지 포기하지 않고 기다렸다. 포도원 주인이 그들의 사정을 헤아리고 일거리와 일당(=그들이 받아야 할 시급의 12배)을 주며 자비를 베풀었다.

이 말씀은 다른 사람이 받는 하나님의 축복을 시기하지 말라고 한다. 하나님은 이 비유에 나오는 주인처럼 자비로운 분이다. 그러므로 우리는 감사함으로 주님을 섬겨야 한다. 일찍 구원해 주신 것에 감사하고, 일찍 사역자로 부르신 일을 감사해야 한다. 또한 하나님이 조금 늦은 감이 있는 사람들을 하나님 나라 백성으로 삼으실 때도 진심으로 감사하며 그들을 격려해야 한다. 우리의 삶이 감사로 가득할 때, 비로소 하나님께 어떠한 보상도 요구하지 않으며 주님을 섬기게 된다.

Ⅵ. 예수님과 심판과 예루살렘(19:3-26:5)
A. 내러티브(19:3-22:46)
1. 예루살렘으로 가는 길(19:3-20:34)

(5) 수난에 대한 네 번째 말씀(20:17-19)

17 예수께서 예루살렘으로 올라가려 하실 때에 열두 제자를 따로 데리시고
길에서 이르시되 18 보라 우리가 예루살렘으로 올라가노니 인자가 대제사장
들과 서기관들에게 넘겨지매 그들이 죽이기로 결의하고 19 이방인들에게 넘
겨주어 그를 조롱하며 채찍질하며 십자가에 못 박게 할 것이나 제삼일에 살

아나리라

예수님은 장차 고난을 받아 죽으실 것을 지금까지 세 차례 말씀하셨다(16:21-23; 17:9, 22-23). 따라서 이번이 네 번째 고난에 대한 말씀이지만, 아주 간략하게 언급하신 17:9을 제외하면 세 번째 말씀이다. 앞으로 26:2에서 한 번 더 간략하게 말씀하실 것이다.

예수님은 유월절을 지키려는 사람들과 함께 예루살렘으로 올라가시는 중이다(17a절). 어떤 이들은 예루살렘으로 '올라간다'(ἀναβαίνω)는 말에 상당한 의미를 부여하지만(Osborne), 별 특별한 의미는 없다. 이스라엘 영토에서는 어디서든 예루살렘으로 가는 것을 '올라간다'라고 했기 때문이다(Carson). 오늘날 우리나라에서 '지방으로 내려가고, 서울로 올라가는 것'과 별반 다르지 않다. 예수님은 십자가를 향해 예루살렘으로 가고 계신다.

예루살렘으로 가는 길에 열두 제자를 따로 데려가시며 말씀하셨다(17b절). 예루살렘으로 함께 올라가는 무리는 예수님과 제자들 그리고 그들을 섬기는 여인들(눅 8:1-3)을 포함한 상당한 규모였기 때문에 열두 제자를 따로 부르셨다. 아마도 십자가 사건을 목격하기 위해 예수님의 어머니 마리아도 이 여정에 함께했을 것이다(Wilkins). 예수님이 제자들과 따로 가시는 것은 그들에게 다시 한번 십자가 고난에 대해 말씀하시기 위해서였다.

예수님은 '우리가 올라간다'(ἀναβαίνομεν)(18절)면서 제자들과 함께 이 길을 가고 있음을 강조하시며 기뻐하셨다. 십자가를 향해 가는 길에 함께할 제자들이 있다는 사실이 예수님에게 어느 정도는 위로가 되었을 것이다. 그래서 나중에 제자들이 주님을 배신하고 도망한 일이 더욱더 우리의 마음을 아프게 한다. 예수님은 홀로 남겨진 채 죽음을 맞이하셨기 때문이다.

예수님은 다가오는 십자가 고난에 대해 말씀하신다(18-19절). 고난에 대한 말씀은 이번이 처음은 아니지만, 예루살렘에서 죽으시는 것과 유대교 지도자들이 예수님을 죽이기로 결의하는 것 그리고 이방인들에게 넘겨주어 죽일 것 등은 처음 하신 말씀들이다. 고난에 관한 말씀 중 가장 자세하게 디테일을 알려 주시는 말씀이다(cf. 16:21; 17:22-23).

유대교 지도자들에게 '넘겨지다'(παραδοθήσεται)는 신적 수동태다(cf. 16:21). 대제사장들과 서기관들은 자신들이 예수님을 처형한다고 생각하지만, 사실은 하나님이 예수님을 그들의 손에 넘기신 것이다. 온 인류의 죄를 대속하는 메시아의 죽음을 맞이하게 하기 위해서다.

예수님은 앞으로 그분의 고난이 어떻게 진행될 것인지 단계별로 말씀하신다. 첫째, 예수님이 대제사장들과 서기관들에게 넘겨질 것이다(cf. 26:47-56). 둘째, 이 종교 지도자들이 예수님을 죽이기로 결의할 것이다(cf. 26:57-68). 셋째, 종교 지도자들이 예수님을 이방인들에게 넘겨줄 것이다(cf. 27:1-4). 당시 로마 사람들은 유대인들이 사형을 집행하는 것을 허락하지 않았기 때문에 사형에 처할 사람은 모두 로마 사람들에게 넘겨야 한다. 넷째, 이방인들의 손에 넘겨진 예수님이 조롱과 채찍질을 당하실 것이다(27:26-29, 31, 41). 다섯째, 십자가에 못 박혀 죽으실 것이다(27:33-50).

다행히 십자가는 완전히 절망적인 일이 아니다. 십자가에서 죽으신 예수님은 3일째에 부활하실 것이기 때문이다(28:1-20). 예수님은 온갖 고통과 수모를 당하고 죽으신 지 사흘 만에 부활하셔서 이 땅에서 우리가 당하는 고통, 특히 우리의 삶에서 하나님의 뜻을 이루어 나가는 고통 뒤에 하나님의 회복과 축복이 있을 것이라는 사실을 보여 주셨다. 우리가 고통스러운 삶을 살 수 있도록 주님이 친히 희망과 용기가 되어 주신 것이다.

예수님은 제자들에 대한 사랑과 배려도 남다르시다. 그들에게 예수님이 당할 죽음과 고난에 대해 여러 차례 말씀하시며 그들을 깨우치실 뿐 아니라 그들이 스승의 죽음을 준비하게 하신다. 준비한다고 해서 죽음을 받아들이는 일이 쉬워지지는 않지만, 그래도 알고 겪는 것이 조금은 낫기 때문이다.

이 말씀은 십자가를 지기 위해 가시는 길이 예수님에게도 참으로 어려운 일이었음을 암시한다. 예수님이 십자가에서 죽으시는 것은 온 인류의 구원을 위한 구속사의 절정이며, 이 일을 이루기 위해 다윗의 후손 메시아이자 인자로 오셨다. 그러나 벌써 몇 차례 십자가 고난에 대해 말씀하시는 것을 보면 마음이 편하지 않으시다. 죽음은 우리에게 두려운 이슈인 것처럼 예수님에게도 쉽게 받아들여지지 않는 문제였다. 오죽하면 겟세마네 동산에서 기도하실 때 땀방울이 피로 변했겠는가(눅 22:44). 그러므로 우리는 예수님이 구원을 이루기 위해 당하신 고통과 아픔을 깊이 묵상하며 구원을 평가 절하하거나 당연시 여겨서는 안 된다.

Ⅵ. 예수님과 심판과 예루살렘(19:3-26:5)
A. 내러티브(19:3-22:46)
1. 예루살렘으로 가는 길(19:3-20:34)

(6) 고난과 섬김(20:20-28)

20 그때에 세베대의 아들의 어머니가 그 아들들을 데리고 예수께 와서 절하며 무엇을 구하니 21 예수께서 이르시되 무엇을 원하느냐 이르되 나의 이 두 아들을 주의 나라에서 하나는 주의 우편에, 하나는 주의 좌편에 앉게 명하소서 22 예수께서 대답하여 이르시되 너희는 너희가 구하는 것을 알지 못하는도다 내가 마시려는 잔을 너희가 마실 수 있느냐 그들이 말하되 할 수 있나이다 23 이르시되 너희가 과연 내 잔을 마시려니와 내 좌우편에 앉는 것은 내가 주는 것이 아니라 내 아버지께서 누구를 위하여 예비하셨든지 그들이 얻을 것이니라 24 열 제자가 듣고 그 두 형제에 대하여 분히 여기거늘 25 예수께서 제자들을 불러다가 이르시되 이방인의 집권자들이 그들을 임의로 주

관하고 그 고관들이 그들에게 권세를 부리는 줄을 너희가 알거니와 [26] 너희 중에는 그렇지 않아야 하나니 너희 중에 누구든지 크고자 하는 자는 너희를 섬기는 자가 되고 [27] 너희 중에 누구든지 으뜸이 되고자 하는 자는 너희의 종이 되어야 하리라 [28] 인자가 온 것은 섬김을 받으려 함이 아니라 도리어 섬기려 하고 자기 목숨을 많은 사람의 대속물로 주려 함이니라

예수님의 열두 제자 중 세베대의 아들인 야고보와 요한(cf. 4:19–20)의 어머니가 두 아들과 함께 예수님 앞에 엎드려 절하며 부탁할 것이 있다고 했다(20절). 마가는 요한과 야고보가 직접 부탁한 것으로 기록한다(막 10:35). 예수님이 잠시 후 22절에서 두 아들에게 직접 말씀하시는 것으로 보아, 아마도 두 형제가 나머지는 자신들이 알아서 할 테니 일단 자리를 만들어 달라고 어머니에게 부탁한 것으로 보인다. 어머니가 아들이 더 잘되도록 권세를 가진 사람에게 엎드려 부탁하는 것은 흔한 일이었다. 구약에서는 밧세바가 솔로몬을 위해 늙은 다윗왕을 찾은 것이 대표적이다(왕상 1:15–21).

나중에 이 어머니의 이름은 살로메로 드러나며, 예수님이 십자가에서 처형당하신 것과 부활하신 것을 직접 목격한 여인 중 하나다(27:56, 막 15:40, 16:1). 살로메는 예수님의 어머니 마리아의 자매다(요 19:25). 그녀는 예수님의 이모이며 그녀의 아들인 야고보와 요한은 예수님의 사촌이다. 그러므로 예수님의 친척인 두 제자가 요즘 말로 하면 '엄마 찬스'를 사용하고 있다.

예수님이 무엇을 원하는지 물으시자 살로메는 하나님 나라에서 자기 두 아들 중 하나는 예수님의 오른쪽에, 다른 하나는 왼쪽에 앉게 해 달라고 부탁한다(21절). 기왕이면 예수님의 가장 가까운 양쪽 보좌에 자기 아들들을 앉혀 달라는 것이다. 왕이나 하나님의 오른쪽에 앉는 것은 최고로 영광스러운 일이며(cf. 왕상 2:19; 시 16:11; 45:9; 110:1; 마 26:64; 행 7:55–56), 왼쪽은 그다음으로 영광스러운 자리다.

아마도 천국에는 열두 제자가 앉을 보좌가 있다는 예수님의 말씀(19:28)을 듣고 이런 요구를 하는 것으로 보인다. 당시에도 '치맛바람'이 있었나 보다. 살로메는 이렇게 부탁할 수 있다고 해도, 야고보와 요한은 이렇게 하면 안 된다. 예수님이 얼마 전에 하늘나라에서는 어린아이같이 낮아져야 으뜸이 될 수 있다고 하셨기 때문이다(18:1-5).

이제부터는 예수님과 제자들만의 이야기다. 자리를 마련한 살로메는 더는 아무 말도 하지 않고 듣기만 한다. 예수님은 2인칭 복수를 사용해 요한과 야고보에게 직접 말씀하신다. "너희는 너희가 구하는 것을 알지 못한다"(22a절). 그들은 예수님이 바로 앞(17-19절)에서 고난에 대해 말씀하신 것에 귀를 닫았다. 그들은 장차 누릴 영광만 생각하고 이런 부탁을 하고 있기 때문에 예수님이 이렇게 말씀하신 것이다.

예수님은 그들에게 "내가 마시려는 잔을 너희가 마실 수 있느냐?"라고 물으셨다(22b절). 잔은 하나님이 미리 준비하신 사람의 운명을 상징한다. 구원과 축복으로 가득한 삶을 의미할 수도 있지만(시 16:5; 116:13), 하나님의 진노를 감당해야 하는 삶을 뜻할 수도 있다(시 75:8; 사 51:17-18; 렘 25:15-28; 51:7). 예수님은 후자를 염두에 두고 말씀하신다. 겟세마네 동산에서도 주님이 마시는 잔은 죽음이었다(26:39). 두 제자는 마실 수 있다고 자신했다(22c절). 그들은 자신들이 하는 말의 의미를 잘 모른다. 그들의 마음은 오직 영광의 잔으로 가득하기 때문이다. 예수님이 잡히실 때 이 두 제자도 다른 제자들과 함께 도망한다(26:56).

예수님은 "너희가 과연 내 잔을 마실 것이다"라며 예언적으로 말씀하셨다(23a절). 유대인들에게 같은 잔을 마시는 것은 삶과 운명을 함께 나눈다는 뜻이다(Osborne). 예수님이 마시는 고난의 잔을 마신 야고보는 교회의 첫 번째 순교자가 되었다(행 12:2). 그리고 요한은 밧모섬으로 귀양을 갔다(계 1:9-11).

그러나 예수님 좌우에 있는 가장 영광스러운 자리에 누가 앉을 것인가는 하나님이 정하시는 일이다. 그러므로 하나님이 마음에 두신 사람들이 그 자리에 앉을 것이다(23b절). 어떤 이들은 이 두 자리가 예수님이 십자가에 매달리실 때 좌우에 매달렸던 죄인들의 자리라고 하는데(Nolland), 이 말씀은 종말에 임할 영광스러운 천국에 관한 것이기 때문에 설득력이 없는 해석이다.

다른 열 제자가 세베대의 아들들이 한 일을 듣고 분노했다(24절). 모두에게 한 보좌씩 주겠다고 하신 말씀(19:28)을 듣고 더 좋은 자리를 차지하기 위해 '엄마 찬스'를 쓴 야고보와 요한이나, 이 이야기를 듣고 질투하고 분노하는 나머지 제자들이나 별반 다를 바가 없다. 이런 사람들을 제자로 두고 떠나야 하는 예수님은 얼마나 답답하고 안타까우셨을까!

예수님이 제자들을 불러 말씀하셨다(25a절). 너나 할 것 없이 모두 하나님 나라에 대해 잘못 생각하고 있다. 산상 수훈과 모든 가르침이 그들에게는 별 의미가 없다. 그들은 아직도 세상의 가치관과 기준으로 가득하다. 그러므로 예수님은 세상 사람 중에서도 이방인들의 이야기로 가르침을 주신다(25b절). 이방인들은 집권자들이 임의로 주관하는 것과 고관들이 권세를 부리는 것을 당연한 일이라고 생각한다. 큰 자리에 오를수록 마음대로 권력을 휘두르는 곳이 세상이다.

그러나 하나님 나라에 입성한 제자들은 그러지 않아야 한다(26a절). 예수님은 하나님 나라에서는 누구든 크고자 하는 자는 섬기는 자가 되어야 하고, 으뜸이 되고자 하는 자는 종이 되어야 한다고 하신다(26b-27절). 세상은 섬김이 아니라 다스림이 사람이 누릴 수 있는 최고의 선이라고 말하지만, 하나님 나라에서는 다스림이 아니라 섬김이 최고의 선이기 때문이다. '섬기는 자'(διάκονος)는 돈을 받고 주인의 집을 관리하고 일해 주는 사람이다(BAGD). '종'(δοῦλος)은 강제로 주인을 위해 일하는 노예다. 이 둘은 사회적 지위가 가장 낮은 사람들이다. 세상의 가치관이 완전히 뒤집힌 곳이 천국이다.

예수님의 메시지는 분명하다. 하나님 나라에서 크고자 하는 사람은 섬기는 자가 되어야 하며, 으뜸이 되고자 하는 사람은 종이 되어야 한다. 바울은 이 두 가지 타이틀로 자신을 칭한다(롬 1:1; 고후 3:6; 갈 1:10; 엡 3:7; 골 1:23). 사도 중 요한(계 1:1)과 베드로(벧후 1:1)와 예수님의 동생 야고보(약 1:1; 유 1:1)도 이렇게 자신들을 낮춘다. 또한 초대교회의 기둥이 된 성도들 뵈뵈(롬 16:1), 두기고(엡 6:21), 에바브라(골 1:23; 4:12)도 이러한 타이틀로 불린다. 교회는 섬기는 리더들로 가득한 곳이었다.

교회가 섬기는 사람으로 가득하게 된 것은 예수님이 모범을 보이셨기 때문이다(28절). 예수님은 섬김을 받으러 오신 것이 아니라 섬기기 위해 하늘나라의 모든 영광과 권세를 비우고 오셨다(빌 2:6-11). 예수님의 섬김은 죄인들이 받아야 할 벌을 대신 받아 십자가에서 죽으시는 일로 절정에 달한다(28b절; cf. 민 3:46-47; 18:15; 사 43:3-4; 53:4, 10, 12). '대속물'(λύτρον)은 억류된 사람을 풀어 주는 대가를 뜻한다(Boring). 예수님은 죄에 억류되어 죽을 수밖에 없는 사람들을 위해 대속물이 되어 많은 사람을 의롭게 하셨다(Carson, France, Hagner, Jeremias, cf. 사 52:13-53:12).

이 말씀은 예수님이 세우신 교회는 섬김과 봉사로 가득해야 한다고 한다. 교회에서 직분이 높을수록 더 낮은 자가 되어 섬겨야 한다. 그렇다면 교회에서 가장 많이 섬기고 봉사하는 사람은 사역자들이어야 한다. 사역자들이 권리를 운운하는 순간 그 교회는 하나님에게서 멀어지기 시작한다. 교회에서 담임 목사가 메시아처럼 군림하는 것은 꼴불견이며 비성경적이다. 우리는 하나님과 성도들을 섬기는 리더들이 되어야 한다. 하나님은 이런 리더들을 높이실 것이기 때문이다.

제자들의 영적 성장이 더디다. 예수님은 그동안 하나님 나라의 가치관과 기준에 대해 계속 가르치셨지만, 제자들의 학습 능력이 턱없이 부족한 탓에 잘 깨닫지 못해서 이런 일이 벌어졌다. 우리 자신의 영적 여정을 되돌아보면 부족한 학습 능력은 제자들만의 문제가 아니라 우리의 문제이기도 하다는 사실을 깨닫는다. 하나님이 이런 우리를 참아

주시고 용납하시는 것도 은혜다. 이처럼 우리도 하나님을 닮아 서로와 성도들을 관대하게 대하면 좋겠다. 조금 더 기다려 주고, 조금 더 참아야 한다. 또한 섬김에 대한 가르침은 모두에게 인이 박일 때까지 반복해야 하며, 리더들이 솔선수범할 때 학습 효과가 가장 확실하게 드러난다.

Ⅵ. 예수님과 심판과 예루살렘(19:3-26:5)
A. 내러티브(19:3-22:46)
1. 예루살렘으로 가는 길(19:3-20:34)

(7) 눈먼 두 사람을 고치심(20:29-34)

29 그들이 여리고에서 떠나갈 때에 큰 무리가 예수를 따르더라 30 맹인 두 사
람이 길 가에 앉았다가 예수께서 지나가신다 함을 듣고 소리 질러 이르되
주여 우리를 불쌍히 여기소서 다윗의 자손이여 하니 31 무리가 꾸짖어 잠잠
하라 하되 더욱 소리 질러 이르되 주여 우리를 불쌍히 여기소서 다윗의 자
손이여 하는지라 32 예수께서 머물러 서서 그들을 불러 이르시되 너희에게
무엇을 하여 주기를 원하느냐 33 이르되 주여 우리의 눈 뜨기를 원하나이다
34 예수께서 불쌍히 여기사 그들의 눈을 만지시니 곧 보게 되어 그들이 예수
를 따르니라

이곳에 기록된 기적은 9:27-31의 것과 비슷하다. 이에 어떤 이들은 마태가 같은 사건을 두 번 회고하는 것이라 하지만(Boring), 대부분은 디테일이 상당히 다르다며 서로 다른 사건이으로 본다(Carson, Osborne, Wilkins). 또한 본문과 평행을 이루는 섹션에서 마가와 누가는 예수님이 두 사람이 아니라 한 사람을 치료하셨다고 하며(막 10:46; 눅 18:35), 마가는 그의 이름을 바디매오라고 밝힌다(막 10:46). 예수님이 두 맹인을 낫게 하셨는데, 마가와 누가는 두 사람 중 더 중요한 한 사람에게 초점을 맞추어 이야기를 진행하기 때문에 빚어진 일이다(Carson).

또한 마가와 마태는 예수님이 여리고성을 떠나면서 행하신 기적이라고 하는데(막 10:46-52), 누가는 여리고성으로 들어가시면서 하신 일이라고 한다(눅 18:35). 예수님 시대의 여리고는 옛적에 여호수아가 정복한 여리고성(cf. 수 5장)에서 남쪽으로 약 2㎞ 떨어진 곳에 위치했다(ABD). 헤롯 대왕이 이곳에 궁전을 지으면서 궁전 주변에 새로 형성된 도시였다. 예수님은 옛 여리고성 지역을 떠나 새 여리고성으로 가시는 길에 이 맹인들을 만나신 것이다(Blomberg, Morris, Wilkins).

여리고는 예루살렘에서 북동쪽으로 약 25㎞ 떨어진 곳에 있으며, 갈릴리 지역에서 순례자들이 예루살렘으로 가기 위해서 반드시 들리는 곳이다. 이방인들과 혼혈 족속들이 사는 사마리아 땅을 밟지 않기 위해 요단강을 건너 오늘날의 요르단에 있는 길을 걸어 내려와 여리고성 근처에서 다시 강을 건넜다.

여리고는 사해 근처에 있는 도시로 높이가 해저 260m 정도다. 여리고에서 해발 800m에 달하는 예루살렘으로 가기 위해서는 1,000m 이상 올라가야 한다. 당시 여리고성에서 예루살렘까지는 하룻길이었다. 예루살렘에 살지 않는 유대인들은 유월절이면 예루살렘으로 순례를 갔다. 성전에서 유월절을 기념하기 위해서다. 따라서 이 시기에는 여리고에서 예루살렘으로 올라가는 길이 순례자로 북적였다. 게다가 이미 갈릴리 지역에 퍼진 예수님에 대한 소문이 이곳까지 전해져 예수님 주변으로 큰 무리가 따랐다(29절).

길가에 앉아 순례자들에게 구걸을 하던 맹인 두 사람이 예수님이 지나가신다는 소식을 듣고 "주여! 우리를 불쌍히 여기소서 다윗의 자손이여!"라고 소리쳤다(30절). 그들은 예수님에 대한 소문을 들었고 낫기를 간절히 원했다. 두 맹인은 '주'(κύριος)와 '다윗의 자손'(υἱὸς Δαυίδ)이라는 메시아적인 타이틀을 사용해 예수님을 부른다. '다윗의 자손'은 기적을 행하시는 메시아와 연관해 자주 사용되는 표현이다. 그들이 예수님이 메시아라는 사실에 대해 얼마나 잘 알고 있었는지 알 수 없지만 예수님을 반복적으로 '주'(κύριος)라고 부르고(30, 31, 33절), 보게 되자 곧바로 예수님을 따른 것을 보면 제자들보다 더 확실하게 예수님이 메시아이심을 알았던 것 같다.

예수님을 따르던 무리는 그들을 향해 잠잠하라고 꾸짖었지만, 그들은 소리를 더 크게 지르며 예수님에게 도움을 청했다. 무리는 무슨 의도로 그들에게 잠잠하라고 한 것일까? 단순히 소란을 잠재우기 위해 그런 것이라는 해석이 있는가 하면(Davies & Allison, France, Morris), 제자들처럼 예수님은 맹인들을 치료하는 것보다 더 중요한 일을 하러 가시는 길이니 방해하지 말라는 뜻으로 해석하는 이들도 있다(Blomberg, Hagner, Plummer, cf. 19:13). 이유가 어떻든 중요하지 않으며, 무리의 나무람은 의도한 바와는 대조적인 결과를 초래했다. 그들이 더 크게 외쳤기 때문이다.

예수님이 발걸음을 멈추셨다(32절). 예수님은 언제 어디서든 도움이 필요한 사람을 위해 시간을 내시는 분이다. 심지어 죽으러 가시면서도 이렇게 시간을 내 병자들을 고치신다. 이는 자기 생명을 많은 사람을 구원하는 대속물로 내어 주는 것이 무엇을 의미하는지 보여 주신 사건이다(28절).

예수님은 그들을 불러 무엇을 원하느냐고 물으셨다. 주님은 그들이 무엇을 원하는지 아신다. 그러나 한 번 더 그들의 입을 통해 확인하고자 하신다. 그들의 말은 믿음의 표현이기 때문이다. 맹인들은 눈 뜨기를 원한다고 했다(33절). 그들은 간절하다. 또한 메시아이신 예수님이 그들의 눈을 뜨게 하실 수 있다는 믿음이 있다(Hagner, cf. 사 35:5).

예수님이 그들을 불쌍히 여기셨다(9:36; 14:14; 15:32). 예수님은 기적을 행하기 전에 항상 불쌍히 여기는 마음이 앞서는 분이다. 예수님은 그들의 눈을 만져(9:29) 보게 하셨다. 보게 된 두 사람은 곧바로 예수님을 따랐다. 예수님의 제자가 되었다는 뜻이다. 이 맹인들의 경우 신체적인 치료가 영적인 치료로 이어지고 있다(cf. 9:2, 21-22, 29; 15:28).

이 말씀은 귀찮고 시끄럽다며 잠잠하게 하려는 무리와 이에 굴하지 않고 비록 눈으로 볼 수는 없어도 예수님이 계신 방향으로 도와 달라며 울부짖는 절박한 맹인들의 이야기이다. 때로는 우리가 처한 환경이 우리의 신앙을 제대로 고백하지 못하게 한다. 이럴 때일수록 더 간절하게, 더 소리 높여 주님을 찾아야 한다. 예수님은 항상 귀를 여시고 우리의 신음에 응답하기를 기뻐하신다.

예수님에게 고침을 받은 맹인들이 예수님을 따랐다. 제자의 삶을 살기로 결단한 것이다. 그들은 은혜를 아는 사람들이었으며, 하나님의 은혜를 경험한 사람이 당연히 보여야 할 반응을 보이고 있다. 우리의 신앙과 헌신은 어떠한지 반성하게 하는 대목이다.

Ⅵ. 예수님과 심판과 예루살렘(19:3-26:5)
A. 내러티브(19:3-22:46)

2. 고난 주간이 시작될 때 있었던 일(21:1-22:46)

드디어 예수님이 예루살렘에 입성해 이 땅에서의 마지막 한 주를 보내신다. 마태는 지금까지의 예수님의 삶을 기록하는 데 마태복음 28장 중 20장(70%)을 할애했다. 앞으로 예수님의 마지막 한 주를 기록하는 데 8장(30%)을 할애할 것이다. 예수님의 마지막 한 주가 가장 중요하기 때문이다. 네 복음서를 바탕으로 예수님의 마지막 한 주를 구성하면 다음과 같다(Wilkins, Boring, cf. 21-28장; 막 11-16장; 눅 19-24장; 요 12-21장).

요일	사건
금요일	• 베다니에 도착하심(요 12:1)
토요일	• 저녁 잔치, 마리아가 예수님의 발에 기름을 부음(요 12:2-8; cf. 마 26:6-13)

일요일	• 영광스러운 예루살렘 입성(마 21:1–11; 막 11:1–10; 요 12:12–18) • 예수님이 성전 주변을 살펴보심(막 11:11) • 베다니로 돌아가심(마 21:17; 막 11:11)
월요일	• 예루살렘으로 가는 길에 무화과나무를 저주하심(마 21:18–22; cf. 막 11:12–14) • 성전을 깨끗하게 하심(마 21:12–13; 막 11:15–17) • 성전 안에서 기적을 행하시고 대제사장들과 다투심(마 21:14–16; 막 11:18) • 베다니로 돌아가심(막 11:19)
화요일	• 무화과나무를 저주하신 일에 대한 반응(마 21:20–22; 막 11:20–22) • 종교 지도자들과 논쟁하시고 성전에서 가르치심(마 21:23–23:39; 막 11:27–12:44) • 감람산에서 종말에 대해 가르치시고 베다니로 돌아가심(마 24:1–25:46; 막 13:1–37)
수요일	• 조용히 하루를 보내심—베다니에서 제자들과 마지막으로 교제하심 • 유다가 예수님을 팔기 위해 홀로 예루살렘에 다녀옴(마 26:14–16; 막 14:10–11)
목요일	• 유월절 준비(마 26:17–19; 막 14:12–16) • 해가 진 다음: 유월절 잔치와 최후의 만찬(마 26:20–35; 막 14:17–26) 다락방 디스코스(요 13–17장) 겟세마네 동산에서 기도하심(마 26:36–46; 막 14:32–42)
금요일	• 목요일 자정이 지난 후: 배신과 붙잡히심(마 26:47–56; 막 14:43–52) • 유대인 재판—예수님이 세 차례 재판을 받으심 안나스에게(요 18:13–24) 가야바와 산헤드린 일부에게(마 26:57–75; 막 14:53–65) 모두 모인 산헤드린에(마 27:1–2; 막 15:1) • 로마인 재판—예수님이 세 단계를 거치심 빌라도에게(마 27:2–14; 막 15:2–5) 분봉 왕 헤롯(Antipas)에게(눅 23:6–12) 빌라도에게(마 27:15–26; 막 15:6–15) • 십자가에 못 박히심(오전 9시–오후 3시)(마 27:27–66; 막 15:16–39)
일요일	• 부활을 목격한 사람들(마 28:1–8; 막 16:1–8; 눅 24:1–12) • 부활하신 모습을 보이심(마 28:9–20; 눅 24:13–53; 요 20–21장)

이 섹션은 예수님의 마지막 한 주 중 예루살렘에 입성하신 후 처음 닷새(금–화요일) 동안 있었던 일을 기록한다. 본 텍스트는 다음과 같이 두 파트로 구분된다.

A. 메시아의 예루살렘 입성(21:1-22)
B. 성전 논쟁(21:23-22:46)

Ⅵ. 예수님과 심판과 예루살렘(19:3-26:5)
A. 내러티브(19:3-22:46)
2. 고난 주간이 시작될 때 있었던 일(21:1-22:46)

(1) 메시아의 예루살렘 입성(21:1-22)

그동안 제자들에게 자신이 메시아임을 비밀로 하라고 하셨던 예수님이 드디어 온 세상에 공개적으로 드러내신다. 하나님의 때가 이른 것이다. 이 섹션은 다음과 같이 세 파트로 나뉜다.

A. 영광스러운 입성(21:1-11)
B. 성전 심판(21:12-17)
C. 무화과나무 심판(21:18-22)

Ⅵ. 예수님과 심판과 예루살렘(19:3-26:5)
A. 내러티브(19:3-22:46)
2. 고난 주간이 시작될 때 있었던 일(21:1-22:46)
(1) 메시아의 예루살렘 입성(21:1-22)

a. 영광스러운 입성(21:1-11)

1 그들이 예루살렘에 가까이 가서 감람산 벳바게에 이르렀을 때에 예수께서
두 제자를 보내시며 2 이르시되 너희는 맞은편 마을로 가라 그리하면 곧 매
인 나귀와 나귀 새끼가 함께 있는 것을 보리니 풀어 내게로 끌고 오라 3 만
일 누가 무슨 말을 하거든 주가 쓰시겠다 하라 그리하면 즉시 보내리라 하
시니 4 이는 선지자를 통하여 하신 말씀을 이루려 하심이라 일렀으되

5 시온 딸에게 이르기를
네 왕이 네게 임하나니
그는 겸손하여 나귀,
곧 멍에 메는 짐승의 새끼를 탔도다

하라 하였느니라 6 제자들이 가서 예수께서 명하신 대로 하여 7 나귀와 나귀
새끼를 끌고 와서 자기들의 겉옷을 그 위에 얹으매 예수께서 그 위에 타시
니 8 무리의 대다수는 그들의 겉옷을 길에 펴고 다른 이들은 나뭇가지를 베
어 길에 펴고 9 앞에서 가고 뒤에서 따르는 무리가 소리 높여 이르되

호산나 다윗의 자손이여
찬송하리로다
주의 이름으로 오시는 이여
가장 높은 곳에서 호산나

하더라 10 예수께서 예루살렘에 들어가시니 온 성이 소동하여 이르되 이는
누구냐 하거늘 11 무리가 이르되 갈릴리 나사렛에서 나온 선지자 예수라 하
니라

메시아이신 예수님이 이 땅에 오신 목적을 성취하는 한 주가 시작되고 있다. 주님은 아기의 모습으로 태어나신 이후 줄곧 이때를 준비해 오셨다. 예수님을 보내신 하나님도, 그를 죽이려는 마귀도, 예수님의 대속적인 죽음으로 하나님과의 관계에서 새로운 기회를 얻게 될 사람들도 모두 구속사의 절정이자 인류 역사에서 가장 위대한 사건을 이 한 주가 끝날 때 목격할 것이다.

여리고를 떠난 예수님 일행은 많은 순례자와 함께 예루살렘성 바로 밖에 있는 감람산에 도착했다(1절). '감람산'(τὸ ὄρος τῶν ἐλαιῶν)은 이 산의 언덕에서 감람(올리브)이 많이 재배된 것에서 비롯된 이름이다. 예루살렘에서 1-2㎞ 동쪽에 있으며, 여리고에서 예루살렘으로 가려면 이 산의 정상을 동쪽에서 서쪽으로 넘는 길을 통과해 예루살렘성과 감람

산 사이에 있는 기드론 계곡을 건너야 했다(ABD).

감람산은 예루살렘보다 약 100m 더 높아 예루살렘 성전을 한 눈에 내려다볼 수 있었다. 예수님이 기도하셨던 겟세마네 동산도 이 산의 자락에 있다. '벳바게'(Βηθφαγὴ)는 감람산 남동쪽에 위치한 곳으로 예루살렘성에서 1㎞ 떨어져 있었다(Wilkins). 벳바게는 '무화과 집'(house of the fig)이라는 뜻인데(ABD), 아마도 이 마을에서 무화과가 많이 생산되었기에 이런 이름으로 불렸을 것이다.

예수님이 두 제자를 보내신 곳이 어디인지에 대해 다소 논란이 있다. 본문을 근거로 그들을 앞서 벳바게로 보내신 것이라고 주장하는 이들도 있지만(Carson, Wilkins), 예수님이 생애 마지막 일주일을 대부분 베다니에서 머무시기 때문에 그들을 벳바게에서 베다니로 보내신 것이라고 주장하는 이들도 있다(Hagner, Turner). 베다니도 감람산 동쪽 언덕에 있었으며 예루살렘에서 약 3㎞ 떨어져 있었다(Wilkins, cf. ABD). 예수님이 죽은 나사로를 살리신 곳이다. 두 곳 다 감람산 근처 예루살렘 성 밖에 있기 때문에 중요한 이슈는 아니다.

예수님은 두 제자를 맞은편 마을로 보내시며 매여 있는 나귀와 나귀 새끼가 함께 있는 것을 보게 될 것이니 풀어서 가져오라고 하셨다(2절). 잠시 짐승을 사용하고 돌려주는 일종의 징발(requisition)이라 할 수 있다(Derrett). 만일 누가 묻거든 '주가 쓰시겠다'라고 대답하면 즉시 보낼 것이라고 하셨다(3절). 오늘날로 말하면 '주가 쓰시겠다'는 일종의 '비밀번호'라 할 수 있다(Morris). 하나님이 이미 모든 것을 준비해 두셨기 때문에 이 비밀번호만 들으면 누구라도 흔쾌히 내줄 것이라는 뜻이다.

예수님이 자신을 가리키며 '주'(ὁ κύριος)로 칭하시는 것은 이 본문이 처음이다. 그동안 여러 사람이 예수님을 '주', '다윗의 후손', '하나님의 아들'이라 부르며 메시아이심을 고백했지만, 예수님은 신적인 신분이 알려지는 것을 원하지 않으셨다. 이제 스스로 '주'라고 하시는 것은 드디어 그분이 하나님의 아들이심을 온 세상에 알릴 때가 되었다는 것을 의미한다(cf. Carson, Gundry).

마태는 예수님이 나귀를 끌어오라고 하신 것이 '선지자를 통하여 하신 말씀을 이루려 하심이라'고 한다(4절). 그는 구약 말씀의 성취에 대해 정형화된 표현을 열 차례 사용하는데, 그중 아홉 번째 사례다(cf. 1:22; 2:15, 17, 23; 4:14; 8:17; 12:17; 13:35; 21:4; 27:9). 그동안에는 주로 예수님을 통해 예언이 성취되었는데, 이번에는 예수님이 직접 '이루려 하신다'(ἵνα πληρωθῇ). 하나님이 계획하신 일을 완성하는 장본인이 되신 것이다.

예수님이 이루고자 하시는 예언(5절)은 스가랴서에 기록된 말씀을 요약한 것이다. "시온의 딸아 크게 기뻐할지어다 예루살렘의 딸아 즐거이 부를지어다 보라 네 왕이 네게 임하시나니 그는 공의로우시며 구원을 베푸시며 겸손하여서 나귀를 타시나니 나귀의 작은 것 곧 나귀 새끼니라"(슥 9:9). 스가랴는 메시아가 나귀를 탄 이유가 겸손하시기 때문이라고 한다(cf. 11:29). 예수님은 당시 대부분 유대인이 기대하던 정복자 메시아가 아니라, 고난받는 종(cf. 사 53장)으로 오신 겸손한 메시아로 예루살렘에 입성하기 위해 나귀를 취하셨다.

스가랴의 예언은 나귀 한 마리를 말하는데, 마태는 나귀와 나귀 새끼 등 두 마리를 언급하는 것을 놓고 학자들은 마태가 스가랴의 예언을 잘못 해석했기 때문에 빚어진 일이라며(cf. Beale & Carson), 여러 가지 설명을 내놓았다(cf. Davies & Allison). 그러나 마태는 실제로 있었던 일(예수님이 새끼를 동반한 어미 나귀를 타신 것)을 그대로 회고할 뿐이다(Keener). 또한 어미가 아직 젖을 떼지 않은 새끼와 함께 다니는 것은 자연스러운 현상이다(Gundry, Lindars, Wilkins, cf. Hagner). 팔레스타인에서 나귀는 평화로운 시대에 통치자들이 타는 짐승이었다(Carson, cf. 삿 5:10; 왕상 1:33).

두 제자가 예수님이 명하신 대로 가서 나귀와 나귀 새끼를 끌고 왔다(6–7a절). 그들은 입고 있던 겉옷으로 나귀 위에 안장을 만들었고, 예수님이 나귀에 오르셨다(7b절). 어떤 이들은 예수님이 감람산을 내려와 예루살렘에 입성하는 것을 스가랴 14:3-21과 연결 짓기도 하지만, 스가랴 14장은 종말에 임할 정복자 메시아에 관한 말씀이고, 예수님은 고난받는 종 메시아로 입성하고 계시기 때문에 직접적인 연관은 없다. 오히려 솔로몬이 기혼 샘에서 왕으로 세워질 때 탔던 다윗의 나귀를 연상케 한다(왕상 1:33-44). 옛적에 솔로몬이 아버지의 나귀를 타고 왕으로서 예루살렘에 입성해 다윗 언약을 성취했던 것처럼, 다윗의 후손인 예수님도 나귀를 타고 입성해 다윗 언약을 성취하신다. 또한 다윗은 압살롬이 반역했을 때 울면서 나귀를 타고 예루살렘을 떠났고, 훗날 다시 나귀를 타고 예루살렘으로 돌아왔다. 예수님도 고난받는 종으로서 이스라엘의 죄에 대해 안타까운 마음을 품고 나귀를 타고 입성하신다(cf. France).

예수님이 나귀를 타고 예루살렘에 입성하신 날은 일요일이다. 사람들이 펼쳐 놓은 나뭇가지 중 종려나무(palm tree) 가지가 많았기 때문에(cf. 요 12:13) 오늘날도 교회는 이날을 종려 주일(Palm Sunday)이라고 한다. 예수님이 나귀를 타고 예루살렘으로 향하시자 수많은 사람이 겉옷을 길에 펴고 나뭇가지를 베어 길에 폈다(8절). 겉옷과 나뭇가지를 길에 펴 그 위를 걷게 하는 것은 왕에 대한 예우이며 그에게 복종하겠다는 뜻이다(cf. 왕하 9:13). 오늘날 스타들이 시상식에 들어가면서 레드카펫(Red Carpet)을 밟는 것과 비슷하다.

이 많은 사람이 다 어디서 왔을까? 당시 예루살렘과 그 주변에는 10만 명이 살았지만, 종교 절기 때는 이스라엘 각지에서 온 순례자들뿐 아니라 세계 곳곳에서 온 디아스포라 순례자들까지 합해 100만 명 정도 되었다고 한다(cf. Osborne). 이 순례자 중 상당수가 예수님의 영광스러운 입성을 보고자 거리로 나온 것이다.

요한은 예수님을 둘러싼 수많은 사람 중 일부는 예수님이 입성하신다는 소식을 듣고 예루살렘에서부터 종려나무 가지를 꺾어 들고 맞으러 나왔다고 한다(요 12:12-13). 이 사람들이 예수님을 앞서가는 무리가 되고, 갈릴리에서 온 순례자들은 예수님을 뒤에서 따르는 무리가 되었다(9a절).

그들은 메시아에 대한 소망을 담아 감격한 목소리로 크게 외쳤다. "호산나 다윗의 자손이여 찬송하리로다 주의 이름으로 오시는 이여 가장 높은 곳에서 호산나!"(9b절). 이 말씀은 시편 중 '할렐루야 모음집'(Hallel Psalms, 113-118편을 부르는 말)의 일부인 118:25-26을 바탕으로 한 외침이다. 외침의 시작과 끝을 형성하고 있는 '호산나'(ὡσαννὰ)는 아람어를 음역한 것이며, 지금 당장 구원해 달라는 염원을 표현하는 히브리어 문구 '호시아나'(הוֹשִׁיעָה נָּא)를 반영한 것이다(cf. 118:25). 원래는 도움을 구하는 호소였지만, 세월이 지나면서 환호와 갈채로 사용되었다(Beale & Carson, Hagner). 이 본문에서도 이 같은 의미로 사용되고 있다(Boring). '찬송하리로다'(εὐλογημένος)를 직역하면 '복 되시다'라는 뜻이다(새번역, 아가페, NAS, NIV, NRS). 순례자들의 외침이 예루살렘 지도자들을 더욱 자극했다(France).

예수님이 드디어 예루살렘에 들어가시니 온 성이 소동했다(10절). 헤롯왕 시대 때 동방 박사들이 예루살렘을 찾아왔을 때(2:3)의 소동보다 더 큰 소동이었다. 그들은 왜 이렇게 열렬하게 예수님을 맞이했을까? 아마도 예수님이 갈릴리에서 떨치신 명성에 예루살렘성 밖에 있는 베다니에서 죽은 나사로를 살리신 소식(요 11:1-45)이 더해져 이처럼 흥분된 분위기를 만들었을 것이다.

성안에 있는 사람들이 "이는 누구냐?"라고 물었다(10b절). 예수님이 도대체 누구이기에 사람들이 이처럼 흥분하는지 묻는 말이다. 마태는 책을 읽고 있는 우리 역시 이 질문을 하도록 유도한다(Osborne). 사람들이 이토록 흥분하는 예수님은 우리에게 어떤 분인가?

무리는 "갈릴리 나사렛에서 나온 선지자 예수다"라고 답했다(11절). 답을 하는 무리가 갈릴리에서 온 사람들이라는 해석도 있고(Hill,

Schweitzer), 예루살렘 주민들이라고 하는 이들도 있다(Blomberg, Nolland). 혹은 갈릴리에서 온 사람들이 예루살렘 사람들의 질문에 대답하는 형식을 취하고 있다는 주장도 있다(Luz). 누가 누구에게 묻고 답하는지는 별로 중요하지 않다. 중요한 것은 우리 각자에게 예수님이 어떤 분인가 하는 질문이다.

무리가 예수님을 선지자라고 하는 것이 모세처럼 매우 특별한 선지자(메시아)라는 뜻인지(Beale & Carson, Davies & Allison, France, Morris, cf. 신 18:15), 혹은 구약 시대에 흔했던 평범한 선지자라는 뜻인지(Hagner, Keener, Osborne) 확실하지 않다. 그들이 '호산나, 다윗의 자손이여!'라고 외친 것을 보면 모세에 버금가는 특별한 선지자(메시아)를 의미하는 것이 확실하다. 그러나 같은 무리가 '십자가에 못 박으라'고 외치는 것을 보면(27:22) 평범한 선지자를 뜻한다. 마태복음에서는 여러 부류의 사람들이 예수님을 다양하게 평가한다는 점을 고려할 때 무리는 예수님을 평범한 선지자로 여기는 것으로 보인다. 어떤 사람들은 예수님을 메시아로 고백하지만, 어떤 사람들에게는 그저 평범한 선지자에 지나지 않은 것이다.

우리는 이 말씀을 통해 하나님은 모든 것을 철저하게 예비하시는 분이라는 사실을 깨닫는다. 두 제자가 나귀를 데리러 갔을 때 어떠한 문제나 실랑이도 없었다. 하나님이 사전에 모든 것을 철저히 준비해 두셨기 때문이다. 우리도 사역할 때 하나님이 철저하게 준비해 두신 상황을 종종 접하곤 한다.

이 말씀은 예수님이 우리에게 어떤 분이신지 질문한다. 우리는 평생 예수님을 구세주로 고백하며 여기까지 왔다. 심지어 주님의 나라를 위해 사역자로 헌신하기까지 했다. 그러나 한 번 더 충분한 시간을 두고 스스로 질문해 보아야 한다. 이 질문에 대해 어떻게 답하는가가 장차 우리의 삶과 사역에 더 큰 영향력을 행사할 것이며, 더 큰 변화를 가져올 것이기 때문이다.

VI. 예수님과 심판과 예루살렘(19:3-26:5)
A. 내러티브(19:3-22:46)
2. 고난 주간이 시작될 때 있었던 일(21:1-22:46)
(1) 메시아의 예루살렘 입성(21:1-22)

b. 성전 심판(21:12-17)

12 예수께서 성전에 들어가사 성전 안에서 매매하는 모든 사람들을 내쫓으
시며 돈 바꾸는 사람들의 상과 비둘기 파는 사람들의 의자를 둘러 엎으시고
13 그들에게 이르시되 기록된바

내 집은 기도하는 집이라 일컬음을 받으리라 하였거늘
너희는 강도의 소굴을 만드는도다

하시니라 14 맹인과 저는 자들이 성전에서 예수께 나아오매 고쳐 주시니 15 대
제사장들과 서기관들이 예수께서 하시는 이상한 일과 또 성전에서 소리 질
러 호산나 다윗의 자손이여 하는 어린이들을 보고 노하여 16 예수께 말하되
그들이 하는 말을 듣느냐 예수께서 이르시되 그렇다

어린 아기와 젖먹이들의 입에서 나오는 찬미를
온전하게 하셨나이다

함을 너희가 읽어 본 일이 없느냐 하시고 17 그들을 떠나 성 밖으로 베다니에
가서 거기서 유하시니라

복음서를 종합해 보면 예수님은 일요일에 나귀를 타고 예루살렘에 입성하신 후 성전 주변을 둘러보셨다(막 11:11). 그날 오후 제자들과 함께 베다니로 돌아가 그곳에서 밤을 보내셨다(막 11:11). 다음 날인 월요일 아침 일찍 제자들과 함께 예루살렘으로 향하셨으며, 가는 길에 무화과나무를 저주하셨다(막 11:12-14). 예수님은 예루살렘에 입성한 다음 곧바로 성전으로 가셨다. 마태는 이 모든 내용을 생략하고 성전에서 있었던 이야기를 시작한다.

예수님이 성전 뜰로 들어가 그곳에서 장사하는 모든 사람을 내쫓으셨다(12a절). 그리고 돈 바꾸는 사람들의 상과 비둘기 파는 사람들의 의자를 엎으셨다(12b절). 예수님이 이들을 쫓은 것은 순간적으로 화가 치밀어 올랐기 때문이 아니라, 미리 계획하고 대비하신 일이다(Osborne). 예수님은 자신이 성전 뜰을 떠나면 다시 장사꾼들이 몰려들 것을 아신다. 그러나 성전보다 더 크신 선지자 메시아로서 그곳에서 행해지고 있는 부조리를 지켜 보고만 있을 수는 없으셨다.

당시 성전은 뜰을 포함하면 예루살렘 면적의 6분의 1을 차지했다(DJG). 성전은 로마 제국에서 가장 큰 신전이었으며, 둘레는 동쪽이 315m, 남쪽이 278m, 서쪽이 485m 북쪽이 469m였다. 면적은 축구장 30여 개에 달했다(DJG).. 하나님께 드릴 제물을 집에서부터 가져오는 것은 큰 모험이었다. 성전으로 가는 길에 제물로 드릴 짐승이 부정해질 수 있기 때문이다. 이에 사람들 대부분, 특히 먼 곳에 사는 사람들과 세계 곳곳에 흩어져 사는 디아스포라 유대인들은 돈을 가져와 성전 뜰에서 제물로 드릴 짐승을 샀다.

성전을 찾는 순례자들은 대부분 로마 제국이 화폐로 사용한 동전들을 가져왔다. 이 동전에는 황제의 모습이 새겨져 있었는데, 유대인들은 동전에 새겨진 황제를 우상으로 간주했다. 유대인들이 선호한 화폐는 북쪽 페니키아 지역에 위치한 항구 도시 두로에서 제작된 두로 동전(Tyrian silver coin)이었다. 이 동전은 로마 것보다 조금 더 정제된 은으로 제조되었고, 두로의 수호신 헤라클레스가 새겨져 있었다. 유대인들이 이 동전을 선호한 이유는 그 무게가 성전세인 은 1/2세겔(cf. 출 30:11-16)이었기 때문이다. 그들은 이 동전을 '거룩한 돈'(sacred money)라고 불렀으며 성전세를 내는 공식 동전으로 삼았다. 그러나 이 동전마저도 성전 뜰에서 아무 이미지도 새겨지지 않은 성전용 동전으로 바꿔야 했다(Witherington).

제물과 성전세 동전 거래에 제사장들의 이권이 개입하는 것은 뻔한 일이다. 사람들이 제물로 드리기 위해 성전 뜰에서 구입하는 짐승은 정결해야 한다. 이 과정에서 제사장들은 그 짐승들의 정결함을 인증해 주고 뒷돈을 챙겼다. 결국 가난한 순례자들이 제물로 드리려고 구매하는 비둘기(레 12:8; 14:21–22)마저도 때에 따라서는 터무니없는 값에 거래되었다. 장사꾼들과 환전상들이 성전 뜰에서 버젓이 이런 일을 할 수 있었던 것은 지도자들과 거래가 있었기 때문에 가능했다. 그러므로 예수님이 장사꾼들을 내쫓으신 것은 성전 운영 이권에 개입한 종교 지도자들에 대한 경고였다.

합리적이고 상식적으로 생각한다면 제물로 사용할 짐승을 거래하고 동전을 환전하는 일은 먼 곳에서 온 순례자들을 위한 편의 제공이라 할 수 있다. 그러나 문제는 장소다. 성전 터 밖에서 이런 일을 하면 문제가 되지 않는다. 그러나 성전 터 안에서 해서는 안 된다. 그래서 예수님이 그들을 내치신 것이다.

예수님은 그들을 내쫓으시며 구약 말씀을 인용해 성전은 원래 어떠해야 하는데 그들이 어떻게 부정하게 만들었는지 질타하신다(13절). 성전은 '기도하는 집이라 일컬음을 받는 곳'이다. 이 말씀은 이사야 56:7을 인용한 것이다. 다만, 이사야 말씀과 마가가 언급하는 '만민이(온 열방이)'라는 말이 빠져 있다(막 11:17). 아마도 '기도하는 집'과 '강도의 소굴'을 최대한 강력하게 대조하기 위해 삭제한 것으로 보인다(Gundry). 혹은 마태가 미래 교회를 생각하면서 성전은 이방인 성도들에게는 별 의미가 없기 때문에 삭제한 것이라는 해석도 있다(Hagner, cf. Luz).

기도하는 집이 강도의 소굴로 전락했다. '소굴'(σπήλαιον)은 강도들이 강탈하고 착취한 돈을 쌓아 놓고, 다음 '프로젝트'를 꾸미는 곳이다. 성전이 어느덧 개혁하거나 깨끗하게 할 수 없는, 인간의 가장 타락한 모습을 보여 주는 곳이 되었다. 하나님께 기도하는 신성한 집이 이처럼 타락할 수 있다는 사실이 시사하는 바가 크다.

예수님이 성전에 계신다는 소문을 듣고 맹인들과 저는 자들이 찾아왔다(14절). 예수님은 그들을 모두 성전 뜰에서 고쳐 주셨다. 장애가 있는 사람들은 제사장이 될 수 없으며(레 21:18), 성전에 들어가는 데도 큰 제약이 있었다(cf. 삼하 5:8). 그러므로 이 사람들은 이방인들의 뜰에나 겨우 올 수 있었다. 예수님은 이들을 성전 뜰에서 치료하심으로써 성전은 하나님께 기도하는 곳이며, 병자들을 치료하는 등 이웃들에게 선을 베푸는 곳이라는 사실을 강조하신다. 또한 성전 뜰에서 기적을 베푸시는 것은 예수님이 성전과 성전에서 일하는 제사장들보다 더 위대한 하나님이심을 보여 준다(cf. Carson).

예수님으로 인해 성전이 발칵 뒤집혔다. 성전에서 일하던 대제사장들과 서기관들이 매우 화를 냈다(15절). 그들은 예수님이 성전을 청소하신 것에 화를 내는 것이 아니다. 그들에게 조금이라도 종교적 양심이 남아 있다면 예수님이 성전에서 이뤄지고 있는 매매 행위를 금지하신 일을 비난할 수 없다. 유대인들의 기록에 따르면 원래 제물 매매와 환전은 예루살렘성과 감람산 사이에 있는 기드론 계곡에서 행했던 일인데 대제사장 가야바(Caiphas, cf. 26:3, 57)가 예수님이 성전을 방문하시기 얼마 전에 '이방인 뜰'로 옮겼다고 한다(Beale & Carson). 대제사장들과 서기관들이 화를 낸 것은 예수님이 행하신 '이상한 일'과 아이들이 성전 뜰에서 '호산나 다윗의 자손이여!'라고 외친 것 때문이다.

개역개정의 '이상한 일'이라는 번역은 적절하지 않다. 이 단어(τὰ θαυμάσια)는 '놀라운, 감탄할 만한 일들'이라는 뜻을 지녔다(BAGD). 예수님이 맹인들과 저는 자들을 고쳐 주신 기적을 의미한다(cf. 14절). 개역개정은 이를 '이상한 일'로 번역해 제사장들의 관점에서 해괴망측한 일을 본 것처럼 표현하지만, 실은 마태의 긍정적인 관점을 반영하고 있다. 그러므로 '놀라운, 감탄할 만한 일들'로 번역되어야 한다.

아이들의 외침은 전날 예수님이 나귀를 타고 예루살렘에 입성하셨을 때 온 성이 예수님을 환영하며 외쳤던 말이다(9절). 그들이 아이들의 외침에 노하는 것은 예수님이 메시아라는 사실을 부인하는 것이다. 또한 예수님에게 "그들이 하는 말을 듣느냐?"(16a절)라고 한 것은 "당신은 메시아가 아니니 저 어린 것들의 망언을 잠잠하게 하라!"라는 명령이다. 예수님에게 스스로 메시아임을 부인하라고 요구하는 것이다. 아마도 온 성이 예수님의 입성으로 떠들썩했던 전날 그들은 모여서 회의를 했을 것이다. 그들이 내린 결론에는 변함이 없었다. 예수님은 사이비 메시아이므로 배척되어야 한다는 것이다.

아이들의 순수함과 지도자들의 불손함이 큰 대조를 이룬다. 그들의 마음은 강팍할 대로 강팍하다. 얼마나 강팍한지 성전보다 더 위대하신 분이 성전 뜰에서 병자들을 치료하시는 것을 보면서도 전혀 흔들림이 없다. 이권이 개입되어 타산에 젖은 신앙생활을 하면 이렇게 된다. 교회 지도자들이라는 우리도 이렇게 되지 않으려면 항상 자신을 성찰해야 한다. 그들에게 예수님은 구세주가 아니라 불편한 이단이다.

예수님은 대제사장들과 서기관들에게 아이들의 외침을 듣고 있냐며 유대교 지도자들이라는 자들이 성경도 모른다고 비난하신다(16b-c절). 예수님이 인용하시는 말씀은 시편 8:2이다. 시편 8편은 다윗이 창조주이신 여호와 하나님을 찬양한 노래다. 예수님은 이 말씀을 자신에게 적용하심으로써 그분은 호산나를 외치는 아이들뿐 아니라 여호와의 성전을 관리하는 대제사장들과 서기관들의 찬양을 받기에 합당하신 분이라는 사실을 명백히 밝히신다. 아무것도 모르는 아이들도 예수님을 알아보고 경배하는데, 하물며 지도자들이라는 자들은 얼마나 더 예수님을 경배해야 하겠는가! 예수님은 작은 것에서 큰 것으로 가는(a fortiori) 논리를 사용하신다(Keener).

예수님은 대제사장들과 서기관들의 잘못을 지적하시고 성 밖에 있는 베다니로 가 머무셨다(17절). 절기 때면 수많은 순례자가 예루살렘으로 모이기 때문에 대부분 사람이 성 밖에서 머물렀다. 또한 예수님은 누구를 거부할 때면 떠나신다(cf. 12:15; 14:13; 15:21). 그러므로 성전을 떠나 베다니로 가신 것은 성전과 지도자들을 거부하신 것을 상징한다. 베다니는 감람산 동쪽 언덕에 있으며, 예루살렘에서 3㎞ 떨어진 곳으로 죽은 나사로를 살리신 곳이다. 나사로는 누이들인 마리아와 마르다와 함께 이곳에 살고 있었다(cf. 요 11장).

예수님은 율법을 최종적으로 해석할 수 있는 권리를 가지신 분이다. 또한 성전보다 더 크신 분이기에 성전에 대한 권리를 행사해 기도 처소로 만드시고 병자들을 치료하는 곳으로 세우셨다. 사실 성전을 상업적 오염에서 깨끗하게 하는 것은 제사장들이 해야 할 일이었다.

이 말씀은 교회가 어떤 곳인지 생각하게 한다. 교회는 하나님께 기도하는 곳이며, 병자들을 치료하고 이웃들을 돕는 곳이 되어야 한다. 성도들의 자화자찬과 자신들을 위한 잔치만 하는 곳으로 전락해서는 안 된다. 또한 각자 잇속을 챙기는 상업적 터전이 되어서도 안 된다. 그렇게 되기 위해서는 교회 지도자들이 대제사장들과 서기관들의 의보다 더 나은 의를 가져야 한다(cf. 5:20). 어린아이들의 순수성을 추구해야 한다.

대제사장들과 서기관들은 성전을 찾아온 예수님을 알아보지 못했다. 오히려 예수님의 등장을 매우 불편하게 여겼다. 온갖 이해관계가 얽혀 있는 사역을 했기 때문이다. 만일 예수님이 한국 교회를 방문하신다면, 교회는 예수님을 알아보고 환영할까? 교회의 주인이신 예수님을 알아보고 환영하는 공동체가 되어야 한다.

VI. 예수님과 심판과 예루살렘(19:3-26:5)
  A. 내러티브(19:3-22:46)
    2. 고난 주간이 시작될 때 있었던 일(21:1-22:46)
      (1) 메시아의 예루살렘 입성(21:1-22)

c. 무화과나무 심판(21:18-22)

18 이른 아침에 성으로 들어오실 때에 시장하신지라 19 길가에서 한 무화과나무를 보시고 그리로 가사 잎사귀 밖에 아무것도 찾지 못하시고 나무에게 이

르시되 이제부터 영원토록 네가 열매를 맺지 못하리라 하시니 무화과나무가 곧 마른지라 [20] 제자들이 보고 이상히 여겨 이르되 무화과나무가 어찌하여 곧 말랐나이까 [21] 예수께서 대답하여 이르시되 내가 진실로 너희에게 이르노니 만일 너희가 믿음이 있고 의심하지 아니하면 이 무화과나무에게 된 이런 일만 할 뿐 아니라 이 산더러 들려 바다에 던져지라 하여도 될 것이요 [22] 너희가 기도할 때에 무엇이든지 믿고 구하는 것은 다 받으리라 하시니라

마가는 예수님이 무화과나무를 저주하신 것이 성전을 방문하신 월요일에 있었던 일이고, 나무가 마른 것을 목격한 것은 다음 날인 화요일에 있었던 일이라고 한다(막 11:12-14, 19-20). 반면에 마태는 두 가지 모두 화요일 같은 때에 일어난 것처럼 묘사한다.

예수님은 제자들과 이른 아침에 베다니를 출발해 예루살렘으로 가시느라 아침을 제대로 챙겨 드시지 못해 배가 고프셨다(18절). 길가에 잎사귀가 무성한 무화과나무를 보고 시장기를 달랠 만한 과일을 기대하셨지만, 나무에 과일이 없자 실망하셨다. 예수님이 무화과나무를 향해 이제부터 영원히 열매를 맺지 못하리라고 하시니 나무가 곧 말랐다(19절). 무화과 열매는 잎사귀가 나기 조금 전에, 혹은 잎사귀와 함께 열리기 시작한다(Carson). 만일 잎이 날 때까지 열매가 생기지 않으면 열매를 맺지 못한다(Keener).

마가는 '무화과의 때가 아니다'라는 말을 더한다(막 11:13). 그러므로 예수님이 나무를 저주하신 것이 지나치다고 생각하는 이들도 있다. 그러나 이 이야기의 초점은 배가 고프신 예수님의 실망이 아니다. 예수님은 제자들에게 가르침을 주시고자 잎사귀는 무성한데 열매가 없는 무화과나무를 실물 교수(object lesson)로 삼으신 것이다.

사람이 먹을 만한 열매를 맺지 못하는 무화과나무는 하나님의 저주를 받을 나라의 죄와 부패를 상징한다(Beale & Carson, 렘 8:13; 24:8; 29:17; 호 9:10; 욜 1:12; 미 7:1-6). 예수님이 저주하신 무화과나무는 잎사귀가 무성해 열매가 있을 것 같은데 전혀 없는, 곧 사람의 눈을 속이는 나무다. 말을 그럴싸하게 해 삶이 신앙의 열매로 가득할 것 같은데 정작 열매가 없는 사람을 상징한다(Carson). 예수님은 이 나무를 마르게(죽게) 하셔서 경고로 사용하신다. 삶에서 열매는 필수라는 가르침이다. 그러므로 이 무화과나무는 살아서 보다 죽어서 제 역할을 한다(Keener). 나무가 '곧'(παραχρῆμα) 말랐다는 것은 열매를 맺지 않는 삶을 사는 사람들에게 하나님의 심판이 임박해 있음을 암시한다.

옆에서 상황을 지켜본 제자들이 놀랐다(20a절). 그러나 그들은 이 일이 무엇을 의미하는지에 대해서는 관심이 없고, 예수님이 어떻게 그렇게 하셨는지에만 관심이 있다. 그러므로 그들은 목격한 현상에 대해 "무화과나무가 어찌하여 곧 말랐나이까?"(20b절)라고 질문한다.

예수님은 예전에 제자들이 귀신을 쫓아내지 못했을 때와 비슷한 말씀으로 대답하신다(21절; cf. 17:17, 20). 제자들에게 믿음이 있고 의심하지 않으면 예수님이 무화과나무에게 하신 일을 그들도 할 수 있다. 또한 이 산을 향해 들려 바다에 던져지라 해도 그대로 될 것이라 하신다.

예수님 일행은 감람산 자락에 있는 베다니에서 예루살렘으로 가는 길이므로 '이 산'(τῷ ὄρει τούτῳ)은 예수님이 어느 쪽을 지목하시느냐에 따라 감람산이 될 수도 있고, 예루살렘에 있는 시온산이 될 수도 있다. 그러므로 어떤 이들은 스가랴 14:4을 근거로 감람산이라 하고(Derrett, Nolland), 어떤 이들은 시온산이라 한다. 시온산으로 해석하는 이들은 수년 후에 성전과 예루살렘이 파괴될 일을 염두에 둔 말씀으로 해석한다(Beale & Carson, Blomberg). 그러나 17장에서처럼 특정한 산과 연관해 해석하지 않고 단순히 믿음은 산도 움직일 수 있다는 취지로 이해하는 것이 바람직하다.

예수님은 제자들에게 기도할 때에 무엇이든지 믿고 구하는 것은 다 받을 것이라고 하신다(22절). 이 말씀은 믿는 사람에게 어떤 신비로운 능력이 주어지는 것을 의미하는 것이 아니다. 구하는 것들이 하나님의 계획과 목적에 부합할 때 이루어질 것을 의미한다(Hagner, Wilkins). 믿음이 있는 사람은 먼저 예수님과 하나가 되어 예수님이 원하시고 기뻐하시는 것을 구할 것이기 때문이다(cf. 요 14:12-14). 이런 상황에서는 무엇이든 예수님의 이름으로 구하면 모두 다 이루어질 것이라는 말씀이다.

이 말씀은 잎사귀가 무성하지만 열매가 없어서 저주를 받아 죽은 무화과나무를 통해 우리에게 경고한다. 입으로는 마치 세상에서 가장 큰 믿음을 소유한 사람처럼 말하지만, 정작 삶에서 믿음의 열매를 맺지 못하면 예수님의 비난과 심판을 피할 수 없다. 또한 믿고 구한다는 것은 먼저 하나님과 하나가 되어 하나님이 기뻐하시는 것을 구한다는 뜻이다. 우리는 예수님과 하나가 되는 삶을 살아야 한다.

VI. 예수님과 심판과 예루살렘(19:3-26:5) A. 내러티브(19:3-22:46) 2. 고난 주간이 시작될 때 있었던 일(21:1-22:46)

(2) 성전 논쟁(21:23-22:46)

예수님은 열매 없이 이파리만 무성한 무화과나무를 마르게 하시고 성전으로 향하셨다. 화요일 아침에 있었던 일이다(Boring, Wilkins). 성전에서 가르치실 때 지도자들이 무슨 권한으로 가르치냐며 시비를 걸어 왔다(21:23-27). 이에 대해 예수님은 세 가지 비유를 들어 그들이 제 역할을 하지 않는다며 하나님의 심판을 선언하신다(21:28-22:14). 이어지는 이야기는 앙심을 품은 지도자들이 어떻게든 예수님을 곤경에 빠뜨리려고 던진 난해한 질문들에 관한 것이다(22:15-46). 본 텍스트는 다음과 같이 구분된다.

A. 예수님의 권한에 대한 논란(21:23-27)

B. 두 아들 비유(21:28-32)
C. 악한 소작인들 비유(21:33-46)
D. 혼인 잔치 비유(22:1-14)
E. 가이사에게 바치는 세금(22:15-22)
F. 결혼과 부활(22:23-33)
G. 가장 큰 계명(22:34-40)
H. 그리스도와 다윗의 자손(22:41-46)

VI. 예수님과 심판과 예루살렘(19:3-26:5)
A. 내러티브(19:3-22:46)
2. 고난 주간이 시작될 때 있었던 일(21:1-22:46)
(2) 성전 논쟁(21:23-22:46)

a. 예수님의 권한에 대한 논란(21:23-27)

23 예수께서 성전에 들어가 가르치실새 대제사장들과 백성의 장로들이 나아
와 이르되 네가 무슨 권위로 이런 일을 하느냐 또 누가 이 권위를 주었느냐
24 예수께서 대답하시되 나도 한 말을 너희에게 물으리니 너희가 대답하면
나도 무슨 권위로 이런 일을 하는지 이르리라 25 요한의 세례가 어디로부터
왔느냐 하늘로부터냐 사람으로부터냐 그들이 서로 의논하여 이르되 만일 하
늘로부터라 하면 어찌하여 그를 믿지 아니하였느냐 할 것이요 26 만일 사람
으로부터라 하면 모든 사람이 요한을 선지자로 여기니 백성이 무섭다 하여
27 예수께 대답하여 이르되 우리가 알지 못하노라 하니 예수께서 이르시되
나도 무슨 권위로 이런 일을 하는지 너희에게 이르지 아니하리라

예수님이 성전에 들어가 가르치셨다(23절). 아마도 이방인들의 뜰을 둘러싸고 있는 방 중 하나 앞에서 하셨을 것이다(Carson). 대제사장들과 장로들이 나와 질문했다. 이들은 당시 유대인의 최고 기관인 산헤드린을 구성하는 자들이다. 오늘날로 말하자면 대제사장은 사역자들의 우두머리이고 장로는 평신도들의 우두머리다(cf. Jeremias).

그들은 예수님에게 무슨 권위로 이런 일을 하며, 누가 그에게 이 권위를 주었냐고 물었다(23절). 이스라엘의 최고 권위를 누리는 지도자들은 두 차례나 권위(ἐξουσία)를 운운하며 예수님의 정통성과 정당성에 관해 실문한다. 무슨 권위로 병자들을 치료하며(cf. 14절) 사람들을 가르치냐는 것이다. 예수님은 랍비 훈련을 받으신 적이 없다. 따라서 그들 눈에는 정통성이 없는 사이비 선생인 것이다. 게다가 이스라엘에서는 그들이 인정해야 랍비의 권위를 부여받을 수 있다. 또한 병자들을 치료하는 권위는 하나님이 주시는 것인데, 그들이 보기에 예수님은 하나님의 권위를 받은 선지자가 아니다. 그러므로 예수님이 이 질문에 대해 어떻게 답하시든 간에 그들은 그 답을 문제 삼을 만반의 준비가 되어 있다. 아마도 전날 예수님이 성전을 뒤집어 놓고 가신 후 다시 나타나면 어떻게 곤경에 빠트릴지 작전을 짠 것으로 보인다(Boring).

그들의 악한 의도를 잘 아시는 예수님은 만일 그들이 먼저 예수님이 하는 질문에 대답하면 그들의 질문에 답하겠다고 하신다(24절). 전형적인 랍비들의 논쟁 방식이다(cf. Boring). 질문을 질문으로 대답하신 것이다. 예수님은 그들에게 요한의 세례가 하늘로부터 온 것인지, 혹은 사람으로부터 온 것인지 물으셨다(25a절). '요한의 세례'(τὸ βάπτισμα τὸ Ἰωάννου)는 요한의 사역을 상징하는 말이다. 요한이 하나님이 보내신 선지자인지, 혹은 선지자가 아닌데 선지자인 척한 것인지에 관해 묻는 질문이다. 예수님의 권위에 묻는 자들에게 요한의 권위에 대해 질문하신 것이다.

대제사장들과 장로들이 서로 의논했지만 답을 할 수가 없다(25b-26절). 자신들이 판 함정에 빠진 것이다. 요한이 하늘로부터 왔다고 인정하는 것은 자존심 상하는 일이다. 요한은 그들을 심하게 비난하며 회개하라고 했던 선지자이기 때문이다(3:7-10). 게다가 요한은 예수님의 길을 준비하기 위해 보내심을 받은 사람이다(cf. 말 3:1). 그러므로 만일 그들이 요한이 하늘에서 왔다는 것을 인정하면 예수님도 인정해야 한다. 요한과 예수님이 선포한 메시지도 같지 않은가! 그들은 진리를 추구하는 일에 관심이 없다(Boring). 그들의 유일한 관심사는 이권과 체면을 유지하는 것이다.

그렇다고 해서 요한이 사람으로부터 왔다고 할 수도 없다. 사람들이 모두 요한을 하나님이 보내신 선지자라고 믿기 때문이다. 더욱이 수많은 순례자가 예루살렘에 와 있는 상황에서 만일 대제사장들과 장로들이 요한이 하나님이 보내신 선지자가 아니라고 했다는 소문이 나면 폭동이 일어날 것은 뻔한 일이다. 그들은 사람이 무섭다(26절). 만일 폭동이 일어나면 로마 사람들이 그들에게 위임한 모든 권위를 거두어 갈 것이기 때문이다(Wilkins). 한마디로 그들은 진퇴양난에 처했다.

결국 그들은 모른다고 대답했다. 솔직하지 않은 대답이다. 이렇게 대답함으로써 그들은 바리새인들이 범한 용서받지 못할 죄를 짓고 있다(Wilkins, 12:30-32). 그러나 그들 생각에는 이것이 예수님에게 휘말리지 않는 유일한 답이다. 예수님은 참으로 재치 있게 대응하신다. "안 알려 주겠다고? 그럼 나도 안 알려 줘!" 한 주석가는 예수님과 지도자들의 스코어가 1 대 0이 되었다고 한다(Osborne).

유대교 지도자들이라는 대제사장들과 장로들은 그들의 영생을 좌우할 진리와 진실에는 관심이 없다. 이 땅에서 가장 하나님을 잘 아는 척하지만, 정작 그들 앞에 나타나신 하나님을 알아보지 못한다. 영접하기는커녕 오히려 예수님을 해치려 한다. 영원한 것에는 관심이 없고, 오늘 있다 내일 사라질 특권과 이권에만 온갖 관심을 쏟는다.

이 말씀은 누구든 이권에 몰입하면 영적인 안목이 흐려진다고 경고한다. 대제사장들과 장로들은 예수님이 그들의 성전에 관한 이권을 침해했다는 생각만 하고 정작 성전의 주인이신 메시아를 알아보지 못했다. 교회는 섬기고 헌신하는 곳이다. 그러므로 경제적 이익을 추구하는 것은 잘못된 일이다.

Ⅵ. 예수님과 심판과 예루살렘(19:3–26:5)
A. 내러티브(19:3–22:46)
2. 고난 주간이 시작될 때 있었던 일(21:1–22:46)
(2) 성전 논쟁(21:23–22:46)

b. 두 아들 비유(21:28–32)

28 그러나 너희 생각에는 어떠하냐 어떤 사람에게 두 아들이 있는데 맏아들
에게 가서 이르되 얘 오늘 포도원에 가서 일하라 하니 29 대답하여 이르되
아버지 가겠나이다 하더니 가지 아니하고 30 둘째 아들에게 가서 또 그와
같이 말하니 대답하여 이르되 싫소이다 하였다가 그 후에 뉘우치고 갔으니
31 그 둘 중의 누가 아버지의 뜻대로 하였느냐 이르되 둘째 아들이니이다 예
수께서 그들에게 이르시되 내가 진실로 너희에게 이르노니 세리들과 창녀들
이 너희보다 먼저 하나님의 나라에 들어가리라 32 요한이 의의 도로 너희에
게 왔거늘 너희는 그를 믿지 아니하였으되 세리와 창녀는 믿었으며 너희는
이것을 보고도 끝내 뉘우쳐 믿지 아니하였도다

예수님은 앞 섹션(23–27절)에서 대제사장들과 장로들이 하나님이 보내신 이들(요한과 예수님)을 믿지 않는 죄를 저질렀다는 것을 암시하셨다. 본문에서는 그들의 죄를 직접적으로 비난하신다. 예수님은 이 비유에서 하나님이 그들의 불신을 정죄하셨다는 사실을, 다음 비유(33–36절)에서는 그들이 그에 상응하는 벌을 받을 것을, 그다음 비유(22:1–14)에서는 그들이 받을 벌이 반드시 집행될 것을 선언하신다(Schweitzer, cf. Blomberg). 그들이 유대교를 대표하는 지도자들이라 해서 면책권이 있는 것은 아니다. 지위에 상관없이 모든 사람이 하나님의 심판을 받는다.

예수님은 요한이 하늘에서 온 사람인지 사람에게서 나온 사람인지 답하기 거부했던 대제사장들과 장로들이 이번에는 답하지 않을 수 없게 하신다. "너희 생각에는 어떠하냐?"(28절). 답을 하지 않을 수 없는 질문이다(Boring). 그러므로 그들은 신중하게 생각하고 반드시 답해야 한다. 예수님은 이 지도자들의 답을 통해 그들 스스로 정죄하도록 유도하신다.

아버지가 두 아들에게 포도원에 가서 일하라고 했다(28b절). 두 아들은 정반대의 반응을 보였다. 개역개정은 맏아들이 가겠다고 하고서는 가지 않았다고 한다. 그러나 대부분 번역본은 둘째가 그렇게 했다고 번역한다(새번역, 공동, 아가페, NAS, NIV, NRS). 개역개정이 29절과 30절의 내용을 바꿔서 표현한 것이다. 헬라어 사본이 상당히 불확실하기에 빚어진 일이다(cf. Metzger). 또한 '맏아들'(τῷ πρώτῳ)과 '둘째 아들'(τῷ ἑτέρῳ)을 직역하면 아버지가 둘 중 '첫 번째로 만난 아들'과 '다른 아들'이다. 장남과 차남에 관한 이야기가 아닐 수도 있다는 뜻이다.

자식들이 부모에게 절대적으로 순종하던 당시 정서를 고려하면 처음부터 안 가겠다며 불순종한 아들의 이야기는 상당히 충격적으로 들렸을 것이다. 그러나 안 가겠다고 했던 아들은 나중에 뉘우치고 포도원으로 가서 일했다. 반성하고 회개해 하나님과 그가 보내신 이를 영접하는 사람들을 상징한다. 예수님은 세리들과 창녀들이 이렇다고 하신다(32절).

아버지의 말씀대로 포도원으로 가겠다고 하고서 가지 않은 아들은 겉으로는 하나님을 사랑하고 말씀에 순종하는 척하지만, 실제로는 그렇지 않은 신앙인들을 상징한다. 우리말 번역에는 반영되어 있지 않지만, 이 아들은 아버지를 '주'(κύριος)라고 부르며 최고의 예우와 존경을 표한다. 입으로는 세상에서 가장 신앙이 깊은 사람처럼 말하지만, 정작 하나님의 뜻대로 살지 않는 자들이다. 예수님은 종교 지도자들이 이렇다고 하신다(32절).

예수님은 대제사장들과 장로들에게 간단한 질문을 던지신다. “이 두 아들 중 누가 아버지의 뜻대로 하였느냐?”(31절). 아주 간단한 질문이며 답은 정해져 있다. 그러므로 그들은 처음에는 안 가겠다고 하다가 나중에 뉘우치고 가서 일을 한 아들이 아버지의 뜻대로 했다고 대답한다(31b절). 그러나 이 대답이 그들 자신을 정죄할 것이라고는 상상도 하지 못했다.

대답을 들으신 예수님은 곧바로 말씀하셨다. “세리들과 창녀들이 너희보다 먼저 하나님 나라에 들어가리라”(31c절). 처음에는 안 가겠다고 하다가 나중에 뉘우치고 간 아들이 바로 이 사람들을 상징한다는 말씀이다. 반면에 가겠다고 하고서 가지 않은 아들은 예수님의 비난과 정죄를 듣고 있는 대제사장들과 장로들을 상징한다.

예수님은 그 이유를 말씀하신다(32절). 세례 요한이 의의 도로 그들에게 왔지만 그들이 요한을 믿지 않았기 때문이다. 요한이 ‘의의 도’(ἐν ὁδῷ δικαιοσύνης)로 왔다는 것은 그가 무엇이 의로운 것인지 하나님의 말씀으로 알려 주었다는 뜻이다(Carson). 회개하고 세례를 받아 삶에서 거룩하고 경건한 열매를 맺으며 사는 것이 요한이 사람들에게 가르쳐 준 의였다(cf. 3장). 안타깝게도 유대교 지도자들은 요한의 사역을 구경하기 위해 광야로 나왔지만, 그를 믿지는 않았다(Boring, cf. 3:7-10 주해). 이 지도자들과는 대조적으로 세리와 창녀는 믿었다. 그러나 지도자들은 세리와 창녀들이 믿는 것을 보고도 끝내 회개하지 않았고, 믿지도 않았다. 스스로 모든 기회를 저버린 것이다. 그러므로 예수님은 세리들과 창녀들이 그들보다 먼저 하나님 나라에 들어갈 것이라고 하신다.

이 말씀은 두 가지 교훈을 준다. 첫째, 하나님 나라는 말에 있는 것이 아니라 삶에 있다는 것이다. 대제사장들과 장로들은 가장 종교적인 사람들이며 남들 보기에 가장 경건하고 거룩한 하나님의 종들이다. 그러나 그들은 가장 낮은 사람들보다 하나님 나라에서 더 멀리 있다. 그들은 한 아들처럼 아버지에게 포도원에 가서 일하겠다고 해 놓고 정작 가지 않았기 때문이다. 우리는 자신을 돌아보아야 한다. 찬양과 기도에서 남들에게 조금 뒤지는 것은 괜찮다. 그러나 예수님을 사랑하고 말씀에 순종하는 것이 삶에서 열매로 드러나는 일에서는 그 누구보다 앞서가야 한다.

둘째, 믿음에 방심이나 자만이 있어서는 안 된다는 교훈을 준다. 이 지도자들은 하나님을 가장 잘 알고, 하나님 말씀도 꿰뚫고 있다고 생각했다. 그러나 정작 하나님이 그들 앞에 나타나시니 알아보지 못한다! 정통파라고 하는 그들은 오히려 메시아를 대적하려고만 한다. 기득권을 버리지 못했기 때문이다. 그들 눈에는 예수님이 이단(사이비) 메시아로 보인다. 우리도 이런 죄를 저지르지 않으려면 항상 깨어 기도해야 한다. 또한 말씀에 대한 깊은 이해와 묵상이 있어야 한다. 그래야 '세리와 창녀'보다 더 낫지 않겠는가!

VI. 예수님과 심판과 예루살렘(19:3-26:5)
A. 내러티브(19:3-22:46)
2. 고난 주간이 시작될 때 있었던 일(21:1-22:46)
(2) 성전 논쟁(21:23-22:46)

c. 악한 소작인들 비유(21:33-46)

33 다른 한 비유를 들으라 한 집주인이 포도원을 만들어 산울타리로 두르고
거기에 즙 짜는 틀을 만들고 망대를 짓고 농부들에게 세로 주고 타국에 갔
더니 34 열매 거둘 때가 가까우매 그 열매를 받으려고 자기 종들을 농부들에
게 보내니 35 농부들이 종들을 잡아 하나는 심히 때리고 하나는 죽이고 하나
는 돌로 쳤거늘 36 다시 다른 종들을 처음보다 많이 보내니 그들에게도 그렇
게 하였는지라 37 후에 자기 아들을 보내며 이르되 그들이 내 아들은 존대하
리라 하였더니 38 농부들이 그 아들을 보고 서로 말하되 이는 상속자니 자

죽이고 그의 유산을 차지하자 하고 39 이에 잡아 포도원 밖에 내쫓아 죽였느
니라 40 그러면 포도원 주인이 올 때에 그 농부들을 어떻게 하겠느냐 41 그들
이 말하되 그 악한 자들을 진멸하고 포도원은 제때에 열매를 바칠 만한 다
른 농부들에게 세로 줄지니이다 42 예수께서 이르시되 너희가 성경에

건축자들이 버린 돌이
모퉁이의 머릿돌이 되었나니
이것은 주로 말미암아 된 것이요
우리 눈에 기이하도다

함을 읽어 본 일이 없느냐 43 그러므로 내가 너희에게 이르노니 하나님의 나
라를 너희는 빼앗기고 그 나라의 열매 맺는 백성이 받으리라 44 이 돌 위에
떨어지는 자는 깨지겠고 이 돌이 사람 위에 떨어지면 그를 가루로 만들어
흩으리라 하시니 45 대제사장들과 바리새인들이 예수의 비유를 듣고 자기들
을 가리켜 말씀하심인 줄 알고 46 잡고자 하나 무리를 무서워하니 이는 그들
이 예수를 선지자로 앎이었더라

이 비유는 예수님이 하나님의 아들이심을 공개적으로 드러내는 첫 번째 비유라 할 수 있다(Kingsbury). 예수님은 하나님이 보내신 아들인 자신을 죽이는 이스라엘과 지도자들이 반드시 하나님의 심판을 받을 것이라고 경고하신다. 리더들을 향한 비난이 더욱더 거세지고 있다.

구약은 이스라엘을 하나님의 포도원이라 한다. 이 비유는 특별히 이사야 5:1-7을 배경으로 한다. 이 말씀에서 포도원 주인은 하나님, 포도원은 주의 백성인 이스라엘, 소작민은 이스라엘의 지도자들, 종들은 선지자들, 소작민들이 죽인 주인의 아들은 예수님을 뜻한다. 예수님은 하나님 나라와 주의 백성을 관리하는 일이 이스라엘의 썩은 리더들에게서 주님을 따르는 사람들(교회 지도자들)에게 넘어갈 것이라고 하신다(Blomberg, Snodgrass, cf. 43절).

바로 앞의 비유도 포도원과 연관된 것이었는데, 예수님은 이번에도

포도원 이야기를 통해 대제사장들과 장로들과 바리새인들을 비난하신다(cf. 23, 45절). 이들은 서기관들과 함께 유대교의 최고 기관인 산헤드린을 구성하는 자들이다. 예수님은 유대교 지도자들을 표적 삼아 이 비유를 말씀하시는 것이다.

한 집 주인이 심혈을 기울여 포도원을 조성했다(33절). 포도원을 산울타리로 두르고 거기에 즙 짜는 틀을 만들고 망대를 지었다. 모두 이사야 5:1-2을 연상케 하는 표현들이다. '산울타리'(φραγμός)는 도둑과 짐승으로부터 포도원을 보호하기 위해 돌담이나 가시나무로 담을 두른 것이다. '즙 짜는 틀'(ληνός)은 구약에서 '술 틀'(יֶקֶב)로 불리는 것이다(사 5:2). 바위에 높낮이가 조금 차이 나게 파 놓은 두 구덩이로 구성되어 있다. 높은 쪽 구덩이에 포도를 넣고 밟아 으깨면 즙이 흘러 낮은 구덩이로 흘러가는 구조다. 이곳에 모인 즙으로 포도주를 담갔다. 기드온이 이 술 틀에 숨어서 곡식을 타작하다가 하나님의 천사를 만났다(삿 6:11).

규모가 큰 포도원은 망대도 갖추었다. '망대'(πύργος)는 돌로 쌓은 탑으로 감시자가 이곳에 거하며 포도원을 침입자들로부터 보호하는 역할을 했다. 또한 망대는 일꾼들에게 쉼터를 제공하기도 했다. 주인이 이처럼 만반의 준비를 한 것은 이 포도원이 좋은 포도를 맺을 것으로 확신했기 때문이다. 이 같은 내용이 이사야 5:2과 매우 비슷하기 때문에 NAS는 이 말씀을 이사야 5:2의 인용구로 표기했다.

집주인은 농부들에게 세를 주고 타국으로 갔다. '타국에 가다'(ἀποδημέω)를 직역하면 '멀리 떠났다, 여행을 가다'이다(BAGD, cf. 새번역, 공동, NIV). 그러므로 주인은 타국으로 간 것이 아니라 긴 여행을 떠난 것이다(Nolland, cf. NAS, NIRV). 소작민에게 포도원 관리를 맡기는 것은 당시 포도원을 소유한 외국인들이나 부자들이 흔히 하는 일이었다. 대체로 주인들은 소작민들에게 까다롭고 지나친 요구를 하기 일쑤였다. 수확한 것의 2분의 1을 요구하는 것은 그나마 합리적인 일로 여겨졌다. 이 이야기는 이러한 상황은 아니다. '집주인'(οἰκοδεσπότης)이 40절에서 '주, 주인'(κύριος)으로 불리는 것을 보면 평범한 사람이 아니다.

드디어 열매를 거둘 때가 가까웠다(34a절). '가까이 오다'(ἐγγίζω)는 하나님의 나라가 가까이 온 것을 연상케 하는 표현이다(Osborne, cf. 4:17). 주인은 자기 몫을 받으려고 종들을 농부들에게 보냈다(34b절). 주인이신 하나님이 자기 포도원인 이스라엘에 기대했던 포도는 의로운 행위였다(cf. 5:1-7).

그러나 소작민들은 종들에게 주인의 몫을 주기는커녕 오히려 하나는 심하게 때리고, 하나는 죽이고, 하나는 돌로 쳤다(35절). 이스라엘이 하나님이 보내신 선지자들을 학대하고 죽인 것을 의미한다(Beale & Carson, cf. 왕상 18:4, 13; 대하 24:21; 렘 26:20-23; 히 11:32-38). 선지자 예레미야는 심한 매를 맞았으며(렘 20:2), 바울뿐 아니라 예수님도 이런 고통을 당하셨다.

주인은 처음보다 더 많은 종을 보냈다(36절). 이떤 이들은 처음에 보낸 종들은 구약 정경 중 유대인들이 전(前)선지서라고 부르는 책(여호수아기-열왕기하)을, 이번에 보낸 종들은 후(後)선지서라고 부르는 책(이사야서-말라기)을 상징한다고 하지만(Boring), 그다지 설득력이 있는 해석은 아니다. 사람이 하나님 말씀에 불순종할 수는 있어도 말씀을 죽일 수는 없기 때문이다. 이는 하나님이 어떻게 해서든 이스라엘을 회개시키시려고 끊임없이 선지자들을 보내신 일을 의미한다.

이번에도 농부들은 주인의 종들을 처음 세 명의 종을 대한 것처럼 대했다(36절). 하나님이 수많은 선지자를 보내셨지만, 그때마다 이스라엘이 그들의 말을 듣기는커녕 오히려 죽이기까지 한 일을 묘사한다. 가장 최근에 분봉 왕 헤롯에게 처형당한 세례 요한도 여기에 속한다.

주인은 아들을 보내면 소작민들이 그를 존중하리라 생각하고 아들을 보냈다(37절). 아들은 그를 보낸 아버지의 권세를 가지고 가기 때문에 농부들이 주인을 대하듯 아들을 대할 것으로 기대한 것이다. 마가는 '그의 사랑하는 아들'이라는 말을 더해 아버지의 애틋한 마음을 전한다. 그러나 농부들은 주인이 보낸 아들을 보고 상속자인 그를 죽이고 유산을 차지하자며 그를 잡아 포도원 밖에 내쫓아 죽였다(38-39절). 소작민들은 자신들과 신분이 같은 종뿐 아니라 그들과 신분이 다른 아들까지 죽였다!

이 말씀은 하나님이 예수님을 보내신 일을 의미한다(cf. 3:17; 10:40-41; 11:27; 15:24; 17:5). 즉, 예수님은 자신이 하나님의 아들이라는 사실을 지도자들과 무리에게 공개적으로 선언하고 계신다(Carson). 유대교 지도자들이 아직 예수님을 죽이지 않았지만, 이미 그렇게 하기로 결정하고 기회만 엿보고 있다(26:4; cf. 16:21; 17:23; 20:18).

어떤 이들은 소작농들이 상속자인 아들을 죽인다 해서 주인의 재산이 그들의 것이 되는 것은 법적으로 불가능한 일이라며 주인이 죽은 상황에서 아들이 그들을 찾았다는 등 다양한 시나리오와 해석을 제시한다(cf. Jeremias). 그러나 비유는 비유로 해석되어야 한다. 모든 디테일에 지나치게 집착하다 보면 오히려 의미를 놓칠 수 있다. 농부들은 당장 눈에 보이는 아들을 제거하기 위해 이러한 논리로 자신들의 반역을 합리화하고 있다. 유대교 지도자들 역시 이렇다. 당장 눈엣가시인 예수님만 죽이면 모든 것이 해결될 것으로 생각한다(cf. 45-46절). 게다가 범죄자들은 대부분 치밀하게 깊이 생각하지 않고 죄를 범한다. 요셉을 죽이려고 했던 형들을 생각해 보라(cf. 창 37:18-20).

마태는 농부들이 아들을 포도원 밖에서 죽였다고 하는 것과 달리 마가는 농부들이 아들을 죽인 후 포도원 밖에 던졌다고 한다(막 12:8). 마태가 누가의 말을 순서를 뒤집어 말하는 것은 예수님이 성문 밖에서 고난당하실 것을 의미한다(히 13:11-12; 요 19:17, 20). 마가보다 조금 더 구체적으로 예수님의 죽음과 연관시키고 있는 것이다.

예수님은 지도자들에게 포도원 주인이 와서 자기 아들을 죽인 농부들을 어떻게 하겠느냐고 물으셨다(40절). 그들은 주인이 악한 소작민들을 진멸하고 포도원은 제때 약속한 수확을 바칠 만한 다른 농부들에게 세를 줄 것이라고 대답했다(41절). 지도자들은 이 비유의 농부들이 자신들이라는 사실을 모른다. 그러므로 이처럼 객관적으로 대답했다. 마가는 예수님이 자신의 질문에 직접 답하신 것으로 기록한다(막 12:9). 마태는 지도자들이 대답해 스스로 정죄하게 한다.

어떤 이들은 주인이 와서 농부들을 진멸하는 것이 종말에 최종 심판에서 이루어질 일을 의미한다고 한다(Gundry). 그러나 학자들 대부분은 70년에 있었던 성전과 예루살렘 파괴에 대한 경고로 해석한다(Boring, Bruner, Davies & Allison, Harrington, Luz). 43절이 의미하는 바를 고려하면 70년에 있었던 예루살렘과 성전 파괴가 맞다. 이 일로 인해 가장 혹독한 심판을 받은 사람들은 지도자들이었기 때문이다.

'제때에 열매를 바칠 만한 다른 농부들'(41절)은 교회와 지도자들이다. 예수님이 장차 세우실 교회는 유대인들과 이방인들을 포함할 것이다. 인종적 배경이나 사회적 신분은 그다지 중요하지 않은 공동체를 세우실 것이다. 이 공동체와 리더들은 철에 따라 포도원(주의 백성)의 열매(경건하고 의로운 삶)를 하나님께 바칠 것이다.

예수님이 나귀를 타고 예루살렘에 입성하실 때 무리는 할렐루야 모음집에 속한 시 118:25-26을 인용해 호산나를 외쳤다(cf. 9절). 이번에는 예수님이 이 시편의 일부인 22-23절을 인용해 자신에게 적용하신다(42절). 이 시편은 다윗과 연관된 감사시이며, 예수님 시대 이전부터 유대인들은 장차 다윗의 후손으로 오실 메시아에 대한 시로 간주했다(Beale & Carson). 이러한 상황에서 예수님이 이 노래를 자신에게 적용하시니 그 말씀을 듣고 있던 지도자들은 더욱더 견디기 힘들었을 것이다.

42절에서 '건축자들'은 유대교 지도자들을, 그들이 '버린 돌'은 예수님을 뜻한다. 그들이 버린 돌이 '모퉁이의 머릿돌'이 되었다고 하는데, '모퉁이의 머릿돌'(κεφαλὴν γωνίας)이 머릿돌(Morris), 혹은 지붕을 형성하는 아치(arch)의 쐐기돌(Carson, Derrett, Hagner, Jeremias), 혹은 벽들이 교차

하는 부분 맨 위에서 두 벽을 붙들고 있는 돌(Luz)을 의미하는지 정확하지가 않다. 그러나 대부분의 주석가는 정확히 어떤 돌인지는 그다지 중요하지 않다고 한다(France, Keener, Nolland, Wilkins). 이 돌은 건축물의 가장 중요하고 상징적인 돌이라는 뜻이다.

유대인 지도자들이 버린 돌인 예수님은 새로 시작된 하나님 나라의 가장 중요한 돌이 되셨다. 유대교가 버린 돌인 예수님이 교회의 머릿돌이 되셨다는 것은 초대교회에서도 매우 중요한 개념으로 자리 잡았다(cf. 행 4:11; 롬 9:33; 벧전 2:6). 버린 돌이 머릿돌이 된다는 것은 참으로 기이한(경이로운) 일이며, 하나님이 하지 않으시면 불가능한 일이다(42c절). 그러므로 건축자들이 버린 돌인 예수님이 교회의 머릿돌이 되신 것은 하나님이 우리를 불쌍히 여겨 베푸신 은총이다.

43-44절은 마태복음에만 있다. 이 비유를 기록하는 목적을 드러내는 말씀이다. 43절은 이 비유의 교회론적 절정이며, 44절은 기독론적 절정이라 할 수 있다(Osborne). 예수님은 지도자들에게 하나님의 나라를 빼앗길 것이라 하신다(43a절). '하나님 나라'(ἡ βασιλεία τοῦ θεου)는 마태복음에서 네 번째이자 마지막으로 이곳에 언급된다(12:28; 19:24; 21:31, 43). '천국'(ἡ βασιλεία τῶν οὐρανῶν)과 같은 개념이다. 하나님은 그들에게서 빼앗은 하나님 나라를 '그 나라의 열매 맺는 백성'에게 주실 것이다(43b절). 이 말씀은 지도자들이 예수님의 질문에 대답하며 한 말(41절)과 내용이 같다.

이스라엘과 지도자들은 개인적으로나 공동체적으로 하나님 나라 백성이 해야 할 책임을 다하지 않았다(cf. 7:16-20; 21:18-21). 또한 그들은 예수님을 통해 하나님 나라가 임했는데 회개하지 않고 하나님의 아들을 거부했다. 그러므로 그들은 하나님 나라를 빼앗길 것이다. 하나님이 유대인들에게서 빼앗은 나라를 주실 '하나님 나라의 열매를 맺는 백성'은 교회를 뜻한다.

이 말씀은 교회가 이스라엘을 대체한다(replace)는 뜻이 아니다. 이방인 그리스도인들이 유대인 중 예수님을 영접한 사람들과 함께 하나님 백성이 될 것이라는 의미다(Carson, France, Osborne, Morris, Wilkins, cf. 롬 11장). 구약 시대 선지자들은 미래에 세워질 새 언약 공동체는 인종적으로 넓어지기도 하고 좁아지기도 할 것이라고 했다. 넓어진다는 것은 예전에는 아브라함의 후손들만 언약 공동체의 구성원이 될 수 있었는데, 그때가 되면 이방인들도 구성원이 될 수 있다는 뜻이다. 좁아진다는 것은 예전에는 아브라함의 후손이라면 누구든 구성원이 되었는데, 그때가 되면 아브라함의 후손 중에서도 믿음이 있는 사람들만 공동체 구성원이 될 수 있다는 뜻이다. 하나님이 유대인들에게 빼앗아 교회에 주신 하나님 나라에는 인종적인 차별이 없다. 유대인들과 이방인들이 함께 교회를 이룰 것이다.

이스라엘과 지도자들에게서 하나님 나라를 빼앗는다고 하시는 것은 유대인 지도자들이 하나님 나라 백성을 이끌고 관리하는 역할이 끝났다는 것을 의미한다(Carson). 그 역할이 교회와 교회 지도자들에게 주어질 것이다. 그러므로 믿지 않는 유대인들은 이제 하나님의 유일한 백성이 아닐 뿐 아니라, 교회의 전도와 선교의 대상인 열방에 포함된다(28:19; cf. 10:5-6; 15:24).

44절은 대부분 권위 있는 사본에는 있지만, 일부 사본에는 없는 말씀이다. 42절의 머릿돌 이미지를 바탕으로 두 가지 상황을 말씀하신다. 첫째, 이 돌 위에 떨어지는 자는 깨질 것이다(44a절). 개인적인 차원에서 하신 말씀이다. 하나님이 세우신 머릿돌이신 예수님을 영접하지 않는 자들은 모두 깨질 것이다. 이 말씀은 이사야 8:14-15의 걸림돌 이미지를 배경으로 한다(Beale & Carson). 둘째, 이 돌이 사람 위에 떨어지면 그를 가루로 만들어 흩을 것이다(44b절). 공동체적인 차원에서 하신 말씀이다. 이 말씀의 배경은 다니엘 2:34-45에서 세상 모든 권세를 박살 내는 '뜨인 돌'(메시아)이다. 이 사람들은 메시아를 거부하고 죽일 것이지만, 메시아는 그들을 산산조각 낼 것이다(Wilkins). 그러므로 그들이 버린 돌은 하나님이 가장 중요한 역할을 하도록 정하신 돌이며, 동시에 그들을 위협하는 매우 위험한 돌이다(Carson).

지도자들이 드디어 예수님이 자기들에 대해 말씀하고 계신다는 사실을 깨달았다(45절). 논쟁이 시작될 때는 대제사장들과 장로들이었는데(23절), 이번에는 대제사장들과 바리새인들이라고 하는 것으로 보아 산헤드린을 구성하는 모든 부류가 예수님의 말씀을 듣고 있었다. 그들은 단지 예수님이 밉고 싫어서 죽이려 하지만, 그들도 모르는 사이에 비유에서 아들을 잡아 죽이는 악한 소작민의 역할을 자청하고 있다. 그러므로 이 비유의 핵심 내용은 반드시 성취될 것이다. 그들은 메시지를 듣고도 회개할 생각이 없기 때문이다. 그들을 향한 하나님의 심판이 정당화되고 있다.

그들이 예수님을 곧바로 잡지 못하는 유일한 이유는 무리를 무서워하기 때문이다(46절). 지금 예루살렘에는 수많은 순례자가 유월절을 기념하려고 와 있다. 사람들 대부분은 예수님을 세례 요한 같은(21:26) 선지자로 생각한다(cf. 16:14; 21:11). 따라서 예수님을 이단이라고 잡아들이면 큰 폭동이 일어날 것이다(Osborne, Wilkins). 그러므로 이 지도자들은 앞으로 은밀하게 여론을 조작해 예수님을 선지자라고 생각하는 무리가 며칠 후 예수님을 십자가에 못 박으라고 외치게 할 것이다(27:20). 이스라엘에서 여호와를 가장 경외한다는 자들이 어느덧 사탄의 졸개가 되어 사람들을 두려워할지언정 메시아는 두려워하지 않는다.

이 말씀은 죄는 절대 상식적이지 않다고 한다. 소작인들이 주인에게 반역한 일이나 아들을 죽이고 유산을 차지하려고 한 일은 무지막지한 짓이다. 또한 지도자들이 메시아의 말씀을 직접 듣고도 회개하려 하지 않고 오히려 죽이려 하는 것도 상식적이지 않다. 죄는 이성과 논리로 설명할 수 없는 영적 부패다. 그러므로 죄인이 회개하고 하나님의 자녀가 되는 것은 온전히 하나님이 그에게 베푸시는 은총이며 선이다.

종교적 지도자들이라 해서 반드시 영적으로 맑은 것이 아니다. 지도자들이 사람들에게는 하나님을 가장 잘 아는 사람들로 존경을 받을 수 있지만, 사실은 하나님에게서 가장 멀리 떨어져 있을 수 있다. 영적 분별력이 없어 메시아를 알아보지 못한다. 또한 하나님을 가장 경외해야 할 자들이 하나님은 두려워하지 않고 사람들을 두려워한다. 교회의 지도자들인 우리는 어떤 영성을 지녔으며, 누구를 두려워하는지 생각해 보아야 한다.

하나님의 은혜는 계속되지만 끝날 때가 다가오고 있다. 주인은 소작민들에게 종들을 보내고 또 보냈다. 이어 하나뿐인 아들까지 보냈다(막 12:6). 농부들이 주인이 보낸 메신저들을 계속 죽이자 주인이 직접 그들을 찾아와 심판했다. 은혜가 끝이 나면 심판이 온다. 그러므로 하나님의 은혜의 강이 흐를 때 회개하고 하나님의 자녀가 되어야 한다. 기회가 항상 있는 것은 아니다.

VI. 예수님과 심판과 예루살렘(19:3-26:5)
A. 내러티브(19:3-22:46)
2. 고난 주간이 시작될 때 있었던 일(21:1-22:46)
(2) 성전 논쟁(21:23-22:46)

d. 혼인 잔치 비유(22:1-14)

1 예수께서 다시 비유로 대답하여 이르시되 2 천국은 마치 자기 아들을 위하
여 혼인 잔치를 베푼 어떤 임금과 같으니 3 그 종들을 보내어 그 청한 사람
들을 혼인 잔치에 오라 하였더니 오기를 싫어하거늘 4 다시 다른 종들을 보
내며 이르되 청한 사람들에게 이르기를 내가 오찬을 준비하되 나의 소와 살
진 짐승을 잡고 모든 것을 갖추었으니 혼인 잔치에 오소서 하라 하였더니
5 그들이 돌아보지도 않고 한 사람은 자기 밭으로, 한 사람은 자기 사업하
러 가고 6 그 남은 자들은 종들을 잡아 모욕하고 죽이니 7 임금이 노하여 군
대를 보내어 그 살인한 자들을 진멸하고 그 동네를 불사르고 8 이에 종들에

게 이르되 혼인 잔치는 준비되었으나 청한 사람들은 합당하지 아니하니 [9] 네 거리 길에 가서 사람을 만나는 대로 혼인 잔치에 청하여 오라 한대 [10] 종들 이 길에 나가 악한 자나 선한 자나 만나는 대로 모두 데려오니 혼인 잔치에 손님들이 가득한지라 [11] 임금이 손님들을 보러 들어올새 거기서 예복을 입지 않은 한 사람을 보고 [12] 이르되 친구여 어찌하여 예복을 입지 않고 여기 들어 왔느냐 하니 그가 아무 말도 못 하거늘 [13] 임금이 사환들에게 말하되 그 손발 을 묶어 바깥 어두운 데에 내던지라 거기서 슬피 울며 이를 갈게 되리라 하 니라 [14] 청함을 받은 자는 많되 택함을 입은 자는 적으니라

유대교 지도자들의 죄가 온 이스라엘의 죄로 확대되고 있다. 그들은 하나님의 아들인 메시아의 혼인 잔치에 초청을 받고도 오지 않았다. 결국 하나님은 그들을 혹독하게 심판하고 혼인 잔치에 참석하는 사람들의 범위를 온 열방으로 확장하신다. 이 비유는 이스라엘에 관한 파트(1-7절)와 이방인들에 관한 파트(8-10절) 등 두 파트로 구분된다. 그렇다고 해서 모든 이방인이 택함을 받는 것은 아니다. 하나님은 곡식과 가라지를 구분하실 것이기 때문이다(cf. 13:24-30).

예수님은 무슨 권한으로 가르치고 치료하느냐는 유대교 지도자들의 질문(21:23-27)에 세 번째 비유로 대답하신다(1절). 마태는 '다시'(πάλιν)라는 말로 앞의 두 가지 비유와 이 비유를 연결한다. 이 비유는 지도자들의 죄로 인해 온 이스라엘이 벌을 받는 이야기다(cf. 7절).

한 왕이 아들을 위해 혼인 잔치를 베풀었다(2절). 메시아를 신랑으로 묘사하는 것은 신약에서 자주 있는 일이다(9:15; 25:1; 요 3:29; 엡 5:25-32). 예수님은 천국에 대한 이 비유에서 왕(cf. 18:23-24)과 혼인 잔치(cf. 9:15)를 하나로 묶으신다. 이 비유의 배경은 종말에 있을 메시아의 잔치다(사 25:6-9; 62:1-5; 계 19:6-9).

때와 장소에 상관없이 왕이 아들을 위해 베푸는 잔치, 더욱이 혼인 잔치는 매우 중요한 정치적 이벤트다. 그러므로 초청을 받은 사람은 당연히 가는 것이고 초청을 받지 못한 사람은 어떻게든 초청을 받으려고 안간힘을 쓴다. 임금은 종들을 보내 초청한 사람들에게 혼인 잔치에 오라고 했다(3a절).

며칠 동안 진행되는 혼인 잔치는 많은 준비가 필요하기 때문에 청한 사람들에게 잔칫날이 대략 언제쯤이라고 미리 알려 주고, 나중에 잔치 일정이 구체화되면 종들을 보내 초청받은 사람들에게 오라고 통보하는 것이 당시 풍습이었다. 본문에서도 이런 절차에 따라 잔치가 진행되고 있다. 왕이 보낸 종들은 선지자들이다(cf. 21:34). 초청 대상은 이스라엘의 지도자들이다.

충격적인 것은 초청받은 사람들이 잔치에 가기 싫어한다는 사실이다(3b절). 왕은 아무나 초청하지 않는다. 가까운 곳에서 그를 보좌하는 자들만 초청한다. 그러므로 잔치에 초청받은 사람은 무조건 가야 한다. 왕이 베푸는 잔치에 참석하는 것은 왕에 대한 충성을 확인하는 상징적인 행위이며, 참석하지 않는 것은 반역에 해당하기 때문이다(Derrett, Keener). 더욱이 본문에서 '싫어하다'(οὐκ ἤθελον)는 거듭되는 행동을 뜻하는 미완료형이다(Carson). 요즘 말로 이들은 '간이 배 밖으로 나온 자들'이다. 도저히 상상할 수 없는 반응을 보이고 있다.

왕은 초청한 사람들에게 다른 종들을 보내 참으로 성대한 잔치를 준비했으니 오라고 했다(4절). 사실 왕은 오기를 싫어하는 자들을 처벌해야 옳다. 그러나 왕은 한 번 더 공손하게 종들을 보냈다. 이를 통해 하나님은 교회가 전도와 선교의 대상을 대하는 자세를 가르쳐 주신다(Boring).

소와 살진 짐승은 특별한 때만 잡는 것들이다. 그러므로 왕이 잔치에 쓰일 나머지 것들도 가장 좋은 것으로 준비했으리라 상상할 수 있다. '모든 것을 갖추었다'(πάντα ἕτοιμα)는 만반의 준비가 되어 있다는 뜻이다. 종말에 있을 메시아의 잔치가 이러하다(사 25:6). '오소서'(δεῦτε)는 초청이 아니라 요구이자 명령이다(Boring).

하지만 왕의 신하들은 한 번 더 아들의 혼인 잔치에 오라는 왕의 간곡한 부탁을 듣는 척도 하지 않았다(5절). 무례함이 무관심으로 변한 것이다(Osborne). '돌아보지도 않고'(ἀμελήσαντες)는 왕의 초청을 듣지 못한 것처럼 행동한다는 뜻이다. 한 사람은 자기 밭으로, 다른 사람은 자기 사업을 하러 갔다. 밭과 사업은 당시 산업을 총망라하는 표현이다(cf. 눅 14:18-20). 이 사람들은 자신들의 왕에게 씻을 수 없는 수치와 수모를 안겨 준 것이다. 하나님의 아들이신 예수님을 부인한 유대인들의 모습이다. 이스라엘 지도자들이 이스라엘의 거룩하신 이를 업신여겼다(사 1:4; 5:3-12, 24-25).

더 나아가 밭일을 하러 가거나 사업하러 가지 않고 남은 자들은 왕이 보낸 종들을 잡아 모욕하고 죽였다(6절). 그들은 반역이 왕에게 보일 수 있는 가장 좋은 반응이라고 생각했다. 그들이 모욕하고 죽인 종들은 하나님이 보내신 선지자들이다. 그들의 행위는 악한 소작농들의 만행과 다를 바 없다(cf. 21:35, 39). 그러므로 그들도 소작민들처럼 죽임을 당할 것이다(cf. 21:41).

소식을 들은 왕이 노하여 군대를 보내 살인한 자들을 진멸하고 그들이 사는 동네를 불살랐다(7절). 온 마을을 불사르는 것은 로마 사람들이 흔히 사용하는 수법이었다(Davies & Allison). 다행인 것은 군대가 동네 사람들과 일터로 떠난 사람들은 죽이지 않고 살인한 자들만 진멸했다는 사실이다. 이 말씀이 70년에 있을 예루살렘과 성전 파괴를 예고하는 것이라 하는 이들도 있고(Blomberg, Boring, Luz, Turner, Witherington), 종말에 있을 최종 심판을 뜻하는 것이라고 하는 이들도 있다(Carson, Gundry, Nolland). 비유의 첫 부분(1-7절)은 유대인들에 관한 것이며, 13절에서 다시 심판이 언급되는 것으로 보아 이는 70년에 임한 심판을 말한다. 게다가 아들의 혼인 잔치 때 군대를 보내 마을을 파괴하는 것은 불행한 일이지만, 도저히 지체할 수 없는 심판을 상징하기 때문이다. 한편, 13절은 종말에 있을 최종 심판이다.

잔치는 이미 준비되어 있으나(cf. 4절), 청함을 받은 사람들은 합당하지 않다(8절). 초청을 받았지만 합당하지 않은 사람들은 이미 잔치를 거부한 지도자들과 그들만이 하나님의 백성이라는 특권 의식에 사로잡혀 있으면서 열매는 맺지 않는 유대인들이다(Osborne, Wilkins, cf. 3:8). 그들이 맺어야 할 합당한 열매는 세례 요한이 예비한 길로 오신 메시아 예수님을 영접하는 것이다.

그러므로 왕은 네거리 길에 가서 사람을 만나는 대로 잔치에 청하라고 한다(9절). '네거리'(τὰς διεξόδους τῶν ὁδῶν)는 마을이 끝나고 변두리(시골)로 접어드는 길을 뜻한다(TDNT). 마을은 이미 불탔기 때문에(7절), 변두리로 가라고 한 것이다. 사람을 만나는 대로 혼인 잔치에 청하라는 것은 이스라엘의 테두리를 초월해 선교하라는 명령이다. 왕의 종들이 네거리에서 만나는 사람들은 유대인 중 초청에 반응을 보이는 사람들과 세상 모든 민족을 상징하기 때문이다(Osborne, cf. 21:43; 28:19).

종들은 왕의 명령에 따라 길에 나가서 악한 자나 선한 자나 만나는 대로 모두 데려왔다(10a절). 하나님 나라는 세리들과 죄인들처럼 존경받지 못하는 사람들과 바리새인인 니고데모와 아리마대 사람 요셉처럼 존경받는 사람들을 가리지 않고 초청한다. 가라지와 알곡 비유를 생각나게 한다(13:37-42). 혼인 잔치는 손님으로 가득하게 되었다(10b절).

잔치가 열리는 곳으로 왕이 들어와 손님들을 둘러보았다(11a절). 종말에 있을 하나님의 심판이 시작되는 순간이다. 잔치에 참석한 사람들은 옆으로 반쯤 엎드린 자세로 음식을 먹고 있었다. 왕이 보니 예복을 입지 않고 온 손님이 하나 있었다(11b절). 그 당시 잔치에 깨끗하고 단정한 옷(대부분 흰색)을 입고 오는 것은 필수였으므로, 씻지 않거나 깨끗한 옷으로 갈아입지 않고 오는 것은 주인에 대한 모독이었다(Bauckham).

왕은 다정한 투로 그를 '친구'라고 부르며 왜 예복을 입지 않고 왔는지 물었다(12a절). 왕이 예복에 관해 묻는 것은 잔치에 오는 사람은 최소한의 예의는 갖추고 와야 한다는 뜻이다. 이 말씀에서 예복은 도덕적인 책임을 다하는 것을 상징한다(Olmstead). 더 구체적으로 의로운 행위로 해석하는 이들도 있고(Derrett, Hagner, Luz), 구원을 받아 새로운 백성이 된 사람이 갖춰야 할 경건하고 의로운 삶이라고 하는 이들도 있다(Davies & Allison, France, Gundry, Keener, Wilkins cf. 약 2:14-26).

왕은 피치 못할 사정이 있다면 들어주겠다는 뜻에서 다정하게 질문했지만, 손님은 아무 말도 못 한다(12b절). 그의 침묵은 입고 올 만한 옷이 있는데, 일부러 입지 않고 온 것을 암시한다(Wilkins). 잔치에 참석하기는 했지만, 이 사람도 그를 초청한 왕을 무시한 것이다.

왕은 사환들에게 그의 손발을 묶어 어두운 데 내던지라고 했다(13절). '내던지다'(ἐκβάλλω)는 귀신 들린 자들에게서 귀신을 내쫓는 일을 묘사하는 동사다(7:22; 8:16, 31; 9:33, 34). 이때까지 '종들'(δοῦλοι)이 임금의 수종을 들었는데, '사환들'(διακόνοις)로 바뀌고 있다. 앞서 예수님이 제자들에게 가라지 비유를 설명하실 때 종말에 알곡과 가라지를 구분해 가라지를 태울(심판을 진행할) 이들은 천사들이라고 하셨다(13:41, 49). 이 말씀도 종말에 있을 심판을 의미하기 때문에 천사들이 확실하다. 이러한 차이를 암시하기 위해 종들이 사환들로 바뀌고 있다. 종말 때 하나님의 종들이 심판을 진행하는 것이 아니라, 천사들이 한다. 어두운 데와 슬피 울며 이를 가는 것은 소외와 고통과 슬픔으로 가득한 영원한 벌을 상징한다(8:12; 13:42, 50; 24:51; 25:30). 이 또한 최종 심판 이후에 있을 일이다.

이 비유의 의미는 14절에 요약되어 있다. "청함을 받은 자는 많되 택함을 입은 자는 적으니라." '청함과 택함' 그리고 '많음과 적음'이 이 비유의 핵심 포인트다. '많음'(πολλοί)이 이 본문에서처럼 정관사 없이 사용될 때에는 '모든'(all, every)을 의미한다(Wilkins, cf. 109:30 LXX). 모든 이스라엘 사람과 세상 모든 이방인이 초청을 받았으나, 정작 하나님의 택하심을 받아 메시아의 잔치에 참여할 사람은 소수에 불과하다. 청함에 응하는 것은 인간의 책임이지만, 구원받을 자를 택하시는 것은 하나님의 주권이기 때문이다.

이 말씀은 하나님께 구원을 받을 선민이 이제 이스라엘로 제한되는 것이 아니라 온 열방이 될 것이라 한다. 이스라엘 지도자들이 예수님을 영접하지 않고 백성도 영접하지 못하게 했기 때문이다. 죄는 지도자들이 지었지만, 결과는 온 백성이 감당해야 한다. 구약 선지자들이 가르친 원리인 '책임 추궁은 소수(지도자들)에게, 책임 전가는 모두(온 백성)에게'가 이 비유에서 실현되고 있다(cf. 『엑스포지멘터리 선지서 개론』).

교회 지도자들인 우리도 각별히 신중해야 하고, 또 하나님의 인도하심에 예민해야 한다. 우리가 잘못하면 우리 개인 문제로 끝나는 것이 아니라 우리가 인도하고 있는 온 공동체가 책임을 피할 길이 없기 때문이다. 그러므로 사역자들이 좋은 성도들을 만나는 것도 하나님의 축복이지만, 성도들이 좋은 목회자를 만나는 것은 더 큰 축복이다.

우리는 본문이 묘사하고 있는 유대인들의 경험에서 배워야 한다. 그들은 자신들만이 선민이며 유일하게 하나님을 섬기는 민족이라고 자부했다. 그러나 하나님은 '촛대'(계 2:5)를 그들에게서 이방인들로 옮기신다. 신앙생활에서 방심은 금물이다. 주신 것에 감사하며 항상 겸손하게 하나님만 바라보며 의로우신 하나님의 구원을 받은 사람답게 경건하고 의롭게 살아야 한다.

VI. 예수님과 심판과 예루살렘(19:3-26:5)
A. 내러티브(19:3-22:46)
2. 고난 주간이 시작될 때 있었던 일(21:1-22:46)
(2) 성전 논쟁(21:23-22:46)

e. 가이사에게 바치는 세금(22:15-22)

15 이에 바리새인들이 가서 어떻게 하면 예수를 말의 올무에 걸리게 할까 상

의하고 [16] 자기 제자들을 헤롯 당원들과 함께 예수께 보내어 말하되 선생님 이여 우리가 아노니 당신은 참되시고 진리로 하나님의 도를 가르치시며 아무도 꺼리는 일이 없으시니 이는 사람을 외모로 보지 아니하심이니이다 [17] 그러면 당신의 생각에는 어떠한지 우리에게 이르소서 가이사에게 세금을 바치는 것이 옳으니이까 옳지 아니하니이까 하니 [18] 예수께서 그들의 악함을 아시고 이르시되 외식하는 자들아 어찌하여 나를 시험하느냐 [19] 세금 낼 돈을 내게 보이라 하시니 데나리온 하나를 가져왔거늘 [20] 예수께서 말씀하시되 이 형상과 이 글이 누구의 것이냐 [21] 이르되 가이사의 것이니이다 이에 이르시되 그런즉 가이사의 것은 가이사에게, 하나님의 것은 하나님께 바치라 하시니 [22] 그들이 이 말씀을 듣고 놀랍게 여겨 예수를 떠나가니라

예수님은 세 가지 비유(21:28-22:14)를 통해 유대교 지도자들을 정죄하시고 그들이 반드시 심판받을 것을 경고하셨다. 이번에는 예수님과 그들 사이에 있었던 네 개의 논쟁(22:15-46)에 관한 이야기다. 지도자들은 예수님을 곤경에 빠뜨릴 만한 질문들을 하지만, 예수님은 그들이 전혀 예상하지 못한 답으로 그들을 놀라게 하신다. 이 논쟁 시리즈가 끝나면 예수님에게 신학적인 이슈로 태클을 걸어오는 자들은 더 없을 것이다(46절).

첫 번째 논쟁은 바리새인들의 제자들과 헤롯 당원들이 세금에 관해 질문한 것이다(22:15-22). 두 번째 논쟁은 사두개인들이 부활과 결혼에 관해 질문한 것이다(22:23-33). 세 번째 논쟁은 한 율법 선생이 가장 위대한 계명에 관해 물은 것이다(22:34-40). 네 번째는 바리새인들과 성경적 모순에 대해 벌인 논쟁이다(22:41-46). 이 논쟁들은 유대교에서 흔히 있었던 질문 방식으로 진행된다(Daube).

유대교 지도자들은 예수님에게 큰 위협을 느꼈다. 그러므로 어떻게 해서든 제거해야 한다고 생각했다. 그러나 사람들이 두렵다(21:11, 46). 그러므로 여론을 조작해 예수님을 지지하는 자들이 돌아서게 할 방법을 고민 중이다. 그들은 서로 상의해 예수님이 자기 말에 스스로 걸려 넘어지게 하는 것이 가장 좋은 방법이라고 결론지었다(15절). 당시 랍비들은 서로 질문을 던지는 방식으로 가르쳤기 때문에 예수님과 논쟁하다 보면 분명 스스로 올무에 걸릴 만한 말을 할 것으로 생각한 것이다.

그러나 한 가지 문제가 있다. 바리새인들은 갈릴리에서도 예수님이 율법을 범하도록 유혹한 적이 있기 때문에(16:1; 19:3), 예수님은 그들과 그들의 수법을 아신다. 그래서 바리새인들은 직접 나서지 않고 제자들과 헤롯 당원들에게 할 말을 주며 뒤에서 조정하기로 했다(16a절). 세상 말로 '잔머리를 굴린 것'이다.

마태복음에서 바리새인들의 제자들이 언급되는 것은 이곳이 유일하다. 이들은 바리새인이 되려고 훈련받는 중이다. 오늘날로 말하면 인턴들이다. 나이도 바리새인들보다 조금 어리고 아직 바리새인들의 논리와 지혜를 온전히 습득하지 못해 조금은 어리숙한 만큼 이 일에 적격이라고 생각했다(Wilkins).

마태복음에서 '헤롯 당원들'(τῶν Ἡρῳδιανῶν)은 이 본문에만 등장한다. 이들에 대해서는 알려진 바가 별로 없다. 이는 예수님을 죽이려 했던 헤롯 대왕이 자기 집안과 헤롯 왕조(주전 55-주후 93)를 지지하도록 경제적, 정치적 이익을 주며 결성한 집단이었다(Meier). 헤롯 왕조의 왕들은 모두 로마 제국의 인준을 받아야 하는 처지였기에 이들은 로마 제국을 추종하기도 했다.

평상시 이 두 부류는 그다지 잘 어울리지 않지만, 예수님이 그들의 공통적 원수라는 점에서 이해타산이 잘 맞아떨어졌다. 바리새인들의 제자들은 스승들의 지혜를, 헤롯 당원들은 풍부한 정치 경험으로 예수님에게 올무를 놓으려고 한다.

그들은 예수님을 '선생님'(διδάσκαλος)이라고 부른다. 예수님의 제자가 아닌 사람들이 주님을 부를 때 사용하는 호칭이며 존경을 표하는 단어다(9:11; 12:38; 17:24; 19:16; 22:24, 36). 그러나 본문에서는 거짓과 위선으로 가득한 아첨이다. 그들은 예수님이 선생(랍비)이 아니라는 것을 입증하기 위해 온 사람들이기 때문이다.

그들은 온갖 말로 예수님을 칭찬하며 경의를 표한다. "당신은 참되시고 진리로 하나님의 도를 가르치시며 아무도 꺼리는 일이 없으시니 이는 사람을 외모로 보지 아니하심이니다"(16b절). 그들은 예수님이 올무에 걸려들도록 스승들이 지시한 대로 마음에 없는 말을 하지만, 내용은 모두 예수님에 대한 진실이다. 아무것도 모르는 "어린아이들과 젖먹이들 입에서 찬양이 나오게 하셨다"라는 말씀을 생각나게 한다(21:16). 그들이 만약 자신들이 하는 말을 믿었다면 예수님의 제자가 되었을 것이다. 그들이 한 말 중 특히 '아무도 꺼리는 일이 없으시다'는 로마 사람들에게 문제가 될 만한 말을 해 달라는 그들의 기대를 반영하고 있다.

그들은 가이사에게 세금을 바치는 것이 옳은지, 옳지 않은지 묻는다(17절). 가이사는 율리우스 가이사(Julius Caesar)의 성(姓)이며, 로마 제국을 다스리는 황제들의 타이틀이 되었다. 이때는 티베리우스 율리우스 가이사 아우구스투스(Tiberius Julius Caesar Augustus)가 다스리는 시대였다(Rousseau & Arav). 당시 유대인들은 온갖 세금으로 인해 삶이 어려웠기 때문에 세금은 참으로 예민한 이슈였다. 그들은 매년 성전세(cf. 17:24-27), 관세, 판매세 같은 간접세와 인두세(poll tax) 등에 시달렸다. 예수님 시대에 평범한 유대인 가족은 전체 수입의 49-50%를 다양한 세금으로 지출했다고 한다(Rousseau & Arav, cf. DJG).

인두세는 유대인들에게 가장 뜨거운 감자였다. 매년 1인당 1데나리온을 내야 하는데, 로마 시민들은 내지 않았다. 그러므로 매우 불공평한 세금이라고 생각했다. 게다가 열성파들(Zealots)은 유대인들이 로마에 인두세를 내는 것은 이방인에게 노예가 되는 것이며 하나님께 치욕을 안기는 것이라며 종교적인 문제를 제기했다(Carson).

이러한 상황에서 예수님은 '옳다'(Yes) 혹은 '옳지 않다'(No) 어떤 대답을 하시든 올무에 걸리시게 된다. 만일 세금을 내는 것이 옳다고 하면 강제로 세금을 납부하며 사는 유대인 대부분이 예수님에게서 등을 돌릴 것이며 순식간에 예수님을 지지하는 여론은 사라질 것이다. 만일 옳지 않다고 하면 헤롯 당원들이 로마에 대한 반역으로 간주해 당국에 고발할 것이다. 그러므로 바리새인들은 예수님이 어떤 대답을 하든 간에 그들에게 해가 될 것은 하나도 없고 득이 될 것만 있다고 생각해 제자들에게 이 질문을 하게 한 것이다.

사람의 마음을 꿰뚫어 보시는 예수님은 그들의 악함을 아신다(18a절). 또한 그들이 예수님을 시험하고 있다는 것도 아신다(18b절). 그러므로 그들을 외식하는 자들이라고 비난하신다. 그들은 온갖 칭찬을 앞세워 예수님을 존경하는 척하지만, 정작 마음으로는 주님을 해하려고 왔기 때문이다.

이 같은 사실을 안다고 해서 예수님이 대답을 하지 않으실 수는 없다. 그러나 그들이 기대한 '옳다(yes) 혹은 아니다(no)'로 하지 않으시고 전혀 예측하지 못한 방법으로 그들을 놀라게 하신다. 예수님은 먼저 그들에게 세금을 낼 때 사용하는 돈을 보여 달라고 하셨다(19a절). 그러자 데나리온 하나를 가져왔다. 노동자들이 하루 일당으로 받는 동전이다. 이때 유통된 데나리온 동전 앞면에는 황제 티베리우스의 얼굴과 '신 오거스투스의 아들 티베리우스 가이사'(Tiberius Caesar Divi Augusti Filius Augustus)라는 라틴어 문구가 새겨져 있었다. 뒷면에는 로마 사람들이 평화의 여신으로 숭배했던 팍스(Pax)가 보좌에 앉아 있는 모습이 새겨져 있고, 그 아래에는 라틴어로 '대제사장'(Pontifex Maximus)이라 새겨져 있었다(Rousseau & Arav). 보수적인 유대인들은 대부분 이 동전에 새겨진 형상들을 우상으로 간주했다(cf. 출 20:4; 신 5:8).

예수님은 동전을 보여 준 자들에게 물으셨다. "이 형상과 이 글이 누구의 것이냐?"(20절). 질문으로 논쟁을 이어가는 것은 전형적인 랍비들의 방식이다. 그들은 당연히 현 황제인 가이사의 것이라고 했다(21a절).

이에 예수님은 "가이사의 것은 가이사에게, 하나님의 것은 하나님께 바치라"라고 하셨다(21b절).

가이사의 것은 가이사에게 바치라는 것은 예수님은 군사적인 메시아로 오신 것이 아니기 때문에 세상 권세에 어떠한 정치적, 군사적 위협도 가하지 않겠다는 취지의 말씀이다(Wilkins). 예수님이 세우신 하나님 나라는 여러 면에서 혁명적이라 할 수 있다. 그러나 세상 끝 날에 영광스러운 모습으로 다시 오실 때까지 세상 권세는 모두 세상 방식에 따라 존재할 것을 암시한다(cf. 단 2장).

'바치다'(ἀποδίδωμι)는 '돌려주다'라는 의미를 지니고 있다(BAGD). 그러므로 무엇을 돌려주라는 것인가에 대해 다양한 해석이 있다. 가장 설득력이 있는 해석은 하나님과 현 권세에 대한 각자의 의무를 다하라는 것이다(Bruner, Davies & Allison, Gundry, McNeile). 세상 권세에 의무를 다하는 것은 하나님께 의무를 다하는 것의 일부이기 때문이다. 신약은 심지어 불합리한 권세에도 순종해 각자의 의무를 다하라고 한다(cf. 롬 13:1-7; 딤전 2:2; 벧전 2:13-17). 하나님 나라는 종말까지 세상 권세에 위협이 되지 않을 것이다. 단, 하나님의 기준과 세상 권세의 방식이 대립할 때는 하나님께 순종해야 한다(cf. 행 4:19; 5:29). 하나님의 권세가 세상 권세보다 훨씬 더 크기 때문이다.

예수님의 말씀을 들은 자들이 놀랐다(22절). 그들은 '예스 혹은 노'(yes or no)를 기대했는데, 전혀 다른 논리로 말씀하시니 대꾸할 말도 없었다. 그들의 스승들(바리새인들)도 예측하지 못한 일이 벌어진 것이다. 그래서 아무 말도 하지 못하고 예수님을 떠났다. 예수님의 지혜가 지도자들을 잠잠케 했다. 안타까운 것은 이같이 놀라운 예수님을 경험하고도 그들의 마음이 열리지 않았다는 사실이다. 그들이 회개하고 예수님을 영접했으면 참으로 좋았을 것이라는 아쉬움이 남는다. 영적 세계는 인간의 논리와 이성으로 설명할 수 없는 부분이 참 많다. 그러므로 우리는 예수님을 영접해 하나님의 백성이 된 것이 우리의 노력이 이뤄낸

성과가 아니라 은혜로운 하나님이 우리를 불쌍히 여겨 자비를 베푸신 결과라는 사실에 감사하며 살아야 한다.

이 말씀은 세금과 헌금에 대해 생각하게 한다. 종종 성직자들은 세금을 내지 않아야 한다고 주장하는 이들이 있다. 그러나 잘못된 주장이다. 우리가 이 땅에 사는 한 나라를 운영하고 다스리는 정권에 세금을 내는 것은 당연한 일이다. 세상의 눈에는 사역도 일이며, 사례비도 노동의 대가로 받는 봉급이기 때문이다. 또한 우리가 내는 세금은 다양한 혜택이 되어 국민들에게 돌아온다.

헌금도 성실하게 해야 한다. 구약 시대 성도들은 십일조만 한 것이 아니라 온갖 예물과 성전세 등을 냈기 때문에 수입의 20%를 웃도는 돈을 기부했다. 자본주의 세상에 있는 교회는 자본(돈)이 있어야 하나님 일도 할 수 있다. 그러므로 헌금은 구약 율법이 요구해서가 아니라, 교회가 이 땅에 존재하는 목적을 달성하기 위해 해야 한다. 예수님은 무엇을 위해 교회를 이 땅에 세우셨는가? 바로 전도와 선교와 구제를 위해서다. 그러므로 교회가 헌금을 교회 내에서만 사용하는 것은 심각한 문제다. 하나님이 세상을 축복하시는 통로가 되기 위해서라도 교회는 전도와 선교와 구제로 헌금의 상당 부분을 세상으로 흘려보내야 한다.

VI. 예수님과 심판과 예루살렘(19:3-26:5) A. 내러티브(19:3-22:46) 2. 고난 주간이 시작될 때 있었던 일(21:1-22:46) (2) 성전 논쟁(21:23-22:46)

f. 결혼과 부활(22:23-33)

[23] 부활이 없다 하는 사두개인들이 그날 예수께 와서 물어 이르되 [24] 선생님이여 모세가 일렀으되

사람이 만일 자식이 없이 죽으면

그 동생이 그 아내에게 장가들어
형을 위하여 상속자를 세울지니라

하였나이다 25 우리 중에 칠 형제가 있었는데 맏이가 장가들었다가 죽어 상
속자가 없으므로 그 아내를 그 동생에게 물려 주고 26 그 둘째와 셋째로 일
곱째까지 그렇게 하다가 27 최후에 그 여자도 죽었나이다 28 그런즉 그들이
다 그를 취하였으니 부활 때에 일곱 중의 누구의 아내가 되리이까 29 예수께
서 대답하여 이르시되 너희가 성경도, 하나님의 능력도 알지 못하는 고로 오
해하였도다 30 부활 때에는 장가도 아니 가고 시집도 아니 가고 하늘에 있는
천사들과 같으니라 31 죽은 자의 부활을 논할진대 하나님이 너희에게 말씀하
신바

32 나는 아브라함의 하나님이요
이삭의 하나님이요
야곱의 하나님이로라

하신 것을 읽어 보지 못하였느냐 하나님은 죽은 자의 하나님이 아니요 살아
있는 자의 하나님이시니라 하시니 33 무리가 듣고 그의 가르치심에 놀라더라

첫 번째 논쟁에서 바리새인들은 예수님께 패하고 뒤로 물러났다. 사두개인들이 바통을 이어받아 두 번째 논쟁에 나선다. 제사장들은 대부분 사두개인이었기 때문에 성전은 그들의 본거지였다. 이 논쟁은 부활이 있다고 주장하는 바리새인들과 부활이 없다고 주장하는 사두개인들의 유대교 내부의 갈등을 배경으로 하고 있다. 그러므로 어떤 결과가 나오든 다른 논쟁처럼 파괴적이지는 않다. 사두개인들은 이 논쟁을 통해 그들을 따르는 사람들과 바리새인들을 따르는 사람 중 한 그룹이 예수님에게서 등을 돌리기를 기대한다. 그래야 여론을 조장하는 일이 쉬워지기 때문이다.

사두개인들이 바리새인들의 제자들과 헤롯 당원들이 예수님에게 패하고 돌아간 바로 '그날'(ἐκείνῃ τῇ ἡμέρᾳ)에 왔다는 것은 평상시에는 별

로 친하게 지내지 않던 이 두 부류가 적이 같다는 이유로 연합 공세를 펼치고 있음을 암시한다. 이때까지 대제사장들(21:23)과 장로들(21:23)과 바리새인들(21:46)이 논쟁에 참여했는데, 여기에 사두개인들이 가세했다는 것은 온 산헤드린이 예수님에게 '태클을 걸려고' 혈안이 되어 있다는 뜻이다. 이 네 부류가 유대교 최고 권위 기관인 예루살렘 산헤드린을 구성하기 때문이다.

사두개인들은 오직 모세 오경(Pentateuch)만이 정경이라고 주장했다. 그러므로 그들은 오경에 언급되지 않은 교리나 신학은 인정하지 않았다. 내세와 부활도 마찬가지다. 그들은 오경이 부활이나 내세에 대해 가르치지 않는다 하여 내세나 부활이 없다고 주장했다(cf. 행 23:6–9). 그들의 주장과 달리 선지서와 지혜문헌 등은 곳곳에서 부활과 내세를 가르친다(욥 19:25–27; 사 25:8; 26:19; 겔 37:1–14; 단 12:1–3, 13; 호 6:1–3; 13:14). 만약 그들이 오경 외 다른 책들도 정경으로 인정했더라면 이러한 오류는 없었을 것이다.

사두개인들은 예수님을 '선생님'(διδάσκαλος)이라고 부르는데(24절), 바리새인들의 제자들이 예수님을 부를 때 사용한 호칭이다(16절). 마태복음에서는 예수님을 따르지 않는 사람들이 주님을 부를 때 이 호칭을 사용한다(9:11; 12:38; 17:24; 19:16; 22:24, 36). 그들은 모세의 율법 중 계대 결혼에 관해 질문했다(24절). 계대 결혼은 남편이 자식을 남기지 않고 죽었을 때 홀로된 아내를 시동생과 결혼시켜 대를 잇게 하는 제도다. 유다의 며느리 다말이 이런 일을 경험했다(cf. 창 38장). 어떤 이들은 룻과 보아스의 결혼도 이런 유형의 결혼으로 취급하는데(Boring), 그들의 결혼은 기업 무를 자에 관한 율법(레 25:25–35)과 연관된 결혼이지 계대 결혼과는 다르다. 사두개인들이 이 법을 언급하기 위해 하는 말은 계대 결혼에 대한 구약 말씀(신 25:5; 창 38:8)을 느슨하게 인용한 것이다. 그러므로 NAS는 그들이 구약 말씀을 직접 인용한 것으로 표기한다.

사두개인들은 일곱 형제가 있었는데, 맏이가 결혼했지만 아이가 없이 죽어 그 아내를 동생에게 물려주었고, 같은 일이 여러 차례 반복되어 결국 일곱 형제가 모두 같은 여자와 결혼했지만 모두 자식이 없이 죽고 여자도 죽었다고 한다(25-27절). 그들은 '우리 중'에 있었던 일이라고 하지만(25절), 예수님을 함정에 빠트리기 위해 만들어낸 이야기다. 부활과 내세를 부인하는 사두개인들이 이런 이야기를 하는 것은 바로 다음 28절에서 암시된 것처럼 계대 결혼 율법과 부활을 모순으로 생각했기 때문이다.

그들은 예수님에게 일곱 형제가 모두 같은 여자와 결혼을 했으니, 그 여자는 부활 때 일곱 중 누구의 아내가 되느냐고 질문했다(28절). 이 상황을 생각해 보면 만일 부활이 있다면 계대 결혼에 대한 율법은 참으로 이상한 율법이다. 부활한 세상에서 일처다부제를 유발하기 때문이다. 그러나 그들의 논리에 따르면 율법은 온전한 것이기 때문에 계대 결혼 율법은 부활이 없다는 것을 전제하고 주어졌다. 그러므로 부활도 내세도 없다. 사두개인들은 사람이 죽으면 영과 육이 모두 소멸한다고 생각했다.

율법이 계대 결혼을 도입한 데는 세 가지 목적이 있다. 첫째, 자식 없이 과부가 된 여자의 수치(불임)와 사회적 편견을 완화시키기 위해서다. 둘째, 죽은 남편의 재산이 다른 가족이나 친족에게 넘어가는 것을 막기 위해서다. 셋째, 죽은 사람의 이름과 명예가 보존되도록 하기 위해서다. 사두개인들은 이 같은 율법의 취지에는 관심이 없다.

이러한 목적을 염두에 두고 보면 계대 결혼 율법도 나쁘기만 한 것은 아니다. 그러나 오늘날 죽은 남편의 동생과 결혼한다는 것은 상상하기 어렵다. 그러므로 어떤 이들은 여자와 시동생이 실제 결혼생활은 하지 않고 임신만 하게 한 것이라 하는데, 근거와 설득력이 부족하다.

사두개인들은 예수님에게 일처다부제를 감수하고 부활과 영생을 택하든지, 일처다부제를 허용하지 않는 율법을 택해 부활과 영생을 부인하든지 둘 중 하나를 택하라고 요구하고 있다(cf. Turner). 만일 예수님이 부활과 영생을 택하면 부활을 믿지 않는 사두개인들과 그들을 지지하는 사람들의 지지를 잃을 것이다. 반대로 예수님이 영생과 부활을 부인하면 바리새인들과 그들을 따르는 사람들을 잃게 될 것이다. 예수님에 대한 여론이 나뉘면 상황을 그들에게 유리한 쪽으로 만들어 가기가 훨씬 쉬워진다.

이번에도 예수님은 지도자들의 강요에 따라 답을 정하지 않으시고, 그들이 전혀 예측하지 못한 답을 주신다. 예수님은 먼저 바리새인들이 성경도 하나님의 능력도 알지 못하기 때문에 부활에 대해 오해한 것이라고 하신다(29절). 스스로 율법 전문가라며 자만하는 사두개인들에게 '알려면 똑바로 알라'고 우회적으로 비난하신 것이다(cf. 21:16, 42). 예수님은 성경과 하나님의 능력 등 두 가지 출처를 언급하심으로써 그분 자신은 구약의 제한을 받지 않으신다는 사실을 공표하신다. 당연하다. 예수님은 이스라엘에 구약을 주신 분이기 때문이다.

예수님은 사두개인들에게 부활 때는 사람이 결혼하지 않으며, 천사들같이 된다고 하셨다(30절). 하나님의 능력이 얼마나 큰지 부활 때에 인류의 삶을 재창조하시어 부활한 사람들이 우리가 아는 이 삶에서의 결혼을 경험하지 않도록 하신다는 뜻이다. 예수님은 이 말씀과 사람이 홀로 사는 것에 대한 말씀(19:12)을 통해 '결혼을 신격화하는 것'(divinizing of marriage)을 거부하신다(Bruner). 결혼은 참으로 좋은 것이고 하나님의 축복이지만, 반드시 할 필요는 없다는 것이다. 하늘에서는 결혼을 하지 않기 때문이다.

예수님이 말씀하시는 '부활 때'(ἐν τῇ ἀναστάσει)는 바리새인들이 주장하는 것처럼 죽은 사람이 현재 모습으로 부활하는 것을 의미하는 것이 아니라, 하늘나라에서 완전히 새로운 모습, 곧 이 땅에서의 모습과 전혀 다른 모습으로 재창조되는 것을 뜻한다(Davies & Allison). 부활할 때는 모든 사람이 이 땅에서의 모습과는 질적으로 다른 모습을 지닌다(cf.

고전 15:44; 빌 3:21; 요일 3:1-2).

또한 천국에서 함께 사는 사람들의 관계가 얼마나 좋고 행복한지 더는 결혼이 필요 없다. 결혼은 사람이 이 땅에서 누릴 수 있는 가장 큰 친밀함을 제공하는 것인데, 부활 공동체에 속한 사람들의 관계가 참으로 좋고 친밀해 결혼할 필요가 없다는 논리다. 게다가 결혼의 중요한 목적 중 하나가 자녀를 낳는 것인데, 천국에서는 아이를 낳을 필요가 없다.

부활한 사람들은 모두 결혼하지 않는 천사같이 될 것이다(30b절). 어떤 이들은 이 말씀을 우리가 부활하면 이 땅에서의 기억을 모두 잃게 되는 것으로 해석하는데, 부활의 놀라움을 강조할 뿐 기억을 잃는 것이라는 뜻은 아니다(Carson, cf. 고전 15:44; 빌 3:21; 요일 3:1-2). 사두개인들은 천사를 믿지 않았다(행 23:8). 그러므로 천사같이 된다는 말씀도 우회적으로 그들의 잘못된 신학을 지적한다.

예수님은 하나님의 놀라운 능력이 부활을 사람이 생각하는 것과 전혀 다른 차원의 경험으로 만드실 것이라고 하신 후 구약, 그중에서도 사두개인들이 유일한 정경으로 여기는 오경을 인용해 그들의 논리를 반박하신다(32절). 인상적인 것은 사두개인들은 오경을 '모세의 말'(24절)이라고 하는데, 예수님은 '하나님의 말씀'이라고 하신다는 점이다(31절). 예수님은 구약을 하나님의 말씀으로 대하시는 것이다.

예수님이 32절에서 인용하시는 말씀은 출애굽기 3:6이다(cf. 출 3:15, 16). 원래 이 말씀은 하나님이 모세에게 그분은 새로운 신이 아니라 그의 선조들의 하나님이라며 하신 말씀이다. 예수님은 칠십인역(LXX)이 이 말씀을 번역하면서 하나님이 '이다'(εἰμι)라고 하셨다며 현재형 동사를 사용한 것을 근거로 이렇게 말씀하신다. 그러나 예수님이 이 말씀을 인용해 하나님이 죽은 자의 하나님이 아니요 살아 있는 자의 하나님이라고 하시는 논리와는 잘 어울리지 않는 듯하다. 그러므로 학자들은 예수님의 인용에 대해 최소 일곱 가지 해석을 내놓았다(cf. Davies &

Allison).

가장 합리적인 해석은 예수님의 말씀을 하나님이 선조들과 맺으신 언약과 연결하는 것이다. 하나님은 이스라엘의 선조들과 영원한 언약을 맺으셨다(창 24:12, 27, 48; 26:24; 28:13; 32:9; 46:1, 3-4; 48:15-16; 49:25). 언약은 쌍방이 맺는 것이다. 그러므로 하나님이 맺으신 언약이 영원하려면 언약의 축복을 받는 자들도 영원히 살아 있어야 한다. 이 점을 의식한 듯 누가는 32b절과 평행을 이루는 말씀에 "하나님에게는 모든 사람이 살았느니라"를 더한다(눅 20:38). 비록 선조들이 이 땅에서는 죽었지만, 천국에 살아 있다는 것이다. 이 논쟁이 부활과 내세에 관한 것이라는 사실을 고려하면 그들이 천국에 살아 있다는 것이 논리의 일부분이 되는 것은 당연하다. 만일 선조들이 살아 있다면, 아브라함과 이삭과 야곱의 하나님은 당연히 살아 있는 자들의 하나님이시다.

무리가 예수님의 가르침을 듣고 놀랐다(33절). 여론을 조작하려는 사두개인들의 노력이 수포로 돌아간 것이다. 이전에도 무리는 예수님의 가르침과 기적에 여러 번 놀란 적이 있다(7:28; 9:8, 33; 13:54; 15:31). 그러나 예수님을 따르기로 결단한 사람은 많지 않았다.

마태는 사두개인들의 반응을 기록하지 않는다. 예수님이 선생(랍비)이 아니라는 것을 입증하러 온 자들이 주님께 큰 가르침을 받았다. 그들도 바리새인들의 제자들처럼 아무 말도 하지 못한 채 놀란 가슴을 안고 자리를 떠났다. 사두개인들도 진리를 찾는 일에는 관심이 없다. 그러므로 이처럼 놀라운 가르침을 주신 메시아를 뒤로하고 떠났다.

이 말씀은 부활이 어떤 것인지 가르쳐 준다. 부활은 이 땅에 사는 우리가 도저히 상상할 수 없이 놀랍고 좋은 것이다. 부활은 썩어질 육의 몸으로 심어 신령한 몸으로 다시 사는 것이기 때문이다(고전 15:44). 그러므로 우리가 이 땅에서 아무리 부활에 대해 생각해 보려 해도 그 놀라움은 상상조차 할 수 없다. 부활은 하나님의 능력이 모든 것을 새로(재)창조하시는 것이기 때문이다. 이러한 부활이 우리의 죽음을 이어갈 것이다. 우리는 이 땅에서의 삶을 신실하고 성실하게 살아내고 부활에 참여해야 한다.

바리새인들은 오직 모세 오경만 하나님의 말씀이라는 어이없는 교리를 지향했다. 그러다 보니 부활도 내세도 없다고 했다. 그들의 이 같은 생각은 영적 편식에서 비롯된 것이다. 이단들의 특징도 바로 영적 편식이다. 설령 그들이 말로는 성경 전체를 하나님의 말씀으로 믿는다고 하더라도 그들이 선호하는 정경은 몇 권에 불과하다. 우리는 정경 66권을 모두 하나님의 말씀으로 대해야 한다. 그래야 균형과 질서가 있는 진리를 얻을 수 있다.

옛 이스라엘에서는 계대 결혼이 어느 정도 의미가 있었겠지만, 오늘날 사회에서는 별 의미가 없다. 이런 원리를 주장한다면 오히려 더 이상하다. 사회가 많이 변했기 때문이다. 하나님의 말씀도 처음에 선포된 때와 장소와 대상이 있었기 때문에 수천 년이 지난 오늘날에도 모든 것이 유효하다고 할 수는 없다. 율법에는 당시 사회에서는 유효했지만 더는 유효하지 않은 것들이 있다.

> VI. 예수님과 심판과 예루살렘(19:3-26:5)
> A. 내러티브(19:3-22:46)
> 2. 고난 주간이 시작될 때 있었던 일(21:1-22:46)
> (2) 성전 논쟁(21:23-22:46)

g. 가장 큰 계명(22:34-40)

34 예수께서 사두개인들로 대답할 수 없게 하셨다 함을 바리새인들이 듣고
모였는데 35 그중의 한 율법사가 예수를 시험하여 묻되 36 선생님 율법 중에
서 어느 계명이 크니이까 37 예수께서 이르시되

네 마음을 다하고

목숨을 다하고

뜻을 다하여
주 너의 하나님을 사랑하라
하셨으니 38 이것이 크고 첫째 되는 계명이요 39 둘째도 그와 같으니
네 이웃을 네 자신 같이 사랑하라
하셨으니 40 이 두 계명이 온 율법과 선지자의 강령이니라

바리새인들의 제자들과 헤롯 당원들이 실패하자 사두개인들이 나섰고, 사두개인들이 부활과 내세에 대한 논쟁에서 실패하자 이번에는 바리새인들이 직접 나섰다(34절). 아마도 그들은 엇갈리는 감정으로 모였을 것이다. 한편으로는 예수님이 그들과 부활에 대해 첨예하게 대립하는 사두개인들을 아무 대꾸도 못 하고 떠나게 하셨다는 것이 기쁘면서도(Hagner), 다른 한편으로는 수많은 종교 지도자가 예수님 하나 이기지 못한다는 사실에 울화통이 터졌을 것이다(Davies & Allison).

예수님과 논쟁하기 위해 보인 바리새인 중 한 율법사가 나섰다(35a절). 일상적으로 이런 사람을 '서기관'(γραμματεὺς)이라고 하는데, 본문에서 '율법사'(νομικὸς)라고 하는 것은 이 질문이 율법에 관한 것임을 강조하며 이 일을 위해 최고의 율법 전문가(professional theologian)가 나섰다는 것을 암시한다(Boring). 이 율법사도 예수님을 시험하기 위해 질문한다(35b절). 마태복음에서 '시험하다'(πειράζω)은 마귀와 바리새인들이 부정적인 시각에서 예수님을 테스트하는 것이다(4:1, 3; 16:1; 19:3; 22:18). 이 율법사도 나쁜 의도로 예수님에게 질문한다. 그러나 예수님을 올무에 걸리게 하려는 질문은 아니다. 그는 예수님이 율법에 대해 얼마나 아시는지 시험하고자 한다.

그는 예수님을 선생님이라고 부르면서 율법 중에서 어느 계명이 크냐고 물었다(36절). '선생님'(διδάσκαλος)은 예수님을 메시아로 믿지 않는 사람들이 주님을 부를 때 존경의 의미를 담아 사용하는 호칭이다. 이 율법사는 자타가 인정하는 '율법 선생'이다. 그는 예수님이 '선생'(전문가)이 아니라는 것을 입증하러 왔다. 그러므로 그가 예수님을 '선생님'이라고 부르는 것은 냉소적인 의미를 담고 있다.

'율법'(νόμος)은 오경(Carson) 혹은 구약 전체(Wilkins)를 의미한다(cf. 5:17). '계명'(ἐντολή)은 십계명처럼 율법 중에서도 핵심을 의미한다. 예수님 시대 랍비들은 율법은 모두 중요하지만, 그 중 특별히 중요한 것들이 있다고 생각했다. 그러므로 그들은 어떤 계명이 무겁고 가벼운지 혹은 크고 작은지 끊임없이 논쟁을 벌였다(cf. 23:23). 이 율법사는 이 같은 논쟁에 익숙한 사람이다(Hagner). 그는 예수님도 이러한 논쟁에 대해 잘 알고 있는지 시험한다. 예수님의 전문성을 테스트하고자 하는 것이다.

예수님은 주저하지 않고 신명기 6:5을 첫째 되는 계명이라고 하셨다(37-38절). 율법사가 기대한 답이다(Wilkins). "네 마음을 다하고 목숨을 다하고 뜻을 다하여 주 너의 하나님을 사랑하라"라는 일명 '셰마'(שְׁמַע, '말씀'이라는 의미)로 알려진 신명기 6:4-9의 일부다. 셰마(Shema)는 이스라엘 종교의 가장 밑바탕이 되는 하나님에 대한 진리(여호와는 한 분이라는 사실, 4절) 선언과 하나님 백성의 가장 기본적인 의무(모든 것을 다 바쳐 한 분이신 하나님을 사랑하는 것)를 정의하는 것으로, 일종의 고백(creed)이다(cf. 『엑스포지멘터리 신명기』). 그러므로 유대인들은 매일 셰마를 아침과 저녁에 읽으며 신앙을 고백했다. 랍비들은 셰마의 세 가지 요소를 (1)마음에서 우러나는 순종과 헌신, (2)순교를 통해 목숨까지 드릴 것, (3)모든 생각(뜻)이 하나님께 맞춰져 있을 것으로 해석했다(Davies & Allison, Luz).

예수님은 세 가지를 통해 하나님을 사랑하라고 하시는데, 마가는 여기에 '힘'을 더한 네 가지를 통해 사랑하라고 기록한다(막 12:30). 그렇다면 왜 마태는 네 번째 요소를 삭제한 것일까? 아마도 처음 세 가지(마음, 목숨, 뜻)는 사람의 내면적인 것들인 것에 반해 '힘'은 외적으로 드러나는 것이기 때문일 것이다. 외적으로 드러나는 힘은 둘째 계명인 이웃을 사랑할 때 필요하다(Nolland). 이 계명이 '크고 첫째'(ἡ μεγάλη καὶ πρώτη)(38절)라는 것은 가장 큰 계명일 뿐 아니라 가장 중요한 계명이므로 이 계명에 따라 사는 것을 최우선으로 삼아야 한다는 뜻이다.

예수님은 두 번째로 큰 계명은 이웃을 자신처럼 사랑하는 것이라고 하셨다(39절). 레위기 19:18을 인용한 말씀이며, 이미 5:43과 19:19에서도 이 레위기 말씀을 인용하셨다. 37절과 39절에서 두 차례 사용되는 '사랑하라'(ἀγαπήσεις)는 모두 미래형이다. 앞으로 평생 이렇게 살아야 한다는 의미를 지녔다.

하나님을 사랑하는 것과 이웃을 사랑하는 것은 항상 짝을 이룬다. 이웃은 하나님의 형상과 모양에 따라 창조되었으므로 하나님을 사랑하는 사람은 주님의 형상에 따라 빚어진 이웃도 사랑해야 하기 때문이다. 그러므로 두 번째 계명은 첫 번째 계명에서 자연스럽게 흘러나온 것이다. 하나님을 사랑하고 이웃을 사랑하는 것은 구약 종교의 바탕이자 윤리다. 또한 구약 윤리와 신약 윤리를 연결하는 지렛대의 받침점이다(Osborne).

이웃을 사랑하는 일은 감정적인 것이 아니라, 의지적인 것이다. 이웃에게 유익하고 도움이 되는 일을 하는 것을 뜻한다(Boring, cf. 레 19:34). 또한 이 말씀은 자신을 천하게 생각하라는 뜻이 아니다. 남을 자기 자신처럼 귀하게 생각하라는 뜻이다. 그러므로 자신을 귀하게 여기며 사랑하지 않는 사람은 이웃도 사랑할 수 없다.

이 두 계명이 온 율법과 선지자의 강령이다(40절). '강령이다'(κρεμάννυμι)는 '매달다, 의존하다'라는 뜻이다(BAGD). 문짝이 경첩에 걸린 이미지를 바탕으로 한 동사다(TDNT). 하나님과 이웃에 대한 사랑은 율법에서 가장 중요한 것이므로 사랑이 없으면 어떠한 율법 준수도 의미가 없다는 뜻이다(Carson). 그러므로 이 두 계명은 율법과 선지자를 요약하는 '황금 법칙'(남에게 대접을 받고자 하는 대로 남을 대접하는 것)이라 할 수 있다(cf. 7:12). 예수님이 '황금 법칙'이 율법이요 선지라고 하셨기 때문이다.

이 말씀은 성경이 어떤 목적으로 우리에게 주어진 것인지 생각하게 한다. 성경은 우리에게 하나님을 사랑하는 방법과 이웃을 사랑하는 방법을 가르쳐 준다. 하나님과 이웃을 사랑하는 것은 구약(율법과 선지자)의 강령이다. 또한 한 학자는 본문 말씀을 신약의 '셰마'라며 신약을 가장 잘 요약하고 있다고 한다(McKnight).

하나님을 사랑하는 것과 이웃을 사랑하는 것을 예수님이 지신 십자가 이미지와 연결해 생각하면 더 은혜가 된다. 십자가의 수직 기둥은 하나님을 사랑하는 것으로 그리고 수평 기둥은 이웃을 사랑하는 것으로 상상해 보라. 예수님은 죽음을 통해 이 두 기둥을 연결하셨다. 우리가 주님을 따라 십자가를 진다는 것은 하나님을 사랑하고 이웃을 사랑하는 것을 의미한다.

Ⅵ. 예수님과 심판과 예루살렘(19:3-26:5)
A. 내러티브(19:3-22:46)
2. 고난 주간이 시작될 때 있었던 일(21:1-22:46)
(2) 성전 논쟁(21:23-22:46)

h. 그리스도와 다윗의 자손(22:41-46)

**41 바리새인들이 모였을 때에 예수께서 그들에게 물으시되 42 너희는 그리스
도에 대하여 어떻게 생각하느냐 누구의 자손이냐 대답하되 다윗의 자손이니
이다 43 이르시되 그러면 다윗이 성령에 감동되어 어찌 그리스도를 주라 칭
하여 말하되**

44 주께서 내 주께 이르시되
내가 네 원수를 네 발아래에 둘 때까지
내 우편에 앉아 있으라 하셨도다

하였느냐 45 다윗이 그리스도를 주라 칭하였은즉 어찌 그의 자손이 되겠느냐

하시니 46 한 마디도 능히 대답하는 자가 없고 그날부터 감히 그에게 묻는 자도 없더라

바리새인들이 패배에 대한 분을 삭히지 못하고 아직 예수님 주변에 모여 있다. 이때까지 지도자들의 질문을 받아 논쟁하신 예수님이 이번에는 그들에게 질문하신다(41절). '공격과 수비'가 바뀐 것이다. 이 논쟁에서 '수비수'(바리새인들)는 아무 말도 하지 못하고 예수님에게 골을 허용한다.

예수님은 그들에게 두 가지 질문을 하셨다(42절). 그들이 그리스도에 대해 어떻게 생각하는지 그리고 그가 누구의 자손이라고 생각하는지에 관한 질문이다. 예수님은 그들에게 그분 자신에 대해 질문하시는 것이 아니라, 메시아에 대한 그들의 보편적인 생각에 관해 질문하셨다. 더 구체적으로 그리스도는 누구의 자손이라고 생각하는지 물으셨다. 서로 연관된 질문이기에 바리새인들은 하나로 답한다. "다윗의 자손이니이다"(42절). 당시 거의 모든 유대인이 메시아에 대해 지대한 관심을 가졌기 때문에 바리새인들이 제시하는 답은 시대의 정서를 반영한 모범 답안이다.

예수님도 그들의 답을 예측하셨기에 바로 다음 단계의 질문을 하신다(43절). 다윗이 성령에 감동되어 한 말(예언)을 인용하시며, 만일 그리스도가 다윗의 후손이라면 다윗은 왜 그 메시아를 두고 '내 주'라고 불렀는지 물으셨다. 메시아는 어떻게 다윗의 후손이면서 동시에 다윗의 '주'가 되는지를 질문하신 것이다.

예수님은 메시아가 다윗의 후손임을 부인하기 위해 이 질문을 하시는 것이 아니다. 마태는 이미 여러 차례 예수님이 다윗의 후손이라고 했다(cf. 1:20; 2:4; 9:27; 12:23; 15:22; 20:30-31; 21:9, 15). 예수님은 메시아가 다윗의 후손이 맞지만, 동시에 다윗보다 훨씬 더 위대한 이라는 사실을 드러내고자 하신다.

예수님이 인용하시는 말씀은 시편 110:1이다. 이 구절은 신약에서 가장 많이 인용된 구약 말씀이며 예수님의 신적인 신분을 드러낸다(cf. 26:64; 막 12:36; 14:62; 16:19; 눅 20:42-44; 22:69; 행 2:34-35; 롬 8:34; 고전 15:25; 엡 1:20; 골 3:1; 히 1:3, 13; 5:6; 7:17, 21; 8:1; 10:12-13; 12:2; 벧전 3:22). 이러한 사실을 근거로 초대교회 시대부터 이 노래를 예수님의 사역과 밀접한 연관이 있는 메시아의 노래(messianic psalm)로 간주했다. 기독교인뿐 아니라 유대교인들도 이미 예수님 시대에 이 시편을 메시아에 대한 노래로 해석했다.

이 시편 말씀의 내용은 간단하다. 주 여호와(יְהוָה)께서 '내 주'(אֲדֹנִי)께 그분이 직접 '내 주'(אֲדֹנִי)의 원수들을 정복해 복종시킬 때까지 주님의 오른쪽에 앉아 있으라고 하셨다는 것이다. 하나님은 '내 주'를 참으로 친밀하고 존귀하게 여기시기 때문에 오른쪽에 앉아 있으라고 하신다. 구약에서는 밧세바가 솔로몬왕의 오른쪽에 대비(大妃)의 자격으로 앉았다고 하는 것이 유일한 사례이며(왕상 2:19), 이는 매우 막강한 권력을 상징한다.

이 말씀의 가장 중요한 해석적인 이슈는 '내 주'(אֲדֹנִי, τῷ κυρίῳ μου)가 누구냐 하는 것과 이렇게 노래한 시편 기자가 누구냐 하는 것이다. 이 시편의 표제는 간단히 '다윗의 노래, 시'라고 하는데(לְדָוִד מִזְמוֹר) 이 말은 '다윗이 저작한 시', '다윗을 위한 노래', '다윗을 기념하는 시' 등 다양한 의미로 해석될 수 있다. 예수님은 이 시가 다윗이 성령에 감동되어 부른 노래라며 다윗의 저작권을 확인해 주신다(43절). 그렇다면 다윗은 누구를 '내 주'라고 부른 것일까? 예수님은 다윗이 그리스도를 '주'(κύριος)라고 칭했다고 하신다(46절). 44절에서 사용된 여호와의 호칭(κύριος)과 같다. 예수님은 자신이 하나님이심을 선언하고 계신다(Carson, Osborne). 마태복음은 예수님이 하나님의 아들이심을 여러 차례 언급했다(3:17; 4:3, 6; 10:32-33, 40; 11:27). 제자들도 조금씩 이 사실을 알아 가다가(14:33) 베드로의 고백에서 절정에 이른다. "주는 그리스도시요 살아 계신 하나님의 아들이십니다"(16:16).

일반적으로 자식과 후손이 부모와 조상을 주라고 할 수는 있어도, 부모와 조상이 자식과 자손을 주라고 하지는 않는다. 그러므로 다윗은 이 시편을 통해 장차 자기 후손으로 오실 메시아가 자기보다 훨씬 더 위대한 분임을 인정한 것이다. 다윗은 성령에 감동되어 장차 오실 '다윗의 후손 메시아'에게 경의를 표한 것이다.

종말에 하나님은 세상 모든 사람을 정복해 복종시키실 것이다. 하나님은 시편 2편에서 다윗 왕조의 왕에게 온 세상을 다스리는 권세를 약속하셨다(시 2:8-9). 그때까지 여호와 하나님이 귀하게 여기시는 메시아는 주님의 오른쪽에 앉아 있으면 된다. 여호와께서 모든 백성을 복종시킨 후 메시아에게 넘기실 것이다. 다니엘 7:13-14이 이 상황을 잘 묘사한다.

> 내가 또 밤 이상 중에 보았는데 인자 같은 이가 하늘 구름을 타고 와서 옛적부터 항상 계신 자에게 나아와 그 앞에 인도되매 그에게 권세와 영광과 나라를 주고 모든 백성과 나라들과 각 방언하는 자로 그를 섬기게 하였으니 그 권세는 영원한 권세라 옮기지 아니할 것이요 그 나라는 폐하지 아니할 것이니라

예수님의 세 번째 질문(45절)에 그 누구도 대답하는 자가 없었고, 그 날부터 감히 예수님에게 묻는 자도 없었다(46절). 마태는 이 말씀으로 논쟁 섹션(21:33-22:46)을 마무리하지만, 마가와 누가는 이 내용을 다른 정황에서 조금 더 일찍 사용한다(막 12:34; 눅 20:40). 논쟁은 예수님의 일방적인 승리로 끝이 났다. 네 차례의 논쟁을 통해 유대교 지도자들은 말씀과 논리로는 예수님을 곤경에 빠트릴 수 없다는 사실을 깨달았다. 상징적으로 그들은 예수님을 하나님의 오른쪽 보좌에서 끌어내리기는커녕 오히려 예수님 발아래 엎드리게 되었다(Osborne). 그러므로

그들에게 남은 유일한 옵션은 비상식적이고 폭력적인 음모를 꾸미는 것뿐이다.

이 말씀은 사람들에게 입장을 정할 것을 요구한다. 예수님은 이제 그분 자신이 하나님의 아들이라는 사실을 더는 숨기려 하지 않으신다. 예수님은 바리새인들과 무리에게 다윗이 성령에 감동되어 보았던 하나님 오른편에 앉은 '내 주'가 바로 자신을 두고 한 말이라고 하신다. 이렇게 선언하심으로써 주저하는 사람들에게 입장을 정리하고 결단할 것을 요구하신다. 예수님을 구세주로 영접하든지, 바리새인들처럼 예수님이 메시아심을 알고도 대적하든지 선택하라고 하신다. 천국과 지옥이 있을 뿐 이 둘 사이에 중간은 없는 것처럼 예수님에 대한 사람들의 입장 표명에도 중간은 없다.

Ⅵ. 예수님과 심판과 예루살렘(19:3-26:5)

B. 디스코스 5(지도자들 비난과 종말)(23:1-25:46)

모세 오경의 구조를 바탕으로 한 예수님의 마지막 디스코스다. 이 디스코스에서 예수님은 현세대의 리더십을 맹렬하게 비난하시며 무리와 제자들에게 그들을 경계하라고 하신다(23:1-39). 한마디로 말해 그들은 종교로 장사하는 삯꾼이지 본받을 만한 사람들이 아니라는 것이다. 이어서 예수님은 종말에 온 세상에 임할 심판에 대해 경고하신다. 본 디스코스는 다음과 같이 두 파트로 나뉜다.

A. 현세대에 대한 심판(23:1-39)
B. 미래에 있을 심판(24:1-25:46)

VI. 예수님과 심판과 예루살렘(19:3-26:5)
B. 디스코스 5(지도자들 비난과 종말)(23:1-25:46)

1. 현세대에 대한 심판(23:1-39)

그동안 예수님은 유대교 지도자들을 여러 차례 간헐적으로 비난하셨다. 이번에는 작심하고 체계적으로 비난하신다. 유대교 지도자들에 대한 예수님의 비난은 서구 역사에서 여러 차례 반유대주의(anti-Semitism)의 명분으로 악용되기도 했다(cf. Davies & Allison). 그러므로 한 학자는 23장을 '복음서에서 가장 보기 싫은 장'(the unloveliest chapter in the Gospel)이라 한다(Luz). 또한 어떤 이들은 온유한 예수님이 이처럼 혹독한 비난을 하실 리 없다고 한다(Beare, Hill). 그러나 우리는 23장도 예수님이 하신 말씀이며(cf. 7:21-23; 10:34; 25:31-46), 이 말씀에 대한 오용과 악용으로 빚어진 비극들도 모두 역사적 사실로 인정해야 한다.

메시지의 내용보다 메시지가 어떤 목적으로 선포되었는가 하는 것이 더 중요할 때가 있다. 이 본문이 그렇다(cf. Hauerwas). 예수님의 메시지는 분명 지도자들에 대한 비판과 분노다. 하나님의 백성을 잘못 인도하고 있기 때문이다. 그러나 예수님은 그들을 정죄하고자 해서가 아니라 복받쳐 오르는 애증에서 그들을 비난하신다. 유대교 지도자들이 21-22장에서 보여 준 모습을 보면 그들은 절대 회개할 사람들이 아니다. 예수님은 한 번 더 회개하라는 취지에서 그들을 맹렬하게 비난하시지만, 끝내 눈물을 보이신다(37-39절).

예수님이 지도자들을 비난하신 것을 모든 유대인에게 적용하는 것은 옳지 않다. 그러나 한편으로 교회 지도자들은 유대교 리더십을 비난하는 예수님의 말씀을 자기 자신을 성찰하는 기회로 삼아야 한다. 우리도 하나님께 범죄하고 성도들을 잘못 인도하면 하나님의 비난과 심판을 피할 수 없기 때문이다. 오죽하면 야고보는 "너희는 선생 된 우리가 더 큰 심판을 받을 줄 알고 선생이 많이 되지 말라"라고 했겠는가(약 3:1). 우리는 잘못한 지도자들을 정죄하기 위해서가 아니라, 그들이 저지른 잘못을 우리의 사역에서 반복하지 않겠다고 다짐하는 마음으로 이 섹션을 읽어 내려가야 한다. 본문은 다음과 같이 구분된다.

A. 지도자들에 대한 경고(23:1-12)
B. 지도자들에 대한 일곱 가지 비난(23:13-32)
C. 결론(23:33-36)
D. 예루살렘에 대한 탄식(23:37-39)

Ⅵ. 예수님과 심판과 예루살렘(19:3-26:5) B. 디스코스 5(지도자들 비난과 종말)(23:1-25:46) 1. 현세대에 대한 심판(23:1-39)

(1) 지도자들에 대한 경고(23:1-12)

1 이에 예수께서 무리와 제자들에게 말씀하여 이르시되 2 서기관들과 바리새
인들이 모세의 자리에 앉았으니 3 그러므로 무엇이든지 그들이 말하는 바는
행하고 지키되 그들이 하는 행위는 본받지 말라 그들은 말만 하고 행하지
아니하며 4 또 무거운 짐을 묶어 사람의 어깨에 지우되 자기는 이것을 한 손
가락으로도 움직이려 하지 아니하며 5 그들의 모든 행위를 사람에게 보이고
자 하나니 곧 그 경문 띠를 넓게 하며 옷술을 길게 하고 6 잔치의 윗자리와
회당의 높은 자리와 7 시장에서 문안받는 것과 사람에게 랍비라 칭함을 받
는 것을 좋아하느니라 8 그러나 너희는 랍비라 칭함을 받지 말라 너희 선생
은 하나요 너희는 다 형제니라 9 땅에 있는 자를 아버지라 하지 말라 너희의
아버지는 한 분이시니 곧 하늘에 계신 이시니라 10 또한 지도자라 칭함을 받
지 말라 너희의 지도자는 한 분이시니 곧 그리스도시니라 11 너희 중에 큰 자
는 너희를 섬기는 자가 되어야 하리라 12 누구든지 자기를 높이는 자는 낮아
지고 누구든지 자기를 낮추는 자는 높아지리라

예수님은 무리와 제자들에게 지도자들의 교만과 위선에 대해 말씀하신다(1절). 그들의 말은 듣되 행실은 따라 하지 말라며 그들의 말과 행실이 일치하지 않음을 지적하신다. 이러한 경고는 당시 지도자들뿐 아니라 오늘날 교회 지도자인 우리에게 주시는 말씀이기도 하다. 우리는 섬김과 낮아짐으로 높아져야 한다.

예수님의 비난을 받는 서기관들은 성경을 해석하고 가르치는 일을 전문적으로 하는 이들이며, 바리새인들은 율법을 일상에서 어떻게 실천할 것인가를 고민하는 사람들이다. 그러므로 오늘날의 신학자와 설교자라 할 수 있다. 예수님은 이들이 '모세의 자리'에 앉았다고 하신다(2절). '모세의 자리'(τῆς Μωϋσέως καθέδρας)가 정확히 무엇을 의미하는지는 확실하지 않으며, 이에 관해 최소한 열 가지 해석이 있다(Powel, cf. Davies & Allison). 이중 가장 유력한 해석 두 가지는 당시 회당마다 '모세의 자리'로 불리는 돌로 만든 의자가 실제로 있었다는 것(Carson, Wilkins)과 바리새인들의 율법 해석이 유효하고 정당함을 상징한다는 것이다(Boring, Davies & Allison, France, Nolland). 첫 번째 해석의 경우 오늘날 일부 교회의 강단에 있는 예배 인도자들이 앉는 커다란 의자들을 연상케 한다. 가톨릭 대성당을 '커시드럴'(Cathedral)이라고 하는데, 이는 '자리'(καθέδρα)에서 유래한 단어로 권위를 상징하는 자리(강단)가 있는 곳이라는 의미를 지녔다. 가톨릭교회는 교황이 '자리에서'(ex cathedra) 선포하는 메시지는 오류가 전혀 없는 완벽한 성경 해석을 근거로 한 권위 있는 메시지라고 가르친다. 그들은 교황이 베드로의 자리를 계승한다고 주장하기 때문이다.

두 번째 해석은 바리새인들과 서기관들이 모세처럼 율법을 해석하고 가르친다는 뜻이다. 이렇게 해석할 경우 '모세의 자리'는 실제 의자가 아니라 그들이 하는 일이 모세가 하던 일을 이어가는 것임을 뜻하는 상징이 된다. 하나님의 율법을 이스라엘에 중계해 준 모세처럼 전문가로서 율법을 해석하고 가르치는 일을 한다는 뜻이다. 예수님이 그들의 율법 해석을 종종 문제 삼기는 하지만 모든 해석이 잘못되었다고 하지는 않으시는 것으로 보아 이 해석이 본문의 취지에 더 어울린다.

'무엇이든지 그들이 말하는 바는 행하고 지키라'(3절)에 관해서도 다양한 해석이 있다(cf. Davies & Allison, Carson, Osborne). 이중 가장 많은 가능성을 지닌 첫 번째 해석은 예수님이 냉소적으로 비아냥거리며 하신 말씀이라는 것이다(Carson, France). 이렇게 해석할 경우 그들의 가르침은 모두 엉터리니 따르지 말라는 권면이 된다. 두 번째 해석은 비록 그들이 위선적인 삶을 살지라도(3b-4절), 가르침은 대부분 바른 해석이니 따르라는 뜻이다(Blomberg, Garland, Hagner, McNeile, Wilkins). 누가 성경을 해석하든 정확한 말씀 해석이라면 따르라는 원리를 반영하고 있다. 이 해석이 더 설득력이 있어 보인다. 그들이 율법을 잘못 해석하는 경우가 종종 있기는 하지만, 대체로 합리적이고 무난한 해석을 하는 만큼 그들의 가르침을 따르라는 말씀이다.

예수님은 그들이 가르치는 것을 따르되, 행위는 본받지 말라고 하신다(3b절). 그들은 말로는 율법을 해석하고 가르치지만, 삶에서는 가르친 대로 살지 않기 때문이다. 제자는 스승의 뒷모습에서 배운다는데 그들은 좋은 스승이 못 된다. 오늘날에도 설교와 강의가 주요 사역인 사람들이 마음에 새겨야 할 경고 말씀이다.

그들은 사람들에게 무거운 짐을 지우되 그들 자신은 이 짐을 옮기거나 짐을 지운 사람들을 돕기 위해 한 손가락도 움직이려 하지 않는다(4절). 율법은 분명 '짐'이 되는 부분이 있다. 그러나 서기관들과 바리새인들은 모세가 사람들에게 지워 준 짐보다 더 무거운 짐을 지운다. 원래 좋은 스승은 제자들(사람들)이 져야 할 짐을 가볍게 해 준다. 우리의 스승이신 예수님이 우리의 무거운 짐을 내려놓고 가벼운 짐을 지워 주신 것처럼 말이다(cf. 11:28-30).

그들은 사람들이 율법을 범하지 않도록 하기 위해 '율법 주변으로 울타리를 쳤다'(fence around Torah). 이렇게 하는 것이 그들의 사명이라고 생각했다. 그래서 '구전 율법'(the Oral Torah)이라는 명분으로 온갖 규범과 규제를 만들어 사람들에게 강요했다(cf. Davies & Allison, Hagner). 하지만 이는 지나친 율법 해석과 적용들이라 사람들이 지키기는커녕 어떤 율법에 어떤 규제가 있는지 다 알기도 힘들었다.

결국 율법을 준수하며 사는 것은 사람이 감당하기 힘든 무거운 짐이 되었다. 그러나 정작 사람들에게 감당하기 힘든 짐을 지워 준 자들은 평안했다. 사람들이 지는 짐의 무게를 줄여 주거나 그들이 짐 지는 일을 조금이라도 도울 생각은커녕 '손가락 하나도 움직이려' 하지 않은 것이다. 또한 그들은 사람이 하나님께 범죄하지 않는 방법을 장황하게 늘어놓았을 뿐 정작 사람이 하나님을 사랑하고 기쁘게 하는 길은 제시하지 않았다(Garland). 유대교 지도자들의 이 같은 자세는 윤리적인 문제라 할 수 있다(Luz).

율법대로 사는 것이나 사람들의 짐을 덜어 주는 일에 전혀 관심이 없는 자들이 사람들의 눈은 기가 막히게 의식했다(5-7절). 그들은 사람들의 존경과 인기를 얻기 위해 안간힘을 썼다. 예수님은 그들의 행위를 세 가지로 말씀하신다.

첫째, 신앙이 깊은 사람들처럼 보이려고 눈에 띄는 치장을 하고 다녔다(5절). '경문 띠'(τὰ φυλακτήρια)는 하나님의 말씀을 "네 미간(עֵינֶיךָ בֵּין, '네 두 눈 사이')에 붙여 표로 삼으라"라는 신명기 6:8에서 비롯된 것이다(cf. 출 13:9). 원래 이 말씀은 사람이 삶에 임하는 태도와 자세가 항상 말씀으로부터 우러나와야 한다는 뜻이다(cf. 『엑스포지멘터리 신명기』). 유대인들은 이 말씀을 문자적으로 해석해서는 일부 계명을 양피지에 기록해 접은 후 테필린(tefillin)이라는 작은 가죽 쌈지에 넣어 이마와 팔에 달고 다녔다(Tigay). 본문은 이 테필린을 '경문'이라고 한다. 이 지도자들은 눈에 잘 띄라고 이 테필린 묶는 줄을 넓게 만들어 착용했다.

그들은 옷술도 길게 했다. 옷술은 하나님이 이스라엘 백성에게 자손 대대로 옷자락 끝에 술을 만들어 달고 다니라고 하신 말씀에서 비롯되었다(민 15:37-41). 옷술은 입고 다니는 옷의 잘 보이는 곳에 '청색'(תְּכֵלֶת) 끈으로 달았으며, 이 술을 볼 때마다 하나님의 말씀을 기억해 각자 마음이 내키는 대로 행하지 말고 하나님의 계명을 실천하라는 의미를 지녔다(민 15:39). 술을 일종의 죄짓는 일을 억제하는 상징으로 삼아 그것을 볼 때마다 다시 생각하라는 것이다. 예수님도 당시 유대인들처럼 옷깃에 이 술을 달고 다니셨다(cf. 9:20; 14:36).

서기관들과 바리새인들은 경문 띠와 옷술을 최대한 크게 만들어 사람들의 눈에 띄려고 안간힘을 썼다. 요즘 말로 '관종들'(attention hogs)이었다. 사람들에게 신앙심이 좋다는 말을 듣고 즐겼다. 그들은 예수님이 6:1에서 제자들에게 하신 권면과 맥을 같이한다. "사람에게 보이려고 그들 앞에서 너희 의를 행하지 않도록 주의하라"(cf. 6:1-18). 예수님은 사람들에게 보여지는 것을 즐기면 "하늘에 계신 너희 아버지께 상을 받지 못하느니라"라고 경고하셨다(6:1). 이 지도자들에게 신앙은 사람들에게 잘 보이기 위한 장식에 불과하다.

둘째, 서기관과 바리새인들은 행사와 잔치에서 높은 자리에 앉는 것을 즐겼다(6절). 당시 풍습은 존귀한 사람일수록 잔치를 베푼 사람 가까이에 앉았다. 회당에서도 높은 사람일수록 말씀을 강론하는 사람과 중앙에 펼쳐 놓은 율법 두루마리에 가까이 앉았다. 종교 지도자들은 어디를 가든 이런 자리에 앉는 것이 일상적이었지만, 예수님은 결코 좋은 일이 아니라고 하신다.

셋째, 사람들이 그들에게 경의와 존경을 표하는 것을 즐겼다(7절). 시장에서 문안받는 것은 일상적인 인사 나눔이 아니다. 마치 중요한 사람을 맞이하는 것처럼 예의와 경의를 표하는 것을 뜻한다. '랍비'(ῥαββί)는 2세기에 가서야 전문적인 호칭으로 사용된다. 예수님 시대에는 단순히 존경과 경의를 표하는 호칭이었다. 당시 일부 랍비들은 유대인 마을을 방문할 때면 온 마을 사람들이 나와 그를 자기 부모보다 더 존경한다며 경의를 표할 것을 요구했다고 한다(Keener).

예수님은 서기관들과 바리새인들의 썩어 빠진 행태를 반면교사로 삼아 제자들을 가르치신다. 나머지 말씀(8-12절)은 모두 제자들에게 주시는 권면이다. 어떤 학자들은 8-12절의 중요성을 부각시키기 위해 '교회 헌법'(Church Constitution)이라고 부르기도 한다(Schlatter, cf. Osborne). 예수님은 세 가지 직분과 관계를 예로 들며 원리를 설명하신다.

첫째, 랍비로 칭함을 받지 말라고 하신다(8a절). '랍비'(רַבִּי)를 문자적으로 풀이하면 '나의 위대한 자'(my great one)라는 뜻이다. 당시 랍비 학교를 운영하는 우두머리(오늘날로 말하자면 교장)의 타이틀이었으며, 존경과 경의를 표하는 호칭이었다(Wilkins). 회당은 선생들이 율법을 전파하는 곳이었다. 반면에 랍비 학교는 율법을 집중적으로 연구하고 가르쳐 회당에서 가르칠 선생들을 양육하는 기관이었다. 독립성과 객관성을 확보하기 위해 신앙 공동체와 다소 거리를 두고 운영되었다(Wilkins). 오늘날의 신학교와 비슷했나. 그러므로 랍비라 칭함을 받지 말라는 것은 사람들에게 선생 대접, 곧 존귀한 자로 대접받지 말라는 뜻이다.

예수님이 이렇게 말씀하시는 이유는 우리의 선생님은 오직 한 분이며 우리는 모두 형제이기 때문이다(8b절). '하나'(εἷς)는 이 문장의 가장 앞에 등장하는 강조형이다. 오직 예수님만이 우리의 선생님(스승)이라는 뜻이다(cf. 13:52). 랍비 학교는 랍비들을 배출했지만, 예수님은 오직 제자들만 배출하셨다. 예수님의 제자들 사이에는 지위의 높낮이가 없다. 모두 같은 신분과 위치에 있는 형제자매들이다.

둘째, 땅에 있는 자를 아버지라 하지 말라고 하신다(9a절). 이 말씀이 우리를 낳아 준 아버지까지 포함하는 것은 아니다. 만일 포함한다면 예수님이 부모를 공경하라는 다섯 번째 계명을 강조하지 않으셨을 것이다(cf. 15:4; 19:19). '아버지'(πατὴρ)라는 호칭으로 경의를 표하는 것은 유대교의 뿌리 깊은 전통이다. 구약에서도 엘리사가 불 마차를 타고 떠나는 엘리야를 보며 '내 아버지'라고 부른다(왕하 2:12; 6:21). 또한 잠언의 상당한 부분이 스승과 제자를 '아버지-아들' 관계로 묘사하며 진행된다.

예수님이 이 땅의 그 누구도 아버지라 하지 말라고 하시는 이유는 우리의 아버지는 오직 한 분, 곧 하늘에 계신 하나님이기 때문이다(9b절). 오직 하나님만이 우리 아버지시며, 아버지가 자식을 양육하고 후원하듯 우리를 대하신다. 예수님은 그분이 세우시는 교회가 언젠가는 조직화될 것을 아신다. 그때 가서도 이 원리를 적용해 공동체의 정체성을 '형제자매 관계'로 유지하기를 바라신다. 교회 안에서는 높은 사람(아버지)도, 낮은 사람(자식)도 없어야 한다. 오직 하나님 한 분 만이 우리의 아버지이시기 때문이다.

셋째, 지도자라 칭함을 받지 말라고 하신다(10a절). '지도자'(καθηγητής)는 이 본문에서 단 한 차례 사용되는 단어다. 많은 번역본이 '선생, 가르치는 자'로 해석한다(NIV, NRS, ESV, NIRV). 그러나 예수님은 이미 8절에서 '선생, 가르치는 자'(διδάσκαλος)가 되지 말라고 말씀하셨다. 그러므로 '지도자'가 더 설득력이 있는 번역이다(cf. 새번역, 공동, NAS).

이유는 우리의 지도자는 오직 한 분, 곧 그리스도이시기 때문이다(10b절). '그리스도'(ὁ Χριστός)는 구약의 '기름 부음을 받은 이' 곧 '메시아'(מָשִׁיחַ)를 헬라어로 번역한 것이다. 교회는 예수님 한 분만이 선생이며, 주님만이 지도자이시다. 또한 그 누구도 교회에서 '아버지'가 되려고 하면 안 된다. 아버지는 오직 하나님 아버지 한 분이기 때문이다. 우리 공동체에서 영광과 존귀를 받으실 분은 오직 삼위일체 하나님 한 분뿐이다. 그리고 우리는 모두 신분과 존귀함이 같은 형제자매들이다.

그렇다면 교회에서는 어떻게 높아질 수 있는가? 예수님은 큰 자가 되려면 섬기는 자가 되어야 한다며, 높아지려면 낮아지라고 하신다(11절). 누구든지 자신을 높이는 자는 낮아지고, 자기를 낮추는 자는 높아지는 것이 하나님 나라의 원칙이기 때문이다(12절). 자기를 '높이는 것'(ὑψώσει)과 자기를 '낮추는 것'(ταπεινώσει)은 모두 능동태 동사다. 각 개인이 자신을 높이고 낮춘다. 반면에 '낮아지는 것'(ταπεινωθήσεται)과 '높아지는 것'(ὑψωθήσεται)은 둘 다 수동태다. 자신의 의지로 되는 일이 아니라, 누군가가 자신을 높인 자는 낮아지게 하고, 자신을 낮춘 자는 높인다는 뜻이다. 하나님이 종말에 하시는 일을 묘사하는 신적 수동태들이다.

이 원칙은 예수님이 이미 말씀하신 적이 있으며 결코 새로운 것이 아니다(20:26-27). 또한 비슷한 말씀을 여러 차례 하셨다(10:38-39; 16:25; 18:2-5). 이곳에서 다시 반복하시는 이유는 서기관들과 바리새인들이 지향하는 리더십과 완전한 대조를 이루기 때문이다. 또한 이 원칙은 외우기는 쉬워도 실천하기는 매우 어렵기 때문에 한 번 더 말씀하신다.

섬김으로 지도하라는 모순적 리더십이 어렵다고 해서 포기할 수 없다. 이는 하나님 나라의 리더십에 관한 절대적인 원칙이다. 하나님 나라의 리더십은 섬기는 리더십이다. 섬기지 않으려면 리더가 되어서는 안 된다. 이런 사람들이 예수님을 욕먹게 하고, 교회에 수치를 안긴다.

이 말씀은 기독교 리더의 길을 가는 사람들에게 중요한 교훈을 준다. 첫째, 우리는 말로만 가르치고 설교하는 것이 아니라 우리의 삶이 설교와 가르침이 되어야 한다. 그렇게 하지 않으면, 예수님이 비난하시는 서기관들과 바리새인들과 별반 다를 바 없다.

둘째, 우리는 성도들에게 가벼운 신앙의 짐을 지워 주어야 한다. 이것이 예수님이 원하시는 바다(cf. 11:28-30). 이 땅에서 하나님의 말씀에 순종하며 사는 일이 무거운 짐이 아니라 행복하고 즐거운 삶이라는 것을 성도들이 경험하게 해야 한다.

셋째, 사람들의 눈에 띄어 인기와 존경을 받으려 하지 말고, 은밀한 곳에서 보시는 하나님께 인정받기 위해 노력해야 한다.

넷째, 우리는 성도들과 다르지 않은 형제자매라는 사실을 마음에 새겨야 한다. 교회에서 유일하게 우리와 다른 신분과 지위를 가진 이는 삼위일체 하나님이다.

다섯째, 우리는 성도들을 섬기고 또 섬겨야 한다. 섬기는 리더십은 하나님 나라의 가장 기본적이고 중요한 원칙이다. 예수님이 우리에게 모범을 보이셨으니, 주님을 닮기 위해서라도 따라 해야 한다.

VI. 예수님과 심판과 예루살렘(19:3-26:5)
B. 디스코스 5(지도자들 비난과 종말)(23:1-25:46)
1. 현세대에 대한 심판(23:1-39)

(2) 지도자들에 대한 일곱 가지 비난(23:13-32)

예수님은 앞 섹션에서 무리와 제자들에게 서기관들과 바리새인들을 조심할 것을 말씀하시며 그들을 반면교사로 삼아 다르게 살라고 권면하셨다. 이 섹션에서는 서기관과 바리새인들을 맹렬히 비난하신다. 예수님의 비난은 모두 종교적인 이슈와 연관되어 있다. 그들이 종교 지도자들이기 때문이다. 교회 지도자들인 우리는 예수님이 지적하시는 그들의 잘못을 반면교사로 삼아 그들의 죄를 반복하지 않아야 한다.

스피치의 형태는 팔복(5:3-10)의 부정적(negative) 버전이라 할 수 있으며, 선지자들의 재앙 선포와 비슷하다(사 5:8-24; 45:9-10; 렘 13:27; 48:46; 겔 16:23; 암 5:18-20; 미 2:1-4; 합 2:6-20). 일곱 가지 비난은 다음과 같은 교차대구법적 구조를 지녔다(Carson). 비난받는 지도자들의 가장 큰 문제는 성경 해석과 적용에 있다(C-D-C′).

A. 첫 번째 비난(23:13)-예수님을 메시아로 알아보지 못함
  B. 두 번째 비난(23:15)-열심히 하는 듯하지만 좋은 일보다는 나쁜 일을 함
    C. 세 번째 비난(23:16-22)-말씀을 잘못 적용함
      D. 네 번째 비난(23:23-24)-근본적으로 말씀의 의도를 분

별하지 못함

C′. 다섯 번째 비난(23:25-26)-말씀을 잘못 적용함

B′. 여섯 번째 비난(23:27-28)-열심히 하는 듯하지만 좋은 일보다는 나쁜 일을 함

A′. 일곱 번째 비난(23:29-32)-선지자들을 알아보지 못한 자들의 후예

VI. 예수님과 심판과 예루살렘(19:3-26:5)
B. 디스코스 5(지도자들 비난과 종말)(23:1-25:46)
1. 현세대에 대한 심판(23:1-39)
(2) 지도자들에 대한 일곱 가지 비난(23:13-32)

a. 첫 번째 비난(23:13)

[13] 화 있을진저 외식하는 서기관들과 바리새인들이여 너희는 천국 문을 사람들 앞에서 닫고 너희도 들어가지 않고 들어가려 하는 자도 들어가지 못하게 하는도다

'화 있을진저'(οὐαί)는 슬픔과 탄식과 사랑과 안타까움이 섞인 외침이다(cf. Wilkins). 예수님은 이 유형의 스피치를 11:21과 18:7에서도 사용하셨다. 하나님의 심판이 스피치의 대상이 된 사람들에게 반드시 임할 것이라는 뜻이다. 시편의 저주시와 비슷하다.

'외식하는 자'(ὑποκριτής)는 연극에서 가면을 쓰고 연기하는 연기자를 뜻한다(TDNT). 연기는 자신이 아닌 캐릭터를 자신인 것처럼 속이는 일이다. 바울은 본인이 의식하든 의식하지 못하든 상관없이 믿음과 행실이 일치하지 않는 것을 외식이라고 한다(갈 2:11-14). 또한 서기관들과 바리새인들은 그들이 하나님과 사람들을 위해 귀한 일을 하고 있다며 주변 사람들만 속이는 것이 아니라 자신들도 속인다. 하나님의 인정하심이 아니라, 사람들의 인기를 탐하다가 이렇게 되었다(Garland).

그러나 하나님은 속일 수 없다.

바리새인들과 서기관들은 천국 문을 사람들 앞에서 닫아 자신들도 들어가지 않고, 들어가려는 사람들도 들어가지 못하게 했다. 이 문은 예수님이 말씀하신 '좁은 문'이다(7:13). '앞에서'(ἔμπροσθεν)는 '면전에서'라는 뜻이다. 그들은 자신들이 율법을 해석하고 가르치는 이유가 사람들이 하나님께 나아가는 삶을 살도록 하기 위해서라고 하지만, 정작 그들의 해석과 가르침은 사람들이 하나님께 나아가는 길을 막았다. 그들이 '율법 주변으로 친 울타리'가 사람들을 실족하게 한 것이다.

더 심각한 범죄는 온갖 잘못된 율법 해석으로 억지를 쓰며 예수님을 메시아로 영접하기를 거부했다는 것이다. 그들은 천국 문을 닫아 놓고 들어가기를 거부했다. 자신들만 천국으로 들어가기를 거부한 것이 아니라, 다른 사람들이 들어가려고 하면 그들도 들어가지 못하도록 막았다. 천국으로 들어간다는 것은 회심하고 하나님의 백성이 된다는 뜻이다(5:20; 7:21; 18:3; 19:23-24). 그들은 무리가 예수님을 메시아로 인정하는 것을 막으려고 안간힘을 썼다(Carson, cf. 9:33-34; 11:19; 12:23-24; 21:25). 그러므로 사람들이 천국에 들어가지 못하게 한 그들의 죄는 비난받아야 한다.

이 말씀은 사역자는 어떤 일을 해야 하는지 생각하게 한다. 사역자가 해야 할 가장 중요한 일은 심방도, 구제도 아니다. 성경을 가르치는 일이다. 말씀 선포와 공부를 통해 사람들이 예수님의 제자가 되어 하나님을 경외하며 거룩한 삶을 살게 하는 것이 우리의 사명이다. 그러기 위해 사역자는 평생 성실하게 기도하며 말씀을 연구하고 묵상해야 한다. 우리는 남(성도들)에게 주기 위해 배우라는 사명을 받았다.

VI. 예수님과 심판과 예루살렘(19:3-26:5)
B. 디스코스 5(지도자들 비난과 종말)(23:1-25:46)
1. 현세대에 대한 심판(23:1-39)
(2) 지도자들에 대한 일곱 가지 비난(23:13-32)

b. 두 번째 비난(23:15)

14 (없음) 15 화 있을진저 외식하는 서기관들과 바리새인들이여 너희는 교인 한 사람을 얻기 위하여 바다와 육지를 두루 다니다가 생기면 너희보다 배나 더 지옥 자식이 되게 하는도다

일부 사본에는 "율법 학자들과 바리사이파 사람들아! 너희 같은 위선자들은 화를 받을 것이다. 너희는 과부들의 가산을 몽땅 삼켜 버리는가 하면 남에게 보이려고 기도를 길게 늘어놓는다. 이 때문에 너희는 더 엄한 벌을 받을 것이다"(공동 각주)가 14절로 표기되어 있다. 그러나 대부분 중요한 사본에는 없는 내용이며, 일부 사본에서는 이 구절이 나뉘어 등장한다. 원래 없는 내용이라는 것이 확연하게 드러나는 것이다. 그러므로 대부분 번역본은 이 구절을 삭제했다.

한동안 학자들은 요세푸스(Josephus)와 필로(Philo) 등이 남긴 기록을 보고 예수님 시대에 유대교가 이방인 선교와 전도를 상당히 활발하게 한 것으로 알았지만(cf. Davies & Allison, Hagner), 당시 자료들을 종합해 본 결과 오늘날에는 그들이 이방인 선교를 거의 하지 않았다는 것이 학계의 공통적인 견해가 되었다(Carson, France, McKnight, Osborne, Schnabel, Witherington). 유대교 지도자들은 회당 밖에서는 전도나 선교에 관한 일을 거의 하지 않았다는 것이다(McKnight).

이 말씀은 예루살렘 지도자들이 종종 이스라엘 주변 나라에 있는 디아스포라 회당을 찾는 일을 배경으로 한다. '교인'(προσήλυτος)은 이방인 중 유대교로 개종한 사람들이다(BAGD). 이들 대부분은 유대교 교리를 받아들이면서도 할례는 주저했다. 그러므로 이런 사람이 생길 때마다 유대교 지도자들은 그들이 소속된 회당을 찾아가 할례를 받도록 설득했다(McKnight, Witherington). 예수님은 이런 상황을 가리켜 그들이 '교인 한 사람을 얻기 위해 바다와 육지를 두루 다녔다'고 하신다.

안타까운 것은 이 지도자들은 개종자들 역시 하나님 나라에 들어가지 못하게 했다(cf. 13절). 그 대신 온갖 잘못된 율법 해석과 바리새파 교리로 그들을 무장시켜 예수님을 메시아로 부인하는 일에 그들보다 더 열심을 내게 했다(Carson, Morris). 결국 그들이 얻은 이방인 개종자들은 그들보다 '배나 더 지옥 자식'이 되게 했다. '지옥'(γέεννα)은 히브리어로 '힌놈의 아들 골짜기'(גֵּי בֶן־הִנֹּם)(수 15:8)가 아람어로 게헤나(Gēhannā)라 불린 것을 헬라어가 소리 나는 대로 도입한 것이다(cf. 5:22). 게헤나는 쓰레기를 태우는 불이 항상 꺼지지 않아서 심판하는 불의 상징이 되었다. 예수님은 '게헤나'를 장차 지옥에서 행해질 영원한 심판의 의미로 사용하신다(18:9). 그러므로 바리새인들과 서기관들은 자신들뿐 아니라 그들이 어렵게 얻은 교인들, 그러나 진리에 대해 아는 것이 별로 없는 이방인 개종자들이 하나님의 벌을 받으며 영생을 살게 했다는 뜻이다.

이 말씀은 오직 성경적인 진리만을 가르치는 것과 모든 사람이 예수님을 구세주로 알고 영접하게 하는 일이 얼마나 중요한지 일깨워 준다. 유대교 지도자들은 열정을 쏟아 사역했지만, 안타깝게도 이방인 개종자들을 지옥 자식으로 만드는 결과를 초래했다. 우리의 사역에서 열정이 전부가 되어서는 안 된다. 열정만큼이나 중요한 것은 어떻게, 무엇에 열정을 쏟느냐 하는 것이다. 이 부분에서 우리는 성경을 깊이 연구하고 묵상하며 하나님의 인도하심을 받아야 한다.

VI. 예수님과 심판과 예루살렘(19:3-26:5)
B. 디스코스 5(지도자들 비난과 종말)(23:1-25:46)
1. 현세대에 대한 심판(23:1-39)
(2) 지도자들에 대한 일곱 가지 비난(23:13-32)

c. 세 번째 비난(23:16-22)

16 화 있을진저 눈먼 인도자여 너희가 말하되 누구든지 성전으로 맹세하
면 아무 일 없거니와 성전의 금으로 맹세하면 지킬지라 하는도다 17 어리석
은 맹인들이여 어느 것이 크냐 그 금이냐 그 금을 거룩하게 하는 성전이냐
18 너희가 또 이르되 누구든지 제단으로 맹세하면 아무 일 없거니와 그 위에
있는 예물로 맹세하면 지킬지라 하는도다 19 맹인들이여 어느 것이 크냐 그
예물이냐 그 예물을 거룩하게 하는 제단이냐 20 그러므로 제단으로 맹세하는
자는 제단과 그 위에 있는 모든 것으로 맹세함이요 21 또 성전으로 맹세하는
자는 성전과 그 안에 계신 이로 맹세함이요 22 또 하늘로 맹세하는 자는 하
나님의 보좌와 그 위에 앉으신 이로 맹세함이니라

앞에서 바리새인들은 사람들이 율법을 범하는 일을 예방하고 막기 위해서 '율법 주변으로 울타리를 쳤다'고 했는데, 이 말씀에서 그들이 친 '울타리'의 작은 사례들을 접할 수 있다. 별로 도움이 되지 않는 울타리이며, 비난받아 마땅한 어리석은 논리를 반영하고 있다. 이러한 상황은 참으로 한심할 뿐 아니라, 오히려 사람들이 더 많은 죄를 짓게 한다. 그러므로 예수님은 그들의 이 같은 처사를 맹렬하게 비난하신다.

앞서 예수님은 유대교 지도자들을 가리켜 외식하는 자들이라고 하셨다(13절). 이번에는 그들을 향해 눈먼 자들이라고 비난하신다(16절; cf. 15:14). 그들의 영적인 눈이 어두워서 무엇이 더 중요하고, 덜 중요한지 구분하지 못하는 것에 대한 비난이다. 예수님은 두 가지 맹세에 대한 사례를 통해 그들의 잘못을 지적하신다. 당시 무지한 유대인 사이에서 맹세가 지나치게 남용되고 악용되고 있었다. 맹세 중 반드시 지켜야 하는 것과 지키지 않아도 되는 것들을 구별해 많은 사기극이 벌어진 것이다. 그러므로 랍비들은 어떤 맹세가 유효하고, 어떤 맹세는 유효하지 않은지 구분하는 데 많은 시간을 투자했다. 문제는 그들의 구분이 상당 부분 성경적이거나 합리적이지 않았다는 것이다.

첫째, 지도자들은 누구든지 성전으로 맹세하면 아무 일 없지만, 성전의 금으로 맹세하면 반드시 지키라고 가르친다(16b절). 우리 생각에는 성전이 성전에 있는 금보다 더 귀하고 위대한 것으로 보인다. 게다가 성전이 성전에 있는 금을 포함하고 있는데, 어떻게 해서 바리새인들은 이런 규정을 만든 것일까? 어떤 이들은 채권자가 성전을 담보로 잡을 수는 없지만, 성전에 있는 금을 담보로 잡을 수 있기 때문이라 한다(Gundry, Keener). 더 설득력 있는 해석은 성전의 금을 예수님이 서원에 대해 말씀하시면서(15:1-9) 언급하신 '고르반'(corban)으로 보는 해석이다(막 7:11). 개역개정은 이 개념을 '하나님께 드림'으로 풀어서 표기했다(15:5).

바리새인들은 맹세 중 하나님의 이름이나 속성과 연관된 것들만 유효하다고 했다. 나머지는 모두 유효하지 않으므로 지키지 않아도 된다고 가르쳤다. 그러므로 유효하지 않은 맹세로 남을 속이는 일이 난무했다. 유일한 예외는 고르반이다. 하나님께 예물로 드린 물건으로 맹세하면 유효하다고 했다(Davies & Allison, Garland, Nolland). 성전에 있는 금은 누군가가 하나님께 드린 것이다. 그러므로 성전의 금으로 맹세하면 지켜야 한다. 반면에 성전은 하나님의 거처이지 고르반이 아니다. 그러므로 성전으로 맹세하면 지키지 않아도 된다고 가르쳤다.

예수님은 이런 논리로 지킬 맹세와 지키지 않을 맹세를 구분하는 그들을 '어리석은 맹인들'(μωροὶ καὶ τυφλοί)이라며 비난하신다(17절). 우리말로 하면 육두문자 수준에 가깝다(cf. Osborne). 예수님의 반박 논리는 간단하다. 성전과 성전 안에 있는 금 중 어느 것이 더 크냐는 것이다(17절). 성전은 사람들이 드린 금을 거룩하게 한다. 그러나 금은 성전을 거룩하게 하지 못한다. 그러므로 성전이 금보다 더 크다. 바리새인들은 어리석고 영적 눈이 어두워 이 사실을 깨닫지 못해 어이없는 규제를 만들어 사람들에게 강요했다.

둘째, 같은 논리로 바리새인들은 제단으로 맹세하면 아무 일이 없지만, 제단 위에 있는 예물로 맹세하면 지켜야 한다고 가르쳤다(18절). 제단은 고르반이 아니지만, 그 위에 올려진 제물은 고르반이기 때문이다. 예수님은 예물과 제단 중 어느 것이 크냐고 물으신다. 제단이 그 위에 놓인 예물을 거룩하게 하기 때문에 제단이 더 크다(19절). 그런데도 그들은 어이없는 논리로 엉뚱한 법을 만들어 지키게 했다. 맹인이 맹인들을 인도한 것이다(15:14).

이어서 예수님은 모든 맹세는 하나님께 하는 것이라며 세 가지를 예로 드신다(20-22절). 첫째, 제단으로 맹세하는 제단과 그 위에 있는 모든 것으로 맹세하는 것이나(20절). 구약은 성전 뜰에 있는 제단에서 제물을 드리면 그 제물이 지성소에 드려진 것과 같다고 한다(cf. 『엑스포지멘터리 레위기』). 지성소에는 법궤를 덮고 있는 속죄소(시은좌)가 있는데, 속죄소는 두 천사의 날개가 맞닿는 형태를 취했다. 하나님의 보이지 않는 보좌가 이 천사들 위에 있다. 그러므로 제단이나 그 위에 있는 것으로 맹세하는 것은 하나님의 보좌로 맹세하는 효과를 지녔다.

둘째, 성전으로 맹세하는 것은 성전과 그 안에 계신 이로 맹세하는 것이다(21절). 성전은 하늘에 있는 성전을 본떠서 만든 것뿐 아니라, 하나님이 계시는 곳이기도 하다. 성전은 하나님의 특별한 영광(Shekinah glory)이 머무는 곳이다. 그러므로 성전으로 맹세하는 것은 성전 안에 있는 모든 것과 하나님으로 맹세하는 것과 다름없다.

셋째, 하늘로 맹세하는 것은 하나님의 보좌와 그 위에 앉으신 이로 맹세하는 것이다(22절). 하나님은 하늘에 계시기 때문이다. 예수님은 이미 어떤 것으로도 맹세하지 말라고 하셨는데(5:33-37), 이 세 가지를 생각하면 더욱더 맹세하지 않는 것이 좋다는 생각이 든다. 하나님의 이름과 명예를 훼손할 수 있기 때문이다.

이 말씀은 신앙생활에서 세상 말로 '잔머리'를 굴리지 말라고 한다. 바리새인들은 사람들의 요구에 따라 어떤 맹세는 지켜야 하고 어떤 맹세는 지키지 않아도 되는지 다양한 규제를 내놓았다. 그러나 성경은 어떤 경우에도 맹세하지 말라고 한다. 따라서 이러한 원리에 예외가 되는 것들을 찾지 말고 그대로 지켜야 했다.

바리새인들의 행위는 자신들의 입장이나 정책을 정당화하려는 목적으로 말씀을 대하는 것이 얼마나 위험한 짓인지 생각하게 한다. 그들은 이런 규정들을 만들면서 자신들이 율법을 어기고 있다는 생각은 전혀 하지 않았을 것이다. 성경에서 자연스럽게 흘러나오는 원리에서 예외를 찾으려는 목적을 가지고 말씀을 연구한 결과다. 우리도 이런 유혹에서 자유로울 수 없다. 하나님이 우리에게 필요한 말씀을 주시도록 조건과 편견 없이 하나님의 말씀을 연구하고 묵상해야 한다.

Ⅵ. 예수님과 심판과 예루살렘(19:3-26:5)
B. 디스코스 5(지도자들 비난과 종말)(23:1-25:46)
1. 현세대에 대한 심판(23:1-39)
(2) 지도자들에 대한 일곱 가지 비난(23:13-32)

d. 네 번째 비난(23:23-24)

23 화 있을진저 외식하는 서기관들과 바리새인들이여 너희가 박하와 회향과
근채의 십일조는 드리되 율법의 더 중한바 정의와 긍휼과 믿음은 버렸도다
그러나 이것도 행하고 저것도 버리지 말아야 할지니라
24 맹인 된 인도자여 하루살이는 걸러 내고 낙타는 삼키는도다

이 비난은 일곱 가지 중 네 번째이자 구조적으로 한가운데에 있다. 가장 중요한 비난이라는 것이다. 이 비난의 핵심은 우선권에 관한 문제이다. 바리새인들이 율법의 취지를 무시한 채 아주 작은 디테일에 치중한다는 비난이다.

예수님은 율법 중 십일조 규례가 가장 중요한 것처럼 여기는 바리새인들에게 더 중요한 것이 있다고 하신다. 십일조는 시내산에서 율법이 선포되기 전에 아브라함이 멜기세덱에게 주고(창 14:17-20), 형 에서의 눈을 피해 하란으로 도망하던 야곱이 벧엘에서 서원한 것이다(창 28:18-22). 따라서 유대인들은 십일조에 관한 율법을 매우 중요하게 여겼다(cf. 레 27:30-33; 민 18:21-29; 신 12:11-18; 14:22-29). 십일조는 레위 지파 사람들이 약속의 땅에서 기업을 받는 대신 다른 지파들로부터 받아 생활하는 방법이었다(민 18:21). 또한 레위 사람들과 객이 되어 사는 이방인들과 가난한 사람들을 돕는 일에 사용되었다(레 27:30-32; 신 12:17; 14:28-29).

당시 유대교 지도자들은 주의 백성이 십일조를 해야 하는 범위에 대해 논쟁을 벌였다(Carson). 짐승들을 드리는 것은 당연한 일이지만, 농산물 중에는 곡식과 기름과 포도주로 제한하는 듯한 말씀이 있는가 하면(신 12:17; 14:23; cf. 느 13:5, 12), 모든 생산물을 드릴 것을 요구하는 듯한 말씀도 있기 때문이다(레 27:30; 신 14:22; cf. 대하 31:5). 결국 채소와 텃밭에서 자라는 박하와 회향과 뿌리채소 등의 식물도 드려야 한다는 결론에 도달했다(23절). 정확히 범위를 알 수 없는 상황에서 적게 드려 문제가 되는 것보다, 많이 드려서 아예 문제를 만들지 않는 것이 낫다는 논리가 작용한 것이다(Boring).

당시 사람들은 수입의 17-20%를 십일조로 드렸다(Keener). 십일조 율법에 대해 온갖 세부적인 사항을 만들어 놓고 지키게 하다 보니 빚어진 일이다. 그러나 예수님은 이런 일을 비난하시는 것이 아니다. 그들이 이처럼 세부적인 디테일을 강요하면서도 정작 율법이 가장 중요하게 여기는 정의와 긍휼과 믿음은 버렸기 때문이다.

'정의'(κρίσις)는 올바른 판단(judgment)을 의미하며 모든 사람을 공정하게 대해야 한다는 뜻이다(cf. TDNT). 하나님의 가장 기본적인 속성이며(시 9:8, 16; 89:14), 정의가 실현되지 않을 때 선지자들은 맹렬한 심판을 선언했다(사 1:16-18; 렘 22:3; 암 5:14-15). '긍휼'(ἔλεος)은 인애라고도 하며(호 6:6) 남을 인자하고 자비롭게 대한다는 뜻이다(cf. TDNT). 예수님은 서로를 긍휼하게 대할 것을 요구하신다(9:13; 12:7). '믿음'(πίστις)은 신뢰와 성실함을 의미한다(TDNT, cf. 미 6:8). 하나님을 온전히 신뢰하는 것이다. 이 세 가지는 구약에서 가장 중요한 핵심적인 가치들이다. 바리새인들은 이 같은 가치를 자신들도 추구하지 않고, 사람들에게도 강요하지 않았다. 대신 십일조 율법을 아주 세세하게 지킬 것을 가르치고 강요했다.

예수님은 그들을 맹인 된 인도자들이라 하신다(24a절). 앞에 무엇이 있는지 전혀 볼 수 없는 사람처럼 율법에서 중요한 것들을 전혀 보지 못한다는 뜻이다. 그러므로 그들이 가장 중요한 것들은 놓치고 상대적으로 덜 중요한 것에 초점을 두어 가르치고 강요하는 것은 마치 하루살이는 걸러 내고 낙타는 삼키는 일과 같다(24b절). 이 이미지는 음료나 음식에 부정한 벌레들이 섞이지 않도록 헝겊 조각을 사용해 걸러낸 데서 온 것이다(cf. 레 11:23, 41). 그들은 촘촘한 헝겊 조각을 사용해 눈에 보일까 말까 한 부정한 벌레 하루살이(별로 중요하지 않은 작은 것들)는 걸러내지만, 정작 가나안 지역에서 가장 큰 부정한 짐승인 낙타는 삼켰다! 이 말씀은 낙타가 바늘귀에 들어가는 것보다 더 어렵다고 하신 말씀(19:24)과 맥을 같이하는 과장법이다.

이 말씀은 우선권에 대해 생각하게 한다. 하나님의 모든 말씀대로 사는 것은 당연히 중요한 일이지만, 때로는 중요한 순서를 정해 가장 중요한 것을 먼저 지키며 점차 덜 중요한 것들을 지켜나가야 한다. 순서에 혼란이 오면 순종하는 것이 매우 어려운 일이 될 뿐 아니라, 순종이 재미없어진다. 예를 들자면 어떤 교회에서는 성도들에게 모든 예배와 행사에 빠짐 없이 출석할 것을 강요한다. 성도들은 교회 행사에 참석하는 데 너무 바빠서 세상에서 빛과 소금으로 살아갈 시간이 없다고 아우성을 친다. 어떤 것이 더 중요한가? 세상의 빛과 소금이 되는 것인가, 혹은 교회 행사에 참석하는 것인가?

우선권이 흔들리면 별로 중요하지 않은 것을 가장 중요한 것으로 착각해 생명을 걸 수도 있다. 그러므로 우리는 추구해야 할 가치 중에 무엇이 가장 소중한 것인지 곰곰이 생각하며 하나님의 인도하심을 받아야 한다. 목회자들이 성경적이고 건강한 우선권을 가지면 교회와 성도들에게 복을 끼치며 교회가 이 땅에서 해야 할 일들을 잘할 수 있다.

Ⅵ. 예수님과 심판과 예루살렘(19:3-26:5)
B. 디스코스 5(지도자들 비난과 종말)(23:1-25:46)
1. 현세대에 대한 심판(23:1-39)
(2) 지도자들에 대한 일곱 가지 비난(23:13-32)

e. 다섯 번째 비난(23:25-26)

25 화 있을진저 외식하는 서기관들과 바리새인들이여 잔과 대접의 겉은 깨끗이 하되 그 안에는 탐욕과 방탕으로 가득하게 하는도다 26 눈먼 바리새인이여 너는 먼저 안을 깨끗이 하라 그리하면 겉도 깨끗하리라

이 비난과 다음 비난은 겉으로 드러나는 정결과 마음속의 부정을 대조한다. 예수님은 서기관들과 바리새인들이 잔과 대접의 겉은 깨끗이 하되 그 안에는 탐욕과 방탕으로 가득하다고 하신다(25절). 어떤 이들은 이 말씀이 잔을 닦을 때 겉과 속을 함께 닦아야 하기 때문에 닦는 자가 먼저 자기 손을 정결하게 한 후에 닦아야 한다는 샴마이 학파(Shammai School)와 같이 안쪽에는 영향을 미치지 않기 때문에 손이 부정하다 할지라도 잔을 물에 담가 안쪽만 씻으면 된다는 힐렐 학파(Hillel School)의 신학적 논쟁을 바탕으로 한 것이라 한다(Garland, Keener,

McNeile, Neusner, Schweizer). 참으로 한심한 논쟁이다.

학자들 대부분은 예수님의 이 비난이 겉으로는 정결하고 경건하지만, 속으로는 부정하고 추한 지도자들을 상징적으로 비난하는 것이라 한다(Blomberg, Boring, Carson, Davies & Allison, France, Garland, Hagner, Luz, McNeile). 이 해석이 더 설득력이 있다. 만일 잔에 관한 문자적 말씀이라면, 잔과 대접 안쪽에 탐욕과 방탕이 있을 리 없다. 탐욕과 방탕은 인간의 내면에 존재하는 것이기 때문이다. 바리새인들은 예수님이 세리와 죄인 등 부정한 사람들과 함께 음식을 잡수신다고 비난한 적이 있다(9:10-12). 또한 예수님이 제자들이 식사할 때 손을 씻으라고 하지 않으신다며 정결 예식에 관한 장로들의 전통을 지키지 않는다고 비난한 적도 있다(15:1-20). 이러한 사례들을 통해 그들이 외적으로 드러나는 정결을 얼마나 중요하게 생각하고 가르쳤는지 알 수 있다.

예수님은 그들의 눈이 멀었다고 하신다(26a절). 바로 앞의 비난(23-24절)에서는 그들이 율법에서 가장 중요한 것을 보지 못하고 별로 중요하지 않은 것에 집착하는 것을 가리켜 눈이 멀었다고 하셨다. 이번에는 그들이 외적인 면모와 내적인 면모 두 가지 중 어느 것이 더 중요한지 구분을 못 한다며 눈이 멀었다고 하신다. 예수님은 속이 겉보다 중요하다며 바리새인들의 가치관을 완전히 뒤집으신다. 속이 깨끗하면 그 정결함이 밖으로 흘러나오기 때문이다. 반면에 겉으로 드러나는 정결은 마음이 정결하다는 것을 보장하지 못한다.

이 말씀은 병과 증세를 구분하라는 말씀이다. 바리새인들은 마음이 병들었더라도 외적으로 드러나는 증세만 잘 조절하면 된다고 생각한다. 그래서 그들은 외적인 정결과 경건으로 마음의 병을 가리려 했다. 남들 눈에 정결하게 보이면 된다고 생각한 것이다. 반면에 예수님은 마음을 정결하게 하라고 하신다. 마음의 병을 치료하면 외적인 증세도 당연히 사라질 것이다. 영적으로 혹은 육적으로 아픈 사람들을 만날 때마다 무엇이 증세이고 무엇이 병인지 구분할 수 있는 지혜가 필요하다.

VI. 예수님과 심판과 예루살렘(19:3-26:5)
B. 디스코스 5 (지도자들 비난과 종말)(23:1-25:46)
1. 현세대에 대한 심판(23:1-39)
(2) 지도자들에 대한 일곱 가지 비난(23:13-32)

f. 여섯 번째 비난(23:27-28)

[27] 화 있을진저 외식하는 서기관들과 바리새인들이여 회칠한 무덤 같으니 겉으로는 아름답게 보이나 그 안에는 죽은 사람의 뼈와 모든 더러운 것이 가득하도다
[28] 이와 같이 너희도 겉으로는 사람에게 옳게 보이되 안으로는 외식과 불법이 가득하도다

이 말씀도 다섯째 비난처럼 겉과 속을 대조한다. 예수님은 바리새인들이 회칠한 무덤처럼 겉으로는 아름답게 보이지만, 안에는 죽은 사람의 뼈와 모든 더러운 것으로 가득하다고 하신다(27절). 이 이미지는 유대인들의 풍습에서 온 것이다. 유대인들은 유월절(아달월/니산월 15일, 봄철에 있음)이 있는 달에 가족묘 입구와 주변에 회칠을 했다. 혹시라도 순례자들이 유월절을 기념하기 위해 성전으로 가다가 주검을 접해 7일 동안 부정하게 되는 것을 예방하기 위해서였다(cf. 민 19:16).

무덤을 회칠하는 것은 아름답게 하기 위해서가 아니라 경고하기 위해서라는 점에서 예수님이 회칠한 무덤을 아름답다고 하시는 것의 정확한 의미를 두고 상당한 논쟁이 있다(cf. Davies & Allison, Osborne). 그러나 이유는 의외로 간단할 수 있다. 원래 무덤은 칙칙하고 어두운 곳이지만, 회칠을 하고 주변을 정돈하면 평상시보다 깨끗하고 아름다워 보일 수 있다. 특히 안에 있는 뼈들과 비교하면 겉모습은 참으로 아름답다 할 수 있다. 혹은 무덤 안에 조상들의 뼈를 담아 비치했던 석회석 항아리(urn)가 겉은 참으로 화려한 장식으로 치장되었지만, 정작 그 안은 사람의 뼈와 온갖 더러운 것으로 가득하다는 의미로 해석할 수도 있다(Wilkins). 중요한 것은 겉과 속의 대조다.

예수님은 바리새인들이 이렇다고 하신다. 그들은 처신을 잘해서 겉으로는 사람에게 옳게 보이지만, 안으로는 외식과 불법이 가득하다고 하신다(28절). 그들의 겉모습은 참으로 하나님을 사랑하는 사람으로 보이지만, 정작 마음으로는 하나님의 아들을 거부해 온갖 죄와 위선과 불법으로 가득한 삶을 살고 있다는 뜻이다.

이 말씀은 사람을 외모로 판단해서는 안 된다는 권면이다. 겉모습은 온갖 아름다운 것들로 치장될 수 있다. 그러나 안은 썩을 대로 썩었을 수 있다. 이와는 대조적으로 겉모습은 초라하고 별 볼 일 없어 보이지만, 마음은 진국인 사람들이 있다. 우리는 마음이 온갖 아름다운 것들로 가득한 사람이 되어야 하며, 성도들을 이런 사람으로 양육해야 한다.

VI. 예수님과 심판과 예루살렘(19:3-26:5) B. 디스코스 5(지도자들 비난과 종말)(23:1-25:46) 1. 현세대에 대한 심판(23:1-39) (2) 지도자들에 대한 일곱 가지 비난(23:13-32)

g. 일곱 번째 비난(23:29-32)

29 화 있을진저 외식하는 서기관들과 바리새인들이여 너희는 선지자들의 무
덤을 만들고 의인들의 비석을 꾸미며 이르되 30 만일 우리가 조상 때에 있었
더라면 우리는 그들이 선지자의 피를 흘리는 데 참여하지 아니하였으리라
하니 31 그러면 너희가 선지자를 죽인 자의 자손임을 스스로 증명함이로다
32 너희가 너희 조상의 분량을 채우라

예수님은 바리새인들과 서기관들이 옛적에 순교한 선지자들의 무덤을 만들고 의인들의 비석을 꾸민다고 하신다(29절). 하나님의 말씀을 선포하고, 정의롭게 살다가 순교한 사람들(cf. 히 11장)의 숭고한 삶을 기리기 위해 기념비들을 세운다는 뜻이다. 이들이 순교할 때는 제대로 된 장례식도 치르지 못했는데, 늦게나마 이렇게 그들의 삶과 순교를 기념하는 것은 좋은 일이다. 예수님도 이 일을 탓하지 않으신다.

문제는 이런 일을 하는 그들의 자세다. 바리새인과 서기관들은 그들 자신을 옛적 선지자들을 죽인 조상들과 다르게 여기며 전혀 관계가 없는듯 행세한다. 만일 조상들이 선지자를 때려죽이는 자리에 그들이 있었다면, 자기들은 절대 조상들과 함께 선지자에게 돌을 던지지 않았을 것이라고 장담한다(30절).

그러나 그들이 아무리 조상들과 거리를 두려 해도, 그들은 선지자를 죽인 사람들의 후손들이다(31절). 또한 그들은 조상들이 선지자들을 죽인 만행을 아직도 이어가고 있다. 이미 선지자로 온 세례 요한을 죽였고, 하나님의 아들이신 메시아 예수님을 죽이려고 하기 때문이다. 비록 악한 조상들과 거리를 두려 하지만, 실상은 조상들의 죄를 되풀이하고 있다.

그러므로 예수님은 그들에게 조상의 분량을 채우라고 하신다(32절). 조상들이 시작한 만행을 이제 완성하라는 뜻이다. 그래야 하나님의 심판이 임할 것이기 때문이다. 구약은 하나님의 심판이 때로는 일정한 양의 죄가 차야 이뤄진다고 한다(창 15:16; cf. 살전 2:14-16). 성경은 성도들의 고통이 정해진 양에 도달할 때 비로소 종말이 올 것이라고 한다(계 6:11).

예수님은 며칠 후에 있을 일을 아시고 이렇게 말씀하신다. 며칠 후면 그들의 조상들이 옛적에 선지자들을 죽였던 것처럼 예수님을 죽일 것이다. 이 일을 통해 그들은 조상들이 시작한 죄의 분량을 채울 것이다. 그때 비로소 그들에 대한 하나님의 심판이 임할 것이다.

이 말씀은 우리가 속한 공동체가 과거에 저지른 죄를 마치 우리가 저지른 죄인 것처럼 회개하고 용서를 구해야 한다고 한다. 아무리 부인해도 공동체의 일원으로서 우리도 그 자리에 있었기 때문이다. 바리새인들은 조상들의 손에 죽은 선지자들을 기념했지만, 과거를 통해 배우지는 못했다. 자신들과는 상관없는 일이라며 조상들과 거리를 두었다. 그들은 과거에서 배우지 못했기 때문에 예수님을 죽였다.

종종 유대인 중에서 어떻게 하나님의 아들이신 예수님을 죽일 수 있느냐며 분노하는 사람들을 본다. 그러면서 만일 자기가 그 자리에 있었다면 예수님을 죽이려는 이들을 요절냈을 것이라고 한다. 그러나 예수님이 죽으시던 날, 예수님을 어떻게 하면 좋겠냐는 빌라도의 질문에 우리 역시 "십자가에 못 박혀야 하겠나이다"라고 대답한 무리 가운데 있었다는 사실을 인정해야 한다(cf. 27:22).

VI. 예수님과 심판과 예루살렘(19:3-26:5)
B. 디스코스 5(지도자들 비난과 종말)(23:1-25:46)
1. 현세대에 대한 심판(23:1-39)

(3) 결론(23:33-36)

33 뱀들아 독사의 새끼들아 너희가 어떻게 지옥의 판결을 피하겠느냐 34 그러므로 내가 너희에게 선지자들과 지혜 있는 자들과 서기관들을 보내매 너희가 그중에서 더러는 죽이거나 십자가에 못 박고 그중에서 더러는 너희 회당에서 채찍질하고 이 동네에서 저 동네로 따라다니며 박해하리라 35 그러므로 의인 아벨의 피로부터 성전과 제단 사이에서 너희가 죽인 바라갸의 아들 사가랴의 피까지 땅 위에서 흘린 의로운 피가 다 너희에게 돌아가리라 36 내가 진실로 너희에게 이르노니 이것이 다 이 세대에 돌아가리라

어떤 이들은 본 텍스트를 일곱 번째 비난의 일부로 취급하기도 하지만, 예수님이 지금까지 선포하신 비난을 결론적으로 정리하시는 내용인 만큼 따로 취급하는 것이 좋다(cf. Wilkins). 지도자들에 대한 분노가 극에 달하신 예수님은 그들을 향해 "뱀들아 독사의 새끼들아"라고 하신다(33절). 세례 요한이 그들을 비난한 말이며(3:7) 예수님도 전에 이렇게 비난하신 적이 있다(12:34). 뱀은 최초의 인류인 아담과 하와에게 죽음을 안겨 준 짐승이다(창 3장). 어느덧 유대교 지도자들이 인류의 원수인 뱀처럼 사람들에게 죽음을 안겨 주는 자들이 되었다. 그들은 예수님을 메시아로 영접하지 않음으로써 영생이 있는 천국에 입성하기를 거부하고 죽음이 있는 지옥으로 향하고 있다. 또한 천국으로 들어가려는 사람들을 들어가지 못하도록 막아 죽음의 길을 가게 한다(13절). 그러므로 그들은 죽음을 퍼트리는 독사의 새끼들인 것이다.

예수님은 "너희가 어떻게 지옥의 판결을 피하겠느냐?"(33b절)라는 수사학적인 질문을 통해 그들은 절대 하나님의 심판을 피할 수 없으며 심판으로 인해 지옥에 떨어질 것이라고 선언하신다(33b절). 그들의 죄가 이미 한계에 도달하고 있다(cf. 32절). 그러므로 하나님의 심판이 머지않다.

바리새인들은 그들 조상이 선지자들을 죽인 것과 거리를 두며 자신들은 절대 조상들처럼 선지자들이나 의인들을 죽이는 일은 없을 것이라고 했다(30절). 예수님은 그들이 조상들과 다르지 않다고 하신다. 그들도 선지자들을 죽인 조상들과 결코 다르지 않다는 것이 조만간 드러날 것이기 때문이다. 예수님은 그들을 불쌍히 여겨 선지자들과 지혜자들과 서기관들을 그들에게 보내실 텐데, 그들은 예수님이 보내신 이 선교사들을 죽이고 십자가에 못 박고 채찍질하고, 따라다니며 박해할 것이기 때문이다(34절). 예수님은 이미 선교를 떠나는 제자들에게 이 같은 핍박에 대해 경고하신 적이 있다(10:16-25). 예수님을 따르는 사람들도 주님이 마신 고난의 잔을 피할 수 없다. 마치 예수님은 히브리서가 묘사하는 일들을 제자들도 경험하게 될 것이라고 예언하시는 듯하다. "또 어떤 이들은 조롱과 채찍질뿐 아니라 결박과 옥에 갇히는 시험도 받았으며 돌로 치는 것과 톱으로 켜는 것과 시험과 칼로 죽임을 당하고 양과 염소의 가죽을 입고 유리하여 궁핍과 환난과 학대를 받았으니 (이런 사람은 세상이 감당하지 못하느니라) 그들이 광야와 산과 동굴과

토굴에 유리하였느니라"(히 11:36-38).

바리새인들과 서기관들이 예수님이 보내시는 사람들을 이처럼 무자비하게 핍박하는 것은 결코 새로운 일이 아니다. 이는 태초부터 인류가 저질러 온 만행이다. 정경의 맨 처음 책인 창세기에 기록된 의인 아벨의 피(창 4:8)로부터 유대인 정경의 마지막 책인 역대기하에 기록된 순교자 여호야댜의 아들 사가랴의 피(대하 24:20-21)뿐만 아니라 그들이 땅 위에서 흘린 모든 의로운 피가 그들에게 돌아갈 것이라 하신다(35절). 피가 그들에게 돌아간다는 것은 그들이 의로운 피를 흘린 것에 대해 반드시 심판을 받을 것이라는 뜻이다(렘 26:16; 욘 1:14). 며칠 후 그들은 예수님을 십자가에 못 박으라며 "그 피를 우리와 우리 자손에게 돌릴지어다"라고 한다(27:25). 만일 예수님을 죽이는 것이 죄라면 자신들과 후손들이 그 죗값을 감당하겠다는 것이다. 참으로 무서운 사람들이다.

아벨과 사가랴는 구약을 총망라하지만, 바라갸의 아들 사가랴(스가랴)가 정확히 누구인지 확실하지 않다. 역대기는 그를 여호야다의 아들이라 하기 때문이다(대하 24:20). 반면에 스가랴서를 남긴 선지자는 베레갸(바라갸)의 아들이라고 한다(슥 1:1). 본문과 연관이 있는 스가랴는 스가랴서를 남긴 선지자다. 그러나 이 선지자가 순교했다는 말은 구약이나 유대인 문헌 어디에도 없다.

이에 대해 학자들은 두 가지 가능성을 제시했다. 첫째, 여호야다는 스가랴의 아버지가 아니라 할아버지라는 것이다(Broadus, Carson, Morris). 계보를 더 정확하게 정리하면 '여호야다-베레갸-스가랴'가 된다. 구약의 계보가 지닌 성향을 생각할 때 충분히 가능한 일이다.

둘째, 유대교가 스가랴서를 남긴 선지자와 역대기에서 순교를 당한 스가랴를 융합한 결과라는 것이다(Davies & Allison, France, Gundry, Hagner, Keener, Nolland). 처음에는 이 두 사람이 따로 구분되었지만, 세월이 지나면서 두 사람이 동일 인물로 취급된 결과라는 것이다. 이 또한 충분히 가능성이 있는 일이다.

어느 쪽을 택하든 본문을 해석하는 데 별 영향을 미치지 않는다. 예수님이 강조하시고자 하는 것은 바리새인들과 서기관들이 선지자들과 의인들을 죽이는 일은 결코 새로운 일이 아니며, 이러한 일은 태초부터 구약 시대가 끝날 때까지 계속 있었던 일이라는 점이다. 그들은 분명 조상들과 다르다고 하지만, 전혀 다르지 않다.

예수님은 이것이 모두 이 세대에 돌아갈 것이라며 이 섹션을 마무리하신다(36절). 순교자들과 의인들을 죽인 죗값이 바리새인들과 서기관들에게 돌아가는 것처럼, 이 세대에게도 의인의 피를 흘린 죄값이 돌아갈 것이다. 그들도 악한 지도자들의 어리석은 율법 해석에 놀아나 예수님을 영접하지 않았기 때문이다. 선지자들은 항상 책임 추궁을 소수(지도자들)에게 하지만, 책임 전가는 백성 모두에게 했다. 예수님도 이곳에서 같은 원리를 적용하신다.

이 말씀은 하나님의 축복을 누리는 사람들은 그 축복이 얼마나 크고 위대한지를 깨닫아야 한다고 한다. 바리새인들과 서기관들은 구약 성도들과 선지자들이 그토록 보기 원했던 메시아를 직접 보는 특권을 누렸다. 그러나 그들은 이 특권이 축복이 아니라며 오히려 메시아인 예수님을 부인했다. 맹인처럼 앞을 보지 못하는 자들의 참으로 안타까운 처사다. 결국 그들은 하나님의 심판을 피할 수 없게 되었다.

인류는 태초 이후로 계속 하나님께 반역하며 오늘에 이르렀다. 사람은 절대 스스로 바뀔 수 없다. 스스로 바뀌기에는 본성이 너무나도 악하기 때문이다. 오직 하나님의 은혜만이 변화시킬 수 있다. 하나님의 용서와 구원이 필요하다. 먼저 구원의 은혜를 입은 우리는 끊임없이 하나님이 자비를 베푸셔서 저들을 구원하시기를 기도해야 한다.

VI. 예수님과 심판과 예루살렘(19:3-26:5)
B. 디스코스 5(지도자들 비난과 종말)(23:1-25:46)
1. 현세대에 대한 심판(23:1-39)

(4) 예루살렘에 대한 탄식(23:37-39)

37 예루살렘아 예루살렘아 선지자들을 죽이고 네게 파송된 자들을 돌로 치는
자여 암탉이 그 새끼를 날개 아래에 모음 같이 내가 네 자녀를 모으려 한 일
이 몇 번이더냐 그러나 너희가 원하지 아니하였도다 38 보라 너희 집이 황폐
하여 버려진 바 되리라 39 내가 너희에게 이르노니 이제부터 너희는

찬송하리로다
주의 이름으로 오시는 이여

할 때까지 나를 보지 못하리라 하시니라

지도자들을 맹렬하게 비난하고 그들을 따르는 사람들에게 심판을 선언하신 예수님이 끝내 그들이 불쌍하고 안타까워 눈물을 보이신다. 예수님은 구약의 탄식시 혹은 애가를 부르는 감정으로 이 심판을 선언하신다.

'예루살렘아 예루살렘아'(37절)는 온 이스라엘을 부르는 외침이다(Wilkins). 예루살렘은 하나님이 보내신 선지자들을 죽이고 돌로 쳤다(cf. 30-31절). 앞으로 예수님이 보내실 선교사들도 죽일 것이다(cf. 34-35절). 그럼에도 불구하고 예수님은 이스라엘을 생각할 때마다 안타까우시다. 그러므로 암탉이 새끼를 날개 아래 모으는 것처럼, 예루살렘의 자녀들을 여러 차례 그분의 날개 아래 모으려고 하셨다. 구약에서 '날개 아래'는 하나님의 보호를 상징한다(출 19:4; 신 32:11; 룻 2:12; 시 17:8; 36:7; 91:4). 예루살렘이 온 이스라엘을 상징하므로 예루살렘의 자녀는 온 이스라엘 백성을 뜻한다. 예수님은 어떻게 해서든 그들을 품으려고 여러 차례 하나님 나라에 입성할 기회를 주셨지만, 그들은 계속 예수님을 거부했다. 유대인들의 거부와 그들을 향한 주님의 지칠 줄 모르는 사랑이 대조되고 있다.

결국 예수님을 거부한 그들은 심판을 받아 황폐해 버려진 바 될 것이다(38절). '너희 집'(ὁ οἶκος ὑμῶν)에 대한 학자들의 해석은 회당(Boring), 이스라엘(Hill, Green), 예루살렘(McNeile, Manson, Senior), 성전(France, Luz, Nolland, Wilkins), 예루살렘과 성전(Davies & Allison), 이스라엘과 예루살렘과 성전(Carson, Hagner) 등 다양하다. 이 말씀이 바리새인들과 서기관들뿐 아니라 온 이스라엘을 상대로 하는 만큼 회당은 너무 제한적이다. 이스라엘과 예루살렘과 성전은 서로 떼어 놓을 수 없는 관계에 있다. 하나가 망하면 나머지 둘도 망한다. 그러므로 셋을 모두 의미하는 것으로 해석하는 것이 바람직하다(Carson, Hagner).

이스라엘과 예루살렘과 성전이 황폐해진다는 것은 70년에 있을 파괴에 대한 말씀이다. 황폐해 버려진 바가 된다는 것은 마치 광야나 사막처럼 되어 사람이 살 수 없게 되는 것을 뜻한다(cf. 왕하 21:14; 렘 12:7; 22:5). 하나님의 심판이 임하면 이스라엘은 황무지처럼 변할 것이다.

그들이 "찬송하리로다 주의 이름으로 오시는 이여"라고 할 때까지 그들은 예수님을 보지 못할 것이다(39절). 이 말씀은 시편 118:26을 인용한 것이며, 예수님이 나귀를 타고 예루살렘에 입성하실 때 무리가 주님을 메시아로 환영하며 외친 내용이다(21:9). 예수님은 그들의 외침을 통해 그분 자신이 메시아임을 재차 선언하신다. 또한 장차 정복자 메시아로 영광스러운 모습으로 돌아오실 것을 예고하신다.

그들이 예수님을 보지 못한다는 것은 며칠 후 죽음과 부활을 이루시고 그들을 떠날 것이라는 예언이다. 이 말씀은 예수님이 무리를 상대로 하신 마지막 말씀이다. 예수님은 그동안 무리에게 주님을 영접하고 하나님 나라에 입성할 기회를 충분히 주셨다. 앞으로는 교회의 선교를 통해 기회가 제공될 것이며, 더는 예수님이 직접 기회를 제공하시는 일은 없을 것이다.

며칠 후 예수님을 십자가에 못 박으라며 "그 피를 우리와 우리 자손에게 돌릴지어다"라고 할 자들이(27:25), 다시 오시는 예수님께 "호산나"라고 외칠 것이다. 심판과 부정적인 말씀 중에 매우 긍정적인 말씀이 나오는 것에 대해 학자들은 다양한 해석을 내놓았다. 첫째, 이 외침은 예수님이 정복자 메시아로 다시 오실 때 정복당한 유대인들이 강제로 엎드려 주님을 예배하며 외치는 음성이다(Garland, Gnilka, Luz, Manson). 둘째, 교회의 선교를 통해(Nolland) 이스라엘이 최종적으로 회개하고 구원에 이르러 주님을 경배하는 외침이다(Blomberg, Gundry, Plummer, Schweizer, cf. 롬 11:25-32). 셋째, 유대인들이 회개해 이처럼 고백할 때까지 기다리시겠다는 뜻이다(Davies & Allison).

세 번째 해석은 별 설득력이 없어 보인다. 그리고 첫 번째와 두 번째 해석은 결과론적으로 별 차이가 없다. 예수님이 다시 오시면 모든 사람이 자원해서 기쁨으로 하든지, 혹은 억압된 상태에서 강제로 하든지 주님을 찬양해야 하기 때문이다(Carson, Osborne, Wilkins, cf. 빌 2:10-11). 예수님은 온 세상의 찬송 속에 다시 오실 것이다.

이 말씀은 죄인들을 정죄하고 비난하면서 예수님이 얼마나 안타까워하고 슬퍼하셨는지 엿보게 한다. 예수님의 마음이 결코 편하지 않으시다. 우리도 예수님의 마음을 품어야 한다. 죄인들을 대할 때 분노나 정죄보다는 함께 안타까워하며 함께 울 수 있으면 좋겠다. 그 죄인들도 결국 우리 형제요 자매들이 아닌가. 또한 우리에게는 예수님을 거부하는 사람들이 주님을 찬양할 날이 오고 있다는 소망이 있다.

Ⅵ. 예수님과 심판과 예루살렘(19:3-26:5)
B. 디스코스 5(지도자들 비난과 종말)(23:1-25:46)

2. 미래에 있을 심판(24:1-25:46)

예수님은 앞 섹션에서 자신을 메시아로 영접하기를 거부하는 이스라엘 사람들과 지도자들을 비난하시고 그들 시대에 상응하는 심판이 올 것이라고 경고하셨다. 이 섹션에서는 앞으로(종말에) 임할 심판과 재앙에 대해 말씀하신다. 우리는 종말에 있을 일에 대한 말씀을 묵시문학이라 한다. 다니엘서, 스가랴서, 요한계시록이 대표적이다. 이 섹션도 종말에 관한 것이기 때문에 분명 묵시문학이다. 그러나 어느 정도 예루살렘 파괴 등 역사적 사건과 섞여 있는 듯해 다양한 견해가 제시되었다(cf. Carson, Davies & Allison, France, Keener, Luz, Nolland). 가장 이슈가 되는 것은 인자의 오심(24:29-31)을 어떻게 간주하느냐 하는 것이다.

첫째, 전통적인 세대주의자들은 24장 전체가 종말에 관한 것이며, 인자의 오심(29-31절)은 대환란(Great Tribulation)이 있기 전에 있을 휴거가 아니라, 대환란 이후에 있을 재림이라고 한다(Schlatter, Gnilka). 둘째, 24장에는 종말에 관한 내용이 없으며 모든 것이 예루살렘 파괴에 관한 말씀으로, 인자의 오심(29-31절)은 주님이 자기 백성을 데리러 오실 때 있을 정치적 혼란에 관한 것이다(France, McKnight). 셋째, 4-28절은 예루살렘 파괴에 관한 것이고, 인자의 오심(29-31절)은 재림이며, 이 재림은 대환란(32-35절)으로 이어진다(Carson, Wenham). 넷째, 24장 전체가 종말에 관한 것이며, 예루살렘 파괴는 대환란(4-28, 32-35절)과 재림(29-31절)의 전조다(Davies & Allison, Gundry, Hagner, Hill, Ladd, Mounce, Osborne, Wilkins).

이 가르침이 시작된 계기는 제자들의 "주의 임하심과 세상 끝에는 무슨 징조가 있겠습니까?"라는 질문이다(3절). 제자들은 종말에 대해 말씀을 듣기를 원했고 예수님은 답으로 이 말씀을 주셨다. 또한 디스코스의 상당 부분이 구약의 묵시문학 형태를 취하고 있다. 요한계시록과 맥을 같이하는 부분도 있다. 그러므로 24장 전체를 종말에 관한 것으로 간주하는 것이 바람직하다. 70년에 있을 예루살렘 파괴는 종말에 있을 일들이 어떠할 것인지 보여 주는 전조라고 할 수 있다. 따라서 네 가지 주요한 해석 중 네 번째 것이 가장 설득력이 있다. 예수님이 이 가르침을 감람산에서 말씀하셨다 하여(24:3) 일명 '감람산 디스코스'(Olivet Discourse)로 알려진 본 텍스트는 다음과 같이 구분된다.

A. 예수님의 예언과 제자들의 질문(24:1-3)
B. 새로운 시대를 위한 산통(24:4-28)
C. 인자의 오심(24:29-31)
D. 시대 분별(29:32-35)
E. 날과 시각은 알 수 없음(24:36-41)
F. 항상 준비하라는 비유적 가르침(24:42-25:46)

VI. 예수님과 심판과 예루살렘(19:3-26:5)
B. 디스코스 5(지도자들 비난과 종말)(23:1-25:46)
2. 미래에 있을 심판(24:1-25:46)

(1) 예수님의 예언과 제자들의 질문(24:1-3)

**1 예수께서 성전에서 나와서 가실 때에 제자들이 성전 건물들을 가리켜 보이
려고 나아오니 2 대답하여 이르시되 너희가 이 모든 것을 보지 못하느냐 내
가 진실로 너희에게 이르노니 돌 하나도 돌 위에 남지 않고 다 무너뜨려지
리라 3 예수께서 감람산 위에 앉으셨을 때에 제자들이 조용히 와서 이르되
우리에게 이르소서 어느 때에 이런 일이 있겠사오며 또 주의 임하심과 세상
끝에는 무슨 징조가 있사오리이까**

예수님은 일요일에 예루살렘에 입성하신 후(21:1-11) 밤에는 베다니에서 머무시고 낮에는 줄곧 성전에서 시간을 보내며 가르치시고 병자들을 치료하셨다(cf. 21:14). 이제 화요일 늦은 오후에 성전을 떠나신다(Wilkins). 이번에 성전을 떠나면 다시는 찾지 않으실 것이다. 예수님이 떠나신 성전에는 오직 파괴가 남아 있을 뿐이다(France).

예수님과 제자들이 베다니로 돌아가기 위해 기드론 골짜기를 건너

감람산을 지나고 있을 때 제자들이 예루살렘 성전을 가리켰다(1절). 제자들이 감람산에서 내려다보고 있는 성전은 최근에 완성된 것으로(cf. 요 2:20), 그들은 성전의 규모와 아름다움에 매료되어 있다. 마가는 그들이 함성을 질렀다고 한다(막 13:1). 실제로 예루살렘 성전은 로마 제국에서도 가장 규모가 크고 아름답고 웅장한 신전으로 정평이 나 있었다(ABD).

예수님은 성전의 규모와 아름다움에 매료된 제자들에게 성전이 완전히 파괴될 것이라고 예언하신다(cf. 23:38; 26:61; 눅 23:28-31). 선지자들도 성전 파괴에 대해 예언했고(렘 7:12-14; 26:6, 18; 미 3:12), 이미 주전 586년에 바빌론에 의해 파괴된 적이 있다. 예수님은 "돌 하나도 돌 위에 남지 않을 것이다"라고 하시는데, 주전 520년에 성전 재건을 권장했던 학개 선지자는 성전이 파괴된 채로 방치되었던 시대를 '돌이 돌 위에 놓이지 아니하였던 때'라고 했다(학 2:15). 예수님은 같은 이미지를 사용해 머지않아 성전이 파괴될 것을 말씀하신다.

예수님은 가던 길을 멈추시고 감람산 위에 앉으셨다(3절). 가르침을 주시겠다는 표시다. 제자들이 알아차리고 조용히 다가와 질문했다. 무리들이 모두 떠나고 오직 제자들만 남았다는 뜻이다. 제자들이야말로 요즘 말로 '인싸들'(insiders)이다.

그들은 두 가지 질문을 했다. (1)어느 때에 이런 일이 있을 것입니까? (2)주의 임하심과 세상 끝에는 무슨 징조가 있을 것입니까? 그들의 질문은 옛적에 다니엘이 보는 앞에서 한 천사가 다른(높은) 천사에게 한 질문과 비슷하다. "이 놀라운 일의 끝이 어느 때까지냐?"(단 12:6). 감람산은 이런 질문을 하기에 참 좋은 곳이다. 여호와의 날에 하나님이 심판을 시작하기 위해 임하시는 곳이기 때문이다(슥 14:4; cf. 겔 11:23).

예수님은 이 세대에 반드시 임할 심판에 대해 경고하셨다(23:36). 그러므로 제자들은 예루살렘 성전 파괴가 언제 일어날 일이며, 성전 파괴가 종말에 있을 여호와의 날의 시작을 알리는 신호탄인지 궁금하다. 또한 한 이벤트처럼 연결된 예수님의 다시 오심과 종말은 어떤 징조를 보일 것인지 궁금하다. 예수님은 다음 섹션에서부터 제자들의 질문에 대답해 나가실 것이다.

'주의 임하심'(τῆς σῆς παρουσίας)의 문자적 의미는 '당신의 오심'이다. 제자들도 예수님이 그들을 떠나셨다가 다시 오실 것을 알고 있다. 예수님의 십자가 죽음을 현실로 받아들이기 시작한 것이다. 영어로 예수님의 재림을 '파루시아'(Parousia)라고 하는데, 이 말에서 비롯된 개념이다(27, 37, 39절; cf. 고전 15:23; 살전 4:15; 살후 2:1, 8).

이 말씀은 사람들이 하나님을 위해 세운 좋은 것이라 할지라도 주님의 심판을 피해갈 수 없다고 한다. 예루살렘 성전은 당시 로마 제국에서 가장 크고 화려한 신전 중 하나였으며, 오직 여호와 하나님을 예배하는 곳이었다. 사람들은 이곳을 하나님의 영광이 임하시는 곳이라 했다. 그러나 이곳에 와서 기도하고 예배하는 주의 백성이 하나님의 말씀대로 살지 않고 죄를 일삼는다. 그러므로 하나님은 옛적에 스스로 성전을 파괴할 것을 경고하시고(cf. 렘 7:14; 26:6) 파괴하신 것처럼(렘 52:12-13), 다시 성전을 파괴하실 것이다. 이러한 원칙이 교회에 어떤 경고를 하는지 생각해 보아야 한다.

VI. 예수님과 심판과 예루살렘(19:3-26:5)
B. 디스코스 5(지도자들 비난과 종말)(23:1-25:46)
2. 미래에 있을 심판(24:1-25:46)

(2) 새로운 시대를 위한 산통(24:4-28)

예수님은 제자들에게 종말의 시작에 대해 말씀하신다. 제자들의 두 번째 질문에 먼저 답하시는 것이다. 종말은 온갖 고통과 혼란이 난무할 때 시작된다. 또한 예루살렘 성전 파괴는 종말에 있을 혹독한 고통의 전조다. 이 섹션은 다음과 같이 구분된다.

A. 진통의 시작(24:4-8)
B. 진통에 대한 전반적인 설명(24:9-14)
C. 혹독한 고통: 예루살렘 파괴(24:15-22)
D. 거짓 메시아들에 대한 경고(24:23-28)

VI. 예수님과 심판과 예루살렘(19:3-26:5)
B. 디스코스 5(지도자들 비난과 종말)(23:1-25:46)
2. 미래에 있을 심판(24:1-25:46)
(2) 새로운 시대를 위한 산통(24:4-28)

a. 진통의 시작(24:4-8)

4 예수께서 대답하여 이르시되 너희가 사람의 미혹을 받지 않도록 주의하
라 5 많은 사람이 내 이름으로 와서 이르되 나는 그리스도라 하여 많은 사람
을 미혹하리라 6 난리와 난리 소문을 듣겠으나 너희는 삼가 두려워하지 말라
이런 일이 있어야 하되 아직 끝은 아니니라 7 민족이 민족을, 나라가 나라를
대적하여 일어나겠고 곳곳에 기근과 지진이 있으리니 8 이 모든 것은 재난의
시작이니라

예수님은 제자들의 질문에 대답하시면서 제일 먼저 미혹을 받지 않도록 주의하라고 하신다(4절). '주의하라'(βλέπετε) 현재 명령형이다. 방심하지 않도록 꾸준히, 계속 지켜보라는 권면이다. '미혹하다'(πλανάω)는 잘못된 길로 인도해 타락하게 하는 것을 뜻한다. 배교(背教)의 길로 유혹하는 거짓 선생들이 하는 짓이다(Davies & Allison, cf. 10-12, 23-24절; 살후 2:3). 온갖 사기와 사이비가 난무할 것이니 신중에 신중을 기해 현혹되는 일이 없도록 하라는 권면이다.

예수님은 구체적으로 세 가지를 권면하신다. 첫째, 가짜 메시아를 주의해야 한다(5절). 많은 사람이 와서 그리스도라며 사람들을 유혹할 것이다. 이들은 자신들이 재림한 예수라 하기도 하고('내 이름으로'), 참된 메시아라 하기도 할 것이다('나는 그리스도라'). 사도들의 시대를 정리한 사도행전은 '드다'(Theudas, 행 5:36)와 '갈릴리의 유다'(Judas of Galilee, 행 5:37)와 '애굽인'으로 불리는 자(행 21:38) 등 최소한 세 명의 가짜 메시아를 언급한다. 사도 요한도 그의 시대에 이미 많은 적그리스도가 일어났다고 한다(요일 2:18). 사이비/가짜 예수와 메시아의 역사는 교회 역사만큼 오래되었다.

둘째, 온갖 전쟁과 재앙이 닥쳐도 두려워하지 않아야 한다(6-7절). 예수님은 우리가 겪게 될 재앙을 세 가지로 말씀하신다. 첫째, 전쟁이다. '난리와 난리 소문'(ἀκούειν πολέμους καὶ ἀκοὰς πολέμων)은 '민족이 민족을, 나라가 나라를 대적하여'(cf. 대하 15:6; 사 19:2) 전쟁을 한다는 소문이 세상 곳곳에서 들려올 것이라는 뜻이다. 둘째, 기근이다. 세상 곳곳에 기근이 들 것이라고 하신다. 셋째, 지진도 곳곳에서 일어난다. 이런 일들은 과거에도 일어났고, 지금도 일어나고 있으며, 앞으로도 세상 곳곳에서 계속 일어날 것이다. 반드시 '있어야 할'(δεῖ), 거쳐야 할 일들이기 때문이다.

중요한 것은 이 재앙들이 종말이 시작되었다는 징조가 아니라는 사실이다. "아직 끝은 아니니라"(ἔστιν τὸ τέλος). 전쟁과 기근과 지진이 세상 곳곳에서 일어나는 것은 종말이 가까이 오고 있다는 것을 암시하지만, 종말이 시작되었다는 징조는 아니다. 우리가 이 땅에서 항상 겪어야 할 일들이다. 예수님 시대에도 참으로 많은 전쟁과 기근과 지진이 있었고(cf. Davies & Allison, France, Luz), 주님이 다시 오실 때까지 계속 반복될 것이다. 그러므로 이 말씀은 이런 재앙들을 징조로 삼는 가짜 메시아들을 조심하라는 경고다(Carson, Osborne).

셋째, 이 모든 현상은 재난의 시작에 불과하다(8절). '재난'(ὠδίν)은 산통(birth pain)을 의미한다(BAGD, cf. NAS, NIV, NRS, ESV). 구약에서 산통은 사람이 일상적으로 겪는 혹독한 고통(사 13:8; 21:3; 42:14; 렘 30:7–10; 호 13:13)과 구원에 이르기 전 주의 백성이 겪는 환난(사 26:12–19; 66:7–11; 렘 22:23; 미 4:9–10)을 묘사한다. 이 말씀에서는 메시아의 시대가 시작되기 전에 혹독한 고통이 있을 것이라는 의미다.

산통은 한 번만 오는 것이 아니라 아이가 태어날 때까지 수십 번 주기적으로 반복된다. 이와 같이 거짓 메시아와 전쟁과 기근과 지진은 예수님이 재림하실 때까지 수없이 반복될 것이라는 의미다(Wilkins). 그러므로 이런 것들을 종말의 징조라고 하거나, 자신들이 메시아라고 하거나, 예수님을 사칭하는 자들을 조심해야 한다. 이런 자들은 지금도 있고, 앞으로도 계속 있을 것이다.

이 말씀은 우리 시대가 예수님이 다시 오실 날에 상당히 가까이 있음을 깨닫게 한다. 분명 거짓 메시아와 전쟁과 기근과 지진은 예전에도 많이 있었다. 그러나 오늘날 인류를 엄습하고 있는 재앙들의 격렬함이 참으로 강하다는 생각이 든다. 주변에 가짜 메시아들도 널려 있다. 오늘날의 혼탁한 상황을 두려워할 필요는 없다. 그러나 미혹되지 않도록 경계하며, 분별하는 은혜를 달라고 하나님께 기도해야 한다.

VI. 예수님과 심판과 예루살렘(19:3–26:5)
B. 디스코스 5(지도자들 비난과 종말)(23:1–25:46)
2. 미래에 있을 심판(24:1–25:46)
(2) 새로운 시대를 위한 산통(24:4–28)

b. 진통에 대한 전반적인 설명(24:9–14)

9 그때에 사람들이 너희를 환난에 넘겨주겠으며 너희를 죽이리니 너희가 내
이름 때문에 모든 민족에게 미움을 받으리라 10 그때에 많은 사람이 실족하
게 되어 서로 잡아 주고 서로 미워하겠으며 11 거짓 선지자가 많이 일어나 많

은 사람을 미혹하겠으며 [12] 불법이 성하므로 많은 사람의 사랑이 식어지리라
[13] 그러나 끝까지 견디는 자는 구원을 얻으리라 [14] 이 천국 복음이 모든 민족
에게 증언되기 위하여 온 세상에 전파되리니 그제야 끝이 오리라

예수님은 앞 섹션(4-8절)에서 항상 전쟁과 기근과 지진이 소용돌이칠 세상에 대해 말씀하셨다. 이번에는 교회가 겪을 고난과 혼란에 대해 말씀하신다. 교회는 세상에 있는 한 내부와 외부로부터 끊임없이 공격을 받을 것이다. 세상이 예수님을 미워하고 예수님이 세우신 교회도 미워하기 때문이다.

'그때'(τότε)를 4-8절에서 말씀하신 일이 있은 다음을 뜻하는 것으로 해석하는 학자들이 있다(Gundry, Luz, Osborne). 이 해석에 따르면 본문은 종말이 시작될 때쯤 있을 일에 관한 것이다. 반면에 대부분 학자들처럼 4-8절에 기록된 일들이 일어나는 때와 같은 때를 의미하는 것으로 해석하면(Blomberg, Carson, Davies & Allison, France, Hagner, Wilkins) 이 말씀은 교회가 세상에 있는 기간 내내 겪을 일들에 관한 말씀이다. 주제가 세상의 고통(4-8절)에서 교회의 고통으로 바뀐 것이다. 예수님은 제자들을 선교사로 내보내실 때 그들이 당할 고통에 대해 비슷한 말씀을 하셨다(10:17-22). 본문에서처럼 '넘겨주고'(10:17), '죽일 것이고'(10:21), '모든 민족에게 미움을 받을 것'(10:22)이라고 경고하셨다. 실제로 두 텍스트를 비교해 보면 핍박의 정도에 별 차이가 없다. 그러므로 이 말씀은 주님이 오실 때까지 이 땅에서 교회가 항상 겪을 고통에 대한 것으로 해석하는 것이 바람직하다.

교회는 이 땅에서 결코 환난과 고난을 피할 수 없다. 사람들은 교회와 성도들을 환난에 넘겨주고, 죽이고, 예수님의 이름 때문에 미워할 것이다(9절; cf. 단 7:25). 마태복음에서 '환난'(θλῖψις)은 네 차례 사용되는데(13:21; 24:9, 21, 29), 21절과 29절에서는 종말이 가까운 때에 있을 핍박을 묘사하지만, 이 본문과 13:21에서는 일부 교회와 성도들이 평상시에 겪을 고난을 뜻한다(Wilkins). 오늘날에도 세계 곳곳에서 수많은 기독교인이 신앙으로 인해 온갖 핍박을 받으며 살고 있다. 순교하는 성도들도 매일 상당수에 달한다. 예수님의 이름을 알고 주님을 따르는 것은 참으로 많은 특권과 복을 동반한다. 그러나 세상의 미움도 함께 온다.

기독교인들을 환난에 넘겨주고, 죽이고, 미워하는 이들은 누구인가? 성도들이 선교하고 전도하는 사람들 아닌가! 예수님을 영접하고 하나님의 자녀로 행복하게 살라며 복음을 전해 주었건만, 그들은 선을 악으로 갚는다.

성도들은 세상의 공격을 감당하기도 힘든데, 교회 내에서도 핍박이 온다(10절). 사이비 메시아와 거짓 선생들로 인해 실족하는 이들이 있는가 하면(cf. 5절), 세상의 핍박으로 인해 신앙을 버리는 사람들도 있다(5:29-30; 11:6; 13:21; cf 단 11:32-35). 그들은 당장 경험하고 눈에 보이는 핍박을 가장 두려워한다.

하나님을 배신한 자들이 성도들을 배신하는 것은 당연한 일이다. 그들은 별 어려움 없이 함께 신앙생활을 했던 성도들을 핍박하는 자들에게 넘겨준다(cf. 10:21-36). 결국 교회 안에서 서로 넘겨주고 서로 미워하는 일이 벌어진다.

교회 내에 거짓 선지자도 많다(11절). 가짜 예수와 거짓 메시아(5절)도 많은데, 거짓 선지자들까지 성도들을 미혹한다. 그들이 멸망의 길로 인도하는 사람은 성도들이다. 사람들이 거짓 선지자들에게 쉽게 넘어가는 것은 그들이 하나님과 예수님의 이름을 들먹이기 때문이다. 양의 탈을 쓴 이리들이다. 사도 요한도 교회 안과 밖에 속이는 자들이 있다며(요일 2:18-27; 4:1-6), 예수님을 메시아로 고백하는지 시험해 보라고 한다(요일 2:22; 4:2-3).

결국 교회 내에 불법이 성행해 많은 사람의 사랑이 식어간다(12절). '불법'(ἀνομία)은 하나님의 법을 무시하고 악을 행하는 것이다(7:23;

13:41; 23:28). '사랑'(ἀγάπη)은 감정이 아니라 하나님과 사람에게 하나님의 뜻을 행하는 것이다(Wilkins, cf. 5:43-47). 그러므로 이 둘은 결코 같이 어울릴 수 없으며 하나가 강해지면 다른 하나는 약해진다. 불법이 성행할수록 사랑은 식는다. '식는다'(ψύχω)는 소멸된다는 뜻이다(BAGD). 불이 꺼져가는 모습이다. 많은 사람의 믿음의 불꽃이 꺼져 가고 있다. 그렇다면 어떻게 소멸되어 가는 사랑을 활활 타오르게 할 수 있는가? 딱 한 가지, 하나님의 말씀대로 살며 선을 행할 때만 가능하다. 순종이 없이는 사랑의 불씨를 되살릴 수 없다.

예수님은 끝까지 견디는 자는 구원을 얻을 것이라고 하신다. 묵시문학이 강조하는 원리다(cf. 단 9:10, 14; 12:12-13; 계 1:3; 13:9-10; 14:12; 16:15; 22:7, 9). 예수님은 10:22에서도 같은 말씀을 하셨다. 고난과 핍박이 교회 밖에서(9절), 또한 교회 내에서(10절) 오기 때문에 이겨 내기가 결코 쉽지 않다. 그러므로 많은 사람이 미혹되어 신앙을 떠났다. 그러나 끝까지 견디는 사람은 구원을 얻을 것이다. 견디기 위해서는 결단과 의지가 필요하다. 승리할 필요도 없다. 끝까지 버티기만 하면 된다.

예수님은 성도들이 세상과 교회에서 항상 겪을 일들에 대해 말씀하시면서도 "아직 끝은 아니다"라고 하셨다(6절). 14절에서는 드디어 세상 '끝'(τὸ τέλος), 곧 종말에 대해 말씀하신다. 종말이 언제 시작되는가 하면 세상 모든 민족에게 천국 복음이 전파되었을 때 시작된다. '천국 복음'(τὸ εὐαγγέλιον τῆς βασιλείας)은 마태복음에만 등장하는 개념이며(cf. 4:23; 9:35), 구원에 대한 좋은 소식과 하나님 나라가 이미 임한 것을 함께 묶어 놓은 것이다(Wilkins).

예수님이 세상 끝(종말)이 시작되는 징조로 복음이 온 땅에 선포되는 것을 말씀하신 것은 '대명령'(28:19-20)을 미리 말씀하시는 것과 다름없다. 언제 이방인 선교가 끝이 날 것인가? 바울은 예수님이 재림하실 때 이방 선교가 끝이 날 것이라고 한다(롬 11:25-26). 예수님의 초림과 재림 사이에 많은 시간이 흐를 것이라는 말씀이다. 그때까지 교회는 열심히 온 세상을 향해 계속 복음을 선포해야 한다.

이 말씀은 교회와 성도가 세상과 교인들에게 핍박을 받는 것은 당연한 일이라 한다. 세상이 악해서 성도들을 핍박하고, 교회에는 마귀의 농간에 놀아나는 가짜 성도가 많아서 그렇다. 안타깝게도 일부 한국 교회가 기복적인 신앙을 지나치게 강조하다 보니 고난과 희생은 성도들이 기피하는 개념이 되었다. 다시 성경적인 신앙생활로 돌아가 고난과 희생을 감수할 각오로 신앙생활을 하도록 양육해야 한다.

교회가 존재하는 이유는 전도와 선교와 구제다. 본문은 교회가 그 존재 이유를 성실하게 이행하지 않으면 예수님의 재림이 계속 지연될 것이라 한다. 우리는 주님이 속히 오시기를 바라며 전도와 선교와 구제에 더욱더 힘을 기울여야 한다.

VI. 예수님과 심판과 예루살렘(19:3-26:5) B. 디스코스 5(지도자들 비난과 종말)(23:1-25:46) 2. 미래에 있을 심판(24:1-25:46) (2) 새로운 시대를 위한 산통(24:4-28)

c. 혹독한 고통: 예루살렘 파괴(24:15-22)

15 그러므로 너희가 선지자 다니엘이 말한바
멸망의 가증한 것이 거룩한 곳에
선 것을 보거든 (읽는 자는 깨달을진저)
16 그때에 유대에 있는 자들은 산으로 도망할지어다 17 지붕 위에 있는 자는
집 안에 있는 물건을 가지러 내려가지 말며 18 밭에 있는 자는 겉옷을 가지
러 뒤로 돌이키지 말지어다 19 그날에는 아이 밴 자들과 젖 먹이는 자들에
게 화가 있으리로다 20 너희가 도망하는 일이 겨울에나 안식일에 되지 않도
록 기도하라 21 이는 그때에 큰 환난이 있겠음이라 창세로부터 지금까지 이
런 환난이 없었고 후에도 없으리라 22 그날들을 감하지 아니하면 모든 육체

가 구원을 얻지 못할 것이나 그러나 택하신 자들을 위하여 그날들을 감하시리라

예수님은 다니엘서의 표현을 직접 인용해 환난에 대해 말씀하신다. 다니엘은 '멸망의 가증한 것이 거룩한 곳에'(단 9:27; 11:31; 12:11)라는 말로 먼 미래에 세상에 엄청난 고통과 파괴를 안겨 줄 '적그리스도'의 만행에 관한 묘사를 시작했다. 또한 다니엘이 적그리스도에 대해 남긴 예언은 주전 167년에 이집트 원정에 나섰다가 로마의 개입으로 엄청난 수치를 당하고 시리아로 돌아간 시리아 왕 안티오코스 4세(Antiochos Ⅳ Epiphanes)를 통해 성취되었다. 이집트의 알렉산드리아 5㎞ 밖까지 진군한 그는 로마가 보낸 대사 라에나스(Gaius Popilius Laenas)에게 저지를 당한 후 조국으로 돌아가다가 예루살렘에 들러 유대와 성전을 쑥대밭으로 만들고 많은 사람을 죽였다. 예루살렘 성전에서 행해지던 모든 예식과 예배가 중단되었으며, 12월에는 성전에 헬라의 제우스 신상을 세우고 제단에서 돼지 등 부정한 짐승을 제물로 바쳤다(cf. 『엑스포지멘터리 다니엘』).

그러나 안티오코스 4세가 다니엘의 예언을 상당 부분 성취한 유일한 인물은 아니다. 주후 1세기에도 로마인들과 유대인들이 성전을 더럽힌 일이 몇 번 있었다(Carson, McNeile, Wilkins). 이들은 다니엘의 예언을 어느 정도는 성취시켰지만, 최종적으로, 완전히 성취시킨 자들은 아니었다. 최종적인 성취자는 장차 이 땅을 전에 경험하지 못한 고통과 혼란으로 몰아갈 적그리스도다. 그러므로 이 말씀은 일부 학자(Blomberg, Carson, France)가 주장하는 것처럼 유대인 전쟁(Jewish War, 66-73년) 때 있었던 성전 파괴만을 예언하는 것이 아니다. 분명 종말에 있을 일이다(Davies & Allison, Gundry, Hill, Ladd, cf. 살후 2:1-12; 계 13:11-18).

'읽는 자는 깨달을진저'(ὁ ἀναγινώσκων νοείτω, cf. 단 7:16; 8:17; 9:22-23)가 예수님이 하신 말씀인지에 대해 대부분이 부정적인 입장을 취한다.

'읽는 자'(독자)는 예수님이 하신 말씀이 세월이 한참 지난 후 문서화된 것을 전제하기 때문이다. 그러므로 모든 번역본이 이 말씀을 따로 구분한다. 개역개정은 '( )'로 다르게 표시한다. 그러나 이 말씀을 '[다니엘서에서 이 대목을] 읽어 본 사람은 깨달으라'라는 의미로 해석하면 예수님이 하신 말씀으로 간주해도 별문제가 되지 않는다(Perkins, cf. Osborne, Wilkins).

이어서 예수님은 그날이 전혀 예고 없이 닥칠 것이고, 얼마나 두려운 날인지 한순간도 지체하지 말고 피해야 하는 두려운 날이 될 것이라며 다섯 가지로 말씀하신다. 처음 세 가지(16–18절)는 사람이 취할 수 있는 행동이지만, 나머지 두 가지(19–20절)는 사람이 조정할 수 있는 일이 아니어서 이런 상황이 되지 않도록 기도할 수밖에 없는 상황이다.

첫째, 가증한 것이 거룩한 곳에 서거든 곧바로 산으로 피신해야 한다(16절). 롯과 딸들이 소돔에서 도망쳐 나와 산으로 피했던 일을 생각나게 하는 말씀이다(cf. 창 19:15–22). 선지자들도 재앙의 날에 신속하게 피하라고 한다(암 2:16; 슥 2:6; 14:5). 앞에서 언급한 안티오코스 4세에 대항해 게릴라전을 폈던 마카비 혁명도 산을 중심으로 진행되었다.

둘째, 지붕 위에 있는 자는 집 안에 있는 물건을 가지러 가지 말고 곧바로 피해야 한다(17절). 당시 팔레스타인 지역 집들은 지붕을 평평하게 만들어 다용도 공간으로 활용했다. 아이들의 놀이터가 되기도 하고, 가족들의 식사 공간이 되기도 했다(cf. 신 22:8; 막 2:4; 행 10:9). 그날은 다급한 날인지 지붕에서 소식을 듣게 되면 곧바로 피해야 한다. 집 안으로 들어가 짐을 챙길 만한 여유가 없다.

셋째, 밭에 있는 자는 겉옷을 가지러 뒤로 돌이키지 말아야 한다(18절). 밭일을 하다 보면 더워서 겉옷을 벗어 놓고 일할 수도 있고, 아예 집에 두고 가벼운 옷차림으로 일할 수도 있다. 이런 모습으로 일하다가 소식을 들으면 옷을 챙기려 하지 말고 곧바로 피신하라고 하신다. 매우 다급한 상황이 될 것이라는 뜻이다.

넷째, 그날에는 아이 밴 자들과 젖 먹이는 자들에게 화가 있을 것이다(19절). '화가 있으리라'(οὐαὶ)는 비난이 아니다. 이 말씀에서는 안타까움과 불쌍히 여김의 표현이다. 그날이 얼마나 혹독한 날인지 홑몸으로 감당하기도 어려운 날이다. 그러므로 임신했거나 어린아이가 있는 사람에게는 더욱더 잔인한 날이다. 보통 사람들보다 피신하기 훨씬 어려울 것이기 때문이다. 그날에 이런 상황이 벌어지지 않도록 하나님께 기도하라는 말씀이다. 이런 일은 사람이 조정할 수 있는 것이 아니다.

다섯째, 도망하는 날이 겨울이나 안식일이 되지 않도록 기도해야 한다(20절). 팔레스타인의 겨울은 우기여서 날씨는 춥고, 땅은 질퍽거린다. 게다가 1년 내내 바닥까지 메말랐던 개울들이 불어난 물로 가득 차 있다. 이는 모두 사람이 도망하는 데 걸림돌이 되는 것들이다.

유대인 율법사들은 안식일에는 2,000규빗(900m) 이상 걸으면 안 된다고 했다. 그 이상 걸으며 일이 되는데, 안식일에는 일을 하면 안 되기 때문이다(cf. 민 35:5; 수 3:4). 마카비 혁명 시대를 지나면서 이러한 율법 해석으로 인해 안식일을 범하느니 차라리 죽겠다고 해 안식일에 적의 공격을 받아 죽는 사람이 많이 나왔다. 이후 율법사들은 긴급한 일이 있을 때는 안식일이라 할지라도 얼마든지 자기방어를 할 수 있다고 했지만, 예수님 시대에도 보수적인 사람들은 어떤 이유와 상관없이 안식일에 먼 거리 이동하기를 꺼렸다. 예수님은 이러한 정서를 반영해 심판의 날이 안식일에 임하지 않도록 기도하라고 하신다.

앞으로 닥칠 환난은 '큰 환난'(θλῖψις μεγάλη)이며 세상이 창조된 이후 이때까지 이런 환난은 없었고, 후에도 없을 것이라고 하신다(21절; cf. 단 12:1). 70년에 있었던 예루살렘 파괴는 참으로 큰 비극이며 환난이었지만, 이후 더 큰 환난도 많았다. 앞으로 종말이 닥칠 때까지 이런 일이 몇 번 더 반복될 것이며, 일어날 때마다 그때까지 인류가 경험한 것보다 훨씬 더 큰 환난이 될 수도 있다.

그러므로 하나님이 그날들을 감하지 아니하시면 모든 육체가 구원을 받지 못하고 죽을 것이다(22a절). 하나님은 택하신 자들을 위해 그날들의 수를 줄이실 것이다(22b절). 이 말씀은 대 환난이 우연히 일어나는 일이 아니며, 하나님의 통제 아래 발생하는 일이라는 사실을 전제한다(cf. 막 13:20). '택하신 자들'(τοὺς ἐκλεκτοὺς)은 예수님을 영접한 참된 성도들이다(22:14; 24:24, 31; 롬 11:7; cf. 사 45:4). 하나님이 이처럼 성도들을 보존하시는 이유 중 하나는 만일 모두 죽게 내버려 두면 예수님이 재림하실 때(31절) 주님을 환영할 사람들이 없기 때문이다(Boring).

이 말씀은 예수님이 재림하시기 전에 성도들이 참으로 견디기 어려운 세상이 될 것이라고 한다. 인류는 그동안 수많은 환난을 경험했다. 제2차 세계대전 때 600만 명의 유대인들이 학살당했고, 공산주의자 스탈린은 2,000만 명을 죽음으로 내몰았다(Carson). 그러나 예수님이 다시 오실 때까지 상황은 계속 더 나빠질 것이다(cf. 단 2장). 그러므로 우리가 살고 있는 이 시대에 대해 감사하며 살되, 안주해서는 안 된다.

VI. 예수님과 심판과 예루살렘(19:3-26:5) B. 디스코스 5(지도자들 비난과 종말)(23:1-25:46) 2. 미래에 있을 심판(24:1-25:46) (2) 새로운 시대를 위한 산통(24:4-28)

d. 거짓 메시아들에 대한 경고(24:23-28)

23 그때에 사람이 너희에게 말하되 보라 그리스도가 여기 있다 혹은 저기 있
다 하여도 믿지 말라 24 거짓 그리스도들과 거짓 선지자들이 일어나 큰 표적
과 기사를 보여 할 수만 있으면 택하신 자들도 미혹하리라 25 보라 내가 너
희에게 미리 말하였노라 26 그러면 사람들이 너희에게 말하되 보라 그리스
도가 광야에 있다 하여도 나가지 말고 보라 골방에 있다 하여도 믿지 말라
27 번개가 동편에서 나서 서편까지 번쩍임 같이 인자의 임함도 그러하리라
28 주검이 있는 곳에는 독수리들이 모일 것이니라

'그때'(τότε)는 15-22절이 묘사한 고통과 혼란이 세상에 만연해 있을 때를 뜻한다. 곧 교회가 종말까지 이 땅에 존재할 것이며 세상으로부터 온갖 핍박을 당할 때 본문이 말씀하는 일들이 있을 것이라는 뜻이다. 예수님은 이미 거짓 메시아들과 선지자들에 대해 말씀하셨다(4-5, 10-12절). 여기서도 그들에 대한 경고를 이어가시는 것은 그만큼 그들의 파괴력이 크다는 것을 의미한다. 그들은 교회 밖이 아니라 교회 안에서 속임수로 성도들을 공략할 것이기 때문이다. 가짜들은 옛날에도 있었고, 지금도 있고, 앞으로도 계속 성도들을 괴롭힐 것이다(cf. 신 13:14; 계 13:13).

기독교 역사를 보면 사이비와 이단들이 판치는 때는 인류가 당면한 상황이 불안하고 불확실할 때다. 한국에서도 사회가 혼란스러울 때 이단들이 판을 친다. 이유는 간단하다. 사람들의 불안 심리를 악용하기 때문이다. 또한 이들에게 현혹되는 사람들을 보면 대부분 삶이 고단하고 힘들어 돌파구를 찾는 이들이다. 인간의 연약함과 고통을 먹이로 삼는 이 사이비들은 참으로 야비한 자들이다.

예수님은 가짜 그리스도와 거짓 선지자들의 말을 절대 믿지 말라고 하신다(23절). 심지어 그들이 큰 표적과 기사를 보인다고 할지라도 미혹되지 말라고 경고하신다(24절). 이런 자들은 아예 상종하지 않는 것이 최선이다. 그들의 목표는 한 가지, '택하신 자들'(참 성도들)을 미혹하는 것이다. 미혹은 부패하고 타락을 뜻한다. 교회와 성도들을 내부에서 공격하는 마귀의 졸병들이다.

'큰 표적과 기사'(σημεῖα μεγάλα καὶ τέρατα)는 출애굽 때 하나님이 이스라엘을 위해 베푸셨던 기적들이다(신 4:34; 6:22; 7:19; 29:3; cf. 히 2:4). 예수님은 그들의 성공을 이미 10-12절에서 언급하셨다. 가짜 그리스도와 거짓 선지자들이 기적을 행하는 것에 대해 놀랄 필요는 없다. 그들은 그들의 주인인 마귀의 힘으로 이런 일을 할 수 있다(cf. 계 13:13-14; 16:13-14; 19:20). 그러므로 이적을 행하는 것이 하나님의 종을 판단하는 기준이 될 수는 없다. 마귀도 기적을 행한다.

예수님이 미리 알려 주시는 것은 우리가 이런 일들을 겪을 때 놀라지 않도록 하기 위해서다(25절). 예수님은 무엇을 보고 놀라지 말라고 하시는 것일까? 앞 섹션(4-24절)에서 말씀하신 모든 상황, 즉 가짜 그리스도들과 거짓 선지자들이 성도들을 괴롭힐 때, 세상이 전쟁과 기근과 지진으로 혼란스러울 때, 세상이 성도들을 핍박할 때, 교회 안에서 온갖 이단들이 판을 칠 때, 성전이 파괴될 때, 그럼에도 불구하고 복음이 땅끝까지 전파될 때, 이런 일들이 현실이 될 때 놀라지 말라고 하신다.

예수님은 사람들이 메시아가 광야에 있다고 해도 믿지 말고, 골방에 있다 해도 믿지 말라고 하신다(26절). 이스라엘 전통에서 '광야'(ἔρημος)는 메시아가 새 시대를 열어 가는 사역의 시작을 공개적으로 알리는 곳이다. 옛적에는 모세와 엘리야가, 최근에는 세례 요한(cf. 3:1-12; 11:7)이 광야에서 사역했다. 예수님 시대에 활동했던 에세네파(Essenes) 사람들도 쿰란 광야에 세운 수도원에서 생활했다. 메시아가 광야로 먼저 오시리라 생각했기 때문이다.

'골방'(ταμεῖον)은 집안에서도 가장 은밀한 곳이다(cf. 6:6). 메시아가 은밀하게 왔다는 소문을 믿지 말라는 뜻이다(Broadus, Gundry, Hagner, Witherington). 혹은 메시아가 오직 '인싸'(insiders)에게만 보인다는 말도 믿지 않아야 한다(Blomberg, Carson, France, Hill, Wilkins). 예를 들어, 여호와의 증인들은 예수님이 1914년에 그들에게만 비밀리 오셨다고 한다. 예수님은 이런 말에 현혹되지 말라고 하신다. 예수님이 다시 오실 때는 이런 식으로 오지 않으시기 때문이다.

예수님은 번개가 동편에서 나서 서편까지 번쩍이는 것같이 인자의 임함도 그러할 것이라고 하신다(27절). 번개는 예고 없이 친다. 이와 같이 예수님의 재림도 예고 없이 이를 것이다. 또한 번개가 동편에서 치면 빛(줄기)이 서쪽까지 뻗어 나가(cf. 욥 36:30; 시 97:4; 슥 9:14) 동쪽과 서쪽에 있는 사람들이 모두 볼 수 있는 것처럼, 예수님의 재림은 온 세상에 드러나고 알려질 것이다.

일종의 격언으로 여겨지는 '주검이 있는 곳에는 독수리들이 모일 것이다'(28절)의 의미를 본문과 연결하기가 쉽지 않다. 한 주석은 최소 여덟 가지 가능성을 제시한다(Davies & Allison, cf. Carson). 이 중 가장 설득력이 있어 보이는 세 가지는 다음과 같다.

첫째, 사체가 독수리를 끌어모으듯, 세상의 부패와 타락과 영적으로 죽은 자들을 가짜 메시아들과 거짓 선지자들이 모이게 한다는 뜻이다(Morris). 이 해석은 가짜 메시아들과 거짓 선지자들과 잘 어울린다. 그러나 예수님의 재림과는 연관이 없다는 문제가 있다.

둘째, 독수리들이 사체를 먹기 위해 모이듯, 사람들이 예수님의 재림을 보려고 모인다는 뜻이다(Blomberg, cf. Calvin). 본문의 문맥과 어느 정도 잘 어울리는 듯하다. 그러나 예수님의 재림과는 어울리지 않는 이미지를 사용한다는 문제가 있다. 재림이 사체에 비교되고 있기 때문이다.

셋째, 사람이 높은 곳에서 사체 위를 나는 독수리들을 보듯, 썩고 타락한 세상을 심판하려고 높은 곳에서 오시는 예수님의 재림을 볼 것이라는 뜻이다(Hagner). 예수님을 사체 위를 맴도는 독수리에 비교하는 것이 다소 아쉽기는 하지만, 그래도 가장 설득력 있는 해석이다. 사람들이 재림하시는 예수님을 보지 못할 수는 없을 것이다(Carson, cf. Boring).

이 말씀은 한국 교회를 괴롭히는 이단과 사이비 문제가 어제오늘의 일이 아니라고 한다. 옛적부터 이단과 사이비는 교회 안팎에 만연했고, 주님이 다시 오실 때까지 이러한 상황은 바뀌지 않을 것이다.

세상의 주요 종교 중에서 기독교처럼 이단들과 사이비가 많은 종교는 없다. 이러한 상황을 무조건 나쁘게만 생각할 필요는 없다. 비유를 들어 말하자면, 싸구려에는 가품(假品, 일명 '짝퉁')이 없다. 오직 명품과 진품에만 짝퉁이 존재한다. 그러므로 사이비와 이단이 많은 것은 기독교가 진리이기 때문이다.

Ⅵ. 예수님과 심판과 예루살렘(19:3–26:5) B. 디스코스 5(지도자들 비난과 종말)(23:1–25:46) 2. 미래에 있을 심판(24:1–25:46)

(3) 인자의 오심(24:29–31)

29 그날 환난 후에 즉시

해가 어두워지며

달이 빛을 내지 아니하며

별들이 하늘에서 떨어지며

하늘의 권능들이 흔들리리라 30 그때에 인자의 징조가 하늘에서 보이겠고 그 때에 땅의 모든 족속들이 통곡하며 그들이

인자가 구름을 타고

능력과 큰 영광으로 오는 것을 보리라

31 그가 큰 나팔 소리와 함께

천사들을 보내리니

그들이 그의 택하신 자들을 하늘 이 끝에서 저 끝까지 사방에서 모으리라

'그날 환난 후'(εὐθέως δὲ μετὰ τὴν θλῖψιν τῶν ἡμερῶν)가 정확히 언제를 뜻하는지에 대해 다양한 해석이 있다(Davies & Allison, Osborne). 가장 큰 가능성을 지닌 두 가지 중 첫 번째는 9절과 22절이 묘사하고 있는 환난(15–21절이 언급하고 있는 환난은 포함하지 않음)이 일어난 다음에 있을 일을 뜻한다는 해석이다(Blomberg, Carson, Morris). 이렇게 해석할 경우 교회와 성도가 세상의 핍박을 받는 교회 시대가 있은 후에 일어날 일이다. 두 번째 해석은 예수님의 재림이 있기 바로 전에 있을 대환난이 지난 다음을 의미한다는 것이다(Bruner, Gundry, Hill, McNiele, Wilkins,

Witherington, cf. 21절; 계 7:14). 예수님이 구름을 타시고, 나팔소리가 나고, 천사들이 함께하는 것을 보면 두 번째가 더 설득력이 있다.

대환란 후에 예수님이 재림하실 때 네 가지 일이 일어난다. 첫째, 하늘이 요동친다(29절). 해가 어두워지고, 달이 빛을 내지 않으며, 별들이 떨어지며, 하늘의 권능들(천체)이 흔들린다. 이러한 현상들은 선지서에서 종말과 하나님의 임재를 알린다(사 24:21, 23; 욜 2:10; 암 5:20; 8:9; 습 2:2-5). 천체들이 빛을 잃는다는 말씀은 이사야 13:9-10을 인용한 것이다(cf. 사 34:4; 겔 32:7; 욜 2:10, 31). 실제 상황이 아닌 상징적인 언어다.

둘째, 인자의 징조가 보이면 모든 족속이 통곡할 것이다(30a절). '인자의 징조'(τὸ σημεῖον τοῦ υἱοῦ τοῦ ἀνθρώπου)에 대해서도 천체가 예수님의 오심을 알리는 것(Nolland), 이미 죽은 성도들이 부활하고 예수님이 하늘에 있는 보좌에 앉으신 모습(France), 예수님 자체가 징조(Gundry, Luz, Wilkins, cf. 16:27; 26:64), 끝이 왔음을 알리는 예수님의 깃발(Davies & Allison, Carson, Gnilka, cf. 사 11:10-12, 18:3) 등 해석이 분분하다. 그러나 이 말씀은 재림에 관한 것이다. 구름 타고 오시는 예수님 외에 무슨 징조가 필요하겠는가! 그러므로 예수님이 하늘에서 그분 자신을 징조로 보이실 것으로 해석하는 것이 바람직하다.

예수님이 재림 징조로 자신을 보여 주시면 땅의 모든 족속이 통곡한다. 어떤 이들은 이 말씀을 스가랴 12:10-14과 연결해 해석하지만, 별로 바람직해 보이지 않는다. 스가랴는 이스라엘 열두 지파가 죄 때문에 통곡할 것을 예언했지만, 본문에서는 온 세상 사람들이 종말에 메시아 예수님이 재림하신 것을 보고 통곡한다. 죄를 회개하기 위해서가 아니라 심판을 받게 된 것에 대한 통곡이다. 메시아가 재림하시면 더는 회개할 기회가 없다는 것을 그들도 안다.

셋째, 인자는 영광스러운 모습으로 재림하실 것이다(31b절). 예수님이 구름을 타고 오시는 것은 다니엘 7:13-14에서 '인자 같은 이'가 옛적부터 계신 이(여호와 하나님)에게 오실 때의 모습이다. 예수님이 바로

다니엘 7장의 '인자 같은 이'인 것이다. 구름은 주의 백성에게 임한 하나님의 영광스러운 임재를 상징한다(시 68:4; 104:3; 사 19:1; 렘 4:13; cf. 출 13:21-22; 14:24). 그러므로 예수님이 구름을 타고 오시는 것은 예수님이 바로 여호와이심을 뜻한다(Wilkins).

넷째, 재림하신 예수님은 온 세상에서 성도들을 모으신다(31절). 직접 하시는 일이 아니라 큰 나팔 소리와 천사들을 보내서 하시는 일이다. 구약에서 나팔 소리는 하나님의 현현(출 20:18; 히 12:19), 거룩한 행사(절기)(레 25:9), 여호와의 날(사 27:13; 욜 2:1; 슥 9:14), 왕의 출현(cf. 왕상 1:34), 전쟁 선포(삿 6:34; 7:20; 사 18:3), 종말에 왕으로 오시는 메시아(사 18:3; 27:13; 렘 4:21; 6:1; 51:27) 등 다양한 일의 시작을 알렸다. 그중 본문은 이사야 27:13을 인용한다. 나팔 소리는 예수님이 왕으로 오시는 메시아이심을 알리는 것이다. 성도들을 모으는 일은 천사들이 하는데, 하나님이 택하신 자들(성도들)을 이 끝에서 저 끝까지 사방에서 모은다(31b절).

'사방'(τῶν τεσσάρων ἀνέμων)을 직역하면 '네 바람'이며, 바람이 부는 혹은 불어오는 네 방향을 의미한다. 고대 사람들이 세상에 대해 말할 때 동서남북 네 방향으로 말한 데서 비롯된 표현이다. 사방은 '이 끝에서 저 끝까지'와 더불어 온 세상을 상징한다(신 30:4; 사 27:12-13; 60:4; 렘 32:37; 겔 34:13; 37:9; 단 8:8; 11:4; 슥 2:6-7).

천사들은 부활과 심판을 알리는 이들이다(슥 14:5, 마 13:41, 49; 16:27, 25:31, 살전 4:17, 유 14). 그들은 이미 죽어서 부활해 예수님과 함께 천국에 머무는 성도들도 함께 모은다(Blomberg, Wilkins). 많지는 않지만 구약도 성도들의 부활에 대해 예언한다(사 26:19; 단 12:1-3, 13). 사도 바울도 예수님이 나팔 소리가 울리는 가운데 천사들과 함께 오실 것이라고 한다(고전 15:51-52; 살전 4:16).

이 말씀은 우리가 예수님의 재림과 부활을 얼마나 의식하고 사는지 반성하게 한다. 치열한 삶을 살다 보면, 혹은 현실에 안주하다 보면,

혹은 아직 살아갈 날이 많다고 생각하다 보면 예수님의 재림과 우리의 부활은 우리와 별 상관없는 일들로 생각될 수 있다. 그러나 성경은 우리에게 항상 종말을 의식하고 살아가라고 한다. 예수님의 재림과 우리의 부활을 항상 의식하고 살면 현실을 대하는 자세도 많이 달라질 것이다.

Ⅵ. 예수님과 심판과 예루살렘(19:3–26:5)
B. 디스코스 5(지도자들 비난과 종말)(23:1–25:46)
2. 미래에 있을 심판(24:1–25:46)

(4) 시대 분별(24:32–35)

32 무화과나무의 비유를 배우라 그 가지가 연하여지고 잎사귀를 내면 여름이
가까운 줄을 아나니 33 이와 같이 너희도 이 모든 일을 보거든 인자가 가까
이 곧 문 앞에 이른 줄 알라 34 내가 진실로 너희에게 말하노니 이 세대가 지
나가기 전에 이 일이 다 일어나리라 35 천지는 없어질지언정 내 말은 없어지
지 아니하리라

예수님은 제자들의 질문(3절)에 대답하신 후 무화과나무를 예로 들어 그들에게 교훈을 주신다. 무화과나무는 여름을 알리는 전령이었다. 겨울이 되면 잎사귀가 모두 떨어지고 가지가 딱딱해졌다가, 봄이 오면 나무에 수액이 흘러 움이 트기 쉽게 가지가 부드럽게 변한다. 잎이 없어서 이 같은 변화를 관찰하기가 쉬우며, 과일이 먼저 열리기 때문에 이후 잎사귀가 돋아 펼쳐지기 시작하면 곧 여름이 올 것을 알 수 있었다.

이와 같이 이 모든 일을 보면 인자가 가까이, 곧 문 앞에 이른 줄 알라고 하신다(33절). 헬라어 사본에는 '인자'가 표기되어 있지 않으며, 동사 '이르다'(ἐστιν)의 주어가 무엇인지 정확하지 않다. 그래서 번역본들은 '종말'로 해석하거나(NIV, NIRV), '인자'(NAS, NRS, ESV)로 해석한다.

심지어 '여름'이 주어라는 이도 있다(Wilkins). 우리말 번역본은 대부분 '인자'로 해석하는데, 문맥과 제일 잘 어울린다.

무화과 잎사귀가 여름이 가까움을 암시하듯 이 모든 일이 일어나면 예수님이 오실 날이 임박했다는 사실을 깨달으라는 것이다. '이 모든 일'은 4-26절에서 말씀하신 것들이다. 이런 일들이 일어나면 예수님은 문 앞에 서 계시며 곧 문을 두드리실 것이다.

예수님은 이 모든 일이 이 세대가 지나가기 전에 일어날 것이라고 하시는데(34절), '이 세대'(ἡ γενεὰ αὕτη)는 어느 세대를 뜻하는가? 예수님 시대 사람들이라 하는 이들도 있다(Davies & Allison, France). 그러나 4-26절에 기록된 일들은 예수님 시대에 모두 일어나지 않았다. 그러므로 학자들 대부분은 재림과 연결해 '이 세대'를 정의한다. 재림하실 때 살아 있을 유대인들이라는 해석이 있다(Schweizer). 또는 예수님 시대에 사역을 방해했던 자들과 예수님이 재림하시기 전에 제자들을 훼방할 자들이라고 해석하는 이들도 있다(Gundry, Morris). 한편, 우리는 4-26절에 기록된 세상의 핍박과 거짓 메시아 그리고 선생들에 대한 내용을 대부분 교회 역사에서 반복적으로 일어나는 일로 해석했다. 예외적인 사건은 성전 파괴와 재림이다. 그러므로 예수님은 이 일들을 염두에 두시고 성전 파괴를 경험할 그 시대 사람들과 재림을 경험할 사람들, 곧 재림 직전에 살아 있을 사람들을 뜻하는 것으로 해석할 수 있다(Wilkins).

천지는 없어질지 몰라도 예수님의 말씀은 없어지지 않을 것이다(35절). '내 말'(λόγοι μου)의 범위는 어디까지인가? 예수님은 율법의 최종 해석자이자 완성자로서(cf. 5:17-20) 비슷한 말씀을 하셨다. "천지가 없어지기 전에는 율법의 일점일획도 결코 없어지지 아니하고 다 이루리라"(5:18). 또한 하나님 나라의 새로운 율법을 선포하셨다(5-7장). 이 말씀은 결코 사라지지 않을 것이다. 그러므로 '내 말'은 지금까지 예수님이 하신 모든 말씀을 뜻한다.

과거에 선지자들은 하나님의 영원한 말씀을 선포하면서 "여호와께서 말씀하시기를…"이라는 말로 시작했다. 예수님은 '내 말'이 영원할 것이라고 하신다. 예수님은 여호와와 동일하신 하나님이시다. 그러므로 하나님의 말씀이 영원히 유효한 것처럼(시 119:89-90; 사 40:6-8), 예수님의 말씀도 영원하다.

이 말씀은 우리에게 경고와 격려를 준다. 예수님이 앞에서 말씀하신 모든 고난과 핍박이 반드시 실현될 것이라는 말씀은 경고다. 한편, 이 같은 핍박과 고통이 있은 다음에 주님이 오실 것이라는 말씀은 격려다. 이 모든 일이 하나님의 통제 아래 적절한 때에 따라 진행될 것이라는 사실도 격려가 된다. 고통과 아픔을 포함해 우리가 겪는 모든 일이 하나님이 계획하신 바의 일부이기 때문에 의미가 있다. 또한 여호와 하나님이 성육신하셔서 우리에게 직접 말씀하신 것도 영광스러운 일이다.

VI. 예수님과 심판과 예루살렘(19:3-26:5) B. 디스코스 5(지도자들 비난과 종말)(23:1-25:46) 2. 미래에 있을 심판(24:1-25:46)

(5) 날과 시각은 알 수 없음(24:36-41)

36 그러나 그날과 그때는 아무도 모르나니 하늘의 천사들도, 아들도 모르고
오직 아버지만 아시느니라 37 노아의 때와 같이 인자의 임함도 그러하리라
38 홍수 전에 노아가 방주에 들어가던 날까지 사람들이 먹고 마시고 장가들
고 시집가고 있으면서 39 홍수가 나서 그들을 다 멸하기까지 깨닫지 못하였
으니 인자의 임함도 이와 같으리라 40 그때에 두 사람이 밭에 있으매 한 사
람은 데려가고 한 사람은 버려둠을 당할 것이요 41 두 여자가 맷돌질을 하고
있으매 한 사람은 데려가고 한 사람은 버려둠을 당할 것이니라

교회와 성도들이 겪을 어려움과 종말과 재림 때 있을 징조들에 대해 말씀하신 예수님이 종말과 재림이 언제 올 것인지 말씀하신다. 3절에서 제자들이 질문한 '어느 때'에 대해 답을 하시는 것이다. 제자들에게 예수님의 답은 당혹스럽고 실망스러웠을 것이다. 그날과 그때는 아무도 모른다고 하셨기 때문이다. 심지어 하늘의 천사들도, 자신도 모르고 오직 하나님 아버지만 아신다고 말씀하신다.

예수님은 하늘 보좌를 떠나 사람으로 성육신하실 때 하늘에서 지녔던 하나님의 속성 일부를 포기하기도 하시고 스스로 제한하기도 하셨다(cf. 빌 2:7). 완전히 포기하신 것은 '편재'(omnipresence)이다. '전지'(omniscience)와 '전능'(omnipotence)도 스스로 제한하셨다. 예수님이 이처럼 스스로 하나님의 속성을 제한하신 것은 우리가 겪는 모든 일을 순전히 사람으로서 경험하시기 위해서였다(히 4:14-16). 예수님이 '전지'를 제한하셨으니 '그날과 그때'를 모르시는 것은 당연한 일이다. 예수님이 '날과 때'를 모른다고 하셨다 해서 '연도와 월'은 알 수 있다고 하는 어리석은 자들도 있다(cf. Carson).

예수님은 노아 시대를 예로 드시며 재림도 그와 같을 것이라고 하신다(37-39절). 노아와 가족들은 120년에 걸쳐 방주를 완성했다. 노아와 가족들의 이야기는 믿음과 순종이 어떤 것인지 많은 생각을 하게 한다. 그들은 방주를 만든 120년 동안 온갖 비아냥과 비난을 감수해야 했다. "가족도 많지 않은데 왜 이렇게 큰 배를 만드느냐? 배의 모양이 왜 이렇게 생겼느냐? 홍수가 올 거라고 한 지 100년이나 지났는데 아직도 안 왔다. 진짜 오는 거냐?" 등의 비난을 상상해 보라. 노아의 이야기에서 보듯이 믿음과 순종은 때로는 세상의 웃음거리가 되기도 한다. 그러나 드디어 노아는 방주를 완성했으며, 홍수가 있기 얼마 전에는 방주에 태워 달라며 세상에 있는 모든 짐승이 종류별로 몰려왔다(cf. 『엑스포지멘터리 창세기 1』). 하나님이 보내신 것이다.

이런 일을 지켜보던 당대 사람들은 전혀 개의치 않고 먹고, 마시고,

장가들고, 시집가는 등 일상적으로 하던 일을 계속했다(38절). 예수님은 노아 시대 사람들의 죄를 문제 삼는 것이 아니라 안일함을 지적하신다. 만일 그들이 징조를 읽는 분별력을 지녔더라면 짐승들이 방주로 몰려올 때 알아차리고 대응했을 것이다. 결국 그들은 때를 분별하지 못해 모두 홍수에 휩쓸려 갔다.

예수님은 재림도 이와 같을 것이라고 하신다(39절). 징조는 분명 있을 것이다. 하나님이 반드시 주실 것이기 때문이다(cf. 4-26절). 우리는 하나님이 주시는 징조들을 놓치지 않고 구분할 수 있는 분별력을 달라고(cf. 32-35절) 기도해야 한다.

예수님은 두 가지 사례를 들며 재림 때 모든 사람이 구원에 이르지는 않을 것이라 하신다(40-41절). 세대주의자들은 이 사례들을 근거로 휴거를 주장하는데, 휴거와는 별 상관없는 말씀이다. 당시 정황을 고려하면 밭에서 일하는 두 사람은 아버지와 아들, 혹은 형제일 것이다. 이 두 사람 중 하나만 구원을 받고 다른 하나는 구원을 받지 못한다(40절). 맷돌질을 하는 두 여인은 서로 반대편에 마주 앉아 맷돌의 어처구니를 번갈아 돌리고 있다(Carson). 두 여인은 같은 어처구니를 잡고 일하지만 하나는 구원을 받고, 다른 하나는 구원을 받지 못한다. 그날이 되면 믿음에 근거해 분명한 차별이 있을 것이라는 경고다.

어떤 이들은 39절에서 개역개정이 '멸하다'로 번역한 단어(αἴρω, 본래 의미는 '데려가다'임, cf. BAGD)와 40절과 41절에서 사용되고 있는 '데려가다'(παραλαμβάνω)가 비슷한 말이라며 이 비유에서 데려감을 받는 것은 심판을 받기 위해 끌려가는 것이라고 한다(Blomberg, Gundry, Osborne). 남겨진 사람들이 구원받을 사람들이라는 것이다. 이렇게 해석하면 세대주의자들의 휴거는 본문과 더욱더 거리가 멀어진다.

그러나 학자들 대부분은 예수님과 함께 있으며 구원을 누릴 사람들이 데려감을 받는 것으로 해석한다(Boring, Davies & Allison, Hagner, Morris). 예수님이 천사들을 통해 성도들을 모을 것이라고 하셨고(31절),

앞으로 전개될 비유들도 이러한 정서를 반영하고 있기 때문이다. 또한 마태복음에서 '데려가다'(παραλαμβάνω)는 안전한 곳으로 이동하는 것을(2:13, 14, 20, 21), '버리다'(ἀφίημι)는 뒤에 두고 떠나는 것을 의미한다(4:20, 22; 8:22; 23:38; 26:56)(Davies & Allison). 사실 이 비유에서 남겨진 자들과 떠나는 자들 중 누가 구원을 받는 사람인가는 그다지 중요하지 않다(Carson). 중요한 것은 구원받는 사람들이 있는가 하면 버림받을 사람들도 있다는 사실이다.

이 말씀은 시한부 종말론(예수님이 오실 날을 정확히 지적하는 것, 한 예로 1990년대에 '다미선교회'라는 이름으로 활동한 자들이 주장한 종말론을 들 수 있음)이 얼마나 어리석고 무모한 짓인가를 깨닫게 한다. 예수님도 모르는 일을 그들은 안다고 하기 때문이다. 상당수의 이단이 시한부 종말론으로 사람들을 미혹한다. 이 같은 종말론은 비(非)성경적일 뿐 아니라, 예수님도 모르는 재림 시기를 점치고 있으니, 반(反)메시아적이다.

삶에 몰입해 살다 보면 하나님이 주시는 종말과 재림이 가깝다는 징후를 놓칠 수도 있다. 가끔은 고개를 들어 하늘을 보며 숨을 고르자. 우리가 어디에 와 있는지, 종말에 대한 징후는 없는지 살펴보는 여유를 가져야 한다.

Ⅵ. 예수님과 심판과 예루살렘(19:3-26:5)
B. 디스코스 5(지도자들 비난과 종말)(23:1-25:46)
2. 미래에 있을 심판(24:1-25:46)

(6) 항상 준비하라는 비유적 가르침(24:42-25:46)

이제부터 예수님은 디스코스가 끝날 때까지 비유로 말씀하신다. 모두 종말과 재림에 항상 대비하며 사는 것이 얼마나 중요한지 일깨워 주는 가르침이다. 세상 끝 날이 언제 닥칠지 모르니 항상 종말을 의식하며 살아야 한다고 하신다. 이 섹션의 비유들은 다음과 같다.

A. 집주인과 도둑(24:42-44)
B. 두 종(24:45-51)
C. 열 처녀(25:1-13)
D. 달란트(25:14-30)
E. 양과 염소(25:31-46)

VI. 예수님과 심판과 예루살렘(19:3-26:5)
B. 디스코스 5(지도자들 비난과 종말)(23:1-25:46)
2. 미래에 있을 심판(24:1-25:46)
(6) 항상 준비하라는 비유적 가르침(24:42-25:46)

a. 집주인과 도둑(24:42-44)

42 그러므로 깨어 있으라 어느 날에 너희 주가 임할는지 너희가 알지 못함이
니라 43 너희도 아는 바니 만일 집주인이 도둑이 어느 시각에 올 줄을 알았
더라면 깨어 있어 그 집을 뚫지 못하게 하였으리라 44 이러므로 너희도 준비
하고 있으라 생각하지 않은 때에 인자가 오리라

예수님은 제자들에게 "어느 날에 너희 주가 임할지 알지 못하니 깨어 있으라"라고 하신다(42절). '너희 주'(ὁ κύριος ὑμῶν)는 예수님 자신을 가리키시는 말씀으로 주님의 하나님 되심을 드러낸다(Carson, Wilkins). '깨어 있으라'(γρηγορεῖτε)는 현재형 명령이다. 잠시라도 멈춤 없이 항상, 지속적으로 이러해야 한다. 또한 능동형이다. 누가 대신해 줄 수 있는 일이 아니라 각자가 해야 할 일이다.

우리는 어떻게 항상 깨어 있을 수 있는가? 하나님의 말씀을 성실하게 실천하는 것이 깨어 있는 것이다(Hagner, cf. 45-46절; 25:14-46). '알지 못하니' 깨어 있으라고 하시는 것은 알지 못하는 것(무지)은 결코 변명이 될 수 없다는 것을 암시한다.

예수님은 한 예로 집주인과 도둑 이야기를 하신다(43절). 당시에는 경찰이 없었고 왕과 귀족들만 군인들의 보호를 받았다. 보통 사람들은 가족과 재산을 스스로 보호해야 했다. 그러므로 만일 집주인이 도둑이 침입하려고 하는 시각을 사전에 알았다면, 분명 만반의 대비를 해 도둑이 침입하지 못하게 했을 것이다. 그러나 주인은 언제 도둑이 침입할지 알지 못한다. 그가 할 수 있는 유일한 대비책은 언제든 도둑이 침입해도 대항할 준비를 하고 사는 것이다. 예수님의 재림도 그렇다. 언제 이 일이 일어날지 아무도 알 수 없으니 항상 주님을 맞이할 준비를 하고 사는 것이 최선이다. 신약은 예수님의 재림을 도저히 알 수 없는 시각에 도둑이 집에 침입하는 일에 비교한다(살전 5:2; 벧후 3:10; 계 3:3; 16:15).

'이러므로'(διὰ τοῦτο)(44절)는 '전혀 예측하지 못한 때에 오실 것을 고려해서'라는 뜻이다. 집주인이 항상 도둑의 침입을 대비하고 사는 것처럼, 우리도 항상 예수님의 재림을 대비하고 살라고 하신다. 생각하지 않은 때에 오실 것이기 때문이다. '생각하지 않은 때'(ᾗ οὐ δοκεῖτε)는 가장 적합하다고 생각한 때가 아닌 때를 뜻한다. 예수님은 모든 사람의 예측을 벗어나서 오실 것이다. 누가 예수님은 '이때쯤 오실 것이다'라고 하면 주님은 그때를 피해서 오신다!

이 말씀은 예수님이 언제 재림하실지는 예측불허라고 한다. 예수님도 모르시니 사람이 추측하는 것은 소모적이고 이단적인 일이다. 또한 언제 오실지 알지 못해서 준비하지 못했다는 변명은 절대 통하지 않을 것이다. 그렇다면 우리는 어떻게 예수님의 다시 오심을 대비할 수 있는가? 방법은 오늘 이 순간을 말씀에 순종해 의롭고 성실하게 사는 것이다.

어떤 사람들은 예수님이 지난 2,000년 동안 오시지 않았기 때문에 앞으로도 영원히 오시지 않을 것이라고 한다. 그러나 주님은 분명히 다시 오겠다고 하셨다. 그리고 우리는 2,000년 전보다 예수님의 재림에 2,000년 더 가까운 시대를 살고 있다. 우리 시대에 오시든 혹은 다음 시대에 오시든 개의치 말고 당장이라도 오시면 맞이할 준비를 하고 살면 된다.

VI. 예수님과 심판과 예루살렘(19:3-26:5)
B. 디스코스 5(지도자들 비난과 종말)(23:1-25:46)
2. 미래에 있을 심판(24:1-25:46)
(6) 항상 준비하라는 비유적 가르침(24:42-25:46)

b. 두 종(24:45-51)

45 충성되고 지혜 있는 종이 되어 주인에게 그 집 사람들을 맡아 때를 따라
양식을 나눠 줄 자가 누구냐 46 주인이 올 때에 그 종이 이렇게 하는 것을 보
면 그 종이 복이 있으리로다 47 내가 진실로 너희에게 이르노니 주인이 그의
모든 소유를 그에게 맡기리라 48 만일 그 악한 종이 마음에 생각하기를 주인
이 더디 오리라 하여 49 동료들을 때리며 술친구들과 더불어 먹고 마시게 되
면 50 생각하지 않은 날 알지 못하는 시각에 그 종의 주인이 이르러 51 엄히
때리고 외식하는 자가 받는 벌에 처하리니 거기서 슬피 울며 이를 갈리라

어떤 이들은 이 경고 말씀의 대상을 교회 지도자들로 제한하지만(Gundry, Keener), 모든 성도들에게 주는 말씀이다(Osborne, Wilkins). 또한 한 종의 두 가지 대조적 행동에 관한 비유라고 하기도 하지만(Blomberg), 대조되는 행동을 하는 두 종의 이야기다(Hagner, Nolland, Osborne, Wilkins).

예수님은 많은 종을 거느린 주인의 이야기로 비유를 삼으신다. 당시 부자들은 수십 명, 심지어 400명의 종을 거느리는 이도 있었다(ABD). 주인은 종에게 집안 살림을 맡기고 먼 길을 떠났다. 첫 번째 종은 충성되고 지혜 있는 사람이다(1절). '충성'(πιστὸς)은 자신의 재능을 충분히 활용하는 것이며(25:21, 23), '지혜'(φρόνιμος)는 처한 상황을 잘 이해하고 적절하게 대처하는 것이다(25:2, 4, 8, 9). 이 종은 주인이 맡긴 일을 위해 자신의 재능과 판단력을 잘 활용한다. 주인이 돌아와서 보니 종이 참 잘하고 있어서 그를 축복하고(46절) 살림뿐 아니라 모든 것을 맡긴다(47절).

이와는 반대로 행동하는 어리석고 악한 종이 있다(48절). 그는 주인이 돌아오려면 한참 더 시간이 걸릴 것으로 생각해 동료들을 때리고 술친구들과 방탕한 삶을 즐긴다(49절). 주인이 올 때쯤 잘하면 된다는 생각이었을 것이다. 그러나 주인은 그가 생각한 것보다 빨리 돌아와 종의 방탕한 모습을 보았다(50절). 예수님의 재림도 사람들이 기대한 것보다 일찍 임할 수 있다는 사실을 암시한다. 주인은 그를 엄히 때리고 외식하는 자가 받는 벌로 다스렸다(51절).

'엄히 때리다'(διχοτομέω)를 직역하면 '몸통을 두 동강이 낸다'는 의미다(BAGD, cf. NAS, NIV, NRS, ESV). 이후 그가 외식하는 자가 받는 벌을 받아 거기(어두운 곳)에서 슬피 울며 이를 갈 것이라고(8:12; 13:42, 50; 21:13; 25:30) 하는 것으로 보아 과장법이다. 예수님은 주인이 이 두 종 중에서 누구를 기뻐하겠느냐고 물으신다. 당연히 충성되고 지혜 있는 종이다.

이 말씀은 하나님의 종 된 우리의 진가는 주인이신 하나님이 우리 눈에 보이지 않을 때 이뤄진다는 사실을 깨닫게 한다. 충성되고 지혜 있는 종은 주인이 집을 비웠다는 사실에 상관하지 않고 주인이 맡긴 일을 성실하게 해냈다. 주인은 돌아와 그를 인정해 더 큰일을 맡겼다. 우리도 하나님의 일을 성실하게 하면 하나님이 더 큰일을 맡기실 것이다. 권력이 아니라 더 큰 책임을 주실 것이라는 뜻이다(Morris).

VI. 예수님과 심판과 예루살렘(19:3–26:5)
B. 디스코스 5(지도자들 비난과 종말)(23:1–25:46)
2. 미래에 있을 심판(24:1–25:46)
(6) 항상 준비하라는 비유적 가르침(24:42–25:46)

c. 열 처녀(25:1–13)

1 그때에 천국은 마치 등을 들고 신랑을 맞으러 나간 열 처녀와 같다 하리니
2 그 중의 다섯은 미련하고 다섯은 슬기 있는 자라 3 미련한 자들은 등을 가
지되 기름을 가지지 아니하고 4 슬기 있는 자들은 그릇에 기름을 담아 등과
함께 가져갔더니 5 신랑이 더디 오므로 다 졸며 잘새 6 밤중에 소리가 나되
보라 신랑이로다 맞으러 나오라 하매 7 이에 그 처녀들이 다 일어나 등을 준
비할새 8 미련한 자들이 슬기 있는 자들에게 이르되 우리 등불이 꺼져가니
너희 기름을 좀 나눠 달라 하거늘 9 슬기 있는 자들이 대답하여 이르되 우리
와 너희가 쓰기에 다 부족할까 하노니 차라리 파는 자들에게 가서 너희 쓸
것을 사라 하니 10 그들이 사러 간 사이에 신랑이 오므로 준비하였던 자들은
함께 혼인 잔치에 들어가고 문은 닫힌지라 11 그 후에 남은 처녀들이 와서 이
르되 주여 주여 우리에게 열어 주소서 12 대답하여 이르되 진실로 너희에게
이르노니 내가 너희를 알지 못하노라 하였느니라 13 그런즉 깨어 있으라 너
희는 그날과 그때를 알지 못하느니라

어떤 이들은 이 이야기를 알레고리로 간주한다(Boring, Hill, Jeremias). 어느 정도 알레고리적인 성향을 보이는 것은 사실이지만(예, 신랑=예수님), 이 이야기는 비유다. 예수님은 이 비유를 통해 항상 깨어 있으라(준비하고 있으라)고 권면하신다.

밤에 등을 들고 신랑을 맞으러 나간 열 처녀의 이야기다(1절). 구약이 하나님을 신랑으로 묘사하는 일을 바탕으로(사 54:4–6; 62:4–6; 겔 16:7–34; 호 2:19) 예수님도 자신을 종종 신랑으로 묘사하신다(9:14–17). '처녀'(παρθένος)는 결혼하지 않은 젊은 여성을 뜻하며, 당시 여성들이 보통 12-18세에 결혼한 점을 고려하면 이 열 처녀도 이 정도 나이였을 것이다. 그들은 신부의 친구들이다(Boring, Carson, Osborne, Wilkins, cf. NIRV, NRS). 이 비유에서 신부는 그 어디에도 모습을 보이지 않는다.

그 당시 결혼식 잔치는 일주일 동안 진행되었으며, 이 일은 첫날에 일어난 일이다. 결혼하는 날 신랑은 친한 친구들과 함께 신부를 데리러 갔다. 날이 저물면 신부와 신랑은 양쪽 친구들과 함께 신랑의 집까지 행렬을 이루며 갔다. 신랑과 신부가 신랑의 집에 도착하는 순간 일주일 동안 진행되는 결혼 잔치가 시작된다.

학자들은 이 비유의 디테일이 당시 결혼 풍습과 잘 어울리지 않는 부분이 있다 해서 다양한 추측을 내놓기도 한다. 예를 들면 실제로 신랑은 낮에 신부의 집을 찾는데, 이 이야기에서는 밤에 신부를 데리러 간다. 그래서 신부가 신랑을 맞이하라며 밤에 등을 든 친구들을 보낸 것이다. 한 학자는 신랑과 신부가 경제적인 이슈들(결혼 지침금 등)을 협상하느라 늦어진 것이라 한다(Jeremias). 그러나 이렇게 생각할 만한 근거가 본문에 없다. 비유에서 모든 디테일을 설명하려고 하는 것은 문제가 될 수 있다. 비유가 전하고자 하는 메시지에 중점을 두되, 디테일에 지나치게 치중하지 않으면서 해석하는 것이 좋다.

신부가 신랑을 맞아들이라며 보낸 열 친구 중 다섯은 미련하고 다섯은 슬기 있는 자였다(2절). 예수님은 무엇을 기준으로 이렇게 말씀하시는가? 신랑을 맞이하러 나가는 이들의 모습에 차이가 있다. 미련한 자들은 등만 가지고 나갔다. 기름은 따로 챙기지 않았다(3절). '등'(λαμπάς)은 5:15의 등불(λύχνος)과 다르며 막대 끝에 기름을 적신 천을 둘러 만든 횃불이다. 이들의 횃불이 당장은 길을 밝히겠지만, 적신 기름이 다 타면 끝이다. 당시 횃불은 한 번 적시면 15-20분 정도 탔다. 그러므로 이들은 신랑이 당장 온다면 별문제가 없겠지만, 늦어지면 불을 밝힐 수 없다.

슬기 있는 자들은 횃불을 가지고 가면서 기름도 챙겼다(4절). 혹시 신랑이 늦을 상황에 대비한 것이다. 그러므로 이 처녀들의 미련함과 슬기로움의 차이는 늦게 올 수 있는 신랑을 맞이할 대비를 얼마나 철저하게 했느냐 하는 것이다. 미련한 처녀들은 신랑이 곧 올 것으로 예측해 횃불에 묻은 기름으로 충분하리라 생각했다. 반면에 슬기로운 처녀들은 만일의 사태, 곧 신랑이 늦어지는 상황에 대비해 기름을 충분이 챙겨 나갔다.

신랑이 늦어지자, 모두 지치고 피곤해졌다. 그래서 열 처녀 모두 기다리던 자리에서 잠이 들었다(5절). 그들의 횃불도 꺼져 가고 있었다. 피곤해서 졸거나 자는 것이 나쁜 일은 아니다. 그러므로 잠든 것에 대한 비난은 없다.

어디서 소리가 들렸다. 신랑이 왔으니 맞이하러 오라는 것이었다(6절). 잠에서 깬 처녀들이 흥분된 마음으로 서둘러 등을 준비했다(7절). '준비하다'(κοσμέω)는 '장식하다, 치장하다'라는 뜻이다(BAGD). 막대를 감고 있는 천에 기름을 붓는 행동이나 다 타버린 천을 떼어 내고 기름을 머금은 새 천으로 감는 일을 뜻한다. 포인트는 횃불이 다시 제 기능을 하도록 다듬는 것이다.

기름을 따로 준비하지 않은 미련한 처녀 다섯이 슬기 있는 처녀 다섯에게 불이 꺼져간다며 기름을 나눠 달라고 했다(8절). 미리 기름을 준비했던 슬기로운 처녀들은 난색을 표했다(9절). 나눠 쓰면 열 명 모두 부족할 것이니 차라리 기름이 없는 다섯 명이 어디 가서 기름을 사 오는 것이 좋을 것이라고 했다.

하는 수없이 다섯 명은 기름을 사러 갔다. 그들이 기름을 사러 간 사이에 신랑이 왔다(10절). 미리 기름을 준비해 자리를 떠날 필요가 없었던 슬기로운 처녀들은 신랑의 혼인 행렬을 따라가 혼인 잔치에 들어갔다. 잔치가 시작되니 문이 닫혔다. 물론 당시에는 잔치가 시작된다고 문을 닫지는 않았다. 이 비유는 기회가 항상 있는 것이 아니라는 점을 강조하기 위해 문을 닫았다고 한다.

뒤늦게 기름을 사러 갔던 미련한 처녀들이 와서 문을 열어 달라고 했지만(11절), 신랑은 그들을 모른다며 문을 열어 주지 않았다(12절). 그들이 문을 열어 달라며 신랑을 '주여, 주여'(κύριε, κύριε)하고 부르는 것과 신랑이 문을 열어 주기를 거부하며 '나는 너희를 알지 못하노라'라고 한 것은 7:21-23을 연상시킨다. "나더러 주여 주여 하는 자마다 다 천국에 들어갈 것이 아니요 다만 하늘에 계신 내 아버지의 뜻대로 행하는 자라야 들어가리라 그날에 많은 사람이 나더러 이르되 주여 주여 우리가 주의 이름으로 선지자 노릇 하며 주의 이름으로 귀신을 쫓아내며 주의 이름으로 많은 권능을 행하지 아니하였나이까 하리니 그때에 내가 저희에게 밝히 말하되 내가 너희를 도무지 알지 못하니 불법을 행하는 자들아 내게서 떠나가라 하리라."

이 비유에서 열 명 중 다섯 명은 잔치에 참석하고, 다섯 명은 들어가지 못한 것은 같이 일하던 두 사람 중 하나는 데려감을 받고, 하나는 버려둠을 당하는 이야기(24:40-41)와 맥을 같이한다. 예수님은 이런 일이 있을 것이니 깨어 있으라고 하신다(13절). '깨어 있으라'(γρηγορεῖτε)는 24:42에서처럼 현재형 명령이다. 계속, 지속적으로 준비되어 있으라는 뜻이다. 그날과 그때를 알지 못하기 때문이다. '그날과 그때를 알지 못한다'라는 말씀은 24:36에서 재림을 두고 하신 말씀이다. 예수님이 언제 다시 오실지 모를 때는 깨어 있는 것(철저히 준비하고 기다리는 것)이 최선이다.

이 말씀은 재림이 늦어질 수는 있지만, 반드시 있을 것이라고 한다. 또한 기회가 항상 주어지는 것은 아니라고 한다. 그러므로 아직 시간이 있을 때 예수님을 맞이할 만반의 준비를 하고 기다려야 한다. 예수님이 재림하실 때 준비를 시작하는 것은 너무 늦다. 우리는 주님이 언제 오실지 모른다. 따라서 가장 확실한 대비책은 항상 깨어 있는 것이다. 깨어 있다는 것은 일상에서 하나님의 말씀을 성실하게 실천하는 것이다(Hagner, cf. 45-46절; 25:14-46). 이러한 사실은 다음에 등장하는 달란트 비유(14-30절)에서 절정에 달한다. '알지 못하니' 깨어 있으라고 하시는 것은 알지 못하는 것(무지)은 결코 변명이 될 수 없다는 것을 암시한다.

Ⅵ. 예수님과 심판과 예루살렘(19:3-26:5)
B. 디스코스 5(지도자들 비난과 종말)(23:1-25:46)
2. 미래에 있을 심판(24:1-25:46)
(6) 항상 준비하라는 비유적 가르침(24:42-25:46)

d. 달란트(25:14-30)

14 또 어떤 사람이 타국에 갈 때 그 종들을 불러 자기 소유를 맡김과 같으니
15 각각 그 재능대로 한 사람에게는 금 다섯 달란트를, 한 사람에게는 두 달
란트를, 한 사람에게는 한 달란트를 주고 떠났더니 16 다섯 달란트 받은 자는
바로 가서 그것으로 장사하여 또 다섯 달란트를 남기고 17 두 달란트 받은 자
도 그같이 하여 또 두 달란트를 남겼으되 18 한 달란트 받은 자는 가서 땅을
파고 그 주인의 돈을 감추어 두었더니 19 오랜 후에 그 종들의 주인이 돌아와
그들과 결산할새 20 다섯 달란트 받았던 자는 다섯 달란트를 더 가지고 와서
이르되 주인이여 내게 다섯 달란트를 주셨는데 보소서 내가 또 다섯 달란트
를 남겼나이다 21 그 주인이 이르되 잘하였도다 착하고 충성된 종아 네가 적
은 일에 충성하였으매 내가 많은 것을 네게 맡기리니 네 주인의 즐거움에
참여할지어다 하고 22 두 달란트 받았던 자도 와서 이르되 주인이여 내게 두
달란트를 주셨는데 보소서 내가 또 두 달란트를 남겼나이다 23 그 주인이 이
르되 잘하였도다 착하고 충성된 종아 네가 적은 일에 충성하였으매 내가 많
은 것을 네게 맡기리니 네 주인의 즐거움에 참여할지어다 하고 24 한 달란
트 받았던 자는 와서 이르되 주인이여 당신은 굳은 사람이라 심지 않은 데
서 거두고 헤치지 않은 데서 모으는 줄을 내가 알았으므로 25 두려워하여 나
가서 당신의 달란트를 땅에 감추어 두었었나이다 보소서 당신의 것을 가지

셨나이다 [26] 그 주인이 대답하여 이르되 악하고 게으른 종아 나는 심지 않은 데서 거두고 헤치지 않은 데서 모으는 줄로 네가 알았느냐 [27] 그러면 네가 마땅히 내 돈을 취리하는 자들에게나 맡겼다가 내가 돌아와서 내 원금과 이자를 받게 하였을 것이니라 하고 [28] 그에게서 그 한 달란트를 빼앗아 열 달란트 가진 자에게 주라 [29] 무릇 있는 자는 받아 풍족하게 되고 없는 자는 그 있는 것까지 빼앗기리라 [30] 이 무익한 종을 바깥 어두운 데로 내쫓으라 거기서 슬피 울며 이를 갈리라 하니라

많은 학자가 이 비유를 가리켜 누가복음의 열 므나 비유(눅 19:11–27)와 같은 말씀을 다른 버전(누가가 마태를 인용해 새로운 버전을 만들어 냄)으로 기록한 것이라고 한다(Davies & Allison). 그러나 차이가 너무나 많기 때문에 각각 다른 비유로 간주하는 것이 바람직하다(Blomberg, Carson, France, Keener, Morris, Plummer, Wilkins). 이 비유는 하나님의 자녀들이 깨어 예수님의 재림을 기다린다는 것은 주어진 삶에 성실하게 임하며 생산적으로 사는 것이라 한다. 그러므로 이 비유는 하나님이 주시는 능력에 대한 것이 아니라, 각자가 맡은 책임에 관한 것이다(France).

충성되고 지혜 있는 종과 악한 종의 비유(24:45–51)에서처럼 부자 주인이 먼 길을 떠난다(14절). 이번에는 아예 타국으로 먼 길을 떠난다. 아주 오랜 시간이 지나야 돌아올 것을 암시한다. 예수님의 재림도 참으로 많은 시간이 지난 다음에 있을 것이라는 뜻이다.

주인은 떠나기 전에 종 세 명을 불러 재산 중 유동자산(돈)을 나눠서 맡겼다. 당시 노예 중에는 많이 배우고 머리가 좋은 의사, 회계사, 사업가 등 전문가들도 있었다. 이런 사람들은 대체로 전쟁이나 재정적인 이유(빚을 갚지 못해)로 노예가 되었다. 주인 중에는 능력 있는 종에게 큰일을 맡기고 실적에 따라 보상을 하기도 했다(Carson, Derrett, Luz).

주인은 종들에게 각자의 능력에 따라 금 다섯 달란트와 두 달란트와 한 달란트를 맡기고 길을 떠났다(15절). '각각 그 재능대로'(ἑκάστῳ κατὰ τὴν ἰδίαν δύναμιν)는 주인이 평소에 종들의 능력을 관찰하고 평가한 것에 따라 적절하게 주었다는 뜻이다. 물론 종들은 주인의 평가에 동의하지 않을 수도 있지만, 그들의 능력을 평가하는 것은 주인의 몫이다. 그들이 문제를 제기할 만한 일은 아니다. 영적 은사도 이러하다(cf. 롬 12:3). 하나님이 보시기에 우리가 감당할 수 있을 만큼 주신다.

달란트의 무게는 시대에 따라 달랐지만 항상 가장 큰 화폐 단위였다. 구약에서는 보통 34㎏으로 계산한다. 로마 제국에서는 32.3㎏이 한 달란트였다(ABD). 은 한 달란트는 6,000데나리온에 달했으며, 한 데나리온은 한 사람의 하루 품삯이었다. 그러므로 은 한 달란트면 한 사람의 20년 치 봉급이다(Luz). 연봉을 5,000만 원으로 계산하면 은 한 달란트는 오늘날 10억 원의 가치를 지녔다. 당연히 금값은 더 했다. 금 한 달란트는 이 주석이 집필되는 시점에 시가로 24억 원 이상이다(1온스[28g]를 1,900USD로 계산함). 그러므로 5달란트는 120억 원, 2달란트는 48억 원, 1달란트는 24억 원이다. 셋 다 참으로 많은 돈을 받았다. 요즘 말로 하면 모두 '억억거리기'에 충분한 돈을 받았다.

주인에게 다섯 달란트를 받은 종은 바로 가서 장사를 시작했다. 헬라어 사본에 따르면 '바로 가서'(εὐθέως πορευθεὶς)의 첫 단어는 15절에, 두 번째 단어는 16절에 속해 있지만, 첫 단어도 16절에 속하는 것이 자연스럽다. 이 말은 종이 주인이 떠나기를 기다리지도 않고 곧바로 일을 시작했다는 뜻이다(Carson). 그는 다섯 달란트를 벌었다(16절). 총 열 달란트를 갖게 된 것이다.

두 달란트를 받은 종도 다섯 달란트를 받은 종처럼 바로 가서 받은 돈으로 장사를 해 두 달란트를 벌었다(17절). 총 네 달란트를 갖게 된 것이다.

처음 두 종과는 대조적으로 한 달란트를 받은 자는 돈을 땅에 묻었다(18절). 당시에는 은행이 없어서 돈과 귀중품들을 항아리나 박스에 넣어 자기만 아는 곳에 묻어 두는 일이 자주 있었다(cf. 13:44). 종은 참으로 큰돈을 땅에 묻어 숨긴 것이다.

오랜 시간이 지난 후 주인이 돌아와 세 종과 결산을 했다(19절). 이 말씀은 예수님이 상당히 많은 세월이 지나야 오실 것을 뜻한다(cf. 24:48; 25:5). 또한 예수님은 분명 모든 사람(성도)과 결산(정산)을 하실 것이라 한다.

다섯 달란트 받았던 종은 원금과 수익으로 총 열 달란트를 가져와 보고했다(20절). 그는 주인이 기쁘고 보람을 느낄 수 있도록 최선을 다해 말했다(cf. Osborne). 종의 보고를 받은 주인은 기뻐하며 종을 칭찬했다(21절). '잘하였도다'(εὖ)는 당시 주인들이 종들에게 사용하는 표현은 아니었다. 이 주인은 하나님(예수님)을 암시한다(Carson). 주인은 '충성'(πιστός)이라는 단어를 두 차례 사용해 종을 칭찬하는데, 충성은 성실함을 강조한다.

주인은 종이 '적은 일'(ὀλίγα)에 충성을 했다고 하는데, 주인이 종에게 맞긴 일(=돈, 120억 원)은 결코 적은 일이 아니다. 그러나 앞으로 그에게 맡길 더 큰일에 비하면 아무것도 아니라는 뜻이다. 주인은 기뻐하며 종에게 '주인의 즐거움에 참여하라'고 한다. 주인이 종에게 내린 상은 (1)더 큰일을 맞길 것, (2)주인이 특별히 베푸는 잔치에 참여해 함께 기뻐하는 것 두 가지다. 주님은 종말에 성실하게 자기 일을 해낸 사람들을 위해 큰 잔치를 베푸실 것이다.

두 달란트를 받았던 종도 원금과 수익으로 네 달란트를 가져와 보고했다(22절). 주인은 다섯 달란트로 열 달란트를 남긴 종을 칭찬했던 것과 토씨 하나 다르지 않은 말로 그를 칭찬했다(23절). 주인은 종들에게 달란트를 맡길 때 각자의 능력대로 주었다(15절). 그러므로 두 달란트로 두 달란트를 더 남긴 종도 다섯 달란트로 다섯 달란트를 남긴 종만큼이나 노력하고 수고했다는 것을 잘 안다. 그러므로 두 종에 대한 칭찬이 한 단어도 다르지 않다.

마지막으로 한 달란트를 받았던 종이 주인 앞에 섰다(24절). 그는 땅에 묻어 두었던 주인의 돈을 파서 가져왔다. 그러고는 참으로 어이없는 말을 했다. 주인은 굳은 사람이라 심지 않은 데서 거두고 헤치지 않은 데서 모으는 사람이라는 것이다(24절). '당신은 굳은 사람이다'(σκληρὸς εἶ ἄνθρωπος)라는 말은 엄격하고 잔인해 부당한 이유로 힘들게 하는 사람이라는 뜻이다(cf. BAGD, TDNT). '헤치지 않은 데서 모으다'(συνάγων ὅθεν οὐ διεσκόρπισας)라는 말은 씨를 뿌리지 않은 데서 곡식을 모은다는 뜻이다. '심지 않은 데서 거둔다'와 같은 의미이며, 농경사회에서 온 비유다.

그는 주인이 이런 사람인 줄 알기에 두려워서 그가 준 달란트를 땅에 숨겨 두었다가 가져왔으니 받으라 한다(25절). 이 종은 주인이 준 돈을 사업에 투자했다가 실패하면 큰 벌을 내릴 것으로 생각해 아무 일도 하지 않았다고 한다. 그는 핑계를 대고 있다. 종은 게을러서 일하고 싶지 않았다. 그래서 땅에 묻어 두었다. 주인도 이러한 사실을 잘 알고 있기에 그를 '악하고 게으른 종'이라며 맹비난을 한다(26절).

만일 이 종이 사업에 투자했다가 실패해 원금 한 달란트(=24억 원)를 모두 잃었다면 주인은 어떤 반응을 보였을까? 종이 말하는 대로 그에게 벌을 내렸을까? 절대 그렇지 않다. 왕과 악한 종의 비유(18:23-35)에서 왕은 종을 불쌍히 여겨 빚 1만 달란트를 탕감해 주었다. 게다가 고대 근동의 '주인-종' 관계에서는 종이 이익을 남기든 손해를 보든 주인의 몫이었다. 이러한 정황을 고려할 때 이 자비로운 주인은 절대 그를 벌하지 않았을 것이다.

주인은 이 종이 주장하는 것과 전혀 다르게 상황을 판단한다. 종은 주인이 두려워서 달란트를 땅에 묻어 두었다가 가져온 것이 아니라 게을러서 그렇게 했다. 그러므로 주인은 이 종을 '악하고 게으른 종'(πονηρὲ δοῦλε καὶ ὀκνηρέ)이라 한다. '착하고 충성된 종'(δοῦλε ἀγαθὲ καὶ πιστέ)과 정반대되는 말이다.

주인은 종의 잘못된 주장을 그대로 이용해 그의 잘못을 책망한다

(26절). 만일 그가 주인이 진짜 악한 사람이라고 생각했다면, 취리하는 자들에게라도 맡겨 이자라도 받도록 해야 했다는 것이다(27절). '취리하는 자들'(τοῖς τραπεζίταις)은 일정한 수수료를 떼고 돈을 바꿔 주는 환전상들(money exchangers)이다(BAGD). 당시에는 오늘날의 은행 같은 곳이 없었다. 각자 알아서 돈을 관리했다. 율법은 이스라엘 사람에게 돈을 빌려줄 때 이자 받는 것을 금한다(출 22:25; 레 25:35-37; 신 23:19). 그러나 이방인들에게는 이자를 받을 수 있다(신 23:20). 그러므로 주인의 말은 종의 어리석음을 비꼬는 것일 수 있고(Blomberg), 혹은 율법이 금하는 이자를 받았어도 땅에 묻어 두는 것보다는 나았을 것이라는 뜻일 수 있다(Carson, Wilkins).

주인은 그 종이 가진 한 달란트를 빼앗아 열 달란트를 가진 종에게 주라고 명령했다(28절). 다섯 달란트를 받아 열 달란트로 만든 종이 아직도 열 달란트를 가지고 있는 것으로 보아 주인은 종들에게 돈을 돌려받지 않았다(Carson). 각자 종들이 원금과 수익을 모두 갖도록 상으로 준 것이다. 또한 주인은 앞으로 그들에게 더 큰일을 맞길 계획이다(21, 23절). 이 세상에서는 있을 수 없는 일이다. 하나님의 은혜가 이렇다. 그러나 은혜는 무책임과 게으름을 용납하지 않는다.

예수님은 비유를 잠시 멈추고 28절에 대해 추가 설명을 하신다(29절). "무릇 있는 자는 받아 풍족하게 되고 없는 자는 그 있는 것까지 빼앗기리라"라는 격언 성향을 띈 말씀이다. 예수님은 이미 13:12에서 유사한 말씀을 하셨다. "무릇 있는 자는 받아 넉넉하게 되되 없는 자는 그 있는 것도 빼앗기리라."

주인은 종들에게 "이 무익한 종을 바깥 어두운 데로 내쫓으라"라고 한다(30a절). '무익한 종'(ἀχρεῖον δοῦλον)은 데리고 있을 가치가 전혀 없는, 세상 말로 '식량이나 축내는 자'라는 뜻이다. 쫓겨난 종은 거기(어두운 곳)서 슬피 울며 이를 갈 것이다(30b절). 종말에 있을 하나님의 심판을 받아 영원히 고통을 당하는 자의 모습이다.

이 말씀을 통해 우리는 여러 가지를 배운다. 첫째, 하나님은 결과보다 과정을 중요시 여기신다. 그러므로 성실하게 일한 두 종에게 같은 말씀으로 칭찬하신다. 둘째, 하나님이 맡겨 주신 달란트와 그 달란트로 얻는 수익을 모두 상과 은혜로 내리신다. 셋째, 경건한 삶에는 게으름과 무책임이 있을 수 없다. 모든 일을 성실하게 해내고, 책임질 일은 책임지는 것이 의로운 삶이며, 예수님의 재림을 예비하는 삶이다(cf. 24:44). 넷째, 하나님에 대한 올바르고 건강한 이해가 우리의 신앙에 얼마나 중요한지 깨닫게 한다. 악한 종은 하나님에 대해 비뚤어진 생각을 가지고 있었다. 성경이 제시하는 하나님이 우리를 다스리셔야 한다. 마지막으로, 주시지 않은 재능에 대해 불평하지 말고, 주신 재능을 하나님 나라를 위해 최대한 활용하도록 노력하자.

Ⅵ. 예수님과 심판과 예루살렘(19:3–26:5)
B. 디스코스 5(지도자들 비난과 종말)(23:1–25:46)
2. 미래에 있을 심판(24:1–25:46)
(6) 항상 준비하라는 비유적 가르침(24:42–25:46)

e. 양과 염소(25:31–46)

31 인자가 자기 영광으로 모든 천사와 함께 올 때에 자기 영광의 보좌에 앉
으리니 32 모든 민족을 그 앞에 모으고 각각 구분하기를 목자가 양과 염소
를 구분하는 것같이 하여 33 양은 그 오른편에 염소는 왼편에 두리라 34 그때
에 임금이 그 오른편에 있는 자들에게 이르시되 내 아버지께 복 받을 자들
이여 나아와 창세로부터 너희를 위하여 예비된 나라를 상속받으라 35 내가
주릴 때에 너희가 먹을 것을 주었고 목마를 때에 마시게 하였고 나그네 되
었을 때에 영접하였고 36 헐벗었을 때에 옷을 입혔고 병들었을 때에 돌보았
고 옥에 갇혔을 때에 와서 보았느니라 37 이에 의인들이 대답하여 이르되 주
여 우리가 어느 때에 주께서 주리신 것을 보고 음식을 대접하였으며 목마르

신 것을 보고 마시게 하였나이까 [38] 어느 때에 나그네 되신 것을 보고 영접
하였으며 헐벗으신 것을 보고 옷 입혔나이까 [39] 어느 때에 병드신 것이나 옥
에 갇히신 것을 보고 가서 뵈었나이까 하리니 [40] 임금이 대답하여 이르시되
내가 진실로 너희에게 이르노니 너희가 여기 내 형제 중에 지극히 작은 자
하나에게 한 것이 곧 내게 한 것이니라 하시고 [41] 또 왼편에 있는 자들에게
이르시되 저주를 받은 자들아 나를 떠나 마귀와 그 사자들을 위하여 예비된
영원한 불에 들어가라 [42] 내가 주릴 때에 너희가 먹을 것을 주지 아니하였고
목마를 때에 마시게 하지 아니하였고 [43] 나그네 되었을 때에 영접하지 아니
하였고 헐벗었을 때에 옷 입히지 아니하였고 병들었을 때와 옥에 갇혔을 때
에 돌보지 아니하였느니라 하시니 [44] 그들도 대답하여 이르되 주여 우리가
어느 때에 주께서 주리신 것이나 목마르신 것이나 나그네 되신 것이나 헐벗
으신 것이나 병드신 것이나 옥에 갇히신 것을 보고 공양하지 아니하더이까
[45] 이에 임금이 대답하여 이르시되 내가 진실로 너희에게 이르노니 이 지극
히 작은 자 하나에게 하지 아니한 것이 곧 내게 하지 아니한 것이니라 하시
리니 [46] 그들은 영벌에, 의인들은 영생에 들어가리라 하시니라

이 비유는 주제가 종말이라는 점에서 24:36-25:30과 맥을 같이한다. 그러나 지금까지의 비유가 예수님의 재림이 언제 있을지 알 수 없지만 많은 세월이 지나야 할 것이라고 한 내용이었다면, 이 비유는 예수님이 재림하셔서 모든 사람을 심판하시는 것에 관한 말씀이다. 예수님은 알곡과 가라지 비유(13:24-30, 36-43)와 좋은 물고기와 나쁜 물고기 비유(13:47-50)에서처럼 의인들과 악인들을 구분해 의인들은 영생에, 악인들은 영벌에 들어가게 하실 것이다(46절).

예수님은 그날이 되면 모든 천사를 동반하고 영광스러운 모습으로 오셔서 영광의 보좌에 앉으실 것이다(31절). 인자(예수님)의 영광스러운 재림은 다니엘 7:13과 스가랴 14:5을 배경으로 하며, 이미 13:41-49과 16:27, 24:30 등에서도 언급되었다. '영광의 보좌'(θρόνου δόξης)는 하나

님이 앉으시는 곳이며 다니엘서의 '옛적부터 항상 계신 이'(하나님)가 인자에게 내어 주신 것이다(단 7:9-10, 13-14; cf. 마 19:28). 어떤 이들은 예수님이 홀로 보좌에 앉으셨다고 하는데(Osborne), 예수님이 양들에게 "내 아버지께 복 받을 자들이여"(34절)라고 하시는 것으로 보아 하나님과 예수님이 두 영광의 보좌에 나란히 앉으셨으며, 예수님이 하나님의 오른편에 앉으셨다(Davies & Allison, cf. 시 110:1; 계 4:2; 5:6; 22:1, 3).

예수님은 천사들을 에이전트로 사용하셔서 죽은 사람을 부활시키시고 형벌을 집행하실 것이다(13:41, 49; 16:27; 24:31; 살전 4:15; 살후 1:7; 유 14). 예수님이 천사들을 대동하시고 영광스러운 모습으로 오셔서 영광의 보좌에 앉으시는 것은 구약이 오직 여호와 하나님의 것이라고 하는 영광(cf. 사 6장; 겔 1장)이 예수님의 것임을 암시한다. 예수님은 여호와께서 성육신하신 분이다.

보좌에 앉으신 예수님 앞에 모든 민족이 모였다(32절). 종말에 있을 최종 심판의 모습이다(cf. 욜 3:2, 11-12; 습 3:8; 슥 12:3; 14:2). 그런데 '모든 민족'(πάντα τὰ ἔθνη)은 누구인가? 이와 관련해 (1)세상 모든 사람, (2)모든 기독교인들, (3)모든 비기독교인들, (4)기독교인 중 유대인이 아닌 사람들, (5)모든 비(非)유대인들, (6)재림 때 살아 있는 기독교인들이라는 최소한 여섯 가지 해석이 있다(Gray, cf. Carson, Davies & Allison, Hagner). 본문과 가장 잘 어울리는 것은 첫 번째, 곧 기독교인들과 비기독교인들을 포함한 세상 모든 사람으로 보는 해석이다(cf. 24:14; 28:18-20).

예수님은 목자가 양과 염소를 구분하는 것처럼 모든 사람을 구분하셔서 양으로 간주할 사람들은 오른편에, 염소로 간주할 사람들은 왼편에 서게 하신다(32b-33절; cf. 겔 34장; 요 10:1-18). 양과 염소는 서로 섞이지 않기 때문에 구분할 필요가 없다. 그러나 팔레스타인에서는 양과 염소를 같이 키우고, 그 지역 양과 염소는 크기와 생김새와 색깔이 비슷하다는 것을 배경으로 한 말씀이다(Wilkins, cf. ABD).

양과 염소를 따로 구분하는 것은 가라지 비유(13:24-30, 36-43)와 좋은 물고기와 나쁜 물고기 비유(13:47-50)를 연상케 한다(cf. 롬 2:14-16; 14:10-12; 고후 5:10; 계 14:14-20; 20:11-15). 양은 이스라엘 사람들(9:36; 10:6; 15:24)과 예수님의 제자들(10:16; cf. 26:31; 요 10장)을 상징한다. 오른쪽은 명예로운 자리다(왕상 2:19; 시 45:9; 110:1). 양들을 더 귀하게 여기신다는 뜻이다. 당시 사람들도 염소보다 양을 더 귀하게 여겼다. 털을 수확할 수 있고, 염소보다 손이 덜 갔기 때문이다. 그렇다고 해서 왼쪽이 나쁜 것은 아니다. 왼쪽도 참으로 좋은 자리다. 그러나 이 말씀에서는 오른쪽은 상을 받을 자들, 왼쪽은 벌을 받을 자들이 선다. 온 열방이 나라나 민족별로 구분되는 것이 아니라, 개인별로 구분된다.

보좌에 앉으신 예수님의 이미지가 양과 염소를 구분하는 목자에서 상과 벌을 내리는 왕으로 바뀌고 있다(34절). 마태는 예수님을 자주 왕으로 묘사했다(1:1-17; 21:5; 27:11, 29, 37, 42). 그러나 예수님 스스로 자신을 왕으로 언급하는 것은 흔한 일이 아니다. 예수님은 오른편에 있는 자들(양들)에게 '내 아버지의 복을 받을 자들'이라고 하신다. '복을 받은 자들'(οἱ εὐλογημένοι)은 수동태로 '내 아버지'(τοῦ πατρός μου)가 그들에게 복을 주신 것을 강조한다.

그들에게 나와서 창세부터 그들을 위해 예비된 나라를 상속받으라 하신다(34절). 예수님이 이 땅에 임하게 하신 하나님 나라를 주시겠다는 것이다(cf. 3:2; 4:17). 이 나라를 상속하는 것은 곧 영생을 받는 것을 상징한다(19:29). 양들이 상속받을 만한 일을 한 적이 없다고 하는 것은(cf. 37-38절) 하나님 나라는 노력해서 얻은 것이 아니라 선물로 받는 것임을 암시한다. 양들은 예수님과의 관계로 인해 하나님이 태초부터 그들을 위해 준비하신 나라를 상속받게 된 것이다.

예수님은 "내가 주릴 때에 너희가 먹을 것을 주었고 목마를 때에 마시게 하였고 나그네 되었을 때에 영접하였고 헐벗었을 때에 옷을 입혔고 병들었을 때에 돌보았고 옥에 갇혔을 때에 와서 보았느니라"(35-36절)라고 말씀하시며 그들이 하나님 나라를 상속받게 된 것은 여섯 가지 선행을 베풀었기 때문이라고 하신다. 여섯 가지 선행은 이 비유에서 가장 중요한 부분이며, 네 차례 반복된다(35-36, 37-39, 42-43, 44절). 어떤 이들은 이 말씀을 세상 모든 사람이 서로에게 베푸는 사회적 행위(social action)라고 하는데(Davies & Allison, France, Hill, Jeremias), 그렇다면 우리는 굳이 신앙생활을 할 필요가 없다. 예수님을 몰라도 선하게 살며 자선을 행하면 천국에 들어가기 때문이다. 그러나 예수님이 말씀하시는 '내 형제 중 지극히 작은 자'(40, 45절)는 그리스도인 중에서도 연약한 사람들이다. 그러므로 이 말씀은 세상 사람들(기독교인들 포함)이 기독교인들을 어떻게 대했는가에 따라 심판을 받는 일에 관한 것이다.

여섯 가지 선행 중 주릴 때 먹을 것을 주고 목마를 때에 마실 것을 주는 것은 가장 기본적인 선행이며, 사람의 생사와 직접적으로 연결된 것들이다. 굶주림과 목마름은 예나 지금이나 온 인류를 괴롭히는 가장 큰 문제다. 나그네를 영접하는 것은 기독교 지도자들에게 요구되는 미덕이며(롬 12:13; 딤전 3:2; 5:10; 딛 1:8; 히 13:2; 벧전 4:9), 헐벗은 자에게 옷을 주는 것은 율법이 요구하는 것이다(신 15:11; cf. 겔 18:7). 병든 사람을 돌보는 것은 가장 순전한 기독교 윤리다. 그러므로 기독교는 세계 곳곳에 병원을 세운다. 특히 노인 인구가 많아지는 이 시대에 더 많은 기독교 병원이 절실하게 필요하다. 초대교회 교인 중 많은 사람이 예수님에 대한 신앙 때문에 감옥에 갇혔다(cf. 골 4:18; 히 10:34; 13:3). 오늘날에도 많은 사람이 세계 곳곳에서 요셉처럼 억울하게 누명을 쓰거나 예수님을 믿는다는 이유로 감옥에 갇힌다. 또한 실권자가 싫어하거나 그에게 위협이 된다며 애꿎은 사람들을 투옥하기도 한다. 예나 지금이나 감옥은 가장 정의가 실현되지 않는 곳이다.

이 모든 선행은 원래 목자가 양들을 위해 하는 일이지만(cf. 겔 34장), 이 비유에서는 양들이 목자를 위해 한다. 그러나 양이 직접 목자에게 하는 것이 아니라, 양이 다른 양들에게 한다. 예수님은 양이 서로에게 베푸는 선행을 자신에게 하는 것으로 간주하시는 것이다. 도움이 필요한 지체들에게 베푸는 작은 선행이 얼마나 중요한지 새삼 깨닫게 된다. 예수님이 언급하시는 여섯 가지 선행은 주님이 다시 오실 때까지 그리스도인들과 교회가 영원히 실천해야 할 것들이다.

양들은 예수님이 말씀하신 여섯 가지를 나열하며 자신들은 '예수님께 그런 일을 한 적이 없다'고 솔직하게 말한다(37-39절). 그들은 예수님이 굶주리고 배고프셨던 상황 등을 보지 못했기 때문이다. 양들은 자신들이 예수님께 칭찬받거나 인정받을 만한 일을 한 적이 없고, 하나님 나라를 상속받을 만한 자격은 더더욱 없다며 겸손히 고백한다.

보좌에 앉으신 예수님은 그들에게 "내 형제 중에 지극히 작은 자 하나에게 한 것이 곧 내게 한 것이니라"라고 말씀하신다(40절). 이 비유가 주는 가장 중요한 교훈이다. '작은 자'가 누구를 의미하는가에 대해 (1)세상 모든 사람 중 연약한 사람, (2)모든 그리스도인, (3)기독교 선교사들, (4)유대인 그리스도인들, (5)대환란 때 순교하는 사람들 등 다양한 해석이 있다(Gray). 문맥과 가장 잘 어울리는 것은 모든 그리스도인이다(Blomberg, Carson, France, Hagner, Morris). 예수님과 그리스도인들은 '형제와 자매'다(12:48-50). 사람들이 주님의 제자들을 대하는 것이 바로 주님을 대하는 것이다(10:40-42). 또한 예수님과 그리스도인들은 하나다(요 6:56; 15:4-7; 요일 2:24; 3:24; 4:15). 그리스도인 중 '지극히 작은 자들'은 우리가 돌봐야 하는 연약한 지체들이다(cf. 18:1-5; 약 2:1).

그리스도인들은 반드시 서로를 돌보아야 한다(Morris). 사도 바울은 이렇게 권면한다. "그러므로 우리는 기회 있는 대로 모든 이에게 착한 일을 하되 더욱 믿음의 가정들에게 할지니라"(갈 6:10). 세상 모든 사람에게 선을 베풀되, 특별히 그리스도인들을 더 돌보라는 뜻이다. 물론 우리의 선행으로 천국에 들어가는 것은 아니다. 그러나 하나님 나라의 가치관과 우선권을 마음에 품고 살면 선행은 우리의 삶에서 맺어지는 신앙의 자연스러운 열매다. 예수님은 이 열매들을 귀하게 여기시고,

최종 심판의 기준으로 삼으신다.

예수님은 왼쪽에 서 있는 염소들에게는 저주를 받은 자들이라며 혹독한 말씀을 하신다(41절). '저주를 받은 자들'(οἱ κατηραμένοι)과 '복을 받은 자들'(οἱ εὐλογημένοι)(34절)은 극명한 대조를 이루며, 둘 다 수동태다. 누가 저주를 받고, 누가 복을 받는가는 그들 스스로 정하는 것이 아니라 하나님이 결정하시는 일이라는 것이다. '떠나라'(πορεύεσθε)도 '나아오라'(δεῦτε)(34절)와 정 반대되는 단어다. 양들은 예수님과 영원히 함께 살 것이지만, 염소들은 쫓겨나 영원히 다른 곳에서 살아야 한다. 그들은 마귀와 그의 졸개들을 위해 예비된 영원한 불에 들어가야 한다(41절; cf. 3:12' 5:22; 18:8; 23:15). 하나님은 양들이 상속할 나라를 창세부터 예비해 두신 것처럼, 마귀와 졸개들과 염소들이 갈 곳도 태초부터 예비해 두셨다. 용과 타락한 천사 3분의 1이 가는 곳이다(계 12:3-9; 20:4).

염소들이 영원히 벌을 받는 곳으로 가는 이유는 35-36절에 기록된 선행을 하지 않았기 때문이다(42-43절). 이에 대해 그들도 "우리는 주님이 이런 상황에 처한 것을 보고 구제하지 않은 적이 없습니다. 주님을 본 적이 없으니까요"라고 반응한다(44절). 그들이 예수님을 '주여'(κύριε)라고 부르는 것은 신앙 고백이 아니라 어쩔 수 없이 예수님의 권위에 복종하는 것을 의미한다(cf. 24:30; 빌 2:11).

이에 대해 예수님은 양들에게 하셨던 말씀(40절)을 염소들에게도 하신다(45절). 이처럼 사람을 양과 염소로 구분해 염소들을 벌하시는 것은 혼인 잔치에 들어가지 못한 다섯 처녀(25:1-13)와 악한 종(25:14-30) 이야기와 비슷하다. 양들과 염소들은 심판을 받는 것에 놀라는 것이 아니라 기준에 놀란다(Carson). 예수님이 적용하시는 기준은 모든 위선을 배제한다. 사람이 자기에게 도움을 주거나 훗날 갚을 수 있는 사람에게 선을 베푸는 것은 위선일 수 있지만, 도움이 되지 않거나 갚을 수 없는 사람에게 선을 베푸는 것은 항상 진심이기 때문이다.

심판은 모든 사람이 거쳐야 할 운명이다. 또한 이 비유에서 염소들은 악한 일을 해서 벌을 받는 것이 아니라, 선한 일을 하지 않아서 벌을 받고 있다. 한마디로 선한 일을 '하지 않은 죄'(sin of omission)도 악한 일을 '행한 죄'(sin of commission)만큼이나 심각한 죄라는 것이다. 세상에는 두 종류의 사람이 있다. 예수님을 따르는 자와 거역하는 자다. 설령 직접적으로 반대하지는 않더라도 따르지 않으면 거역하는 자가 된다.

이 비유는 다니엘 12:2-3이 종말에 실현될 것을 선언한다. "땅의 티끌 가운데에서 자는 자 중에서 많은 사람이 깨어나 영생을 받는 자도 있겠고 수치를 당하여서 영원히 부끄러움을 당할 자도 있을 것이며 지혜 있는 자는 궁창의 빛과 같이 빛날 것이요 많은 사람을 옳은 데로 돌아오게 한 자는 별과 같이 영원토록 빛나리라." 이 일이 있고 난 뒤 더는 기회가 없다. 세대주의자들은 이 비유가 천년 왕국 전에 있을 일이라 하지만, 이는 최종 심판이다(Blomberg, Hagner, Morris, cf. 계 20:11-13).

이 말씀은 모든 사람이 부활할 것이라고 한다(cf. 단 12:2-3). 그러므로 이슈는 부활이 아니라, 무엇을 위한 부활이냐 하는 것이다. 우리는 살아 있는 동안 심판을 받아 영원한 형벌을 받기 위해 부활할 것인지, 혹은 영원히 주님과 살기 위해 부활할 것인지 선택해야 한다. 만일 주님과 영생을 누리기 위해 부활하기를 원한다면, 선행은 필수다. 예수님을 영접한 삶의 열매는 선행으로 드러나기 때문이다. 특히 우리는 '지극히 작은 자들'에게 지대한 관심을 두고 보살피고 섬겨야 한다.

VI. 예수님과 심판과 예루살렘(19:3-26:5)

C. 끝맺음(26:1-5)

1 예수께서 이 말씀을 다 마치시고 제자들에게 이르시되 2 너희가 아는 바와
같이 이틀이 지나면 유월절이라 인자가 십자가에 못 박히기 위하여 팔리리

라 하시더라 3 그때에 대제사장들과 백성의 장로들이 가야바라 하는 대제사
장의 관정에 모여 4 예수를 흉계로 잡아 죽이려고 의논하되 5 말하기를 민란
이 날까 하노니 명절에는 하지 말자 하더라

예수님은 종말과 재림에 대한 말씀을 마치셨다. 다섯 개의 디스코스를 마무리하신 것이다. 이제 유일하게 남은 것은 십자가다. 제자들은 예수님이 지금까지 말씀하신 혹독한 고통과 믿기지 않는 일들이 벌어져도 절대 좌절하거나 낙심해서는 안 된다. 오히려 때가 가까웠음을 의식하고 열심히 기도하며 주님의 재림을 소망해야 한다. 이렇게 하라고 가르침을 주셨다.

예수님은 이틀 후면 유월절이라고 하신다(cf. 출 12장). 유월절에 십자가에 못 박히기 위해 팔릴 것이라는 말씀도 더하신다. 예수님이 자기 죽음을 예언하시는 마지막 말씀이다(cf. 16:21; 17:22-23; 20:17-19). 하나님의 아들이자 메시아이시며, 온 세상을 심판하실 예수님이 인간의 심판을 받아 죽는다는 사실이 참으로 아이러니하다(Carson). 예수님은 유월절 어린양으로 죽으셔야 한다(cf. 고전 5:7). 유대인들은 목요일 오후에 유월절 양을 잡아 밤에 가족들과 함께 먹었다(cf. 출 12:2-12). 그러므로 이틀 후면 유월절이라는 말씀은 화요일 오후에 이 말씀을 하셨다는 뜻이다. 며칠 후로 다가온 죽음에 대해 예수님은 어떤 마음이셨을까? 더욱이 하나님의 진노를 받아 마땅한 죄인들을 위해 죽으셔야 한다.

대제사장들과 장로들이 분주하다. 그들은 가야바라는 대제사장의 관정에 모여(3절) 예수님을 은밀하고 비열하게 죽일 방법을 고심하고 있다(4절; cf. 시 31:13). 가야바(Καϊάφας)는 로마인에게 대제사장직을 허락받은 사람이며 18-36년에 대제사장으로 활동했다. 그는 장인인 안나스(Annas, 6-15년에 대제사장으로 활동함)로부터 이 자리를 물려받았다(DJG). 나중에 예수님은 먼저 안나스에게 심문을 받고, 이어서 가야바에게 심문을 받으신다(요 18:13, 19-24).

이 유대교 지도자들은 하나님을 두려워하지 않는다. 그들이 두려워하는 유일한 것은 무리의 반응이다(5절). 그들은 민란 외에는 두려워하는 것이 없다. 그나마 민란을 매우 두려워하기 때문에 명절에는 하지 말자고 한다(5절). 아직 예수님에 대한 민심을 돌리지 못했다는 뜻이다. 이들은 앞으로 이틀 동안 열심히 여론을 조작해 무리가 예수님을 '십자가에 못 박으라'고 외치게 할 것이다. 어느새 하나님을 가장 사랑한다는 자들이 마귀의 도구가 되었다.

이 말씀은 우리가 하나님의 말씀을 읽는 것은 말씀에 순종하며 살기 위해서 뿐만 아니라 앞으로 있을 일을 대비하기 위해서라고 한다. 미래에 있을 일들을 의식하며 소망을 품고 살라는 권면이다. 행복한 순간도 있지만, 현재는 항상 고달프다. 그러나 우리의 이야기는 현재에서 끝나지 않는다. 미래에 계속된다. 그러므로 꿈을 품고 유월절 어린 양과 함께할 날을 기대해야 한다. 그러면 현재를 견디기가 훨씬 더 쉬워진다.

유대교 지도자들의 음모는 하나님을 가장 사랑한다는 우리 역시 마귀의 도구로 전락할 수 있다며 강력한 경고를 발한다. 우리는 오늘날 가장 반기독교적인 행위로 하나님을 대적하는 자 중에 목사도 많이 있다는 사실을 기억해야 한다.

Ⅶ. 말문: 예수님의 수난과 부활과 대사명 (26:6-28:20)

예수님이 이 땅에서 보내신 마지막 날들에 관한 기록으로, 대부분 목요일과 금요일에 있었던 일들이다. 주님이 받으신 수난과 죽음과 부활을 회고하는 이 섹션은 다음과 같이 구분된다.

A. 수난(26:6-27:66)
B. 부활(28:1-15)
C. 대사명(28:16-20)

A. 수난(26:6-27:66)

본 텍스트는 예수님이 받으신 재판과 고난과 죽음을 기록한다. 짧은 시간에 참으로 많은 일이 일어났다. 이 섹션은 다음과 같이 세분화할 수 있다.

A. 향유(26:6-13)
B. 유다의 배반(26:14-16)
C. 유월절과 성만찬(26:17-30)
D. 제자들이 예수님을 버릴 것을 예언하심(26:31-35)
E. 겟세마네(26:36-46)
F. 잡히심(26:47-56)
G. 산헤드린(26:57-68)
H. 베드로의 부인(26:69-75)
I. 산헤드린의 판결(27:1-2)
J. 가룟 유다의 자살(27:3-10)
K. 빌라도(27:11-26)
L. 십자가 죽음(27:27-66)

Ⅶ. 말문: 예수님의 수난과 부활과 대사명(26:6-28:20)
A. 수난(26:6-27:66)

1. 향유(26:6-13)

6 예수께서 베다니 나병 환자 시몬의 집에 계실 때에 7 한 여자가 매우 귀한
향유 한 옥합을 가지고 나아와서 식사하시는 예수의 머리에 부으니 8 제자
들이 보고 분개하여 이르되 무슨 의도로 이것을 허비하느냐 9 이것을 비싼
값에 팔아 가난한 자들에게 줄 수 있었겠도다 하거늘 10 예수께서 아시고 그
들에게 이르시되 너희가 어찌하여 이 여자를 괴롭게 하느냐 그가 내게 좋은
일을 하였느니라 11 가난한 자들은 항상 너희와 함께 있거니와 나는 항상 함
께 있지 아니하리라 12 이 여자가 내 몸에 이 향유를 부은 것은 내 장례를 위
하여 함이니라 13 내가 진실로 너희에게 이르노니 온 천하에 어디서든지 이
복음이 전파되는 곳에서는 이 여자가 행한 일도 말하여 그를 기억하리라 하
시니라

이 이야기는 네 복음서가 모두 기록하고 있는 사건이다. 예수님이 이 여인이 한 일을 두루 기념하라고 하셨기 때문이다(13절). 그러나 네 복음서의 버전이 다르기 때문에 서로의 관계를 정확하게 파악하기가 쉽지 않다. 초대교회 시대부터 이미 여러 교부가 이러한 어려움을 의식하고 네 복음서에 한 개가 아니라 세 개의 각기 다른 기름 부음 사건이 기록되었다고 하기도 했다. 오리겐(Origen)은 첫 번째 기름 부음은 예수님이 갈릴리를 떠나시기 전에 있었던 일이며, 누가복음 7:36-50이 이 일을 기록한다고 했다. 두 번째 기름 부음은 요한복음 12:2-8에 기록된 것이며, 마가복음과 마태복음에 기록된 사건보다 며칠 전에 있었던 일이라 했다. 세 번째 기름 부음은 본문에 기록된 것으로 마가복음 14:3-9을 인용한 것이라고 했다.

양식비평가(form-critics) 대부분은 기름 부음은 단 한 번 있었던 일인데, 구전으로 전승되는 과정에서 디테일이 달라진 것이라 한다(cf. Holst). 이와는 대조적으로 기름 부음이 두 차례 있었다고 하는 학자도 많다(Broadus, Carson, France, McNeile, Turner). 첫 번째 기름 부음은 예수님이 갈릴리 지역을 떠나시기 전에 그곳에서 있었던 일이며, 이 사건은 누가복음에 기록되었다. 두 번째 기름 부음은 영광스러운 예루살렘 입성 전날인 토요일에 있었던 일이며, 이 사건은 요한복음에 기록되었다. 마가복음과 마태복음은 요한복음에 기록된 사건을 입성 전이 아니라 입성 후 곧 십자가에 달리시기 바로 전에 있었던 일로 기록하고 있다는 것이다. 이 해석이 가장 설득력이 있다.

그렇다면 마가와 마태는 왜 이곳에 삽입한 것일까? 예수님의 가르침과 사역을 시대적인 순서가 아닌 주제별로 기록하는 이 두 복음서는 한 여인이 예수님을 메시아로 예배하는 이 사건과 가룟 유다가 예수님을 배신하는 다음 사건(14-16절)을 대조하기 위해 이곳에 두었다. 또한 이곳에 삽입함으로써 바로 앞에 나온 가야바 대제사장 일당의 음모(3-5절)와도 극명한 대조를 이룬다. 예수님을 온전히 따르는 소수가 있는가 하면, 노골적으로 훼방하는 자들과 따르는 척하며 배반하는 자들이 훨씬 더 많았다는 것이다.

예수님은 베다니 시몬의 집에 머무셨다(6절). 베다니는 죽은 나사로를 살리신 곳이며 나사로와 누이들인 마리아와 마르다가 사는 곳이다(요 12:1). 요한은 이 일이 그들의 집에서 있었던 일이라 한다(요 12:1-20). 반면에 본문은 나병 환자 시몬의 집에서 있었던 일이라 한다. 시몬이 그들의 아버지라는 이들도 있고(McNeile), 요한이 이 사건을 죽은 나사로를 살리신 사건과 연결시키는 것과 달리, 마가와 마태는 이 일이 일어난 장소를 더 정확하게 기록한 것이라는 이들도 있다(Carson). 나병 환자는 감염에 대한 우려 때문에 집에서 가족들과 살 수 없었다. 그러므로 본문에 등장하는 이 사람은 완쾌된 사람이다. 아마도 예수님이 치료해 주신 사람 중 하나였을 것이다.

예수님이 식사하실 때 한 여인이 매우 귀한 향유 한 옥합을 가지고 나와 예수님 머리 위에 부었다(7절). 마태는 여인의 이름을 밝히지 않지만, 요한은 나사로의 누이 마리아였다고 한다(요 12:3). 마태는 이 여인의 정체보다는 그녀가 한 예배 행위에 초점을 맞추고자 이름을 밝히지 않는다. '옥합'(ἀλάβαστρος, alabaster jar)은 대리석처럼 표면이 반짝이는 연석(軟石, soft stone)으로 만들었으며 이집트에서 수입한 귀중품이었다. 주로 향수나 향유를 담아 두는 병으로 사용되었다.

마가는 이 옥합에 담긴 향유 가격이 300데나리온이었다고 한다. 노동자들의 1년 봉급에 해당하는 매우 비싼 향유다. 마가와 요한은 이 향유가 '순전한 나드'(νάρδου πιστικῆς)였다고 한다(막 14:3; 요 12:3). 나드는 인도에서 수입한 귀한 향유로 상당히 비싼 가격에 거래되었다(ABD). 나사로의 집이 부자였는지 혹은 대대로 내려온 가보를 깨트린 것인지 알 수는 없지만, 참으로 놀라운 일이다.

당시 축하할 일이 있을 때 손님의 머리 위에 기름을 붓는 것은 흔히 있었던 일이다. 이러한 정황을 고려해 이 여인이 단순히 예수님을 환영하는 의미에서 이렇게 했다고 하는 이들도 있다(Luz). 하지만 예수님은 다윗의 후손으로 오신 하나님의 아들이라는 사실과 더욱이 이 향유의 값을 고려하면 여인은 메시아 왕에게 기름을 붓는 의미에서 이런 일을 했다(Bruner, Carson, Osborne, Wilkins, cf. 삼상 9:16; 왕하 9:6). 대단한 경배와 예배 행위인 것이다.

옆에서 이 광경을 지켜보던 제자들이 향유를 비싼 값에 팔아 가난한 사람들에게 나눠 주어야지 뭐 하는 짓이냐고 분노했다(8-9절). 요한은 가룟 유다가 제자들의 이 같은 정서를 반영해 자신의 개인적인 나쁜 의도를 숨기고 제자들을 대표해 말했다고 한다(요 12:4-6). 예수님이 감람산에서 주신 마지막 가르침이 선행에 관한 것이었고(25:31-46), 예전에 젊은 부자에게도 재산을 처분해 가난한 사람들에게 주라고 하신 권면(19:21)으로 미뤄볼 때 제자들의 반응이 당연하다고 할 수도 있다.

그러나 그들은 메시아인 예수님이 왕으로서 기름 부음을 받기에 합당하신 분이라는 사실은 별로 생각해 보지 않았다. 실은 그들이 사비를 털어서라도 이렇게 해야 했다. 여인이 하고 있는 일은 예수님의 은혜를 입은 사람이 할 수 있는 최고의 예배이기 때문이다. 또한 마리아는 이 일을 통해 남동생 나사로를 살려 주신 일에 대한 감사도 표하고 있다. 사실 예수님의 은혜를 입은 우리는 모두 마리아에게 감사해야 한다. 예수님은 이때까지 계속 사람들에게 베풀기만 하셨으며, 한 번도 사람들에게 '대접'을 받으신 적이 없으시다. 마지막으로 우리를 위해 목숨을 주러 가시는 길, 마리아가 이렇게라도 예를 갖추어 배웅해 드린 것이 얼마나 감사한 일인가!

예수님은 제자들이 분노하고 있다는 사실을 아시고 그들에게 좋은 일을 한 여인을 괴롭히지 말라고 하셨다(10절). '좋은 일'(καλὸν ἠργάσατο)은 '아름다운 일'이라는 뜻이다. 가난한 사람들은 항상 그들과 있지만, 예수님은 조금 후면 그들을 떠나실 것이기 때문이다(11절). 가난한 사람들은 항상 우리 곁에 있다. 성경은 우리가 그들을 꾸준히 도와주어야 한다고 한다(신 15:11). 예수님은 향유를 아까워하는 제자들에게 앞으로도 그들을 도울 기회가 얼마든지 있을 것이니 그들을 도우라 하신다. 그러나 지금은 아니다. 제자들은 예수님과 함께할 시간이 얼마 남지 않았으므로 예수님에게 집중해야 한다. 요한의 제자들이 제자들에게 금식을 시키지 않으신다고 예수님에게 항의할 때, 예수님은 그들이 나중에는 분명히 할 것이지만, 자신과 함께 있는 동안은 아니라고 하셨다(9:14-17). 모든 일에는 적절한 때가 있으며, 그 순간에만 할 수 있는 일들이 있다. 이 여인은 이때가 아니면 할 수 없는 아름다운 일을 했다.

예수님은 그녀가 향유를 머리에 부은 일을 그분의 장례를 위한 일로 간주하신다(12절). 이러한 이유로 마태는 요한과 달리 이 사건을 이곳에 기록한다(Senior). 사실 마리아는 예수님이 곧 죽으실 줄 모르고 주님의 왕 되심과 자기 가정의 메시아가 되심을 고백하기 위해 향유를 부었을 것이다. 하지만 마리아는 자신이 의식한 것보다 더 큰일을 했다.

마리아가 예수님의 머리에 부은 향유는 몸을 거쳐 발에까지 흘러내렸을 것이다(cf. 요 11:2). 유대인들은 염을 하지 않았다. 그러므로 장례를 준비할 때 악취를 해소하기 위해 시신 전체에 향료를 뿌렸다. 니고데모가 예수님이 죽으셨다는 소식을 듣고 몰약과 침향 섞은 것을 100리트라(1리트라는 325g, 따라서 32.5kg)를 가져온 것도 이러한 이유에서다(요 19:39). 예수님은 마리아의 섬김을 이런 일로 간주하셨다.

예수님은 온 천하 어디서든지 복음이 전파되는 곳에서 이 여인이 행한 일도 말해 그를 기억하라고 하신다(14절). 예수님은 자신이 다시 오실 때까지 복음이 세상 곳곳에 선포될 일을 예고하신다. 복음의 역사가 계속되는 한 마리아의 선행은 두루 기념되어야 한다. 어떻게 생각하면 마리아의 선행은 그동안 받기만 하던 인류가 예수님께 드린 유일한 섬김이라 할 수 있다.

이 말씀은 구제도 좋은 일이지만, 때로는 구제보다 더 시급하게 해야 할 중요한 일들이 있다고 한다. 그 순간을 놓치면 영원히 할 수 없는 일들도 있다. 그러므로 우리는 그 순간에만 할 수 있는 중요한 일들을 놓치지 않도록 때를 분별하는 영성과 지혜를 주시기를 꾸준히 기도해야 한다. 또한 이런 기회를 깨달을 때는 주저하지 않아야 한다.

Ⅶ. 말문: 예수님의 수난과 부활과 대사명(26:6-28:20)
A. 수난(26:6-27:66)

2. 유다의 배반(26:14-16)

14 그때에 열둘 중의 하나인 가룟 유다라 하는 자가 대제사장들에게 가서 말
하되 15 내가 예수를 너희에게 넘겨주리니 얼마나 주려느냐 하니 그들이 은
삼십을 달아 주거늘 16 그가 그때부터 예수를 넘겨줄 기회를 찾더라

열두 제자 중 하나인 가룟 유다가 대제사장들을 찾아가 예수님을 넘겨주겠다며 돈을 요구했다. 예수님이 베다니에 머물면서 제자들과 함께 조용히 하루를 보내신 수요일에 있었던 일이다(Wilkins). 가룟 유다는 예수님과 제자들이 베다니에서 쉬는 틈을 타 홀로 예루살렘에 다녀왔다. 예루살렘과 베다니는 불과 3㎞ 떨어져 있었으니 한 시간이면 충분히 갈 수 있는 거리였다.

사실 대제사장들은 예수님을 죽이려 하되, 유월절은 피하려고 했다(3-5절). 순례자들을 중심으로 폭동이 일어날까 두려웠기 때문이다(5절). 그런데 예수님의 제자라는 자가 와서 돈을 주면 스승을 넘겨주겠다고 한다! 가룟 유다가 왜 예수님을 배신했는지는 알 수 없다(Davies & Allison, Hagner, Hill). 중요한 것은 그의 배신으로 인해 대제사장들이 보류해 두었던 예수님에 대한 계획을 다시 추진하게 되었다는 사실이다. 아마도 이 악한 지도자들은 가룟 유다를 예수님을 죽이라는 하나님의 징조로 생각했을 것이다.

누가는 가룟 유다가 이 일을 하는 동안 사탄이 그에게 들어갔다고 한다(눅 22:3-4). 그는 예수님을 영접한 척하며 열두 제자 중 하나가 되었지만, 하나님 나라에 입성한 성도는 아니었다(Wilkins). 하나님은 이런 자를 이용해 예수님을 죄인들의 손에 넘기셨다. 태초부터 진행해 오신 구속사가 절정에 달하려면 예수님이 대속적인 죽임을 당하셔야 하기 때문이다.

그들은 가룟 유다에게 은 30개를 달아 주었다. 예수님을 넘겨주기로 한 계약이 성사된 것이다. '은 30개'(τριάκοντα ἀργύρια)가 어느 정도의 가치를 지녔는지 알 수 없다. 노동자의 하루 일당이었던 1데나리온 이상의 동전은 모두 은으로 제조되었기 때문이다. 만일 데나리온 동전을 뜻한다면, 예수님은 노동자들의 한 달 치 월급에 팔리셨다. 마리아가 예수님 머리 위에 부은 향유 가격의 10분의 1이다. 만일 30세겔(=120데나리온)이라면 넉 달 치 월급이며, 소에 받혀 죽은 노예의 목숨값이다(출 21:32). 마리아가 부은 향유 가격의 3분의 1밖에 되지 않는다. 메시아의 몸값치고는 너무 적다. 액수가 너무나도 적은 것으로 보아 유다가 예수님을 배신한 이유가 돈 때문은 아닌 듯하다(cf. Wilkins). 만일 돈이 목적이었다면 훨씬 더 많은 돈을 요구했을 것이기 때문이다. 가룟 유다는 액수에는 별 관심이 없는 듯 제사장들이 주는 대로 받고 있다. 그가 받은 은 30개는 잠시 후 스가랴 11:12-13과 예레미야 19:1-13에 기록된 말씀을 성취한다(27:9-10).

이때부터 가룟 유다는 예수님을 넘겨줄 기회를 찾았다(16절). 예수님이 무리와 어울리지 않고 홀로 계실 때를 엿본 것이다. 그래야 대제사장 일행이 별 탈 없이 예수님을 잡을 수 있기 때문이다. 예수님이 제자들을 데리고 겟세마네로 기도하러 나가실 때가 바로 절호의 기회가 될 것이다.

이 말씀은 세상에는 예수님을 사랑하고 섬기는 사람들도 있지만, 미워하고 싫어하는 사람도 많다고 한다. 더욱이 예수님을 영접하지 않았으면서도 주님의 제자처럼 구는 자들도 있다고 경고한다. 교회에 출석하는 사람들이 모두 예수님을 영접했다는 것도, 그들이 모두 하나님을 사랑하기 때문에 모인다는 것도 착각에 불과하다. 교회와 성도들을 대상으로 사기를 치려고 교회에 다니는 이들도 있다. 목회자들은 이런 사람들을 조심해야 한다.

Ⅶ. 말문: 예수님의 수난과 부활과 대사명(26:6–28:20)
A. 수난(26:6–27:66)

3. 유월절과 성만찬(26:17–30)

수요일을 조용히 제자들과 보내신 예수님은 목요일 저녁에 그들과 유월절 만찬을 드셨다. 종말에 그들과 만나 다시 만찬을 즐길 일을 소망하시며 이 땅에서 마지막 식사를 하셨다. 본 텍스트는 세 파트로 구분된다.

A. 유월절 준비(26:17–19)
B. 배신을 예언하심(26:20–25)
C. 성만찬(26:26–30)

Ⅶ. 말문: 예수님의 수난과 부활과 대사명(26:6–28:20)
A. 수난(26:6–27:66)
3. 유월절과 성만찬(26:17–30)

(1) 유월절 준비(26:17–19)

17 무교절의 첫날에 제자들이 예수께 나아와서 이르되 유월절 음식 잡수실 것을 우리가 어디서 준비하기를 원하시나이까 18 이르시되 성안 아무에게 가서 이르되 선생님 말씀이 내 때가 가까이 왔으니 내 제자들과 함께 유월절

을 네 집에서 지키겠다 하시더라 하라 하시니 [19] 제자들이 예수께서 시키신 대로 하여 유월절을 준비하였더라

공관복음서들은 모두 예수님이 목요일 저녁에 제자들과 유월절 식사를 하시고 잡히셨다가 금요일 오후에 십자가에서 숨을 거두신 것으로 기록한다. 마가는 이날이 '준비일 곧 안식일 전날'이었다고 한다(막 15:42; cf. 마 27:62; 눅 23:54). 안식일은 금요일 해가 지면 시작되었고, 토요일 해가 질 때까지 이어지기 때문에 이때는 어떠한 일도 할 수 없었다.

요한복음은 예수님이 재판을 받고 십자가에 매달리셨을 때 유대인들이 아직 유월절 음식을 먹지 않았을 때라고 한다(요 18:28). 그렇다면 예수님이 제자들과 식사하신 것은 유월절 음식이 아닌 것으로 해석될 가능성도 배제할 수는 없다(cf. 요 13:1-2). 그러므로 이 이슈에 대해 학자들은 엄청난 분량의 글을 쏟아냈다. 핵심을 요약하자면 (1)예수님과 제자들이 함께 한 식사는 유월절 음식이 아니다. 유월절 전날에 먹었기 때문이다. (2)예수님과 제자들은 사적인 공간에서 따로(특별히) 유월절 음식을 먹었다. (3)유월절은 하루가 아니라 이틀에 걸쳐 기념되었다. (4)예수님과 제자들은 바리새인들과 갈릴리 사람들이 하루를 해가 뜰 때부터 다음날 해 뜰 때까지로 정의한 태양력(solar calendar)에 따라 유월절을 지냈다. 이와 달리 사두개인들은 하루를 해 질 때부터 다음날 해 질 때까지로 정의한 유대인들의 달력을 따라 유월절을 기념했다. 공관복음은 전자에 따라, 요한복음은 후자에 따라 유월절을 기념한 사람들에 대한 이야기다. (5)유월절에 관해 공관복음의 내용과 대립하는 듯한 요한복음의 말씀(요 18:28; 19:14, 31)을 살펴보면 요한복음에서는 '유월절'이라는 용어를 일주일 동안 진행되는 절기(유월절은 무교절과 함께 같은 날에 시작되기 때문에 하나가 둘을 의미하며 사용됨)의 뜻으로 사용하고 있고, 공관복음은 이 용어를 단 하루, 첫날(유월절)의 의미로 사용하고 있다.

가장 설득력이 있는 해석은 다섯 번째 것으로 생각된다. 그러므로 문제가 되는 "그들이 예수를 가야바에게서 관정으로 끌고 가니 새벽이라 그들은 더럽힘을 받지 아니하고 유월절 잔치를 먹고자 하여 관정에 들어가지 아니하더라"(요 18:28)라는 말씀은 유대인들이 빌라도의 관정에 들어가지 않은 것은 앞으로 일주일 동안 진행될 유월절(무교절) 절기에 참여하기 위해서였다(Blomberg, Carson). 부정하게 되면 다시 정결해질 때까지 참여할 수 없기 때문이다.

무교절(17절)은 일주일 동안 누룩이 들어가지 않은 빵을 먹으며 이스라엘이 하나님의 인도하심에 따라 급히 이집트를 탈출한 일을 기념하는 절기다(출 12:14-20). 무교절이 시작되는 첫날이 유월절이기 때문에 두 절기가 하나인 것처럼 자주 언급된다. 원래는 아빕월(니산월) 15일 금요일 저녁에 무교절을 시작해 7일 동안 기념했다. 그러나 세월이 지나면서 준비하는 날로 14일 하루가 더해져 8일 절기가 되었다(Gundry, Stein, cf. 막 14:12; 15:42; 눅 23:54; 요 19:14, 31, 42). 준비하는 날 낮에 남자들은 저녁에 먹을 양을 준비하고, 여자들은 쓴 나물을 준비해 해가 지면 온 가족(고기의 양이 많으면 다른 사람들을 부를 수 있음)이 모여 유월절 음식을 먹었다. 유대인들은 해가 지면 다음 날이 시작된 것으로 간주했기 때문에, 14일 저녁이 유월절인 15일의 시작이다.

어디서 누구와 함께 유월절 음식을 먹느냐는 때에 따라 탄력적으로 적용되었다. 유월절이 처음 제정될 때는 각 가정 단위로 유월절 음식을 먹었다. 하지만 세월이 지나면서 성전에 모여서 먹기도 하고, 포로기 때와 제2성전이 재건되지 않았을 때는 각 가정에서 먹기도 했다. 성전이 재건된 다음에는 다시 성전에서 먹었다. 그러나 인구가 많아지면서 성전에서 모든 양을 잡을 수도, 음식을 준비할 수도 없게 되자 예루살렘성 안에서만 유월절 양을 잡고 음식을 먹으면 된다고 했다. 그러므로 많은 순례자가 유월절을 기념하기 위해 각지에서 모였다. 예수님이 제자들을 성안으로 보내시는 것은 바로 이런 규정 때문이다.

예수님은 제자들에게 유월절을 준비하기 위해 예루살렘성 안 아무에게 가라고 하시는데(18a절), '아무'(τὸν δεῖνα)는 이름을 밝힐 필요가 없거나, 스스로 이름을 밝히는 것을 원하지 않는 사람을 칭하는 표현이다. 우리말로 하면 '아무개'라는 뜻이다(cf. 룻 4:1). 그에게 가서 "내 때가 가까이 왔으니 내 제자들과 함께 유월절을 네 집에서 지키겠다"라고 하면 모든 것이 준비될 것이라고 하신다(18b절). '때'(καιρός)는 하나님이 계획하신 일이 실현되는 순간을 뜻한다(cf. 갈 4:4). 예수님이 십자가에서 죽으실 때가 임박했다는 뜻이다.

예수님이 사전에 그 사람을 만나 예약하신 것으로 보이지는 않는다. 그러므로 계시나 신탁을 통해 말씀하셨을 것이다. 예수님이 신적인 능력을 사용하신 것이다. 예수님은 가룟 유다가 무슨 짓을 하고 있는지도 아신다. 제자들은 예수님이 말씀하신 대로 예루살렘성 안에 있는 그 사람을 찾아가 유월절을 준비했다(19절).

이 말씀은 율법이 규정한 것을 적용하는 일이 원칙을 범하지 않는 범위에서 상황과 형편에 따라 어느 정도 유동적이었음을 암시한다. 교회와 우리의 삶에서도 특정한 기준과 원칙에 지나치게 집착하지 않는 것이 바람직하다. 그 원리와 기준을 범하지 않는 범위에서 어느 정도 융통성을 가지고 원칙을 적용하고 문제들을 해결해 나가는 것이 좋다.

예수님은 가룟 유다가 무슨 짓을 하고 있는지 모두 아신다. 계시와 신탁으로 제자들과 함께 유월절을 보낼 장소를 정한 분이 그의 마음을 읽지 못하시겠는가! 우리는 주님을 속이려는 생각을 절대 품어서는 안 된다. 주님은 모든 것을 아신다. 그러므로 진솔한 기도를 통해 솔직하게 자백하고 도와주실 것을 바라는 사람이 현명하다.

Ⅶ. 말문: 예수님의 수난과 부활과 대사명(26:6–28:20)
A. 수난(26:6–27:66)
3. 유월절과 성만찬(26:17–30)

(2) 배신을 예언하심(26:20–25)

20 저물 때에 예수께서 열두 제자와 함께 앉으셨더니 21 그들이 먹을 때에 이
르시되 내가 진실로 너희에게 이르노니 너희 중의 한 사람이 나를 팔리라
하시니 22 그들이 몹시 근심하여 각각 여짜오되 주여 나는 아니지요 23 대답
하여 이르시되 나와 함께 그릇에 손을 넣는 그가 나를 팔리라 24 인자는 자
기에 대하여 기록된 대로 가거니와 인자를 파는 그 사람에게는 화가 있으리
로다 그 사람은 차라리 태어나지 아니하였더라면 제게 좋을 뻔하였느니라
25 예수를 파는 유다가 대답하여 이르되 랍비여 나는 아니지요 대답하시되
네가 말하였도다 하시니라

예수님이 가룟 유다에 의해 유대교 지도자들에게 팔리신 목요일 밤에 있었던 일을 복음서들을 통해 종합해 정리하면 다음과 같다(cf. Boring, Carson, Wilkins).

1. 해가 지자 제자들과 함께 예루살렘성 안에서 유월절 식사를 하심(마 26:20)
2. 제자들 사이에 누가 크냐 하는 다툼이 일어남(눅 22:24)
3. 제자들의 발을 씻으심(요 13:1–20)
4. 가룟 유다를 배신자로 지목하심(마 26:21–25)
5. 성만찬(마 26:26–29)
6. 다락방 말씀과 기도(요 14:1–17:26)
7. 겟세마네로 가심(마 26:30)
8. 베드로의 부인을 예언하심(마 26:31–35; cf. 눅 22:31–38)
9. 겟세마네에서 기도하심(마 26:36–46)

10. 겟세마네에서 잡히심(마 26:47-56)

예수님은 목요일 해가 저물자 열두 제자와 함께 앉으셨다(20절). 유월절은 니산월 15일 금요일이며, 14일인 목요일에 해가 지면 시작된다. 예수님은 예루살렘성 안에서 이날을 맞으셨다(cf. 18절). '앉다'(ἀνάκειμαι)는 로마 사람들의 방식에 따라 식사하기 위해 옆으로 비스듬히 엎드리는 것을 뜻한다(9:10, cf. NAS, NIV, ESV). 유월절 식사는 다음과 같이 진행됐다(cf. ABD, DJG).

1. 유월절과 마실 술을 축복하고 첫 잔을 마심
2. 무교병, 쓴 나물, 채소, 삶은 과일, 구운 양고기 등 음식이 나옴
3. 아들이 아버지에게 왜 이 밤이 다른 밤과 다른지 질문함. 가장은 출애굽 이야기를 들려줌. 시편에서 '할렐 모음집'으로 불리는 노래들(시 113-118편)의 처음 절반인 시편 113-115편을 통해 과거와 미래에 있을 하나님의 구속을 찬양함
4. 두 번째 잔을 마심
5. 무교병을 축복하고 아버지가 무교병의 의미를 설명하는 동안 쓴 나물과 삶은 과일과 함께 먹음
6. 식사가 시작됨. 자정을 넘기면 안 됨
7. 식사가 마무리되면 가장이 세 번째 잔을 축복함. '할렐 모음집'의 나머지 절반(116-118편)을 노래함
8. 네 번째 잔을 마시며 유월절 식사를 마무리함

식사 도중 예수님은 제자 중 한 사람이 자신을 팔 것이라고 하신다(21절). '팔다'(παραδίδωμι)는 '넘기다'로 번역되기도 하고(17:22; 20:18), 26:2에서는 본문에서처럼 '팔다'로 번역되었다. 배신을 의미한다. 마가는 이 본문에 '나와 함께 먹는 자'라는 말을 더한다(막 14:18). 다윗이

친한 친구에게 배신당한 일을 슬퍼하며 한 말을 생각나게 하는 말씀이다. "내가 신뢰하여 내 떡을 나눠 먹던 나의 가까운 친구도 나를 대적하여 그의 발꿈치를 들었나이다"(시 41:9).

제자들은 예수님의 말씀에 몹시 당황하며 근심했다(22a절). 그들이 받았을 충격을 상상해 보라. 이전에 예수님이 배신에 대해 이미 말씀하셨지만(20:18; cf. 요 6:71; 12:4), 그래도 충격적이기는 마찬가지였다. 지난 3년 동안 생사고락(生死苦樂)을 함께하며 끈끈한 유대감으로 똘똘 뭉친 이 그룹에서 배신자가 나오리라고는 상상도 못 한 일이다. 더욱이 하나님의 아들이자 메시아로 오신 예수님을 배신한다는 것은 있을 수 없는 일이라 생각했다.

예수님은 그들보다 그들을 더 잘 아시는 분이다. 제자들은 불안한 마음으로 혹시 자기를 두고 하신 말씀인지 한 사람씩 물었다. "주여 나는 아니지요?"(22b절). 지금은 아니지만, 얼마 후에 자신이 혹시 의지와 상관없이 배신자로 돌변할 것인지를 물은 것이다. 제자들이 전혀 눈치를 채지 못했다는 것은 가룟 유다가 배신을 참으로 잘 숨겼다는 뜻이다(Morris). 제자들은 예수님을 '주여'(κύριε)라고 부른다. 반면에 가룟 유다는 예수님을 '랍비여'(ῥαββί)라고 부른다(25절). 예수님을 부르는 호칭에서도 차이를 보인다.

예수님은 '나와 함께 그릇에 손을 넣는 그가 나를 팔 것'이라고 하신다(23절). 그릇에 손을 넣는다는 것은 무교병을 그릇에 있는 소스(sauce)에 찍어 먹는 것을 의미한다. 그러나 열두 명 모두 그릇에 담긴 소스에 무교병을 찍어 먹고 있으니 누구도 배신자가 될 가능성에서 배제될 수 없다. 당시 사람들은 과일, 견과류, 생강을 와인과 섞은 소스에 무교병을 찍어 먹었다(Nolland).

예수님은 제자 중 한 사람의 배신으로 인해 구약에 기록된 대로 가는 것이라고 하신다(24a절). '가다'(ὑπάγω)는 죽음에 대한 완곡어법이다. 예수님은 한 제자의 배신으로 십자가에 매달리실 것이지만, 이 일도 하나님의 계획과 통제에 따라 진행되고 있음을 암시한다. 구약 말씀 중에서도 특별히 이사야가 '종의 노래들'(이사야 42-53장 곳곳에 있음)을 통해 예언한 고난받는 메시아에 관한 말씀에 따라 떠나신다. "그는 강포를 행하지 아니하였고 그의 입에 거짓이 없었으나 그의 무덤이 악인들과 함께 있었으며 그가 죽은 후에 부자와 함께 있었도다"(사 53:9).

예수님은 그분 자신은 하나님의 구속사에 따라가지만, 인자를 파는 자에게 화가 있을 것이라고 하신다(24b절). '화가 있으리라'(οὐαι)는 하나님의 심판을 반드시 받을 것이라는 뜻이다. 예수님은 이 말을 회개하지 않는 마을들(11:21)과 남을 죄로 인도하는 자들(18:7) 그리고 바리새인들과 서기관들(23:15, 16, 23, 25, 27, 29)에게 이미 여러 차례 사용하셨다. 그러나 예수님을 파는 자에게 임하는 하나님의 심판은 얼마나 혹독할 것인지 "그가 차라리 태어나지 아니하였더면 그에게 좋을 뻔하였다"라고 하신다(24c절). 이 말씀을 듣고 있는 가룟 유다는 얼마나 두려웠을까? 이 순간이라도 회개하고 용서를 구했으면 좋았을 텐데, 그는 끝까지 회개하지 않는다.

예수님은 하나님의 구속사에 따라 태초부터 하나님이 계획하신 대로 죽으실 것이다. 그러므로 가룟 유다도 하나님의 계획을 일부 실현하는 도구라고 할 수 있다. 그러나 그가 맡은 역할은 메시아를 죽게 하는 악한 일이다. 그는 자신이 원해서 이 역할을 맡았다. 만약 그가 나서지 않았다면, 하나님은 다른 사람을 통해 이 악역을 담당하게 하셨을 것이다. 하나님의 역사가 진행되기 위해 가룟 유다는 분명 예수님을 팔아야 한다. 그러나 스스로 악역을 자청한 죗값은 피할 수 없다. 하나님의 계획과 인간의 책임은 항상 이런 형태로 조화를 이룬다.

드디어 배신자 유다가 예수님에게 물었다. "랍비여, 나는 아니지요?"(25a절). 다른 제자들의 말과 같은 질문이다(22절). 그러나 그가 예수님을 부르며 사용하는 '랍비'(ῥαββί) 호칭은 제자들이 사용한 '주'(κύριος)와 다르다(22절). 예수님은 제자들에게 '랍비'라는 호칭으로 불리는 것을 멀리하라고 하셨다(23:7-8). 그러므로 유다가 예수님을 랍비라고 부르는 것은 절대 좋은 의도에서 한 것이 아니다. 유다는 한 번 더 예수님을 랍비라고 부를 것이다(49절). 가룟 유다에게 예수님은 메시아가 아니라 수많은 랍비 중 하나에 불과했다.

예수님은 유다에게 "네가 말하였도다"라고 대답하신다(25b절). 예수님은 나중에 대제사장의 질문과 빌라도의 질문에 같은 말로 답하신다(26:64; 27:11). 두 차례 모두 '네 말이 옳다'라는 의미다. 그러므로 가룟 유다에게 "네가 말하였도다"(σὺ εἶπας)라고 하신 것은 "네가 바로 배신자다"라는 의미다. 그러나 다른 제자들이 쉽게 알아차리지 못하도록 이처럼 애매모호하게 말씀하신다. 당사자인 가룟 유다는 예수님의 대답이 무엇을 뜻하는지 안다. 그러므로 그는 곧바로 그 자리를 떠났다(요 13:30).

하나님은 이 말씀을 통해 우리에게 제발 악한 일에 나서지 말라고 당부하신다. 가룟 유다가 예수님을 팔아넘기려고 나서지 않았더라도 그 역할을 담당할 악인은 세상 지천에 널려 있었다. 악역을 스스로 자청한 유다는 차라리 태어나지 않았으면 좋았을 뻔했다는 말을 들었다. 우리도 살다 보면 감당해야 할 역할들이 생기는데, 제발 악한 일에는 나서지 말자.

Ⅶ. 말문: 예수님의 수난과 부활과 대사명(26:6-28:20) A. 수난(26:6-27:66) 3. 유월절과 성만찬(26:17-30)

(3) 성만찬(26:26-30)

26 그들이 먹을 때에 예수께서 떡을 가지사 축복하시고 떼어 제자들에게 주
시며 이르시되 받아서 먹으라 이것은 내 몸이니라 하시고 27 또 잔을 가지사
감사 기도 하시고 그들에게 주시며 이르시되 너희가 다 이것을 마시라 28 이

것은 죄 사함을 얻게 하려고 많은 사람을 위하여 흘리는바 나의 피 곧 언약
의 피니라 29 그러나 너희에게 이르노니 내가 포도나무에서 난 것을 이제부
터 내 아버지의 나라에서 새것으로 너희와 함께 마시는 날까지 마시지 아니
하리라 하시니라 30 이에 그들이 찬미하고 감람산으로 나아가니라

이 말씀은 맨 처음 교회가 세워질 때부터 기념한 거룩한 성례인 성찬식(Lord's Supper)의 유래에 대한 말씀이다. 하나님의 구속사에서 가장 중요한 예수님의 대속적인 죽음을 되새기는 예식이며 구약의 유월절 어린양(출 12장)과 고난받는 여호와의 종(사 42–53장) 등을 상기시키는 말씀이다.

예수님이 제자들과 함께 유월절 식사를 하실 때 떡(빵)을 가지고 축복하신 후 떼어 제자들에게 주시며 이것이 자기 몸이라며 받아먹으라고 하셨다(26절). 위에서 언급한 유월절 식사 진행 순서 중 다섯 번째 단계이며, 무교병(누룩을 넣지 않고 만든 빵)을 제자들에게 주신 것이다. 구약은 무교병을 '고난의 떡'이라고 하기도 한다(신 16:3). 예수님은 유월절을 새로 해석해 자신에게 적용하신다. 예수님의 죽음이 주는 혜택을 받아 누리라고 하신다(McKnight).

무교병을 "내 몸이니라"라고 하시는 것은 이 떡이 십자가에서 상한 예수님의 몸을 상징한다는 뜻이다. 주님의 찢기신 몸은 구속하는 효과를 지니고 있으며(고전 11장), 제자들을 위한 것이며(눅 22:19), 많은 사람을 위한 것이다(28절; cf. 히 9:28; 벧전 2:24).

가톨릭교회는 '…이니라'(ἐστιν)를 지나치게 강조하다가 성찬식에서 사용하는 떡과 잔이 실제로 예수님의 몸과 피로 변한다는 화체설(化體說, transubstantiation)을 내놓았고, 루터교는 성찬식의 떡과 잔 '안에, 함께, 아래'(in, with and under) 예수님의 몸과 피가 임한다는 공존설(共存說, consubstantiation)을 내놓았다. 이 말씀이 강조하는 것은 예수님의 십자가에서 상하신 몸이 유월절 어린양의 몸이 찢기는 것과 비슷한 이미지를 성취하고 있다는 것이지 성찬식의 존재론적(ontological) 의미가 아니다(Davies & Allison, Hagner). 그러므로 성찬식에 예수님이 실제로 임하시는 것이 아니라, 영적으로 함께하시는 것이라며 '기념적'(Memorial)으로 해석하는 개혁교회와 장로교의 관점이 가장 합리적이다. 이 해석은 종교개혁자 칼뱅(Calvin)이 처음 제시했다.

예수님은 잔을 들어 감사 기도를 하시고 제자들에게 주시며 마시라고 하셨다(27절). 잔은 십자가에서 흘리실 피를 상징한다. 유대들은 유월절 식사를 할 때 아직 이집트를 탈출하지 못한 이스라엘 백성에게 하나님이 주신 네 가지 약속(출 6:6-7a)을 기념하며 네 잔의 술을 마셨다. (1)애굽 사람의 무거운 짐 밑에서 너희를 빼낼 것이다. (2)그들의 노역에서 너희를 건질 것이다. (3)편 팔과 여러 큰 심판으로써 너희를 속량할 것이다. (4)너희를 내 백성으로 삼고 나는 너희의 하나님이 될 것이다. 이 중 예수님이 드신 잔은 세 번째 약속을 기념하며 마신 세 번째 잔(앞에서 언급된 유월절 식사 순서 중 일곱 번째)이다. 예수님은 하나님이 이스라엘을 속량하신 것처럼 죄인들을 그들의 죄에서 속량할 것을 약속하신다(Blomberg).

예수님의 피는 많은 사람이 죄 사함을 얻게 하려고 흘리신 언약의 피다(28절). 모세는 하나님과 이스라엘 사이에 맺은 언약을 봉인하기 위해 짐승 피의 절반은 제단 주변에 뿌리고, 절반은 백성에게 뿌렸다(출 24:8). 이것이 언약의 피다. 예수님이 봉인하고자 하시는 언약은 예레미야가 예언한 새 언약이다(렘 31:34; cf. 눅 22:20; 고전 11:25). 이 새 언약은 고난받는 종으로 오신 예수님이 자신의 죽음으로 세우신 것이다(cf. 사 53:11-12). 믿는 사람들은 예수님의 대속적인 희생을 통해 하나님의 자녀가 되고 또한 하나님께 순종하며 살 능력을 얻는다.

'먹으라'와 '마시라'는 가장 강력한 참여 요구라 할 수 있다. 사람이 생존을 위해서는 반드시 먹고 마셔야 한다. 이처럼 예수님의 찢긴 몸과 흘린 피를 먹고 마시는 사람만이 주님의 대속하는 죽음을 통해 영원히 살 수 있다.

예수님은 하나님 나라에서 난 새 포도주를 제자들과 함께 다시 마실 때까지 포도주를 마시지 않겠다고 하신다(29절). 이 말씀은 유월절 식사를 마무리하는 네 번째 잔(여덟 번째 단계)을 마시며 하신 말씀이다. 종말에 메시아의 만찬이 있을 때를 의미한다(계 19:6-8). 예수님이 제자들과 함께 나누시는 유월절 만찬이 예전 것과는 완전히 다른 새로운 상징으로 변화하고 있다. 예전에는 유월절 만찬이 과거(출애굽)에 베풀어 주신 은혜(구원)를 기념하는 일이었다면, 이 순간부터는 미래(종말)에 있을 메시아의 만찬을 상징한다.

예수님과 제자들은 식사를 마치고 찬미하며 감람산으로 나아갔다(30절). 어떤 이들은 그들이 기독교 노래를 부르며 갔을 것이라고 하는데(Davies & Allison, Schweitzer, cf. 엡 5:19; 골 3:16), 유대인들의 전통에 따라 '할렐 모음집'(시 113-118편)의 나머지 절반(115-118편)을 불렀을 것이다. 당시 노래 방식에 따라 상상해 보면 예수님이 한 절씩 노래하시면 제자들이 '할렐루야'로 화답하며 감람산으로 올라갔을 것이다(Carson).

이 말씀은 성찬식을 결코 가볍게 여겨서는 안 된다고 한다. 성찬식은 예수님이 시작하신 전통이다. 예수님이 지신 고난의 십자가와 그 십자가를 통해 이루신 대속적인 구원을 기념하는 일이다. 또한 장차 종말에 예수님과 함께 누릴 만찬을 기대하며 행하는 일이다. 우리는 이처럼 영광스러운 성찬식에 참여할 때마다 어떤 삶을 살고 있는지 자기 자신을 돌아보아야 한다.

> Ⅶ. 말문: 예수님의 수난과 부활과 대사명(26:6-28:20)
> A. 수난(26:6-27:66)

4. 제자들이 예수님을 버릴 것을 예언하심(26:31-35)

31 그때에 예수께서 제자들에게 이르시되 오늘 밤에 너희가 다 나를 버리리

라 기록된바

내가 목자를 치리니

양의 떼가 흩어지리라

하였느니라 [32] 그러나 내가 살아난 후에 너희보다 먼저 갈릴리로 가리라 [33] 베
드로가 대답하여 이르되 모두 주를 버릴지라도 나는 결코 버리지 않겠나이
다 [34] 예수께서 이르시되 내가 진실로 네게 이르노니 오늘 밤 닭 울기 전에
네가 세 번 나를 부인하리라 [35] 베드로가 이르되 내가 주와 함께 죽을지언정
주를 부인하지 않겠나이다 하고 모든 제자도 그와 같이 말하니라

예수님과 제자들은 예루살렘성 안에서 최후의 만찬을 마치고 성을 떠나 기드론 계곡 건너편에 있는 감람산 자락에 있는 겟세마네 동산으로 가는 길이다(cf. 36절). 겟세마네는 성안에서 처소를 찾지 못한 사람들이 천막을 치는 곳이며 예수님이 자주 찾으셨던 기도 처소였다(cf. 요 18:2). 가는 길에 예수님은 "오늘 밤에 너희가 다 나를 버릴 것이다"라고 하셨다(31a절). '버리다'(σκανδαλίζω)는 놓고 도망한다는 뜻이다(cf. 56절). 지난 3년 동안 예수님을 따르던 제자들이 할 짓은 아닌 듯싶지만, 실제로 이런 일이 있을 것이다. 심지어 가룟 유다는 예수님을 팔아넘기려고 이미 만찬 중에 대제사장들에게 갔다. 이날 밤 예수님은 참으로 외로우시다.

예수님은 제자들이 주님을 홀로 남겨 두고 모두 도망가는 것도 스가랴의 예언을 성취하는 일이라 하신다(31b절). 하나님은 칼에게 자신의 짝 된 자를 치라고 하시는데(슥 13:7), 이 본문에서는 하나님이 치시는 것이라 한다. 하나님이 직접 행하시는 일이라는 뜻이다. 여호와의 짝 된 자는 다윗의 후손 중 한 왕(메시아)이며 이스라엘의 목자다(cf. 겔 34장). 이 메시아 목자는 때가 되면 하나님의 원수들을 벌하실 것이다. 그러나 이 순간에는 자원해서 죽임을 당하신다.

제자들에게 버림을 받은 예수님은 부활하신 후 그들보다 먼저 갈릴리로 가실 것이다(32절). 어떤 이들은 이 말씀이 종말에 예수님이 갈릴리에 재림하실 것을 의미한다고 하지만(Lohmeyer), 부활하신 후를 뜻한다(Carson).

예수님은 이미 여러 차례 자신의 고난과 부활에 대해 말씀하셨다(16:21; 17:22-23; 20:17-19). 부활하신 예수님이 갈릴리에서 제자들과 재회하신다는 것은 그들의 배신을 용서하시고 다시 기회를 주실 것이라는 뜻이다(cf. 28:7, 16-20). 그러므로 예수님은 3년 전에 제자들을 처음 만났던 갈릴리에서 그들을 만나기를 원하신다. 그들의 새(재) 출발을 위해 처음 그들을 만난 곳으로 가시는 것이다. 또한 제자들을 이방인이 많이 사는 갈릴리에서 만나시는 것은 부활 이후 이방인 선교가 본격적으로 시작될 것을 암시한다(cf. Davies & Allison).

이번에도 베드로가 나섰다(33절; cf. 14:28-31; 15:15; 16:17-19; 17:24-27; 18:21; 19:27). 다른 제자들은 몰라도 자신은 절대 예수님을 버리지 않을 것이라며 충성을 다짐한다(33절). 베드로는 항상 말이 앞서는 상당히 불완전한 제자의 모습을 보여 준다. 그래도 다행인 것은 그가 계속 변화하고 있으며 언젠가는 좋은 지도자가 될 것이라는 소망이다. 때로는 베드로의 모습에서 우리의 모습을 보기도 한다.

예수님은 다른 사람은 몰라도 자신은 절대 주님을 버리고 도망치는 일이 없을 것이라고 큰소리를 치는 베드로에게 이날 밤 닭 울기 전에 그가 세 번이나 주님을 부인할 것이라고 예언하신다(34절). 베드로는 1분 후에 일어날 일도 모르지만, 예수님은 모든 것을 아신다. 베드로는 동이 밝기 전에 예수님을 세 차례 부인할 것이다.

베드로는 자존심이 상했다. 자기는 절대 예수님을 버리고 도망치지 않을 것이라고 했더니, 예수님은 그가 다른 제자들처럼 도망할 뿐 아니라 더 나아가 그분을 부인할 것이라고 하신다. '버리다'(σκανδαλίζω)는 외부에서 오는 자극에 반응하는 것이지만, '부인하다'(ἀπαρνέομαι)는 스스로 결정하는 일이다. 그러므로 부인하는 것이 상황에 밀려 버리는 것보다 더 나쁘다. 그것도 세 번씩이나!

베드로는 예수님과 함께 죽을지언정 주님을 부인하는 일은 절대 없을 것이라고 했다(35절). 그는 아직도 예수님이 진짜 죽으실 것이라고 생각하지 않는다(Carson). 베드로는 자신의 다짐과는 대조적으로 이날 밤 예수님과 함께 죽지 않으려고 예수님을 세 차례 부인한다. 하나의 아이러니가 형성되고 있다(Hagner). 다른 제자들도 베드로가 한 말을 따라 호언장담했다.

예수님은 더는 제자들에게 반박하지 않으셨다. 절대 설득될 사람들이 아니며, 몇 시간 후면 진실이 온 세상에 드러날 것이기 때문이다. 예수님은 함께한 세월이 3년이나 되는데 겁이 나서 주님을 두고 도망가는 그들에게 서운함을 느끼실 수도 있지만, 그들에게 버림받는 것이 하나님의 말씀을 이루기 위한 것이라는 사실에 위로를 받으셨을 것이다. 또한 말이라도 이렇게 하는 제자들이 대견하셨을 수 있다.

이 말씀은 부르심과 실패는 별개라고 한다. 예수님은 제자들이 3년 동안 생사고락을 한 후에도 한순간에 버릴 것을 아셨지만 그들을 제자로 삼으셨다. 또한 예수님이 부활하신 후 제자들을 처음 만났던 갈릴리에서 다시 만나시는 것은 그들에게 잘못을 바로잡을 수 있는 기회를 주시기 위해서다. 예수님은 제자들이 테스트에 실패했다고 해서 그들을 버리지 않으신다. 이와 같이 우리를 버리시는 일도 절대 없을 것이다. 예수님은 우리의 연약함을 모두 아시고도 우리를 택하셨기 때문이다. 그러니 감사함으로 주님을 사랑하며 하나님 나라의 일을 해 나가자.

Ⅶ. 말문: 예수님의 수난과 부활과 대사명(26:6-28:20) A. 수난(26:6-27:66)

5. 겟세마네(26:36-46)

36 이에 예수께서 제자들과 함께 겟세마네라 하는 곳에 이르러 제자들에게

이르시되 내가 저기 가서 기도할 동안에 너희는 여기 앉아 있으라 하시고
37 베드로와 세베대의 두 아들을 데리고 가실새 고민하고 슬퍼하사 38 이에
말씀하시되 내 마음이 매우 고민하여 죽게 되었으니 너희는 여기 머물러 나
와 함께 깨어 있으라 하시고 39 조금 나아가사 얼굴을 땅에 대시고 엎드려
기도하여 이르시되 내 아버지여 만일 할 만하시거든 이 잔을 내게서 지나가
게 하옵소서 그러나 나의 원대로 마시옵고 아버지의 원대로 하옵소서 하시
고 40 제자들에게 오사 그 자는 것을 보시고 베드로에게 말씀하시되 너희가
나와 함께 한 시간도 이렇게 깨어 있을 수 없더냐 41 시험에 들지 않게 깨어
기도하라 마음에는 원이로되 육신이 약하도다 하시고 42 다시 두 번째 나아
가 기도하여 이르시되 내 아버지여 만일 내가 마시지 않고는 이 잔이 내게
서 지나갈 수 없거든 아버지의 원대로 되기를 원하나이다 하시고 43 다시 오
사 보신즉 그들이 자니 이는 그들의 눈이 피곤함일러라 44 또 그들을 두시고
나아가 세 번째 같은 말씀으로 기도하신 후 45 이에 제자들에게 오사 이르시
되 이제는 자고 쉬라 보라 때가 가까이 왔으니 인자가 죄인의 손에 팔리느
니라 46 일어나라 함께 가자 보라 나를 파는 자가 가까이 왔느니라

예수님과 제자들이 겟세마네라고 불리는 곳에 도착했다(36a절). 가룟 유다는 최후의 만찬 중 떠났기 때문에 나머지 제자 열한 명이 예수님과 함께했다. '겟세마네'는 '착유기'(oil press)라는 의미를 지녔으며, 히브리어 '갓셰마님'(גַּת שְׁמָנִים)에서 비롯된 것으로 추정된다(cf. ABD, DJG). 아마도 이 올리브 농장 주인이 예수님과 제자들이 언제든지 사용할 수 있게 했기 때문에 겟세마네는 예수님이 자주 찾는 기도처가 되었을 것이다(요 18:2).

예수님은 제자 대부분을 입구 근처에 두시고, 베드로와 세베대의 두 아들인 야고보와 요한(cf. 4:21) 세 명만 데리고 더 깊이 들어가셨다(36b-37a절). 예수님은 세 제자와 가시면서 고민하고 슬퍼하셨다(37b절). 어떤 이들은 예수님이 죄인들의 죄를 대신 지고 죽으심으로 인해 부활하실 때까지 한동안 하나님 아버지에게서 떨어져야 하는 것을 슬퍼하셨다고 한다(Blomberg, Gundry, Hagner). 그러나 예수님의 슬픔을 아버지에게서 떨어지는 일 때문으로 제한하는 것은 별로 바람직하지 않다. 다가오는 죽음을 고민하고 슬퍼하지 않을 사람은 없다. 예수님은 분명 죄인들을 위해 죽으려고 이 땅에 오셨다. 그러나 몇 시간 후로 다가온 죽음을 감당하려니 온갖 슬픔과 아픔이 예수님의 마음을 채웠다. 예수님이 하나님이기 때문에 죽음을 쉽게 대하셨다면, 우리에게는 별 은혜가 되지 않았을 것이다. 예수님이 고민하고 슬퍼하신 것도 은혜다. 예수님도 우리처럼 슬픔과 아픔을 느끼고 두려워하는 인간이셨기 때문이다. 예수님이 고민하고 슬퍼하면서도 견디어 내시는 모습은 "내 영혼아 네가 어찌하여 낙심하며 어찌하여 내 속에서 불안해하는가 너는 하나님께 소망을 두라 그가 나타나 도우심으로 말미암아 내가 여전히 찬송하리로다"라는 말씀을 배경으로 한다(Beale & Carson, 시 42:5, 11; 43:5).

예수님은 세 제자에게 마음이 매우 힘이 드니 함께 깨어 있으라고 하셨다(38절). '고민하여 죽게 되었다'(περίλυπός ἐστιν ἡ ψυχή μου ἕως θανάτου)는 예수님이 시편이 묘사하는 고통받는 의인이 되셨다는 뜻이다(Witherington, cf. 시 42:5, 11; 43:5). 그러나 예수님이 겪으시는 고통은 죽게 될 만큼 심화된 것이다. 세 제자에게 '함께 깨어 있으라'고 하시는 것은 기도하라는 뜻이다. 그러나 이들은 별로 도움이 되지 않는 제자들이다.

세 제자를 뒤에 두고 예수님은 조금 떨어진 곳에서 따로 기도하셨다(39절). 예수님은 하나님을 '내 아버지여'(πάτερ μου)라고 부르시며 하나님과 자신의 특별한 관계를 바탕으로 기도하신다(cf. 7:21; 11:25-27; 12:50; 16:17; 25:34). 만일 아버지가 하실 수만 있다면 이 잔을 지나가게 해 달라는 아들의 간절한 기도다. '만일'(εἰ)은 하나님은 하실 수 있음을 전제한다. 그러나 하나님은 하지 않으실 것이다. '이 잔'(τὸ ποτήριον τοῦ το)은 예수님이 감당하셔야 할 죽음의 잔이며, 죄인들에 대한 하나님의 진노로 가득하다(20:22-23; cf. 시 75:8; 사 51:17, 22; 렘 51:7). 예수님은 하나님 아버지가 이 잔이 그냥 지나가게 해 주시면 좋겠다고 하신다. 고통이 너무나도 크기 때문이다. 그러나 그렇게 되면 이 땅에 오신 목적이 이뤄지지 않는다. 그러므로 "나의 원대로 마옵시고 아버지의 원대로 하옵소서"라고 기도하신다. 예수님의 대속적인 죽음을 통해 인류를 구원하시고자 하는 하나님의 뜻에 복종하겠다는 뜻이다.

예수님은 한참을 기도하신 후 세 제자에게 오셨다(40a절). 그들에게 깨어 기도하라 하셨는데(38절), 잘도 자고 있다! 수제자들이 이 모양이니 나머지 제자들도 어땠을지 상상이 된다. 이런 제자들에게 교회를 맡기고 떠나셔야 하는 예수님의 심정은 어떠셨을까? 그러나 우리는 제자들을 비난할 자격이 없다. 우리는 더하면 더했지 제자들보다 나은 것이 하나도 없다. 베드로가 다른 두 제자보다 상태가 조금 나았는지, 예수님은 베드로에게 한 시간도 깨어 있을 수 없었냐고 하셨다(40b절). 책망이라기보다 안타까움으로 가득한 탄식의 표현이다.

예수님이 안타까워하시는 것은 제자들의 연약한 육신이다(41절). 그들도 마음으로는 예수님과 함께하며 주님의 고통에 조금이나마 동참하고 싶었을 것이다. 그러나 연약한 육신이 그렇게 하고 싶은 마음을 따라주지 않는다. 그렇다면 어떻게 연약한 육신의 문제를 해결할 수 있는가? 예수님은 기도 외에는 방법이 없다고 하신다. 그러므로 시험에 들지 않게 깨어 기도하라고 하신다. 그래야만 마음(영)이 육신의 연약함을 극복할 수 있다. 기도는 노동이다. 나약한 육신은 항상 편하기를 바란다. 그런 육신이 영에 복종해 연약함을 극복할 때까지 기도해야 한다. 기도는 의지를 가지고 계속해야 하는 노동이다.

예수님은 제자들을 떠나 두 번째로 기도하셨다(42절). 첫 번째 기도와 조금 다르다. 처음에는 '할 만하시거든'(δυνατόν, 39절)이라 하면서 '가능성'에 기초한 기도를 드렸다면, 이번에는 '[지나갈 수] 없거든'(οὐ δύναται)이라며 '불가능성'을 바탕으로 기도하신다. 가능하든 불가능하든 예수님은 오직 하나님의 뜻이 이뤄지기를 원하신다. 자신이 죄인들에 대한 하나님의 진노로 가득한 잔을 반드시 마셔야 한다면, 마시겠다는 각오의 표현이다. 이사야는 이스라엘이 마셔야 할 진노와 심판의 잔을 하나님이 거두어 가실 것이라고 예언한다(사 51:22). 우리는 이 일이 어떻게 실현되는지 보고 있다. 예수님이 그 잔을 대신 마셔 주심으로써 이스라엘이 마셔야 할 진노의 잔이 거두어지고 있다. 제자들에게 마음은 원이로되 육신이 약하다며 기도하라고 하신 예수님이 우리에게 영이 육을 이긴 모습을 보여 주신다.

두 번째 기도를 마치시고 다시 와 보니 이번에도 제자들이 자고 있었다(43절). 누가는 제자들이 예수님의 일로 인해 슬픔을 이기지 못하고 잠이 들었다고 한다(눅 22:45). 어떤 이유에서 든 예수님과 함께할 시간이 많지 않기 때문에 그들이 잠든 모습이 그다지 좋아 보이지 않는다.

예수님은 이번에는 아무 말도 하지 않으시고 같은 말씀으로 세 번째 기도하셨다(44절). 구약에서 '2'는 확신의 숫자로, 중요하고 확실하다는 뜻이다. '3'은 완전수로서 최고를 상징한다(사 6:3; cf. 계 4:8). 예수님은 이날 밤 세 차례 같은 기도를 하심으로써 우리에게 최고의 기도 모델이 되셨다(Luz).

기도를 마치시고 제자들에게 돌아오신 예수님은 이제 마음껏 자고 쉬라고 하셨다(45a절). 이 말씀은 "아직도 자고 있느냐?"라는 질문일 수도 있다(공동, 아가페, NAS, NIV, NRS, NIRV). 그러나 이는 이제 가서 실컷 자라는 냉소적인 질문이다(Carson, Hagner, Morris). 잠을 이기지 못한 제자들은 예수님을 위해 깨어 있을 수 없었다.

예수님은 인자가 죄인의 손에 팔리는 순간이 왔다며 함께 가자고 하셨다(45b-46a절). 예수님을 파는 자가 가까이 왔기 때문이다(46b절). 드디어 고난받으실 시간이 다가왔다(cf. 17:12, 22; 20:18; 26:2, 24). 가룟 유다가 사람들을 데리고 왔다. 이제 예수님은 제자들과 떨어져 마지막 순간을 홀로 보내셔야 한다.

이 말씀은 모든 일에는 때가 있다는 사실을 상기시킨다. 예수님과 함께 있으며 아파할 때가 있는가 하면 그렇게 하고 싶어도 할 수 없는 때가 있다. 제자들은 육신이 약해 이러한 기회를 잘 살리지 못했다. 우리가 하나님 나라를 위해 사랑하고 섬기는 일도 항상 가능한 것은 아니다. 기회가 있을 때 최선을 다해 주님을 사랑하고 이웃을 사랑해야 한다.

Ⅶ. 말문: 예수님의 수난과 부활과 대사명(26:6–28:20) A. 수난(26:6–27:66)

6. 잡히심(26:47–56)

47 말씀하실 때에 열둘 중의 하나인 유다가 왔는데 대제사장들과 백성의 장
로들에게서 파송된 큰 무리가 칼과 몽치를 가지고 그와 함께하였더라 48 예
수를 파는 자가 그들에게 군호를 짜 이르되 내가 입 맞추는 자가 그이니 그
를 잡으라 한지라 49 곧 예수께 나아와 랍비여 안녕하시옵니까 하고 입을 맞
추니 50 예수께서 이르시되 친구여 네가 무엇을 하려고 왔는지 행하라 하신
대 이에 그들이 나아와 예수께 손을 대어 잡는지라 51 예수와 함께 있던 자
중의 하나가 손을 펴 칼을 빼어 대제사장의 종을 쳐 그 귀를 떨어뜨리니
52 이에 예수께서 이르시되 네 칼을 도로 칼집에 꽂으라 칼을 가지는 자는
다 칼로 망하느니라 53 너는 내가 내 아버지께 구하여 지금 열두 군단 더 되
는 천사를 보내시게 할 수 없는 줄로 아느냐 54 내가 만일 그렇게 하면 이런
일이 있으리라 한 성경이 어떻게 이루어지겠느냐 하시더라 55 그때에 예수
께서 무리에게 말씀하시되 너희가 강도를 잡는 것 같이 칼과 몽치를 가지고
나를 잡으러 나왔느냐 내가 날마다 성전에 앉아 가르쳤으되 너희가 나를 잡
지 아니하였도다 56 그러나 이렇게 된 것은 다 선지자들의 글을 이루려 함이
니라 하시더라 이에 제자들이 다 예수를 버리고 도망하니라

가룟 유다가 많은 사람을 이끌고 예수님을 잡으러 왔다(47절). 그는 예수님과 제자들이 자주 겟세마네를 기도 처소로 사용한 사실을 알았기 때문에(요 18:2), 이 밤에도 사람들을 이끌고 어디로 가야 하는지 정확히 알고 있었다. 그의 행실은 내부의 적이 얼마나 큰 피해를 안겨 줄 수 있는지 보여 준다. 그는 지난 3년 동안 예수님과 쌓았던 신뢰를 무기 삼아 예수님을 팔아넘겼다.

유다는 큰 무리를 데려왔는데, 대제사장들과 백성의 장로들에게서 파송된 자들이었다. 대제사장들과 장로들이 소속되어 있는 산헤드린이 이 일을 정식으로 인준했다는 뜻이다(cf. 21:23). 그들이 큰 무리를 보낸 것은 아마도 예수님을 보호하려는 제자들과의 싸움을 대비하기 위해서였을 것이다. 그래서 칼과 몽치(몽둥이)도 가져왔다. 파송된 사람들은 성전을 감시하고 보호하는 레위 사람들과 대제사장들을 보호하는 사립 경호원들이었다. 요한은 로마 병사들도 함께 왔다고 한다(요 18:3, 12). 이들은 혹시 모를 폭동을 막기 위해서 왔으며, 로마 병사들이 왔다는 것은 빌라도도 이날 밤 산헤드린이 예수님을 잡아들이려 한다는 사실을 알고 있었다는 의미다(Carson).

유다는 함께 온 자들에게 자신이 입 맞추는 자가 예수님이니 그를 잡으라고 했다(48절). 이 사람들은 예수님에 대해 잘 모른다. 예수님이 어떻게 생겼는지도 모르기 때문에 유다가 알려 주어야 한다. 그들은 상관들의 명령에 따라 움직이고 있을 뿐이다. 또한 그들은 제자들에게 전혀 관심이 없다. 그들의 주인들은 오직 예수님만 잡아 오라고 했다. 당시 사람들은 볼에 입을 맞추는 것을 인사로 삼았다. 유다는 예수님에게 배신의 입맞춤으로 인사하겠으니 그를 잡아가라고 한다.

유다는 예수님에게 "랍비여 안녕하시옵니까?"라며 입을 맞추었다(49절). 마태복음에서 제자들이 예수님을 '랍비'(ῥαββί)로 부르는 것은 단 두 차례뿐이다(cf. 25절). 둘 다 유다가 예수님을 부를 때다. 그와는 대조적으로 다른 제자들은 항상 예수님을 '주'(κύριος)라고 부른다. 유다는 예수님과 3년을 함께했으면서도 주님을 랍비 중 하나로 여겼지, 구세주로 영접하지 않은 것이다. 오늘날 교회에도 유다 같은 자들이 있다.

'안녕하시옵니까'(χαῖρε)는 나중에 군인들이 예수님을 비꼬면서 한 인사 '평안할지어다'와 같은 말이다(27:29). 유다가 48절에서 예수님을 잡으러 온 자들에게 신호로 사용한 '입 맞추다'(φιλέω)와 본문의 '입 맞추다'(καταφιλέω)는 의미가 다소 다른 동사들이다. 본문의 '입을 맞추다'(καταφιλέω)는 더 큰 사랑과 환영의 표시로 더 오래 입 맞추는 것을 뜻한다(BAGD, TDNT). 가룟 유다는 함께 온 자들에게 누가 예수님인지 확실하게 알려 주기 위해 긴 입맞춤을 한 것이다(Davies & Allison, McNeile, Nolland).

예수님은 배신의 입맞춤을 한 유다를 '친구여'라고 부르신다(50a절). '친구여'(ἑταῖρε)는 마태복음에서 세 차례 사용되는 호칭이며, 세 차례 모두 관계와 상황을 악용한 사람들을 어느 정도 따뜻하게 부르는 말이다(20:13; 22:12; 26:50). 이 중 이번이 최악의 경우다(Brown).

'네가 무엇을 하려고 왔는지 행하라'(ἐφ' ᾧ πάρει)는 질문(Davies & Allison, cf. KJV), 혹은 사실을 말하는 직설 문장(Luz, Morris, Nolland), 혹은 명령 문장으로(Hagner, Hill, Wilkins, cf. NAS, NIV, NRS, ESV) 간주할 수 있다. 예수님은 이미 세 차례 기도를 통해 죽음의 잔을 마시기로 결단하신 상황이다. 따라서 담대히 가야 할 길을 가겠으니, 신속히 행하라는 명령이다. 그러자 유다와 같이 왔던 자들이 예수님을 체포했다(50b절).

이때 제자 중 하나가 칼을 빼 대제사장의 종을 쳐 귀를 잘랐다(51절). 요한은 베드로가 칼로 대제사장의 종을 쳤다고 한다(요 18:10). 또한 종의 이름은 말고(Μάλχος)라는 정보도 제공한다. 이때 대제사장은 가야바였다. 말고는 모든 것이 가야바의 뜻대로 이뤄지도록 현장을 감독하고 지휘하도록 파송된 사람이다(Davies & Allison).

예수님은 칼을 당장 칼집에 꽂으라며 베드로를 나무라셨다(52a절).

만일 예수님이 신속하게 개입하지 않고 상황을 내버려 두시면, 분명 제자들이 다친다. 심지어 모두 죽을 수도 있다. 유다와 함께 온 자들이 무장하고 왔기 때문이다. 게다가 로마 군인들도 있다.

누가는 예수님이 말고의 귀를 치료해 주셨다는 말을 더한다(눅 22:51). 예수님은 칼을 가지는 자는 다 칼로 망할 것이라며 제자들과 유다가 데리고 온 무리에게 경고하셨다(52b절). 아무도 폭력을 사용하지 못하도록 상황을 통제하신 것이다. 이 일이 있고도 베드로가 끌려가지 않는 것으로 보아 그들은 제자들에게는 전혀 관심이 없다. 오직 예수님만 잡아서 보낸 자들에게 끌고 가면 된다.

예수님이 그 누구도 폭력을 사용하지 못하도록 하신 데는 세 가지 이유가 있다(Boring, cf. Keener). 첫째, 예수님은 평소에 복수하지 말고 폭력도 사용하지 말 것을 당부하셨다. 그리고 이러한 가르침을 실천하신다. 둘째, 예수님은 자신의 의지에 따라 잡히시는 것을 제자들에게 보이시고자 한다. 만일 자신의 의지와 상관없이 잡히는 것이라면, 제자들이 개입하지 않아도 얼마든지 자신을 보호하실 수 있다. 셋째, 성경을 이루기 위해 잡히신다(cf. 54절). 예수님에 대한 예언은 고난도 포함한다. 그러므로 예수님은 어떠한 저항도 없이 이 길을 가고자 하신다.

예수님은 제자들에게 당장이라도 하나님 아버지께 구하면 하나님이 열두 군단도 더 되는 천사를 보내실 것이라고 하신다(53절). 당시 로마 제국은 25군단의 병력을 지녔고, 한 '군단'(λεγιών)은 6,000명에 달했다. 천사들은 언제나 예수님의 명령을 기다리고 있다(cf. 24:30-31). 또한 천사들은 전쟁에 투입되기도 한다(창 32:1-2; 왕하 6:15-17; 시 34:7; 단 10:13; 12:1). 마음만 먹으면 얼마든지 이 위기를 빠져나갈 수 있다는 말씀이다.

만일 예수님이 그들에게 잡혀가지 않으시면 성경이 이뤄질 수 없다(54절, cf. 56절). 구약에는 예수님에 대한 다양한 예언, 특히 이사야 42-53장에 기록된 고난받는 종에 대한 예언이 있다. 만일 잡히기를 거부하시면, 이 예언들이 성취될 수 없다. 그러므로 그들에게 잡히신 것은 예언 성취를 위해 예수님의 통제 아래 일어난 일이다. 예수님에게는 자신의 안전보다 하나님의 뜻이 이루어지는 것이 더 중요하기 때문이다.

예수님은 이어서 그분을 잡으러 온 무리에게 말씀하셨다. "어찌하여 나를 강도 취급하느냐?"(55절). 예수님은 누구에게 폭력을 사용하거나 위험한 일을 하신 적이 없다. 더욱이 그들을 보낸 주인들과 연관해 유일하게 한 일이라고는 날마다 성전 뜰에 앉아 가르치신 것밖에 없다. 그때는 사람들이 두려워 아무 일도 못 하다가(21:45-46), 이 야밤에 예수님을 잡겠다며 칼과 몽치로 무장한 무리를 보냈다.

일이 이렇게 된 것은 다 선지자들의 글을 이루기 위해서라고 하신다(56a절, cf. 54절). 이사야의 종의 노래, 특히 마지막 노래이자 대속해 고난받는 종을 노래한 52:13-53:12을 염두에 두신 말씀이다. 제자들은 모두 예수님을 버리고 도망했다(56b절). 다른 제자들은 몰라도 자신은 절대 예수님을 버리지 않을 뿐 아니라 예수님과 함께 죽겠다던 베드로도 도망갔다.

이 말씀은 교회에 다닌다고 해서 모두 예수님을 영접한 것은 아니며, 많은 세월을 교회 테두리 안에서 보냈다고 해서 신앙이 성장하는 것도 아니라는 사실을 상기시켜 준다. 만일 교회 안에서 보낸 시간이 신앙의 성장을 보장한다면 가룟 유다는 예수님을 팔지 않았을 것이다. 그는 3년이나 주님과 같이 생활하면서도 끝까지 예수님을 구주로 영접하지 않았다.

예수님에게 가장 중요한 것은 성경에 기록된 하나님 아버지의 뜻을 이루는 일이었다. 심지어 개인의 안전도 성경에 기록된 것을 성취하는 일을 앞설 수 없었다. 우리도 성실하게 하나님의 말씀에 따라 살아야 한다. 이렇게 하는 것이 순종이며, 하나님의 나라가 이 땅에 임하게 하는 것이다.

Ⅶ. 말문: 예수님의 수난과 부활과 대사명(26:6–28:20)
A. 수난(26:6–27:66)

7. 산헤드린(26:57–68)

57 예수를 잡은 자들이 그를 끌고 대제사장 가야바에게로 가니 거기 서기관
과 장로들이 모여 있더라 58 베드로가 멀찍이 예수를 따라 대제사장의 집 뜰
에까지 가서 그 결말을 보려고 안에 들어가 하인들과 함께 앉아 있더라 59 대
제사장들과 온 공회가 예수를 죽이려고 그를 칠 거짓 증거를 찾으매 60 거짓
증인이 많이 왔으나 얻지 못하더니 후에 두 사람이 와서 61 이르되 이 사람
의 말이 내가 하나님의 성전을 헐고 사흘 동안에 지을 수 있다 하더라 하니
62 대제사장이 일어서서 예수께 묻되 아무 대답도 없느냐 이 사람들이 너를
치는 증거가 어떠하냐 하되 63 예수께서 침묵하시거늘 대제사장이 이르되 내
가 너로 살아 계신 하나님께 맹세하게 하노니 네가 하나님의 아들 그리스도
인지 우리에게 말하라 64 예수께서 이르시되 네가 말하였느니라 그러나 내가
너희에게 이르노니 이후에

인자가 권능의 우편에 앉아 있는 것과
하늘 구름을 타고 오는 것을 너희가 보리라

하시니 65 이에 대제사장이 자기 옷을 찢으며 이르되 그가 신성모독 하는 말
을 하였으니 어찌 더 증인을 요구하리요 보라 너희가 지금 이 신성모독 하
는 말을 들었도다 66 너희 생각은 어떠하냐 대답하여 이르되 그는 사형에 해
당하니라 하고 67 이에 예수의 얼굴에 침 뱉으며 주먹으로 치고 어떤 사람은
손바닥으로 때리며 68 이르되 그리스도야 우리에게 선지자 노릇을 하라 너를
친 자가 누구냐 하더라

유대인들의 전승인 미쉬나(Mishnah)에 따르면 예수님의 재판과 유대인들의 재판 규범에 상당한 차이가 있다. (1)낮에 해야 할 재판을 밤에 하고 있다. (2)성전 뜰에서 해야 할 재판이 대제사장의 사저에서 진행되었다. (3)종교 절기 중에는 재판을 할 수 없는데, 무교절에 재판하고

있다. (4)재판은 무죄를 전제하고 시작해 유죄를 입증해야 하는데, 유제를 전제하고 시작한다. 이러한 이유 등으로 이 사건의 역사성을 부인하는 이들도 있지만, 전혀 설득력 없는 주장이다. 미쉬나는 이 재판이 있은 지 200년 후에 정리된 문서이며, 유대인들의 이상적인 기준에 관한 것이지 실제로 있었던 일과는 거리가 멀다(cf. Brown, Carson, Garland).

또한 이 지도자들에게서 공정하고 합리적인 재판을 기대하는 것은 옳지 않다. 그들은 이미 판결을 정해 놓고 예수님을 잡아들였다(cf. 26:3). 게다가 이들은 폭동을 두려워하기에 최대한 사람이 없는 시간에 신속하게 재판을 진행해 일을 마무리하고자 한다. 상황을 알아챈 사람들이 폭동을 일으킬 가능성을 배제하기 위해 이런 악한 일을 하는 자들이다. 이런 자들에게 공정한 재판을 기대하는 것 자체가 말이 안 된다.

예수님은 대제사장인 가야바의 집으로 끌려가셨다(57절). 서기관들과 장로들이 그곳에 모여 있었다. 예수님을 잡으려 하는 자들은 이미 가야바의 관정에서 모여 의논한 적이 있다(26:3). 서기관과 장로들이 모여 있다는 것은 산헤드린이 예수님을 잡아들이는 일을 정식으로 인준했다는 것을 암시한다.

베드로가 멀찍이 예수님을 따라 대제사장의 집 뜰에 들어와 하인들과 함께 앉았다(58절). '결말을 보려고' 왔다는 것은 예수님이 어떻게 되시는지 지켜보려고 왔다는 뜻이다. 요한은 다른 제자 한 사람도 함께 갔다며(요 18:15-16), 이 '다른 제자'가 요한 자신이었음을 암시한다. 예수님과 함께 죽겠다던 그들은 차마 앞으로 나설 용기가 없다. 그러나 다른 제자들처럼 도망가지는 않았다. 그들은 용감함과 비겁함의 중간에 서 있다. 예수님이 십자가에 못 박히실 때는 요한도 근처에 있었지만, 나머지 제자들은 찾아볼 수 없었고, 오직 몇몇 여자만이 마지막 가시는 길을 배웅했다(27:55-56; cf. 요 19:25-27). 그러므로 예수님과 제자들의 이야기는 신실한 주인과 신실하지 못한 종들이 대조를 이루는 이야기다(Davies & Allison).

대제사장들과 온 공회(산헤드린)가 예수님을 죽이려고 증거를 찾았다(59절). 공회는 유대인들의 종교적인 이슈에 대해 판결했다. 작은 지역에서는 몇 명으로 구성되었으며(cf. 5:22; 10:17), 예루살렘 공회는 최소 70명으로 구성된 가장 크고 권위 있는 집단이었다. 간단한 이슈는 3명이 판결을 내렸으며, 사형을 내릴 수 있는 큰 재판은 최소 23명의 출석이 필요했다(ABD, DJG).

재판이 시작되자 증인이 많이 왔다(60절). 유다가 예수님을 넘겨주기로 한 이후 그들은 예수님을 처형할 증거와 증인들을 찾았다. 그러나 마땅치 않았다. 모두 '거짓 증인들'(ψευδομαρτύρων)이었기 때문이다. 마가는 그들의 증언이 서로 일치하지 않았다고 한다(막 14:55-56). 그들이 한 증언의 신빙성을 시험하면 사실이 아니라는 것이 드러났다. 따라서 재판 결과는 이미 정해 놓았지만, 명분이 약했다.

그러다가 두 사람이 나서서 "이 사람의 말이 내가 하나님의 성전을 헐고 사흘 동안에 지을 수 있다 하더이다"라고 증언했다(61절). 율법은 피고가 사형을 받을 수 있는 재판에서는 최소 두 명의 증인이 같은 증언을 해야 한다고 한다(민 35:30; 신 17:6; 19:15). 이 두 사람은 예수님의 "너희가 이 성전을 헐라 내가 사흘 동안에 일으키리라"(요 2:19)라는 말씀에 대해 증언하고 있다. 제자들도 확실히 이해하기 어려워했던 말씀이다. 이 말씀에서 '성전'은 예수님의 몸을 의미했지만(요 2:21), 이 두 사람은 실제 성전이라고 한다. 또한 예수님은 "너희가 헐면 내가 일으키리라"라고 하셨는데, 이들은 예수님이 스스로 성전을 헐고 다시 지을 수 있다고 말했다고 한다. 이 증인들은 예수님의 말씀 중에서 꼬아서 악용하기에 최고로 좋은 것을 선택한 것이다.

당시 성전을 파괴하는 것은 사형 죄에 해당했다. 그런데 왜 대제사장 가야바는 유독 이 성전 파괴 증언에만 집중하는 것일까? 아마도 며칠 전에 예수님이 성전에 와서 장사꾼들을 몰아내신 일을 난동이라 생각해 분노했기 때문일 것이다.

가야바는 예수님에게 사실 여부를 물었지만, 예수님은 아무런 대답도 하지 않으셨다(62b-63a절). 정당한 재판이 되려면 예수님이 그들의 증언에 반박하거나 해명하셔야 한다. 그러나 이미 판결이 결정된 가식적이고 억지스러운 재판에서 굳이 대꾸할 필요를 느끼지 못하셨다. 어떤 말을 해도 꼬투리를 잡을 것이기 때문이다. 그러므로 예수님의 침묵은 이 일방적인 재판을 거부하신 것(Brown), 혹은 편파적인 판결이지만 저항하지 않고 수용하실 것을 의미한다(Nolland, cf. 시 38:13-15; 39:9).

피고인 예수님이 말을 해야 재판의 면모를 갖출 수 있다. 그러나 예수님은 침묵으로 일관하시며 협조하지 않으신다. 대제사장이 예수님의 침묵에 열을 받았다. 그는 예수님에게 "내가 너로 살아 계신 하나님께 맹세하게 하노니 네가 하나님의 아들 그리스도인지 우리에게 말하라"라고 다그쳤다(63절). '맹세하다'(ἐξορκίζω)는 법정에서 진실을 요구할 때 사용하는 전문 용어다(TDNT). 더욱이 살아 계신 하나님께 맹세하면 반드시 말을 해야 한다(Brown).

예수님이 메시아인가에 대한 유대인들의 질문이 끊이지 않았다. 그때마다 예수님은 대중에게 직접적인 답을 하지 않으셨다. 정복자 메시아를 원하는 그들의 바람과 달리, 고난받는 인자로 오신 메시아적 비밀(messianic secrecy)을 유지하시기 위해서였다. 지도자들은 이미 예수님이 가짜 메시아라고 결론 지은 상황이다.

가야바는 예수님에게 그리스도인지 물었다. '그리스도'(χριστὸς)는 구약의 메시아(기름 부음을 받은 왕)를 헬라어로 번역한 것이다. 예수님이 흔히 사용하신 '인자'와 달리 이 호칭은 군사적 정복자로 오시는 메시아를 강조한다. 가야바는 어떻게 해서든 예수님을 반역을 선동하는 자(insurrectionist)로 몰아가야 한다. 그래야 예수님이 로마 제국에 위협이 된다며 빌라도 총독의 처벌을 받아낼 수 있기 때문이다(Davies & Allison,

France, Morris, Sanders, cf. 27:1–2, 11).

예수님은 그에게 “네가 말하였느니라”(σὺ εἶπας)라고 대답하신다. 이 대답은 가룟 유다(26:25)와 빌라도(27:11)에게 하신 대답과 같다. 즉답을 피하면서 간접적으로 ‘그렇다’고 답하시는 것이다. 마가는 예수님이 “내가 그니라”라고 대답하셨다고 한다(막 14:62). 누가는 예수님의 답을 “너희들이 내가 그라고 말하고 있느니라”라고 기록한다(눅 22:70).

예수님은 이후에 그들이 ‘인자가 권능의 우편에 앉아 있는 것과 하늘 구름을 타고 오는 것을 볼 것’이라고 하신다(64절). 산헤드린 전체에 하시는 말씀이며, 다음에 그들이 예수님을 볼 때는 심판하시는 하나님으로 만나게 될 것이라는 말씀이다. ‘권능’(δύναμις)은 여호와 하나님을 뜻하며, 하나님의 우편에 앉으신다는 것은 시편 110:1을 인용한 말씀이다. 구름을 타고 오시는 것은 다니엘 7:13을 인용한 것이다.

대제사장은 예수님이 신성 모독을 했다며 사형에 처해야 한다고 한다(65–66절). 가야바가 예수님의 말씀을 왜 신성 모독이라고 하는지 학자들 사이에 상당한 논쟁이 있다(cf. Carson, Davies & Allison, Hagner). 그러나 이유는 간단하다. 그들은 이미 판결을 결정해 놓고 재판을 시작했다. 증인들도 변변치 않다. 그러므로 신성 모독이 예수님을 몰아갈 유일한 죄다.

유대교를 대표하는 대제사장이라는 자가 예수님이 왜 이렇게 말씀하시는지 알고자 하지 않는다. 가야바는 진실을 아는 일에는 관심이 없다. 만일 관심이 있었더라면 예수님이 무엇을 근거로 이렇게 말씀하시는지 물었을 것이다. 이는 옛적에 예레미야가 재판받은 일을 연상케 한다(렘 26:7–11). 그때나 예수님 시대나 종교 지도자들은 진리를 추구하는 일에 관심이 없다.

가야바는 무슨 증인이 더 필요하겠냐며 당장 예수님을 사형시켜야 한다고 한다. 당시 자기 자신을 가리켜 메시아라고 하는 것은 사형을 당할 만한 죄는 아니었다. 가야바는 예수님이 하나님 우편에 앉아 있을 것이라고 한 것에 분노했다. 이런 말은 오직 하나님만 하실 수 있는 말씀이기 때문이다(Brown). 예수님이 그분 자신을 하나님이라고 한 것이 가야바를 심히 분노하게 했다. 하나님의 이름을 팔아 자기 신분을 유지하며 종교 장사를 하는 자들이 성육신하신 하나님을 죽이려 한다! 하나님이 자신을 가리켜 하나님이라 하셨다고 인간들이 하나님을 죽이려 하는 것은 참으로 아이러니한 일이다.

가야바 집에 모인 자들이 예수님의 얼굴에 침을 뱉으며 주먹으로 치고, 손바닥으로 때렸다(67절). 이사야의 종의 노래 일부인 50:6이 이 순간 성취되었다. "나를 때리는 자들에게 내 등을 맡기며 나의 수염을 뽑는 자들에게 나의 뺨을 맡기며 모욕과 침 뱉음을 당하여도 내 얼굴을 가리지 아니하였느니라." 마가는 그들이 예수님의 얼굴을 가렸다고 하는데(막 14:65), 마태는 마가의 이 표현을 삭제했다. 얼굴을 가리지 않았다는 이사야 말씀과 더 확실하게 연결하기 위해서다(Brown, Davies & Allison, Luz). 그들은 예수님을 빈정대며 놀리기도 했다(68절). 예수님은 그들의 폭력을 하나님이 치시는 것으로 받아들이셨다(cf. 31절).

중세 시대 일부 그리스도인들은 이 사건을 근거로 반유대주의(anti-Semitism)를 주장했다. 유대인은 '하나님을 죽인자들'이므로 모두 혼을 내야 한다는 것이었다. 그러나 예수님이 여러 차례 말씀하신 것처럼 이 일도 하나님 구속사의 일부이며, 하나님의 통제 아래 일어난 일이다. 또한 야밤에 신속하게 진행된 예수님의 재판에 모든 유대인이 참여한 것도 아니다. 단지 영적 눈이 어두운 소수의 지도자가 저지른 만행이다. 그러므로 모든 유대인을 하나님을 죽인 자로 몰아가는 것은 가야바가 예수님이 신성 모독을 했다며 억지 주장한 것과 별로 다를 바가 없다.

이 말씀은 교회 지도자들인 우리에게도 경고가 되어야 한다. 만일 우리가 하나님 일을 하느라 너무 바빠서 하나님이 오시는 것을 알지 못하거나 알려고 하지 않는 죄를 범한다면, 우리 역시 예수님을 죽이는 유대교 지도자들과 무엇이 다른가? 항상 깨어 기도하며 주님의 오심을 준비하는 삶을 살아야 한다.

Ⅶ. 말문: 예수님의 수난과 부활과 대사명(26:6-28:20)
A. 수난(26:6-27:66)

8. 베드로의 부인(26:69-75)

**69 베드로가 바깥 뜰에 앉았더니 한 여종이 나아와 이르되 너도 갈릴리 사람
예수와 함께 있었도다 하거늘 70 베드로가 모든 사람 앞에서 부인하여 이르
되 나는 네가 무슨 말을 하는지 알지 못하겠노라 하며 71 앞문까지 나아가니
다른 여종이 그를 보고 거기 있는 사람들에게 말하되 이 사람은 나사렛 예
수와 함께 있었도다 하매 72 베드로가 맹세하고 또 부인하여 이르되 나는 그
사람을 알지 못하노라 하더라 73 조금 후에 곁에 섰던 사람들이 나아와 베드
로에게 이르되 너도 진실로 그 도당이라 네 말소리가 너를 표명한다 하거늘
74 그가 저주하며 맹세하여 이르되 나는 그 사람을 알지 못하노라 하니 곧
닭이 울더라 75 이에 베드로가 예수의 말씀에 닭 울기 전에 네가 세 번 나를
부인하리라 하심이 생각나서 밖에 나가서 심히 통곡하니라**

예수님은 베드로가 이 밤이 새기 전에 주님을 세 번 부인할 것이라고 하셨다(34절). 베드로는 절대 그럴 일이 없을 것이라고 했지만(35절), 안타깝게도 예수님의 예언이 실현됐다. 그래도 우리가 베드로를 다른 제자들보다 더 높이 평가하는 것은 다른 제자들은 모두 도망했는데 그는 숨어서나마 예수님을 따라왔기 때문이다. 베드로가 예수님을 세 차례 부인한 것은 어느 정도 시간을 두고 있었던 일이지만, 마태는 매우 짧은 시간에 있었던 일로 묘사한다. 독자들에게 더 강한 충격을 주기 위해서다.

첫 번째 부인(69-70절)은 베드로가 바깥 뜰에 종들과 함께 앉아 있을

때 일어났다(cf. 58절). 베드로는 예수님의 재판을 멀찍이 떨어져 지켜보고 있었다. 그런데 한 여종이 그에게 오더니 "너도 갈릴리 사람 예수와 함께 있었다"라고 했다. 여종이 지난 며칠 동안 예수님을 따라 예루살렘성을 출입하던 베드로를 본 일이 생각난 것이다. 베드로는 그녀가 '무슨 말을 하는지 모르겠다'며 자리를 옮겼다. 그는 예수님과 함께 있었다는 말에 직접 답하는 대신 질문을 피했다.

두 번째 부인(71-72절)은 베드로가 여종을 피해 자리를 옮겼을 때 있었다. 그는 바깥 뜰에 피운 모닥불의 따뜻함을 뒤로하고 앞문(거리와 문이 만나는 곳)까지 갔다. 이번에는 다른 여종이 와서 베드로가 나사렛 예수와 함께 있었다고 말했다. 첫 번째 여종은 베드로에게만 말했는데, 이 여종은 베드로 주변에 있는 사람들에게 떠들어 대고 있다. 상황이 첫 번째보다 좋지 않다. 예수님을 영접한 사람들이 '나사렛 예수'를 사용할 때는 예수님이 메시아이며 구세주라는 고백이다(행 2:22; 3:6; 10:38). 그러나 예수님에게 적대적인 사람들이 이 용어를 사용할 때는 예수님이 메시아라는 것을 부인하는 의미다(Wilkins, cf. 2:23).

베드로는 맹세하고 또 부인하며 자신은 그 사람(나사렛 예수)을 알지 못한다고 했다. 맹세(ὅρκος)는 거룩한 물건을 두고 자신의 말이 진실이라고 주장하는 것이다(cf. 23:16-22). 그는 "성전을 두고 맹세하는데, 나는 그 사람을 모른다"라는 식으로 예수님을 부인했을 것이다.

세 번째 부인(73-75절)은 주변에 있는 사람들이 한목소리로 "너도 그 도당이다"라고 할 때 일어났다. 누가는 이 일이 두 번째로 부인하고 나서 한 시간 후에 있었던 일이라고 한다(눅 22:59). 그들은 베드로의 말소리를 증거로 들었다. 베드로의 말투가 갈릴리 지역 사투리 내지는 억양을 반영하고 있었기 때문이다(cf. 삿 12:5-6). 그들은 베드로에게 주인이 구속되었으니 그도 구속되어야 한다고 한 것이다(Hagner).

베드로는 저주하고 맹세하며 그 사람을 알지 못한다고 했다. 어떤 이들은 베드로가 예수님을 저주했다고 하는데(Boring), 설득력이 없는 주장이다(cf. Carson). 저주는 어떤 조건을 위반할 때 하나님의 벌이 자신에게 임해도 좋다고 하는 말이다. 구약에서는 룻의 저주가 좋은 사례다. "어머니께서 죽으시는 곳에서 나도 죽어 거기 묻힐 것이라 만일 내가 죽는 일 외에 어머니를 떠나면 여호와께서 내게 벌을 내리시고 더 내리시기를 원하나이다"(룻 1:17). 베드로는 그가 만일 예수님을 아는데 모른다고 거짓말하고 있다면, 자신에게 하나님의 저주가 임할 것이라고 선언한 것이다.

일이 점점 꼬여 가고 있다. 처음에는 여종이 그에게만 물었다. 두 번째는 다른 여종이 주변 사람들에게 알렸다. 베드로는 맹세까지 하며 부인했다. 이번에는 여러 사람이 그에게 말했고, 베드로는 저주와 맹세로 상황을 겨우 빠져나갔다. 차라리 맨 처음에 그 자리를 떠났으면 좋았을 뻔했다. 그가 세 번째 부인을 하자 곧 닭이 울었다.

닭이 울자 베드로는 이 밤이 지나기 전에 그가 예수님을 세 차례 부인할 것이라고 하신 말씀이 생각났다(34절). 베드로는 밖으로 나가 심히 통곡했다. "누구든지 사람 앞에서 나를 부인하면 나도 하늘에 계신 내 아버지 앞에서 그를 부인하리라"(10:33)라는 예수님의 말씀에 비추어 볼 때 베드로는 참으로 심각한 죄를 저질렀다. 그도 이러한 사실을 알기에 심히 통곡하며 자신의 죄를 회개했다.

마태복음에서 베드로의 이름이 언급되는 것은 이번이 마지막이다. 그는 나중에 열한 제자 중에 있으며(28:16), 또한 초대 교회에서 중요한 지도자로 활동했다(행 1-10장). 부활하신 예수님이 그에게 다시 기회를 주셨기 때문이다(요 21:15-17). 베드로는 이날의 실패를 거울삼아 하나님의 종이 되었다.

이 말씀은 임기응변으로 문제를 해결할 수 없다고 한다. 베드로는 위기를 모면하려고 거짓말하다가 세 차례나 예수님을 부인했다. 우리도 비슷한 과오를 범하지 않도록 진실하게 살아야 한다. 때로는 항변보다 침묵이 훨씬 더 효과적이다. 사람에게는 자기가 듣고 싶은 것만 듣는 나쁜 습성이 있기 때문이다.

예수님은 실패한 베드로를 버리지 않으셨다. 그를 회복시키시고 교회의 리더로 삼으셨다. 누구나 실패할 수 있다. 다만 실패한 후에 어떻게 하는지가 중요하다. 실패를 통해 성장하고, 주님이 기회를 주실 때 빛을 발하면 된다. 실패했다고 위축될 필요는 없다.

Ⅶ. 말문: 예수님의 수난과 부활과 대사명(26:6–28:20)
A. 수난(26:6–27:66)

9. 산헤드린의 판결(27:1–2)

1 **새벽에 모든 대제사장과 백성의 장로들이 예수를 죽이려고 함께 의논하고**
2 **결박하여 끌고 가서 총독 빌라도에게 넘겨주니라**

예수님의 재판이 두 차례 있었는지, 혹은 한 차례 있었는지에 대해 학자들 사이에 상당한 논쟁이 있다(cf. Brown, Carson, Davies & Allison, France, Luz). 만일 재판이 한 차례 있었다면 본문은 이 재판에 대한 결론이며, 만일 두 차례 있었다면 본문은 새벽에 이뤄진 두 번째 재판이다. 의미에서는 별 차이가 없다. 본문이 유대인 지도자들이 예수님을 총독에게 보낸 것을 매우 간단하게 묘사하는 것으로 보아 밤새 재판이 있었고, 이 말씀은 그 재판의 결과를 회고하는 것으로 보인다.

새벽에 모든 대제사장과 백성의 장로들이 함께 모여 의논했다. 이들은 공회(산헤드린)를 구성하는 자들이다. 이들이 예수님을 죽이려고 함께 의논하고 판결을 내렸다는 것은 공회를 구성하는 70여 명 중 최소 23명이 새벽에 모여 결정했다는 뜻이다. 모든 사람이 모였다고 하는 것으로 보아 상당히 많은 공회원이 모였다.

로마 사람들은 유대인들에게 사형을 집행할 권리를 주지 않았다. 그런 이유로 종교 지도자들이 예수님을 죽이기로 결정했지만, 로마 총독인 빌라도에게 결박한 예수님을 넘겨주었다. 그들은 어떻게 해서든 빌라도에게 예수님을 로마 제국의 평안을 위협하는 폭동 선동자(insurrectionist)로 각인시켜야 한다. 로마 사람들은 유대인들의 종교적 이슈에는 관여하지 않았기 때문이다.

빌라도는 티베리우스 황제(Caesar Tiberius)에게 총독으로 임명되어 26년에서 36년까지 유대와 사마리아 지역을 관리했다(ABD). 요세푸스는 그를 참으로 잔인하고 폭력적인 사람이었다고 한다. 또한 매우 강한 반유대주의 성향을 지닌 사람이었으며 갖가지 만행을 저질렀다고 한다. 반면에서 성경은 그를 우유부단하고 유대인들의 눈치를 보는 사람으로 묘사한다. 그럴 수밖에 없는 것이 그가 예수님을 십자가에 매달 때쯤에는 그의 정치적인 입지가 매우 좁아져 있었기 때문이다(cf. Carson, Wilkins). 결국 그는 몇 년 후 로마의 문책성 소환을 받았다. 그는 평상시에는 가이사랴(Caesarea Maritima)에서 살았지만, 유대인들의 주요 절기 때는 병력을 이끌고 예루살렘에 와 있었다.

이 말씀은 유대교 성도들의 의지와 상관없이 지도자들이 예수님을 죽이기로 한 일을 회고한다. 그것도 모두가 잠든 깊은 밤에 매우 신속하게 형식적인 재판을 진행하고 미리 짜 놓은 각본에 따라 내놓은 악한 판결이다. 권력의 가장 저질스러운 모습을 보여 준다.

개인적으로 '연합회들'을 별로 좋아하지 않는다. 대부분 연합회가 좋은 취지로 시작하지만, 시간이 지나면 썩기 마련이다. 모든 인간은 죄에서 잉태된 죄인이기 때문이다. 기독교는 섬기는 것을 리더십의 기본으로 삼고 있는데, 연합회에 이름 올리는 사람들을 보면 대부분 권력을 휘두르려고 한다. 심지어 하나님을 가만히 두지 않겠다고 하는 정신 나간 자가 한 연합회의 회장이 되지 않았던가! 목회자는 조용히 각자에게 맡겨 주신 양들을 섬기고 사랑하는 일을 최우선으로 삼아야 한다. 연합 모임에 참여하는 것이 우리가 최우선으로 삼아야 할 목양에 도움이 되지 않는다면 과감하게 거부해야 한다.

Ⅶ. 말문: 예수님의 수난과 부활과 대사명(26:6-28:20)
A. 수난(26:6-27:66)

10. 가룟 유다의 자살(27:3-10)

3 그때에 예수를 판 유다가 그의 정죄됨을 보고 스스로 뉘우쳐 그 은 삼십을
대제사장들과 장로들에게 도로 갖다 주며 4 이르되 내가 무죄한 피를 팔고
죄를 범하였도다 하니 그들이 이르되 그것이 우리에게 무슨 상관이냐 네가
당하라 하거늘 5 유다가 은을 성소에 던져 넣고 물러가서 스스로 목매어 죽
은지라 6 대제사장들이 그 은을 거두며 이르되 이것은 핏값이라 성전고에 넣
어 둠이 옳지 않다 하고 7 의논한 후 이것으로 토기장이의 밭을 사서 나그
네의 묘지를 삼았으니 8 그러므로 오늘날까지 그 밭을 피밭이라 일컫느니라
9 이에 선지자 예레미야를 통하여 하신 말씀이 이루어졌나니 일렀으되

그들이 그 가격 매겨진 자
곧 이스라엘 자손 중에서 가격 매긴 자의 가격
곧 은 삼십을 가지고
10 토기장이의 밭 값으로 주었으니
이는 주께서 내게 명하신 바와 같으니라

하였더라

가룟 유다가 예수님을 판 일에 양심의 가책을 느끼고 괴로워했다(3절). 그는 거래했던 대제사장들과 장로들을 찾아가 예수님의 목숨을 넘겨주고 받은 돈을 돌려주며 자기 죄를 고백했다. "내가 무죄한 피를 팔고 죄를 범하였도다"(4절). 대제사장들과 장로들이 한 정관사로 묶인 것(τοῖς ἀρχιερεῦσιν καὶ πρεσβυτέροι)은 유다가 공회(산헤드린)를 찾아갔다는 뜻이다(Carson).

유다는 예수님이 어떠한 죄도 짓지 않으셨고, 더욱이 사형을 당할 만한 일을 전혀 하지 않으셨다는 사실을 인정하고 있다. 어떤 이들은 '뉘우치다'(μεταμέλομαι)를 그가 회개한 것으로 해석한다(Davies & Allison).

그러나 신약은 회개를 의미할 때 다른 단어(μετανοέω)를 사용한다. 유다의 뉘우침은 회개가 아니다(Keener, cf. 고후 7:8-10). 그는 양심에 가책을 느꼈을 뿐이다. 베드로는 연약함으로 실패해 죄책감을 느꼈고, 유다는 악의적으로 실패해 죄책감을 느끼고 있다.

그와 거래했던 대제사장들과 장로들은 유다가 무죄한 피를 팔고 죄를 범한 것은 자기들과 상관없다고 한다(4절). 사실은 상관이 있어야 한다. 돈을 주고 무죄한 피를 샀기 때문이다. 그러므로 '우리와 상관없다'는 말은 무죄한 피를 흘리게 하는 그들의 죄를 스스로 정죄하는 말이다. 대제사장들과 장로들은 유다에게 '네가 당하라'고 한다. 억울한 목숨이 거래된 일은 그들과 상관없는 일이며 전적으로 유다가 책임질 일이라는 것이다. 참으로 나쁜 사람들이다. 이런 자들이 사람들 앞에서는 가장 경건하고 거룩한 척하는 종교 지도자들이었다는 것이 믿기지 않는다.

유다는 유대교 지도자들이 받지 않으려는 은을 성소에 던져 넣고 나와서 목을 매 자살을 했다(5절). 한 주석가는 유다가 부정한 돈을 성전에 던져 놓은 것은 신성 모독 행위라며 정의가 사라진 성전이 부정하게 되었음을 상징한다고 한다(Bruner). 유대인들은 자살을 매우 부정적인 행위로 보았지만, 로마 사람들은 실수와 잘못을 어느 정도 회복할 수 있는 수단으로 보았다. 그러나 두 문화 모두 목을 매 자살하는 것은 부정적으로 보았다. 이는 성경에서 범죄자를 처형하는 방법이다(cf. 신 21:22-23). 그러므로 목을 맨 사람은 하나님의 저주를 받은 자로 취급했다. 사도행전은 그의 몸이 곤두박질해 배가 터져 창자가 쏟아졌다고 한다(행 1:18-19). 아마도 그가 목을 맨 줄이 끊어져 빚어진 일을 묘사하는 듯하다.

대제사장들은 유다가 던져 놓고 간 돈은 핏값이라며 성전고에 넣는 것은 옳지 않다고 했다(6절). '성전고'(κορβανᾶν)는 성도들이 헌금한 물건들을 보관하는 창고다(cf. 15:5; 막 7:11). 율법은 죄의 대가로 받은 돈은 성전에 들여놓을 수 없다고 한다(신 23:18). 유다는 스승을 팔아 핏값을 받았고, 지도자들은 무죄한 피를 흘리게 하고 있다(Senior). 그들은 무죄한 피를 흘리게 하면서도 핏값이 부정하다며 받지 않겠다고 한다.

그들은 의논한 후 유다가 돌려준 은 30개로 토기장이의 밭을 사 나그네의 묘지로 삼기로 했다(7절). '나그네'(ξένος)는 이방인들을 뜻한다(BAGD). 연고가 없어 묘지가 마땅치 않은 사람들의 공동묘지를 조성한 것이다. 그렇다고 해서 이 사람들이 예수님의 피를 흘리게 한 죄에서 벗어나는 것은 아니다. 이런 경우 고대 사람들은 핏값의 저주가 그들과 함께한다고 생각했다(Keener). 사도행전은 유다가 밭을 샀다고 하는데(행 1:18), 아마도 유다의 돈으로 이 땅을 샀기 때문에 이렇게 표현한 것으로 보인다. 마태는 이 땅이 유다가 핏값으로 받은 돈으로 산 땅이기 때문에 오늘날까지 '피밭'으로 불린다고 한다(8절). 유다의 부정한 행위(죄)는 부정한 이방인들을 위한 부정한 공동묘지가 되었다.

이 일로 선지자 예레미야를 통해서 하신 말씀이 이뤄졌다(9-10절). 마태복음에 등장하는 10개의 구약 말씀 성취에 대한 정형화된 표현 중 마지막이다. 또한 마태복음에서 가장 특이한 말씀 성취 사례다(Beale & Carson). 이 말씀의 내용은 예레미야 19:1-13과 32:6-9을 반영하는 듯하지만, 예레미야는 은 30개가 아니라 17개를 언급한다. 이 말씀은 스가랴 11장 말씀과 더 직접적인 연관이 있다. "내가 그들에게 이르되 너희가 좋게 여기거든 내 품삯을 내게 주고 그렇지 아니하거든 그만두라 그들이 곧 은 삼십 개를 달아서 내 품삯을 삼은지라 여호와께서 내게 이르시되 그들이 나를 헤아린바 그 삯을 토기장이에게 던지라 하시기로 내가 곧 그 은 삼십 개를 여호와의 전에서 토기장이에게 던지고"(슥 11:12-13).

예수님 시대 랍비들은 구약의 여러 말씀을 부분적으로 취해 하나로 묶어 인용하면서 성경 저자 한 명만 언급하는 경우가 많았다. 이 말씀도 이러한 경우에 해당한다(Beale & Carson, cf. 2:23; 막 1:2). 마태는 스가랴가 은 30개를 언급한 것과 예레미야가 친척에게 땅을 산 일을 배경으로 하는 이 예언이 두 선지자 중 더 유명한 예레미야의 말씀이라며 유다가 받은 예수님의 핏값이 성취된 것이라고 한다.

이 말씀은 뉘우치고 반성하는 것과 회개하는 것은 다르다고 한다. 사람이 아무리 자기 일을 반성하고 뉘우쳐도 회개하지 않으면 하나님의 용서를 받을 수 없다. 그러므로 잘못을 반성하는 것도 중요하지만, 하나님께 용서를 구하고 새로 시작할 기회를 얻는 일은 더 중요하다.

사람들이 보기에는 이 땅에서 하나님을 가장 사랑하고 가장 경건한 자들이라 할 수 있는 대제사장들과 장로들이 무죄한 피에 굶주린 괴물들이 되어 있다. 그들은 하나님이신 예수님을 죽이고자 물불을 가리지 않는다. 게다가 모든 것을 유다에게 뒤집어씌우며 그들 자신은 죄가 없다고 한다. 결국 그들은 유다를 자살로 몰고 갔다. 우리도 이 같은 괴물로 전락할 수 있다는 사실을 항상 마음에 새겨야 한다. 지속적인 자기 성찰로 하나님께 겸손히 나아가야 한다.

Ⅶ. 말문: 예수님의 수난과 부활과 대사명(26:6-28:20)
A. 수난(26:6-27:66)

11. 빌라도(27:11-26)

11 예수께서 총독 앞에 섰으매 총독이 물어 이르되 네가 유대인의 왕이냐 예
수께서 대답하시되 네 말이 옳도다 하시고 12 대제사장들과 장로들에게 고발
을 당하되 아무 대답도 아니하시는지라 13 이에 빌라도가 이르되 그들이 너
를 쳐서 얼마나 많은 것으로 증언하는지 듣지 못하느냐 하되 14 한마디도 대
답하지 아니하시니 총독이 크게 놀라워하더라 15 명절이 되면 총독이 무리의
청원대로 죄수 한 사람을 놓아주는 전례가 있더니 16 그때에 바라바라 하는
유명한 죄수가 있는데 17 그들이 모였을 때에 빌라도가 물어 이르되 너희는
내가 누구를 너희에게 놓아주기를 원하느냐 바라바냐 그리스도라 하는 예

수냐 하니 18 이는 그가 그들의 시기로 예수를 넘겨준 줄 앎이더라 19 총독이
재판석에 앉았을 때에 그의 아내가 사람을 보내어 이르되 저 옳은 사람에게
아무 상관도 하지 마옵소서 오늘 꿈에 내가 그 사람으로 인하여 애를 많이
태웠나이다 하더라 20 대제사장들과 장로들이 무리를 권하여 바라바를 달라
하게 하고 예수를 죽이자 하게 하였더니 21 총독이 대답하여 이르되 둘 중의
누구를 너희에게 놓아주기를 원하느냐 이르되 바라바로소이다 22 빌라도가
이르되 그러면 그리스도라 하는 예수를 내가 어떻게 하랴 그들이 다 이르되
십자가에 못 박혀야 하겠나이다 23 빌라도가 이르되 어찜이냐 무슨 악한 일
을 하였느냐 그들이 더욱 소리 질러 이르되 십자가에 못 박혀야 하겠나이다
하는지라 24 빌라도가 아무 성과도 없이 도리어 민란이 나려는 것을 보고 물
을 가져다가 무리 앞에서 손을 씻으며 이르되 이 사람의 피에 대하여 나는
무죄하니 너희가 당하라 25 백성이 다 대답하여 이르되 그 피를 우리와 우리
자손에게 돌릴지어다 하거늘 26 이에 바라바는 그들에게 놓아 주고 예수는
채찍질하고 십자가에 못 박히게 넘겨주니라

유대교 지도자들은 예수님이 신성 모독을 했다며 사형을 받는 것이 마땅하다고 했다. 그러나 유대를 다스리는 로마 사람들은 그들에게 사형을 집행할 권한을 허락하지 않았다. 누구를 처형하는 것은 오직 로마 총독만이 할 수 있는 일이다. 이에 그들은 당시 총독이었던 빌라도에게 예수님을 끌고 갔다.

로마 사람들에게 신성 모독은 유대인들 사이에 일어난 논쟁에 불과할 뿐 죄가 아니다. 사형에 처할 만한 죄는 더더욱 아니다. 그러므로 예수님을 끌고 와 고발하는 자들은 예수님이 로마 정권과 평안을 위협하는 위험한 인물이라며 빌라도를 설득시켜야 한다. 예수님은 평소 '인자'(ὁ υἱὸς τοῦ ἀνθρώπου)라는 호칭을 선호하며 자신이 고난받는 종으로 온 메시아임을 강조하셨다. 반면에 고발자들은 예수님이 로마 제국과 경쟁할 유대인의 나라를 세울 것이라며 정복자를 사칭했다고 한다.

“우리가 이 사람을 보매 우리 백성을 미혹하고 가이사에게 세금 바치는 것을 금하며 자칭 왕 그리스도라 하더이다”(눅 23:2).

총독은 예수님에게 “네가 유대인의 왕이냐”라고 묻는다(11a절). 빌라도의 질문은 대제사장 가야바의 질문과 유형이 비슷하다. “네가 하나님의 아들 그리스도인지 우리에게 말하라”(26:63). 다만 가야바는 예수님에게 신성 모독에 대해 질문했지만, 빌라도는 로마 제국을 위협하는 반역자인지 묻는다. 유다를 다스리는 총독으로서 빌라도는 수많은 반역자를 재판해 보았지만, 예수님 같은 반역자는 보지 못했을 것이다. 반역을 하기에는 너무나도 온순해 보이고, 정치적 야심도 전혀 없어 보인다. 이런 사람을 반역자라고 데려온 자들이 참으로 억지스러운 주장을 펼친다는 생각이 들지만(cf. 18절), 고발자들이 지켜보고 있으니 그들의 고발에 따라 이렇게 물은 것이다.

예수님은 빌라도의 질문에 “네 말이 옳도다”(σὺ λέγεις)라며 짤막하게 답하셨다(11b절). 요한은 예수님이 빌라도의 질문에 그분의 나라는 이 세상에 있는 것이 아니라며 상당히 자세하게 대답하신 것으로 기록한다(요 18:34-37). 마태복음에서 이렇게 대답하시는 것은 이번이 세 번째이다. 첫 번째는 가룟 유다의 질문 “내가 배신자입니까?”에 대한 답으로(26:25), 두 번째는 대제사장 가야바의 질문 “네가 하나님의 아들 그리스도냐?”에 대한 답으로 말씀하셨다(26:63-65). 이 대답의 문자적 의미는 ‘네가 말하였다’이다. 예수님은 빌라도에게 상황을 보고 스스로 판단하라고 하시는 것이다(Wilkins). 고발자들은 예수님이 이 땅에 로마 제국과 경쟁하는 나라를 세우고 다스리려고 한다며 억지 주장을 하고 있다. 반면에 예수님은 이 땅에는 없는 나라를 세우셨다.

빌라도는 이러한 사실을 바탕으로 고발자들의 주장처럼 예수님이 로마 제국을 위협하는 사람인지 판단해야 한다. 빌라도가 더 묻지 않는 것으로 보아 그는 예수님이 로마에 어떠한 위협도 되지 않는다고 생각했다(cf. 18절).

예수님을 고발한 대제사장들과 장로들이 계속 억지 주장을 펼쳤지만 예수님은 아무 대답도 하지 않으셨다(12절; cf. 눅 23:2). 예수님은 산헤드린의 재판을 받을 때도 침묵하셨다(26:63). 이사야의 고난받는 종의 노래가 예수님의 모습을 예언하고 있다. "그가 곤욕을 당하여 괴로울 때에도 그의 입을 열지 아니하였음이여 마치 도수장으로 끌려가는 어린양과 털 깎는 자 앞에 잠잠한 양 같이 그의 입을 열지 아니하였도다"(사 53:7).

빌라도는 고발자들의 온갖 거짓 증언에 침묵하시는 예수님이 이해되지 않는다. 그러므로 예수님에게 자신을 변호하라고 한다(13절). 그러나 여전히 한마디도 하지 않으시니 총독이 크게 놀라워했다(14절). 로마 법정에서는 피고가 자신을 변호하는 말이 판결에 큰 영향을 미쳤다(Carson). 또한 피고는 자신을 변호할 기회를 충분히 할애했다. 피고가 침묵할 때 재판관이 세 차례 묻고, 그래도 피고가 침묵하면 모든 죄를 인정하는 것으로 간주했다. 그러므로 로마 사람인 빌라도는 예수님의 침묵이 도무지 이해되지 않는다. 항변해도 모자랄 판에 침묵하는 것은 스스로 죄를 뒤집어쓰겠다는 것으로밖에 보이지 않기 때문이다.

고발자들이 시끄럽게 떠들어대는 소리와 예수님의 침묵이 큰 대조를 이룬다. 빌라도는 침묵으로 일관하시는 예수님에게 호감을 느꼈고, 억지스러운 주장을 하는 유대교 지도자들에게는 반감을 품었다. 그래서 속으로 예수님을 풀어 주기로 결정했다(Carson).

명절이 되면 총독이 무리의 청원대로 죄수 한 사람을 놓아주는 전례가 있었다(15절). 이때가 유월절이었으니, 일명 '유월절 사면'이다. 어떤 이들은 이 전례에 대해 의문을 제기하기도 한다. 로마법에는 종교절기 사면에 대한 언급이 없기 때문이다. 그러나 이 정도의 사면은 총독의 재량으로 충분히 할 수 있는 일이다. 또한 총독도 이 제도를 잘 활용하면 골치 아픈 케이스를 재판하지 않아도 되는 좋은 기회가 된다. 학자들 대부분은 본문이 언급하는 사면이 실제로 있었던 일이라고 결론 짓는다(Blomberg, Davies & Allison, France, Hagner, Osborne, Wilkins, Witherington).

바라바라는 유명한 죄수가 있다(16절). '바라바'(αραββᾶς)는 아람어와 히브리어로 '아버지'(אַבָּא)와 '아들'(בַּר)을 합한 이름이며 '아버지의 아들'(בַּר־אַבָּא)이라는 의미를 지녔다. 이 죄수의 실제 이름이 아니라 별명이었을 가능성이 크다. 일부 사본은 그를 '예수 바라바'(Ἰησοῦν Βαραββᾶν)라고 한다. 그도 '예수'라는 이름을 지닌 것이다. 두 '예수' 중 하나는 '인간 아버지의 아들'이고, 다른 하나는 '하나님 아버지의 아들'이라는 대조를 이룬다. 원래는 바라바의 이름이 '예수'를 포함했는데, 필사가들이 불경스럽다며 삭제한 것으로 보인다.

마가는 바라바가 민란을 꾸미고 그 민란 중에 살인하고 체포된 자라고 하고(막 15:7; cf. 눅 23:19), 요한은 그가 강도였다고 한다(요 18:40). 주석가들은 빌라도가 원래 이날 바라바와 그의 두 부하를 처형하려고 십자가 세 개를 세워 두었는데, 바라바를 살려 달라는 무리의 요구에 따라 그가 매달릴 자리에 예수님을 대신 매달았다고 한다(Carson, Osborne). 예수님은 바라바의 그의 부하들 사이에서 죽으신 것이다.

빌라도는 전례에 따라 바라바와 예수님 중 누구를 유월절에 사면해 주면 좋겠냐고 물었다(17절). 여러 가지 정황을 고려할 때, 빌라도는 예수님을 살리고자 한다. 그러나 만일 예수님을 살리고자 했다면, 무리에게 바라바와 예수님 중 살릴 사람 하나를 선택하라고 한 것은 참으로 어리석은 처사다. 물론 그는 사람들이 예수님을 원할 것으로 생각했다. 하지만 바라바는 로마와 총독인 그에게는 살인자요 민란을 꾸미는 자였지만, 로마의 억압을 받는 유대인들에게는 로마에 저항하는 민족적 영웅이다. 그러므로 그들이 바라바를 원하는 것은 불 보듯 뻔하다.

바라바의 이름이 '예수 바라바'였음을 가정하면 빌라도는 무리에게 참으로 기가 막힌 선택을 요구한다. 바라바는 로마를 상대로 한순간의 신체적 해방을 위해 투쟁하다 잡혀 왔다. 예수님은 죄인들에게 영원한 해방을 주시다가 잡히셨다. 그러므로 빌라도는 자신도 깨닫지 못하는 상황에서 무리에게 '일시적인 육체적 해방'과 '영원한 영적 해방' 중 하나를 선택하라고 한다.

빌라도는 사람들이 당연히 예수님을 원할 줄 알았다. 그는 진실을 알기 때문이다. 그는 사전에 첩보원들을 통해 예수님이 지난 일요일에 예루살렘에 나귀를 타고 입성하신 이후의 행적과 항간에 도는 소문을 모두 들었을 것이다. 유대교 지도자들은 로마의 이스라엘 통치에 위협이 되는 사람을 고발할 정도로 로마 정권에 충성하는 자들이 아니다. 그는 이들이 예수님을 시기해서 이런 일을 벌이고 있다는 것도 안다(18절; cf. 7:28–29; 9:8, 31, 33–34; 21:8–16). 그러므로 그는 예수님을 풀어 주고자 했다.

그의 아내도 한 수 더했다. 사람을 보내 자신이 예수님에 대해 꿈을 꿨다며 '저 옳은 사람에게 아무 상관도 하지 말라'고 기별했다(19절). '옳은 사람'(δίκαιος)은 '무고한 사람'과 '의로운 사람'이라는 두 가지 의미를 지녔다. 예수님은 벌을 받을 만한 어떤 일도 하지 않은 의인이라는 것이다. 로마 사람들은 매우 미신적이었으며, 꿈을 매우 중요하게 여겼다. 빌라도의 아내는 남편의 재판을 중지시킬 만큼 자신이 꾼 꿈이 중요하다고 생각했다. 아마도 하나님이 아내의 꿈을 통해 빌라도에게 경고하시는 것으로 보인다. 이렇게 경고하셨으니, 그가 나중에 예수님의 죽음에 대해 손을 씻어도 책임을 면할 수 없다.

대제사장들과 장로들은 유다에게 예수님을 넘겨받은 이후 예수님이 신성 모독을 한 망언자라며 계속 여론을 조작해 왔을 것이다. 또한 자신들과 연관 있는 사람들과 종들을 대부분 이 재판이 벌어지고 있는 빌라도 법정으로 보냈을 것이다. 따라서 무리를 조작해 바라바를 풀어 주고 예수를 죽이라고 말하게 하는 일은 별로 어렵지 않았다(20절).

원래 무리는 예수님 편에 있었으므로 유대교 지도자들은 폭동을 두려워해 예수님을 잡지 못했다(21:46; 26:5). 그러나 이제는 상황이 다르다. 예수님은 이미 잡혀서 로마 사람들의 재판에 회부될 정도로 심각한 범죄를 저질렀다. 또한 지도자들이 무리 중에 심어 둔 사람들이 한 마디씩 거들면 무리는 지도자들 쪽으로 쏠리게 되어 있다. 게다가 바라바는 유대인들의 독립을 위해 투쟁한 영웅이 아닌가! 결국 불과 5일 전에 "호산나 다윗의 자손이여, 주의 이름으로 오시는 이여!" 하면서 열렬하게 예수님을 환영했던 자들이 예수님을 죽이고 바라바를 석방시켜 달라고 요구한다(21-22절).

빌라도도 사람들의 대답에 상당히 당황스러웠을 것이다. 전혀 예측하지 못한 답이기 때문이다. 그래서 그는 "예수가 무슨 일을 했기에 너희들은 그를 죽이라고 하느냐?"라고 물었다(23a절). 무리는 이성을 잃었다. 그들은 예수님이 어떤 분이고, 무슨 일을 했는지 관심이 없다. 그러므로 빌라도의 질문을 무시하며 더욱 소리 질러 예수님을 못 박으라고 한다(22b절). 구약은 거짓 선지자를 돌로 치라고 하는데, 무리는 예수님을 거짓 선지자보다 더 흉악한 범죄자로 생각해 십자가에 처형하라고 한다(cf. 신 21:23). 마태복음이 예수님을 십자가에 못 박는 일을 처음으로 언급하고 있다. 앞으로 여섯 차례 더 언급할 것이다.

무리가 이성을 잃고 얼마나 흥분했는지 빌라도가 두려워한다(24a절). 그러므로 그는 물을 가져오라고 해서 그들 앞에서 손을 씻으며 "이 사람의 피에 대해 나는 무죄하니 너희가 감당하라"라고 말한다(24b절). 신명기는 사람을 살인한 범인을 알 수 없을 때 시체가 발견된 곳에서 가장 가까운 성의 장로들이 자신들은 이 희생자의 피를 흘리게 하지 않았다는 표시로 손을 씻으라고 한다(신 21:1-9). 어떤 이들은 로마 사람들에게는 이런 풍습이 없었다며 빌라도가 손을 씻은 것은 실제로 있었던 일이 아니라고 한다. 그러나 헬라 사람들에게도 이런 풍습이 있었다(Wilkins). 또한 빌라도는 유대를 다스리는 총독이다. 유대인들의 이 풍습을 알 만한 위치에 있다.

그는 무리가 원하는 대로 바라바를 사면하고 예수님을 십자가에 매달 수밖에 없지만, 그들의 요구가 참으로 잘못된 것이라는 경멸의 표시로 손을 씻은 듯하다(Carson). 그러나 빌라도가 아무리 손을 씻어도 결코 예수님의 죽음에 대한 부분적 책임을 면할 수는 없다. 그는 예수님을 죽음으로 내몬 유대인들과 같은 죄를 지었다(Wilkins). 그는 예수님의 운명을 결정할 수 있는 최종 권위를 가진 재판관이었기 때문이다.

이성을 잃은 백성은 "그 피를 우리와 우리 자손에게 돌리라"라고 외쳤다(25절). 만일 자신들이 잘못된 판단으로 무고한 사람을 죽게 하는 것이라면, 그 죗값(저주)을 그들과 그들 자손이 치르겠다는 뜻이다(cf. 레 20:9; 삼하 1:16; 3:28; 렘 26:15). 자기는 죄가 없다며 손을 씻은 빌라도와 스스로 죗값을 자청하는 사람들이 대조를 이룬다. 한 학자는 이들의 외침이 복음서에서 가장 어둡고 받아들이기 힘든 것이라 한다(Smith, cf. Luz). '백성이 다'(πᾶς ὁ λαὸς) 이렇게 대답한 것은 이스라엘 전체가 예수님의 죽음에 대한 책임을 감수하겠다는 뜻이다. 학자들 대부분은 이들의 말이 70년에 있었던 예루살렘 파괴를 통해 성취되었다고 생각한다(Blomberg, Boring, Hagner, Hill, Luz, Morris, Turner, Wilkins). 이스라엘이 예수님의 죽음에 이처럼 적극적으로 관여했으니 하나님이 이스라엘만 주의 백성이라는 특별한 지위를 없애시고 자기 백성을 그들 중 믿는 자들과 이방인들로 새로이 구성하신 것은 당연한 일이다(France).

빌라도는 그들이 원하는 대로 바라바를 놓아주고 예수님은 채찍질해 십자가에 못 박도록 최종 판결을 내렸다(26절). 율법은 40회 이상 채찍질하는 것을 금한다(신 25:3; cf. 고후 11:24). 반면에 로마는 제한을 두지 않았다. 채찍은 참으로 잔인하고 인격 모독적인 벌이다. 로마 사람들의 채찍은 가죽으로 만든 줄에 날카로운 뼛조각을 달아 사용했지만, 날카로운 쇳조각을 단 것도 있었다. 이런 채찍으로 심하게 맞으면 살이 찢어지는 것은 물론 뼈가 드러나고 내장까지 흘러나왔다고 한다(TDNT). 죽이기 위한 채찍질이었다.

단, 십자가에 매다는 사람은 이렇게 심하게 때리지는 않고 몸이 매우 약하게 될 정도까지 때렸다. 그래야 십자가에서 빨리 죽기 때문이다. 이날 해가 지면 안식일이 시작되기 때문에 예수님이 오후에 숨을 거두시도록 이렇게 때린 것이다.

이 말씀은 결정권을 가진 자는 사람을 두려워하는 판결이 아니라, 하나님을 두려워하는 판결을 내려야 한다고 한다. 빌라도는 손을 씻음으로써 예수님의 죽음에 대한 그의 책임을 회피하려고 하지만, 결코 있을 수 없는 일이다. 오늘날에도 그리스도인들이 사도신경을 낭송할 때마다 그의 이름이 예수님을 죽인 자로 언급되지 않는가! 하나님을 두려워하지 않는 권력은 어리석은 판단을 한다.

또한 무리의 대다수가 요구하는 것이 하나님의 뜻이 아닐 수도 있다. 이성을 잃은 무리는 그들의 요구를 들어주지 않으면 폭동을 일으킬 태세로 재판장인 빌라도를 위협했다. 지도자들은 대다수의 생각이 항상 옳다는 착각을 빨리 버려야 한다. 참다운 기독교 리더는 모든 사람이 '노'(No)라고 해도, 하나님이 '예스'(Yes)라고 하시면 하나님을 따라야 한다.

Ⅶ. 말문: 예수님의 수난과 부활과 대사명(26:6-28:20)
A. 수난(26:6-27:66)

12. 십자가 죽음(27:27-66)

마태는 예수님의 재판 과정을 상당히 자세하게 기록한 것과 달리 빌라도가 최종 판결을 한 이후로는 신속하게 나머지 일을 회고한다. 이 섹션은 예수님이 십자가에 달려 숨을 거두신 일과 무덤에 묻히신 일을 기록한다. 본 텍스트는 다음과 같이 세분화된다.

A. 군인들(27:27-31)
B. 십자가에 달리심(27:32-44)

C. 예수님이 죽으심(27:45–50)
D. 죽으심의 효력(27:51–56)
E. 예수님이 묻히심(27:57–61)
F. 경비병들이 무덤을 지킴(27:62–66)

> Ⅶ. 말문: 예수님의 수난과 부활과 대사명(26:6–28:20)
> A. 수난(26:6–27:66)
> 12. 십자가 죽음(27:27–66)

(1) 군인들(27:27–31)

27 이에 총독의 군병들이 예수를 데리고 관정 안으로 들어가서 온 군대를 그
에게로 모으고 28 그의 옷을 벗기고 홍포를 입히며 29 가시관을 엮어 그 머리
에 씌우고 갈대를 그 오른손에 들리고 그 앞에서 무릎을 꿇고 희롱하여 이
르되 유대인의 왕이여 평안할지어다 하며 30 그에게 침 뱉고 갈대를 빼앗아
그의 머리를 치더라 31 희롱을 다 한 후 홍포를 벗기고 도로 그의 옷을 입혀
십자가에 못 박으려고 끌고 나가니라

예수님에 대한 빌라도의 최종 판결이 나왔으니 형을 집행할 일만 남았다. 몇 시간 후면 안식일이 시작되기 때문에 군인들도 신속하게 움직인다. 그들은 예수님을 관정 안으로 데리고 들어갔다(27절). '관정'(πραιτώριον)은 총독이 공식적으로 머무는 곳이다. 아마도 헤롯 대왕의 옛 궁전이었을 것이다(Rousseau & Arav).

그들은 온 군대를 예수님 주변에 모이게 했다. 빌라도가 거느리던 군인은 600명이었으므로 모든 군인을 모은 것은 아니고, 그 시간에 관정 안에 있던 군인들만 모은 것이다. 군인들은 예수님의 옷을 벗기고 홍포를 입혔다(28절). '홍포'(χλαμύδα κοκκίνην)는 로마 군인들과 관료들이 입고 다니던 붉은색 망토(cloak)를 뜻한다(TDNT).

가시관을 엮어 예수님의 머리에 씌우고 갈대를 오른손에 쥐어 줬다(29a절). 가시관은 로마 황제가 쓰는 왕관을 흉내 낸 것이다. '갈대'(κάλαμος)는 갈대나 나무 지팡이를 의미한다(BAGD). 군인들이 이것으로 예수님의 머리를 치는 것으로 보아(30절) 갈대보다는 지팡이가 본문에 더 잘 어울린다(cf. 아가페, NIV, NIRV). 그들이 예수님의 손에 쥐어 준 지팡이는 통치자의 홀(笏)(royal scepter)을 상징한다.

군인들은 예수님을 이처럼 우스꽝스러운 모습으로 만든 다음, 마치 왕에게 경의를 표하듯 예수님 앞에 무릎을 꿇고 희롱하며 "유대인의 왕이여 평안할지어다"라고 외쳤다(29b절). 이 잔인한 희롱은 최악의 인간성에서 비롯된 것이다(Carson). 마태복음에서 '유대인의 왕'(βασιλεῦ τῶν Ἰουδαίων)은 이 본문을 포함해 네 차례 사용되는 타이틀이다(cf. 11, 37, 42절). 그들은 본의 아니게 자신들이 알거나 의미하는 것보다 더 중요한 사실을 인정하고 있다. 예수님은 진짜 유대인들의 왕이시기 때문이다.

이어서 그들은 예수님에게 침을 뱉고 갈대(지팡이)를 빼앗아 머리를 쳤다(30절). 가시관을 쓰고 있는 머리를 지팡이로 쳤으니 예수님의 이마가 찢어지고 피가 흐르는 것을 상상할 수 있다. 예루살렘에 주둔한 로마 군인들은 죄수들에게 이같이 모멸감을 주는 놀이를 자주 하기로 유명했다. 특히 로마에 저항하다가 잡힌 사람들을 이렇게 대했다(Wilkins, cf. Carson). 예수님이 당하신 일은 다시 한번 "나를 때리는 자들에게 내 등을 맡기며 나의 수염을 뽑는 자들에게 나의 뺨을 맡기며 모욕과 침 뱉음을 당하여도 내 얼굴을 가리지 아니하였느니라"라는 이사야 50:6에 기록된 메시아 예언을 성취한다. 예수님은 이미 유대교 지도자들에게 이런 수모를 당하셨다(26:67-68). 그들은 예수님이 가짜 선지자라며 때리고 침을 뱉었다. 로마 군인들은 예수님이 가짜 왕이라며 이런 짓을 하고 있다.

그들은 예수님을 마음껏 희롱한 후 홍포를 벗기고 예수님이 원래 입으셨던 옷을 입혀 십자가에 못 박으려고 끌고 갔다(31절). 로마 사람들은 십자가에 매달 사람들을 발가벗긴 상태로 끌고 갔다. 그러나 이날은 유월절이며, 몇 시간 후면 안식일이 시작된다. 그러므로 종교 절기 중 발가벗은 죄인에 대한 유대인들의 거부 반응을 고려해 예수님의 경우 옷을 입혀서 끌고 갔다(France, Hagner, Nolland). 예수님은 군인 네 명에 의해 골고다로 끌려가셨다(cf. 요 19:23).

이 말씀은 인간이 얼마나 무지막지한 존재들인지 보여 준다. 군인들은 예수님의 감정과 자존심을 전혀 배려하지 않고 잔인하게 희롱하며 예수님에게 최악의 수치와 굴욕을 안겨 주었다. 예수님이 죄를 지은 것도 아닌데 말이다. 우리는 어떠한 이유로든 아파하고 힘들어하는 사람들의 자존심과 감정에 예민해야 한다. 가뜩이나 아픈 마음을 짓밟는 언행을 피하고 하나님의 위로와 치유가 임할 아름다운 말로 그들에게 다가가야 한다.

Ⅶ. 말문: 예수님의 수난과 부활과 대사명(26:6-28:20)
A. 수난(26:6-27:66)
12. 십자가 죽음(27:27-66)

(2) 십자가에 달리심(27:32-44)

32 나가다가 시몬이란 구레네 사람을 만나매 그에게 예수의 십자가를 억지
로 지워 가게 하였더라 33 골고다 즉 해골의 곳이라는 곳에 이르러 34 쓸개
탄 포도주를 예수께 주어 마시게 하려 하였더니 예수께서 맛보시고 마시고
자 하지 아니하시더라 35 그들이 예수를 십자가에 못 박은 후에 그 옷을 제
비 뽑아 나누고 36 거기 앉아 지키더라 37 그 머리 위에 이는 유대인의 왕 예
수라 쓴 죄패를 붙였더라 38 이때에 예수와 함께 강도 둘이 십자가에 못 박
히니 하나는 우편에, 하나는 좌편에 있더라 39 지나가는 자들은 자기 머리를
흔들며 예수를 모욕하여 40 이르되 성전을 헐고 사흘에 짓는 자여 네가 만일
하나님의 아들이어든 자기를 구원하고 십자가에서 내려오라 하며 41 그와 같

이 대제사장들도 서기관들과 장로들과 함께 희롱하여 이르되 42 그가 남은 구원하였으되 자기는 구원할 수 없도다 그가 이스라엘의 왕이로다 지금 십자가에서 내려올지어다 그리하면 우리가 믿겠노라

43 그가 하나님을 신뢰하니

하나님이 원하시면 이제 그를 구원하실지라

그의 말이 나는 하나님의 아들이라 하였도다 하며 44 함께 십자가에 못 박힌 강도들도 이와 같이 욕하더라

당시 범죄자를 처형하는 십자가는 'X' 모양, 'T' 모양, '†' 모양의 세 가지 모형이 있었다(Carson, Hengel). 예수님의 경우 37절이 '유대인의 왕 예수'라는 죄패가 머리 위에 붙여졌다고 하는 것으로 보아 세 번째인 '†' 모양 십자가에 달리셨다. 수직 기둥은 형을 집행할 장소에 이미 준비해 두었으며 죄인의 발이 땅에 닿지 않도록 높이가 2m 정도 되었다. 수평 기둥은 죄인이 등에 지고 형장으로 갔는데, 이 기둥은 14-18kg에 달했으며 형장에 도착하면 수직 기둥에 조립되어 십자가를 이루었다(Hengel).

십자가가 조립되면 땅에 누워 있는 상태로 죄인을 못 박았다. 이후 십자가를 들어 올려 수직으로 고정했다. 십자가에 매달린 죄인은 보통 2-3일 동안 혹독한 고통을 겪다가 끝에 가서 대부분 질식사하는, 매우 잔인한 처형 방식이었다. 네 복음서를 바탕으로 예수님이 빌라도의 관정을 떠나신 이후 있었던 일들을 재구성하면 다음과 같다(Wilkins).

1. 골고다에 도착(마 27:33)
2. 군인들이 준 쓸개 탄 포도주 거부(마 27:34)
3. 예수님의 옷을 나누어 가짐(마 27:35)
4. '유대인의 왕 예수' 죄패 붙임(마 27:37)
5. 두 강도 사이에 못 박히심(마 27:38)

6. 가상 제1언(눅 23:34)
"아버지 저들을 사하여 주옵소서 자기들이 하는 것을 알지 못함이니이다"
7. 지나가는 사람들의 모욕(마 27:39-44)
8. 강도들과 대화(눅 23:39-43)
9. 가상 제2언(눅 23:43)
"내가 진실로 네게 이르노니 오늘 네가 나와 함께 낙원에 있으리라"
10. 가상 제3언(요 19:26-27)
"여자여 보소서 아들이니이다 보라 네 어머니라"
11. 온 땅에 어둠이 깔림(마 27:45)
12. 가상 제4언(마 27:46)
"나의 하나님, 나의 하나님, 어찌하여 나를 버리셨나이까"
13. 가상 제5언(요 19:28)
"내가 목마르다"
14. 가상 제6언(요 19:30)
"다 이루었다"
15. 가상 제7언(눅 23:46)
"아버지 내 영혼을 아버지 손에 부탁하나이다"
16. 숨을 거두심(마 27:50; cf. 요 19:30)

예수님은 자신이 매달릴 십자가의 수평 기둥을 지고 관정을 떠나 형장으로 가셨다. 그러나 채찍질을 많이 당하고 피도 많이 흘려 몸이 상할 대로 상한 상태이기에 14-18kg에 달하는 기둥을 지고 가는 것은 매우 어려운 일이었다. 시간이 지체되자 로마 군인들은 시몬이라고 하는 구레네 사람에게 예수님의 십자가를 억지로 지워 형장으로 가게 했다(32절).

'구레네 사람'(Κυρηναῖος)은 오늘날의 북아프리카 리비아에 있던 구레네라는 도시에 사는 사람이라는 뜻이다. 구레네는 헬라인들의 도시였지만, 유대인도 많이 살고 있었다(ABD). 아마도 시몬은 그곳에서 유월절 순례를 온 유대인이었을 것이다(Wilkins). 마가는 그가 시골에서 와서 길을 지나가다가 군인들의 눈에 띄어 빚어진 일이라고 한다(막 15:21). 예수님의 몸 상태를 고려하면 예수님이 십자가를 지고 가는 것을 시몬이 부축한 것이 아니라, 시몬이 직접 지고 갔다.

공교롭게도 이 사람의 이름이 시몬이다. 예수님에게 가장 도움이 필요한 순간, 죽는 한이 있어도 예수님을 떠나지 않겠다고 호언장담하던 시몬(베드로)은 곁에 없다(cf. 26:33-35). 시몬(베드로)을 대신할 (구레네 사람)시몬이 필요한 순간이다(France, cf. Boring).

이윽고 골고다라는 사형 집행 장소에 도착했다(33절). '골고다'(Γολγοθᾶ)는 아람어로 '해골의 장소'라는 뜻을 지닌 단어를 소리 나는 대로 헬라어로 음역한 것이다(BAGD). 우리가 일상적으로 이 장소를 부를 때 사용하는 '갈보리'(Calvary)는 해골을 뜻하는 라틴어 단어 '칼바'(calva, calvaria)에서 비롯된 것이다(Wilkins). 이곳이 골고다(해골)로 불리게 된 이유가 이 지역이 해골 모습과 비슷해서인지, 혹은 죄수들을 처형하는 장소여서인지, 혹은 여러 묘지가 있어서인지 정확하게 알려지지는 않았다. 학자들 대부분은 예루살렘의 한 중앙에 있으며 오늘날 '성묘교회'(The Church of the Holy Sepulchre)로 알려진 곳이 골고다였을 것이라고 한다. 지금도 이 교회의 지하실로 내려가면 예수님이 묻혔던 곳이라는 좁은 굴을 볼 수 있다. 당시에는 골고다가 예루살렘으로 들어오는 큰 길가에 있었을 것이다. 로마 사람들은 사람들에게 두려움을 심어 주어 범죄와 저항을 억제하는 전시 효과를 노리기 위해 십자가 처형을 집행했기 때문이다(Hengel).

로마 군인들은 쓸개 탄 포도주를 예수님에게 주었지만, 예수님은 맛을 보시고 마시지 않으셨다(34절). 마가는 그들이 몰약을 탄 포도주를 주었다고 한다(막 15:23). 당시 사람들은 술이 진통제 역할을 하기에 술을 마시면 십자가에 달린 고통을 조금 완화시킨다고 생각했다(cf. 잠 31:6). 그러므로 로마 군인들이 예수님에게 포도주를 준 것을 예수님을 불쌍히 여겼기 때문이라고 해석하는 이들이 있다.

그러나 로마 군인은 이때까지 예수님을 조롱할 뿐 불쌍히 여긴 적이 없다. 그러므로 이번에도 조롱하려고 이런 짓을 하고 있다. 마태는 그들이 포도주에 쓸개를 탔다고 하는데, '쓸개'(χολή)는 강한 쓴맛이 나는 독초다(TDNT). 군인들이 끝까지 예수님을 잔혹하게 대하는 '희롱의 쓴맛'을 상징한다. 예수님은 시편 69:20-21이 묘사하는 다윗처럼 되셨다. "비방이 나의 마음을 상하게 하여 근심이 충만하니 불쌍히 여길 자를 바라나 없고 긍휼히 여길 자를 바라나 찾지 못하였나이다 그들이 쓸개를 나의 음식물로 주며 목마를 때에는 초를 마시게 하였사오니." 예수님은 다윗처럼 동정을 바라지만, 정작 돌아오는 것은 경멸뿐이다(Carson, Hagner, Wilkins).

어떤 이들은 예수님이 군인들이 주는 술을 거부한 것을 두고 온 인류를 위해 당하는 고통을 온전한 정신으로 완전히 느끼겠다는 의지의 표현으로 해석한다(Keener, Morris). 그러나 예수님이 맛을 본 다음에 거부하는 것으로 보아 설득력이 없는 해석이다. 예수님이 그들이 주는 술로 목을 축이려 한 것인데, 맛을 보니 절대 사람이 마실 수 없는 것이어서 거부하신 것이다. 로마 군인들의 마지막 희롱이다.

군인들은 예수님을 십자가에 못 박은 후에 옷을 벗겨 자기들끼리 나눠 가졌다(35절). 그들은 예수님의 양팔을 수평 기둥에 박고 십자가 전체를 들어 올렸다. 그다음 발을 기둥에 묶거나 못으로 박았다. 수직 기둥에는 잠시 밟고 올라서 숨을 쉴 수 있는 막대가 박혀 있었다. 숨통을 빨리 끊고자 할 때는 막대를 밟지 못하도록 다리를 꺾었다. 십자가에 매달린 사람은 2-3일에 걸쳐 매우 고통스럽게 죽어갔다. 예수님의 경우는 빨리 처리해야 한다. 몇 시간 후에 안식일이 시작되기 때문이다.

예수님은 옷이 벗겨진 채 죽음을 맞이하셨다. 요한은 군인 넷이 옷을 네 조각으로 나눠 가졌다고 한다(요 19:23). 시편에 기록된 다윗의 원수들에 대한 절규가 예수님을 통해 실현되고 있다. "내가 내 모든 뼈를 셀 수 있나이다 그들이 나를 주목하여 보고 내 겉옷을 나누며 속옷을 제비뽑나이다"(시 22:17-18; cf. 요 19:23-35).

군인들은 그 자리를 지켰다(36절). 일상적으로 십자가 처형은 상당히 오래 걸리기 때문에 군인들은 범죄자들을 십자가에 못을 박고 그 자리를 떠났다가 나중에 확인하러 돌아온다(Hengel). 그런데 이들은 자리를 비우지 않고 지키고 있다. 이 군인들은 평상시와 다른 특이한 상황이 벌어지고 있다는 것을 직감하고 있다(France, Hagner, cf. 54절).

예수님의 머리 위에는 '유대인의 왕 예수'(Ἰησοῦς ὁ βασιλεὺς τῶν Ἰουδαίων)라고 쓴 죄패가 붙었다(37절). 예수님은 섬김을 받는 왕이 아니라 섬기고 고난받는 인자로 오셨다. 그러나 유대교 지도자들과 빌라도가 예수님을 처형할 유일한 방법은 예수님을 로마 체제를 위협하는 정복자로 둔갑시키는 것이었다. 따라서 예수님의 죄를 나열하는 죄패에 이 타이틀이 새겨졌다. 빌라도는 분명 조롱하며 죄패에 이렇게 적었을 것이다. 그러나 그는 자신이 아는 것보다 더 많은 말을 하고 있으며, 그가 깨닫지 못한 진리를 선포하고 있다. 예수님은 참으로 유대인의 왕이시기 때문이다.

예수님의 양옆 십자가에는 강도 둘이 못 박혀 있었다(38절). 이들은 아마도 풀려난 바라바의 부하들이었을 것이다(Carson, Osborne). 예수님은 바라바가 매달려야 할 자리에 매달리신 것이다. 예수님의 양옆은 야고보와 요한이 탐내던 자리였다(20:20-23). 이 순간 예수님의 양옆은 영광의 자리가 아니다(Davies & Allison).

세 부류의 사람들, 즉 (1)길을 지나가는 자들(39-40절), (2)유대교 지도자들(41-43절), (3)강도들(44절)이 예수님을 모욕했다. 먼저 첫 번째 그룹인 지나가는 자들이 예수님을 보고 머리를 흔들었다(39절). 구약에서 머리를 흔드는 것은 멸시와 경멸을 상징한다(왕하 19:21; 욥 16:4; 시

22:7; 64:8; 사 37:22; 렘 18:16; 애 2:15). 그들은 예수님을 가리켜 '성전을 헐고 사흘에 짓는 자'라며 빈정댔다(40a절). 이 말은 대제사장이 진행한 재판에서 예수님이 한 말이라며 두 사람이 증언한 것과 같다(26:61). 아마도 그들이 이곳까지 따라와 여론을 조성하고 있는 듯하다. 그들은 예수님에게 만일 하나님의 아들이라면 십자가에서 내려와 보라고 조롱했다(40b절). 그러면 예수님이 메시아라는 것을 인정해 줄 것이라는 뜻이다.

예수님은 그들 말대로 곧 성전(몸)을 헐고 사흘 후에 다시 지으실 것(부활)이다. 그들은 자신들이 하는 말이 무엇을 의미하는지 모른다. '네가 만일 하나님의 아들이거든'(εἰ υἱὸς εἶ τοῦ θεοῦ)은 사탄이 예수님을 시험하면서 한 말이며(4:3, 6), 대제사장이 예수님을 심문할 때 한 말이다(26:63). 그들은 사탄이 한 말을 반복하고 있다. '십자가에서 내려오라'는 말은 예수님에게 가장 큰 마지막 시험이었다(Blomberg). 십자가에서 내려오시면 모든 비아냥과 고난이 끝날 것이기 때문이다. 그러나 내려오시면 길을 잃고 방황하는 하나님의 백성을 구원하는 일은 포기해야 한다.

예수님을 야유한 두 번째 그룹은 유대교 지도자들이다(41-43절). 대제사장들과 서기관들과 장로들은 공회(산헤드린)를 구성하는 자들이다(cf. 16:21). 산헤드린은 예수님이 신성 모독을 했다며 사형을 선고했을 뿐 아니라, 형 집행을 참관하기 위해 상당수가 이곳까지 따라왔다. 유월절은 그들에게 '대목'이라 참으로 바빴을 텐데 워낙에 중요한 일이라 이렇게 따라온 것이다(cf. Keener). 참으로 악한 종교 지도자들이다.

예수님에게 맺힌 게 많아서 그런지 말도 제일 많이 한다. 또한 그들의 비아냥은 제일 신학적이다. 그러나 우리가 잘 알다시피 그들이 예수님에게 이렇게 한 것은 진리를 수호하기 위해서가 아니다. 그들의 이권이 위협을 받고 있다고 생각했기 때문이며, 시기와 질투 때문이다(cf. 18절).

그들은 예수님이 남은 구원했지만, 자신은 구원하지 못한다며 빈정댄다(42a절). 예수님이 수많은 병자를 치료한 일을 두고 비꼬는 말이다(cf. 9:21-22). 예수님은 그들의 말대로 자신을 구원할 능력이 없는 것이 아니라, 능력이 있지만 하지 않으신다. 만일 예수님이 자신을 구원하시면 인류를 구원하는 일은 물 건너가기 때문이다.

그들은 이스라엘의 왕이라는 자가 꼴사납게 십자가에 매달렸다면서 만일 십자가에서 내려오면 믿겠다며 예수님을 조롱했다(42절). 물론 예수님이 십자가에서 내려오신다 해도 절대 믿을 자들이 아니다. 하나님이 이미 자기 아들을 죽인 이들을 구원에서 배제하셨기 때문이다. 그리스도인들은 잠시 십자가에서 내려오셨다가(무덤에 묻히셨다가) 승천하신 이스라엘의 왕을 믿는다.

유대교 지도자들이 이어서 하는 말은 시편 22:8을 인용한 것이다. "그가 여호와께 의탁하니 구원하실 걸, 그를 기뻐하시니 건지실 걸 하나이다." 구약 말씀이 다시 한번 성취되고 있는데, 그들이 의도적으로 이 말씀을 인용한 것인지(Hagner), 혹은 그들도 모르는 사이에 지껄이게 된 것인지(Carson, Keener) 확실하지는 않다. 아마도 자기도 모르는 사이에 이런 말을 하게 된 것으로 생각된다. 예수님은 다시 한번 악인들에게 조롱을 당하는 시편 저자가 되셨다.

예수님을 욕한 세 번째 그룹은 양편에 못 박힌 강도들이다(44절). 마태는 그들의 말을 기록하지 않았는데, 누가는 예수님과 그들이 나눈 대화를 상당히 자세하게 기록했다(눅 23:39-43). 두 강도 중 하나는 예수님을 욕했고, 지켜보던 다른 하나는 그를 나무라며 예수님에게 함께 천국에 들어갈 길을 물었다. 예수님은 길을 물은 자를 하나님 나라로 인도하셨다. 주님은 숨을 거두는 순간까지 전도하신 것이다. 한 사람이라도 더 구원하시려는 하나님의 간절한 바람을 엿볼 수 있다.

이 말씀은 인간은 참으로 잔인하고 악하다는 생각을 하게 한다. 종교인들, 더욱이 지도자들은 더 잔인하고 악할 수 있다. 로마 군인들과 길을 지나가는 사람들과 지도자들과 강도들은 그들을 구원하러 이 땅에 오신 하나님의 아들을 이렇게 대하면 안 된다. 그들이 예수님을 범죄자로 생각했다 할지라도 이렇게 대하면 안 된다. 인간이라면 아무리 흉악한 죄를 지은 범죄자라 할지라도 최소한의 예의와 도리를 갖추어 대해야 한다. 모든 사람은 창조주 하나님의 모양과 형상대로 지음을 받았기 때문이다. 그러므로 이 사건은 사람들의 가장 저질스러운 면모를 보여 준다.

Ⅶ. 말문: 예수님의 수난과 부활과 대사명(26:6–28:20) A. 수난(26:6–27:66) 12. 십자가 죽음(27:27–66)

(3) 예수님이 죽으심(27:45–50)

45 제육시로부터 온 땅에 어둠이 임하여 제구시까지 계속되더니 46 제구시쯤
에 예수께서 크게 소리 질러 이르시되

엘리 엘리 라마 사박다니

하시니 이는 곧

나의 하나님, 나의 하나님, 어찌하여 나를 버리셨나이까

하는 뜻이라 47 거기 섰던 자 중 어떤 이들이 듣고 이르되 이 사람이 엘리야
를 부른다 하고 48 그중의 한 사람이 곧 달려가서 해면을 가져다가 신 포도
주에 적시어 갈대에 꿰어 마시게 하거늘 49 그 남은 사람들이 이르되 가만두
라 엘리야가 와서 그를 구원하나 보자 하더라 50 예수께서 다시 크게 소리
지르시고 영혼이 떠나시니라

로마 사람들은 해가 뜰 때부터 질 때까지의 시간을 12등분했다. 따라서 제육시면 정오다(45절). 예수님은 이미 3시간 정도 십자가에 매달려 계셨다(cf. 막 15:25). 정오에 어둠이 온 땅을 덮더니 제구시(오후 3시)

까지 계속되었다. 일식(solar eclipse) 때문은 아니다. 유월절은 항상 보름달이 뜰 때 시작하는 절기인데, 보름달이 뜰 때는 일식이 일어나지 않는다(Wilkins). 정오에 시작해 예수님이 숨을 거두시는 오후 3시까지만 어둠이 임했다는 것은 초자연적인 현상이다.

구약에서 어둠이 임하는 것은 재앙과 종말의 징조다(출 10:21-23; 욜 2:10; 암 5:18-20; 8:9; 습 1:15). 해가 가장 밝을 때인 정오에 어둠이 임한 것은 더더욱 그렇다. 예수님이 하나님의 구속사를 이루기 위해 많은 사람을 대신해서 죽으시지만(20:28), 이 광경을 지켜보는 하나님 아버지의 마음이 많이 아프셨다는 것을 암시한다. 그래서 하나님은 예수님을 십자가에 못 박은 사람들과 죄인들의 죄를 대신 지신 예수님을 심판하신다는 징조로 온 땅에 어둠이 임하게 하셨다(cf. Carson).

제구시(오후 3시)쯤에 예수님이 크게 소리를 지르셨다. "엘리 엘리 라마 사박다니!"(46절) 예수님이 십자가에 매달려 말씀하신 가상칠언(架上七言) 중 마태가 유일하게 기록하는 말씀이다. '엘리, 엘리'(ηλι ηλι)는 '나의 하나님, 나의 하나님'이란 의미를 지닌 히브리어 문구(אֵלִי אֵלִי)를 헬라어로 음역한 것이다. 마가는 '엘로이 엘로이'(ελωι ελωι)라며 히브리어가 아니라 아람어 외침을 음역했다(막 15:34, 새번역, 공동번역). '라(레)마 사박다니'(λεμα σαβαχθανι)는 '어찌하여 나를 버리셨습니까?'라는 의미를 지닌 아람어 외침이다.

예수님이 시편 22:1을 인용해 외치신 말씀이다. 이 시편 저자인 다윗은 이 외침을 통해 일이 잘못된 것에 대해 하나님을 원망하는 것이 아니라, 하나님의 도움이 가장 절실하게 필요할 때 침묵하시는 하나님의 숨으심 대해 탄식한다. 이에 교회는 전통적으로 예수님의 외침을 아버지에게 버림받은 아들의 울부짖음으로 간주했다(Beale & Carson). 그러나 아버지에게 버림받는 것이 하나님의 아들이신 예수님에게 어떤 의미였는지는 우리가 절대 헤아릴 수 없는 신비다. 그러므로 예수님의 울부짖음은 복음서에서 가장 해석하기 어려운 말씀으로 남아 있다(Hagner).

지켜보던 사람들은 예수님의 부르짖음을 듣고 주님이 엘리야를 찾는 것으로 생각했다(47절). 아마도 예수님의 '엘리, 엘리'가 그들에게는 '엘리야, 엘리야'로 들렸나 보다. 또한 유대인 중에는 불마차를 타고 하늘로 올라간 엘리야가(cf. 왕하 2:1-12) 위기에 처한 사람들을 돕기 위해 내려온다고 믿는 사람들도 있었다(Carson).

지켜보던 사람 중 하나가 해면(스폰지)에 신 포도주를 적셔 갈대에 꿰어 예수님의 입에 대 주었다(48절). '신 포도주'(ὄξος)는 가격이 저렴해 서민들이 식사 때 즐겨 마시는 음료였다. 갈증을 달래는 데는 물보다 더 좋다는 평가를 받았다(TDNT). 이 사람의 행동을 예수님에 대한 조롱으로 해석하는 이들이 있는가 하면(Carson, Davies & Allison, Gundry, Luz), 자비로 해석하는 이들도 있다(Blomberg, Boring, France, Morris, Osborne). 그러나 이 사람의 행동이 자비에서 비롯된 것인지, 혹은 조롱에서 비롯된 것인지는 그다지 중요해 보이지 않는다(Wilkins). 지켜보던 사람들이 그가 하고자 하는 일을 못 하게 했기 때문이다.

지켜보던 사람들은 예수님이 엘리야를 불렀으니 정작 엘리야가 오는지 지켜보자며 그 사람을 만류했다(49절). 예수님이 신 포도주로 갈증을 해소하지 못하게 한 것이다. 이 사람들이 예수님을 대하는 태도는 시편 69:21에 기록된 말씀을 연상케 한다. "그들이 쓸개를 나의 음식물로 주며 목마를 때에는 초를 마시게 하였사오니." 시편 기자는 자신이 목마를 때 원수들이 식초를 주었다고 하지만, 예수님은 그나마 식초도 마실 수 없으셨다.

예수님은 다시 한번 크게 소리를 지른 후 영혼이 떠나셨다(50절). 예수님이 무슨 말씀을 외쳤는지는 알 수 없다. 가상칠언 중 마지막 말씀은 "아버지 내 영혼을 아버지 손에 부탁하나이다"이다(눅 23:46). 아마도 이 말씀을 하시고 숨을 거두신 것으로 보인다. 학자들은 예수님의 죽음에 대한 정확한 사인(死因)에 대해 참으로 많은 추측을 한다(cf. Brown, Carson, Davies & Allison, Hagner, Luz). 한 가지 확실한 것은 예수님은 참으로 고통스럽게 죽으셨다는 사실이다.

이 말씀은 하나님에게 버림받는다는 것이 얼마나 고통스러운 일인지 생각하게 한다. 물론 영이 죽어 있는 사람은 자신이 버림받았다는 사실도 깨닫지 못한다. 그러나 하나님에게 버림받는 것이 얼마나 고통스러웠으면 예수님이 마지막 숨을 거두실 때까지 울부짖으셨겠는가. 우리는 이런 고통을 겪지 않고 하나님과 교통하며 사는 것을 참으로 감사하고 기뻐해야 한다.

Ⅶ. 말문: 예수님의 수난과 부활과 대사명(26:6-28:20)
A. 수난(26:6-27:66)
12. 십자가 죽음(27:27-66)

(4) 죽으심의 효력(27:51-56)

51 이에 성소 휘장이 위로부터 아래까지 찢어져 둘이 되고 땅이 진동하며 바
위가 터지고 52 무덤들이 열리며 자던 성도의 몸이 많이 일어나되 53 예수의
부활 후에 그들이 무덤에서 나와서 거룩한 성에 들어가 많은 사람에게 보이
니라 54 백부장과 및 함께 예수를 지키던 자들이 지진과 그 일어난 일들을
보고 심히 두려워하여 이르되 이는 진실로 하나님의 아들이었도다 하더라
55 예수를 섬기며 갈릴리에서부터 따라온 많은 여자가 거기 있어 멀리서 바
라보고 있으니 56 그중에는 막달라 마리아와 또 야고보와 요셉의 어머니 마
리아와 또 세베대의 아들들의 어머니도 있더라

예수님이 십자가 위에서 숨을 거두시자 몇 가지 초자연적인 현상이 일어났다. 이는 예수님의 대속적인 죽음이 세상에 어떻게 영향을 미치는지 상징적으로 보여 주는 일이었으며, 예수님이 온 세상의 구세주이심을 드러내는 일이었다. 예수님의 죽음이 이처럼 놀라운 효력을 발휘했으니, 주님의 부활은 더욱더 놀라울 것이라는 기대를 하게 한다.

예수님이 숨을 거두시는 순간 성소 휘장이 위에서부터 아래까지 찢어져 둘이 되었다(51a절). 성전에는 두 세트의 휘장이 있었다. 대제사장이 매년 단 한 차례 들어갈 수 있는 지성소와 제사장들이 매일 출입하는 성소 사이에 있는 휘장(출 26:31-35; 27:21; 30:6; 대하 3:14) 그리고 성전 입구에서 성전 건물과 뜰을 구분하는 휘장이다(출 27:16; 민 3:26). 마태가 찢겼다고 하는 휘장은 첫 번째 것이 확실하다(cf. 히 4:16; 6:19-20; 9:11-28; 10:19-20). 이 휘장이 찢긴 것은 성전을 자유로이 출입하는 제사장들만 목격할 수 있는 일이며, 일반인들은 접근할 수 없는 공간에서 일어난 일 일이다. 그러므로 지성소와 성소 사이의 휘장이 찢어졌다는 소식은 몇 주 후 제사장들이 복음을 듣고 회심했을 때 그리스도인들에게 알려 주었을 것이다(Keener, cf. 행 6:7).

휘장은 길이가 18m, 폭이 9m에 달했다. 이처럼 큰 휘장이 매달려 있는 채로 위에서 아래로 찢어졌다. 분명히 하나님이 하신 일이다. 만일 사람이 휘장을 찢으려 한다면 아래에서 위로 찢을 것이기 때문이다. '성전보다 더 큰 이'(12:6)가 죽음으로 이루어 내신 일이다.

휘장이 찢어진 것이 상징하는 가장 중요한 의미는 하나님과 인간의 괴리를 해소한 것이다. 하나님과 인간을 나누는 막이 찢어짐으로써 인간이 하나님께 나아갈 수 있는 새로운 길이 열렸다(Carson, France, Hagner, Hill, Keener, Nolland). 이제 더는 제사 제도와 성전 예식을 통해 하나님께 나갈 필요가 없게 되었다. 새 성전이 되신 예수님을 통해 직접 하나님께 나갈 수 있게 되었기 때문이다(cf. 히 10:20; 엡 2:11-22). 예수님은 새로운 하나님 나라의 기준으로 구약의 율법을 완성하신 것처럼 대속하는 죽음으로 성전 예식과 제사 제도도 완성하셨다.

또한 지성소 휘장이 위에서부터 아래로 찢긴 것은 70년에 있을 성전 파괴를 암시한다. 예수님의 죽음은 성전에서 이뤄지던 모든 제사와 예식을 더는 필요 없게 만들었다. 게다가 성전을 중심으로 사역하던 종교 지도자들이 예수님을 죽이는 데 앞장섰으니 하나님이 성전을 없애시는 것이다.

성소 휘장이 찢어지더니, 땅이 진동하며 바위가 터졌다(51b절). 지진이 일어났다는 뜻이다. 이 지진은 하나님이 하신 일이다(cf. 삿 5:4; 삼하 22:8; 시 18:7; 77:18; 사 2:19, 21; 욜 3:16). 종말이 임하고 있음을 경고하시기 위해서다(cf. 계 6:12; 8:5; 11:13; 16:18). 예수님이 숨을 거두신 순간 주님의 영혼이 하나님 아버지가 계시는 하늘로 올라간 것을 지진이 암시하고 있다(Osborne). 3일 후 예수님이 부활하실 때 또 한 번 지진이 있을 것이다(28:2).

마태는 지진이 일자 무덤들이 열리며 자던 성도의 몸이 많이 일어났다고 한다(52절). 또한 그들은 예수님의 부활 후에 무덤에서 나와 거룩한 성에 들어가 많은 사람에게 보였다고 한다(53절). 이 일은 마태복음에만 기록되어 있다. 학자들은 이 말씀이 정확히 어떤 상황을 묘사하는지 설명하기가 참으로 난해하다고 한다. 어떤 이들은 예수님의 죽음과 부활이 어떤 효과를 가져오는가에 대한 미드라쉬(midrash)라며 역사성을 부인하는가 하면(Gundry, Hagner, Senior), 어떤 이들은 실제로 있었던 일이 아니라 마태가 자신의 신학적인 관점을 역사화한 것이라는 애매한 말을 하기도 한다(Boring, Osborne). 또한 예수님의 부활에 대한 초대교회의 전승 일부가 이곳에 잘못 삽입된 것이라는 이도 있다(McNeile). 그러나 이 본문에 기록된 모든 일을 실제로 있었던 일로 간주하면서 성도들이 되살아난 일만 아니라고 하는 것은 납득하기 어려운 논리다. 그러므로 이 일도 실제로 있었던 역사적 사실로 받아들여야 한다.

이 사건을 설명하는 데 가장 큰 어려움은 죽은 성도들의 무덤은 분명 예수님이 숨을 거두시는 순간 열렸는데, 왜 그들이 무덤 안에서 사흘을 기다렸다가 예수님이 부활하신 다음에 비로소 무덤을 나왔는가 하는 점이다. 가장 합리적이고 설득력이 있는 설명은 예수님이 숨을 거두시는 순간 지진이 나서 그들의 무덤이 열렸지만, 아직 살아나지는 않은 상태에서 사흘이 지난 다음 예수님이 부활하신 직후 그들도 부활했다는 것이다(Wenham, cf. Blomberg, Carson, Wilkins). 이렇게 풀이하면 예수님이 부활의 첫 열매가 되셨다는 말씀(고전 15:20–22)과도 문제가 되지 않는다.

이 성도들은 예수님처럼 영광스러운 몸으로 부활했다(Carson). 그들은 부활한 후 예루살렘으로 들어가 예수님의 죽음과 부활이 사탄이 사람들을 억압하는 무기로 사용했던 죽음의 효력을 무력화시킨 것과 자신들을 부활시킨 것에 대해 증언했을 것이다. 하나님의 구속사에 따라 새로운 시대가 열렸으며, 예수님을 믿는 사람은 모두 그들처럼 부활할 것이라고 증거한 것이다. 이들이 정확히 누구였는지 알 수는 없지만, 구약 시대를 살았던 유대인 중 의로운 삶을 산 믿음의 선진 중 몇 명이었을 것이다(Davies & Allison, cf. 히 11장). 유대인 선진들의 부활은 비록 예수님이 유대교 지도자들을 맹렬하게 비난하시고(23–24장) 그들이 예수님을 십자가에 못 박는 일에 앞장섰지만(27장), 여전히 하나님이 이스라엘을 버리지 않으셨다는 것을 암시한다(Blomberg). 다만 그들이 누리던 특권은 이제 없다. 그들도 이방 민족들처럼 예수님을 믿어야 하나님의 백성이 될 수 있다. 이 성도들은 예수님의 죽음의 효력에 대해 증거하다가 예수님이 승천하실 때 주님과 함께 하늘로 올라갔을 것이다(Carson, Wilkins).

예수님을 지키던 군인들(cf. 36절)과 그들의 상관인 백부장이 예수님이 숨을 거두시는 순간 일어난 일들을 보고 심히 두려워하며 예수님은 진실로 하나님의 아들이었다고 고백했다(54절). 이들은 빌라도의 관정에서 예수님을 희롱하던 자들이다(cf. 40–43절). 어떤 이들은 이들이 예수님을 하나님의 아들이라고 하는 것을 가리켜 신들이 예수님의 죽음을 좋아하지 않는다는 정도의 의미를 나타내는 이방인들의 전형적인 반응이라 하기도 하고, 단지 두려움의 표현이라고 하기도 한다. 그러나 그들의 고백은 예수님을 구세주로 믿기 시작한 사람들의 고백이며,

온 열방을 제자 삼으라는 대사명(28:19)을 기대하게 한다(Carson, Hagner, Keener).

마지막으로 예수님을 섬기며 갈릴리에서부터 따라온 많은 여인이 이 모든 광경을 멀리서 바라보고 있었다(55절). 이들은 그저 울며 예수님의 죽음을 먼 곳에서 바라볼 수밖에 없지만, 가장 신실한 증인들이다. 예수님이 공을 들여 양육한 제자들도 모두 도망간 상황에서 끝까지 예수님 곁을 지키고 있다. 또한 그들은 예수님의 시신이 아리마대의 부자 요셉의 묘에 안치될 때도, 무덤이 봉인될 때도 주님 곁에 있었다(55-56, 60-61절). 그러므로 예수님이 잠시 의식을 잃으신 것이 아니라 실제로 숨을 거두셨다는 것을 가장 확실하게 증언하는 사람들이다. 또한 이 여인들은 부활하신 예수님을 제일 먼저 만나는 영광을 누렸다. 하나님이 귀하게 들어 쓰신 여인들이며, 축복하신 여인들이다. 실패한 제자들과는 대조적으로 제자도의 모범 사례가 되는 사람들이다(Wilkins).

여인 중에는 막달라 마리아가 있었다. 이 마리아는 갈릴리 지역의 막달라 출신이며(cf. 15:39), 항상 제일 먼저 언급이 되는 것으로 보아 리더급 여인이다. 누가는 예수님이 그녀에게서 일곱 귀신을 내쫓으셨다고 한다(눅 8:2). 이후 막달라 마리아는 일편단심 예수님과 제자들을 따르며 섬기는 삶을 살았다. 마태가 언급하는 두 번째 여인은 야고보와 요셉의 어머니 마리아였다. 마가는 그녀를 '작은 야고보와 요세의 어머니'라고 한다(막 15:40). 아마도 제자 중 다른 야고보(세베대의 아들)와 구분하기 위해 이렇게 표현한 것으로 보인다. 요한은 그녀를 글로바의 아내였다고 한다(요 19:25). 세 번째 여인은 세베대의 아들들의 어머니였다. 제자 중 야고보와 요한 형제의 어머니를 뜻한다(cf. 20:20). 그녀의 이름은 살로메이며(막 15:40) 예수님의 이모였다(cf. 요 19:24).

이 말씀은 예수님의 죽음과 부활의 의미를 다시 한번 생각하게 한다. 예수님의 죽음과 부활은 구약 제사 제도와 성전 예식을 통하지 않고 예수님을 통해 직접 하나님께 나아가는 길을 마련해 주었다. 이 길은 유대인들과 이방인들에게 열려 있다.

또한 우리의 부활은 상상 세계에만 존재하는 것이 아니라, 실제 일어날 일이다. 부활한 옛 성도들이 보증한다. 우리가 부활을 확신한다면 제자의 삶은 필수다. 이 제자의 삶은 말에 있는 것이 아니라 순종과 실천에 있다. 죽는 한이 있어도 예수님과 함께하겠다고 떠들어 대던 제자들은 모두 도망가고(cf. 26:33-35), 아무 말도 하지 않고 묵묵히 순종하며 예수님을 따르던 여인들이 끝까지 주님의 곁을 지켰다. 하나님은 이 여인들을 귀하게 여기셨다.

Ⅶ. 말문: 예수님의 수난과 부활과 대사명(26:6-28:20)
A. 수난(26:6-27:66)
12. 십자가 죽음(27:27-66)

(5) 예수님이 묻히심(27:57-61)

57 저물었을 때에 아리마대의 부자 요셉이라 하는 사람이 왔으니 그도 예수
의 제자라 58 빌라도에게 가서 예수의 시체를 달라 하니 이에 빌라도가 내주
라 명령하거늘 59 요셉이 시체를 가져다가 깨끗한 세마포로 싸서 60 바위 속
에 판 자기 새 무덤에 넣어 두고 큰 돌을 굴려 무덤 문에 놓고 가니 61 거기
막달라 마리아와 다른 마리아가 무덤을 향하여 앉았더라

'저물었을 때'(Ὀψίας δὲ γενομένης)는 26:20을 시작하며 사용한 문구다. 26:20-27:56에 기록된 일은 모두 예수님 생애의 마지막 하루에 있었던 일이다. 이날은 유월절 절기 중 준비일이고 해가 지면(오후 6시쯤) 안식일이 시작된다. 그러므로 예수님은 그 전에 장사되어야 한다(신 21:23). 예수님의 시신을 수습하고자 하는 사람이 나왔다. 아리마대의 부자 요셉이다. '아리마대'(Ἀριμαθαία)는 예루살렘에 서북쪽으로 약 30㎞

떨어져 있는 옛 에브라임 지역에 위치한 곳이며, 사무엘 선지자의 탄생지로 알려진 곳이다(Wilkins, cf. 삼상 1:1, 19). 요셉이 그곳에 거주하는 것은 아니고, 아리마대가 고향이지만 예루살렘에서 사는 사람이라는 뜻이다(Keener). 마가는 그가 산헤드린 멤버였다고 한다(막 15:43).

어떤 이들은 요셉이 아직 예수님의 제자가 아니었다고 하지만(Brown), 마태는 그가 제자였다고 한다. 요한은 그가 비밀리에 예수님을 따르는 사람이었다고 한다(요 19:38). 만일 그가 제자가 아니었다면 예수님을 죽음으로 몰아간 산헤드린 멤버들의 따가운 눈총을 받으며 그들이 '신성모독자'로 규명한 예수님의 시신을 수습할 이유가 없다. 아마도 빌라도도 산헤드린 멤버가 장례식을 치르겠다며 예수님의 시신을 달라고 찾아온 것에 대해 상당히 놀랐을 것이다.

예수님이 숨을 거두신 시각이 오후 3시였으니, 해가 지기 전에 장례를 치르기 위해 아마도 오후 4시쯤에 빌라도를 찾아간 것으로 보인다. 유대인들은 율법에 따라 모든 사람의 시신을 엄숙하게 대했지만(cf. 신 21:22-23), 로마 사람들은 그렇지 않았다. 특히 십자가에서 처형된 사람들은 매달린 채 시체가 썩도록 내버려 두거나 장례식을 치르지 않고 공동묘지에 파묻었다(Davies & Allison). 또한 그들이 허락해야만 가족들이 시신을 수습할 수 있었다. 그러나 반역자의 경우 이마저도 불가능했다(Carson). 그러므로 요셉이 빌라도를 찾아간 것은 참으로 대단한 용기가 필요한 일이었다. 빌라도가 예수님의 시신을 순순히 내준 것은 아마도 자신이 예수님의 죽음에 관여하지 않았다는 것을 다시 한번 강조하기 위해서일 것이다(cf. Wilkins).

요셉은 예수님의 시체를 가져다 정성스럽게 씻기고 깨끗한 세마포로 쌌다(59절). 요한은 예수님의 머리를 가린 수건도 사용했다고 하고(cf. 요 20:7), 니고데모가 요셉을 도왔다고 한다(요 19:39). 유대인들은 염을 하지 않기 때문에 시신을 세마포로 쌀 때 악취를 고려해 향료를 사용했다. 요한은 니고데모가 34kg에 달하는 향료를 가져왔다고 한다(요

19:39). 이 정도면 왕의 시신에나 사용할 만큼 많은 양이다(Osborne).

요셉과 니고데모는 둘 다 공회(산헤드린) 멤버였다(Wilkins, cf. 눅 23:51; 요 3:1-15). 상황이 참으로 아이러니하다. 산헤드린은 예수님을 죽음으로 몰았는데, 이 산헤드린의 두 멤버가 극진하게 예수님을 장사 지내고 있다. 요셉은 처음부터 산헤드린의 결정에 동의하지 않았으며 하나님의 나라를 기다리는 의인이었다(눅 23:50-51). 요셉과 니고데모가 채찍을 맞고 못에 박히고 창에 찔려 만신창이가 된 주님의 시신을 씻겨 세마포로 싸면서 얼마나 오열했을까! 생각만 해도 마음이 먹먹하다. 그들은 예수님을 믿는 사람들이었기에 주님이 하신 말씀에 따라 반드시 부활하실 것이라는 소망으로 이 어려운 순간을 이겨냈을 것이다.

요셉은 예수님의 시신을 바위 속에 판 자기 새 무덤에 넣고 큰 돌을 굴려 무덤 입구에 놓고 떠났다(60절). 그 당시에는 쓸모 없어서 버려진 채석장이 가족묘로 많이 사용되었다. 벽에 굴을 파서 사용했는데, 굴 입구는 좁지만(cf. 요 20:5, 11), 안에는 여러 갈래로 갈라지는 어느 정도 긴 형태였다. 요셉이 그와 후손들이 사용하도록 이 무덤을 준비한 것이다. 아직 한 번도 사용하지 않은 새 무덤이었으며, 직경 120-180㎝ 정도의 돌이 입구를 가렸다. 짐승들이 시체를 훼손하지 못하도록 하는 조치였다. 이 무덤은 예수님이 십자가에 달리신 곳 가까이에 있었다(요 19:42). 예수님의 시신이 부자인 요셉의 묘에 안치된 것은 이사야의 종의 노래의 일부인 53:9을 성취하는 일이다. "그는 강포를 행하지 아니하였고 그의 입에 거짓이 없었으나 그의 무덤이 악인들과 함께 있었으며 그가 죽은 후에 부자와 함께 있었도다."

예수님이 요셉의 묘에 묻히시고 난 후 막달라 마리아와 다른 마리아(아마도 야고보와 요셉의 어머니, cf. 56절; 막 16:1)가 건너편에서 무덤을 지켜보았다(61절). 로마는 법에 따라 처형된 사람의 죽음을 슬퍼하거나 곡하는 일을 금했다(Carson). 그러므로 이 여인들은 조용히 눈물을 삼키며 지켜보았을 것이다. 예수님이 십자가에 매달릴 때부터 이때까지 계속 주님의 곁을 지킨 이 여인들은 사흘 후 예수님이 부활하실 때도 이곳에 있을 것이다. 그러므로 이 여인들은 예수님의 죽음과 부활을 한 사건으로 묶는 역할을 한다(Osborne).

이 말씀은 하나님이 때로는 우리의 예측과 상상을 초월해 역사하신다는 사실을 강조한다. 제자들은 모두 도망가고, 여인들은 아무 힘도 없어서 발만 동동 구르며 예수님의 장례를 걱정할 때 하나님은 아리마대의 요셉을 준비해 두셨다. 또한 니고데모도 예비하셨다. 살다 보면 앞이 도저히 보이지 않을 때가 있다. 이때 절망하거나 낙심하지 말고, '여호와 이레'가 어떻게 펼쳐질지 기도하며 기대해 보자. 하나님이 반드시 역사하실 것이다.

Ⅶ. 말문: 예수님의 수난과 부활과 대사명(26:6-28:20)
A. 수난(26:6-27:66)
12. 십자가 죽음(27:27-66)

(6) 경비병들이 무덤을 지킴(27:62-66)

62 그 이튿날은 준비일 다음 날이라 대제사장들과 바리새인들이 함께 빌라
도에게 모여 이르되 63 주여 저 속이던 자가 살아 있을 때에 말하되 내가 사
흘 후에 다시 살아나리라 한 것을 우리가 기억하노니 64 그러므로 명령하여
그 무덤을 사흘까지 굳게 지키게 하소서 그의 제자들이 와서 시체를 도둑질
하여 가고 백성에게 말하되 그가 죽은 자 가운데서 살아났다 하면 후의 속
임이 전보다 더 클까 하나이다 하니 65 빌라도가 이르되 너희에게 경비병이
있으니 가서 힘대로 굳게 지키라 하거늘 66 그들이 경비병과 함께 가서 돌을
인봉하고 무덤을 굳게 지키니라

이 일은 예수님이 죽어 장사되신 금요일 다음 날인 토요일에 있었던 일로, 이날은 안식일이자 무교절을 기념하는 날이다. 대제사장들과 바리새인들이 함께 빌라도를 찾아갔다(62절). 어떤 이들은 안식일이자 절기 중인 이날 이 종교 지도자들이 부정한 이방인을 찾아가는 것이 이상하다며 역사성을 부인하기도 한다(Brown, Davies & Allison). 그들이 1년 중 가장 분주한 '대목'을 맞이한 상황에서 빌라도를 찾아간 것이 쉽게 설명되지 않는 것은 사실이다. 그러나 이 일이 실제로 있었다는 것을 부인할 역사적 근거도 없다(Blomberg, Carson, Keener).

예수님을 죽인 이 지도자들은 매우 절박하다. 안식일에 움직일 정도로 절박함을 느끼고 있다. 그들이 절박하다는 것은 바리새인들과 대제사장들이 함께 이 일을 하고 있다는 점에서도 드러난다. 원래 이들은 정치적, 종교적 앙숙들이다. 물과 기름이 섞이지 않듯 평상시에는 절대 섞이지 않는 자들이다. 마태복음에서 그들이 함께 언급되는 곳은 본문과 예수님을 잡으려고 음모를 꾸밀 때다(21:45). 좋은 일에는 절대 함께하지 않는 자들이 예수님을 대적하는 일에는 하나가 된다. 이번에도 그런 상황이다.

그들은 우려하는 바를 빌라도에게 알렸다(63-34절). 예수님이 살아 있을 때 사흘 후에 다시 살아날 것이라고 했는데, 혹시 제자들이 와서 시체를 훔치고는 예수님이 부활했다고 하면 예수님이 살아 있을 때보다 더 큰 혼란이 올 것이라는 얘기다. 그러니 무덤을 사흘 동안 굳게 지켜야 한다고 한다. 그만큼 예수님의 죽음이 대중에게 어떤 영향을 미칠지 극도로 예민해져 있다.

그들은 빌라도를 '주여'(κύριε)라고 부르는데(63절), 마태복음에서는 비유를 제외하면 오직 예수님에게만 적용되는 타이틀이다. 하나님을 가장 잘 안다는 유대교 지도자들이라는 자들이 하나님이신 예수님을 주로 영접하는 것을 거부하더니 로마인 총독에게 가서 '주'라며 스스로 고개를 숙인다(cf. 요 19:15). 예수님이 왜 그들에게 분노하셨는지 충분히 이해가 간다(cf. 23장).

예수님은 표적을 요구하는 바리새인들에게 보여 줄 것은 요나의 기적밖에 없다며, 죽으신 후 3일간 땅속에 있을 것이라고 말씀하신 적이 있다(12:38-40). 이 사람들은 이 말씀을 기억하고 있다! 예수님에게 부활에 대한 말씀을 여러 차례 직접 들은 제자들은 기억하지 못하고 모두 도망갔는데 말이다!

대제사장들은 사두개인이므로 부활을 믿지 않았다. 그러므로 그들은 예수님이 부활할 것을 걱정하는 것이 아니라 제자들이 시체를 훔쳐 가는 것을 염려한다. 또한 대제사장들은 평신도들인 바리새인들에게 말하지 못한 일이 마음에 걸린다. 바로 지성소 휘장이 위에서 아래로 찢어진 일이다(cf. 51절).

그들의 우려는 제자들을 과대평가해서 빚어진 일이다. 제자들은 스승의 장례도 내팽개치고 도망간 자들이다. 그런 자들이 스승의 시체를 훔치러 올 일은 절대 없다. 그러나 결과적으로는 무덤을 경비한 군인들이 예수님 부활의 증인 중 하나가 되었으니 좋은 일이다.

유대인 지도자들의 말을 들은 빌라도는 "너희에게 경비병이 있으니 가서 힘대로 굳게 지키라"라고 한다(65절). 애매한 번역이다. 일부 학자들처럼 빌라도가 그들의 제안을 거부하며 "나는 이 일에 개입하지 않을 것이니 너희 사람들을 세우라"라는 뜻으로 해석할 수 있기 때문이다(Carson, cf. NAS, NRS, ESV). 만일 그들이 성전 경비병을 보내고자 했다면 빌라도의 허락이 필요 없다. 나중에 밝혀지는 바에 의하면 보초를 선 자들은 로마 군인들이다(28:12-15). 또한 '경비병'(κουστωδία)은 라틴어 단어(custodia)를 소리 나는 대로 헬라어로 음역한 것이다. 로마 사람들이 라틴어를 사용했기 때문이다. 그러므로 새번역이 빌라도가 한 말의 의미를 더 정확하게 번역했다. "경비병을 내줄 터이니, 물러가서 재주껏 지키시오"(cf. NIV, NIRV).

대제사장들과 바리새인들은 빌라도가 내준 경비병과 함께 예수님이 묻히신 무덤으로 가서 돌을 봉인하고 무덤을 굳게 지켰다(66절). 당시 사람들은 무덤에 새로운 시신을 안치하면 입구를 진흙으로 봉인했다

(Wilkins). 이들은 무덤 입구를 막고 있는 돌에 밧줄을 연결해 돌이 움직이지 못하게 하고 그 밧줄을 밀랍한 후 로마군의 인장을 찍었다. 게다가 로마 군인이 지키고 있으니 '물이 샐 틈이 없다.' 제자들이 예수님의 시체를 훔쳐 가지 못하도록, 또한 로마 군인이 뇌물을 받고 시체를 내주는 일이 없도록 철저하게 봉인해 두었다.

이 말씀은 죄는 더 많은 죄를 낳는다는 말을 실감하게 한다. 대제사장들과 바리새인들은 예수님을 죽음으로 내몬 것으로 모자라 제자들이 예수님의 시신을 훔쳐 갈까 봐 그들이 가장 분주한 유월절이자 안식일에 별짓을 다한다. 그들이 하나님의 아들을 죽였다는 사실이 온 천하에 드러나는 것을 막기 위해서다. 조금 늦은 감이 있지만 성전 휘장이 찢어지고, 온 땅에 어두움이 깔리고, 지진이 일어났을 때라도 회개했더라면 좋았을 텐데 말이다. 우리는 죄를 지으면 그것을 숨기려 하지 말고 신속하게 하나님께 고백하고 용서를 구해야 한다. 그러면 더 많은 죄를 짓지 않을 수 있다.

Ⅶ. 말문: 예수님의 수난과 부활과 대사명(26:6-28:20)

B. 부활(28:1-15)

예수님이 십자가에서 죽으신 지 3일째가 되었다. 주님은 평소에 제자들에게 말씀하신 대로 부활하셨다! 예수님의 부활은 기독교의 모든 가르침과 교리의 핵심이다. 만일 예수님이 부활하지 않으셨다면 우리가 믿는 것은 모두 거짓이다. 우리는 거짓에 속았고, 아직도 죄 안에서 죽은 불쌍하고 처량한 자들이다(고전 15:12-17). 기독교인은 예수님 부활의 역사성을 부인하는 것보다 신앙을 버리는 것이 차라리 낫다.

마태복음은 그동안 예수님의 가르침과 행하신 기적을 자세하게 기록해 왔다. 이에 반해 부활은 상당히 간략하게 기록한다. 예수님의 부활은 모든 주의 백성이 믿고 고백하는 확고한 역사적 사실이기 때문이다. 그러므로 마태는 예수님의 부활을 변증할 필요를 느끼지 못했고 오히려 최대한 간략하게 정리해 담백하게 기록한다(cf. Wilkins). 예수님이 부활하신 이후 있었던 일을 네 복음서와 고린도전서 15:1-11을 바탕으로 재구성하면 다음과 같다(cf. Blomberg, Osborne, Wenham, Wilkins).

1. 여인들이 일요일 새벽에 예수님의 무덤을 찾음. 막달라 마리아가 제일 먼저 도착함(마 28:1; 막 16:1-3; 눅 24:1; 요 20:1)
2. 마리아와 여인들이 두 천사를 만남. 한 천사가 예수님의 부활을 알려 줌(마 28:2-7; 막 16:4-7; 눅 24:2-7)
3. 여인들이 기쁨과 두려움으로 무덤을 떠나 제자들에게 알려 줌(마 28:8; 막 16:8). 막달라 마리아가 앞서가서 요한과 베드로에게 알려 줌(요 20:2)
4. 베드로와 요한이 무덤으로 달려가 빈 무덤을 확인함(눅 24:12; 요 20:3-5)
5. 마리아가 무덤으로 돌아가 천사들을 만남. 예수님이 마리아에게 나타나심. 마리아가 처음에 예수님을 알아보지 못함(요 20:11-18)
6. 예수님이 나머지 여인들을 만나 제자들에게 갈릴리로 오라는 말을 전하라고 하심(마 28:9-10; 눅 24:8-10)
7. 부활하신 일요일 오후에 예루살렘 근처에서 베드로에게 나타나심(눅 24:34; 고전 15:5)
8. 엠마오로 가는 글로바와 친구에게 나타나심. 그들이 예루살렘으로 돌아와 제자들에게 알림(눅 24:13-35; cf. 막 16:12-13)
9. 글로바가 다락방에서 제자들과 함께 있는 동안 예수님이 나타나심. 도마는 자리에 없음(눅 24:36-43; 요 20:19-25)
10. 일주일 후 일요일 저녁 모든 제자가 예루살렘에 모여 있을 때 나타나심(요 20:20-29; 고전 15:5; cf. 막 16:14)

11. 삼일 후 예수님이 갈릴리 해변에서 일곱 제자에게 나타나심(요 21:1-14)
12. 갈릴리 언덕에서 제자들과 500여 명의 성도에게 나타나심(고전 15:6). 이후 40일 동안 여러 차례 나타나심(눅 24:44-47; 행 1:3; 고전 15:6)
13. 예수님이 갈릴리에 있는 동생 야고보에게 나타나심(고전 15:7)
14. 세상 모든 민족을 제자 삼으라며 대사명을 주심(마 28:16-20; cf. 막 16:15-18)
15. 예루살렘 근처에서 제자들에게 성령이 오실 때까지 기다리라고 하심. 예루살렘 동편 감람산에서 승천하심(눅 24:44-53; 행 1:4-12; cf. 막 16:19-20)

부활과 부활 후 있었던 일을 재구성한 15단계 중 본 텍스트는 1번에서 6번에 관한 것이다. 이 섹션은 다음과 같이 세 파트로 구분된다.

A. 빈 무덤(28:1-7)
B. 여자들에게 오심(28:8-10)
C. 경비병들의 거짓 보고(28:11-15)

Ⅶ. 말문: 예수님의 수난과 부활과 대사명(26:6-28:20) B. 부활(28:1-15)

1. 빈 무덤(28:1-7)

1 안식일이 다 지나고 안식 후 첫날이 되려는 새벽에 막달라 마리아와 다른
마리아가 무덤을 보려고 갔더니 2 큰 지진이 나며 주의 천사가 하늘로부터
내려와 돌을 굴려 내고 그 위에 앉았는데 3 그 형상이 번개 같고 그 옷은 눈
같이 희거늘 4 지키던 자들이 그를 무서워하여 떨며 죽은 사람과 같이 되었
더라 5 천사가 여자들에게 말하여 이르되 너희는 무서워하지 말라 십자가에
못 박히신 예수를 너희가 찾는 줄을 내가 아노라 6 그가 여기 계시지 않고

그가 말씀하시던 대로 살아나셨느니라 와서 그가 누우셨던 곳을 보라 [7] 또 빨리 가서 그의 제자들에게 이르되 그가 죽은 자 가운데서 살아나셨고 너희보다 먼저 갈릴리로 가시나니 거기서 너희가 뵈오리라 하라 보라 내가 너희에게 일렀느니라 하거늘

안식일이 다 지나고 안식 후 첫날인 일요일이 되었다(1a절). 예수님이 죽으신 지 사흘째 되는 날이다. 어떤 이들은 토요일 밤이라고 하는데(Gundry), 문법과 정황은 일요일 아침을 지목한다(cf. Boring, Carson, Davies & Allison, France, Hagner, Keener, Morris, Wilkins). 당시 사람들은 밤이면 귀신들이 활개 치고 다닌다고 생각했다. 이런 상황에서 이 여인들이 무엇 때문에 안식일이 끝난 토요일 밤에 예수님의 무덤을 찾겠는가! 또한 기독교는 예수님이 일요일에 부활하신 것을 근거로 일요일을 '주일'(Lord's Day)라고 부르며 매주 일요일에 예배를 드린다.

예수님은 제자들에게 장로들과 대제사장들과 서기관들에게 죽임을 당한 후 3일째 되는 날 다시 살아날 것이라고 하셨다(16:21; 17:23; 20:19). 새벽에 막달라 마리아와 다른 마리아(야고보와 요셉의 어머니, cf. 27:56)가 예수님의 무덤을 보려고 갔다. 두 마리아는 예수님이 십자가에 매달릴 때부터 장사되실 때까지 모든 일을 지켜보았다(27:56, 61). 예수님이 죽으셨다는 사실에 대한 가장 확실한 증인들이다. 그들은 별 문제가 없는지 살피러 갔다. 마가와 누가는 다른 여인들도 갔다고 한다. 그러나 마태는 오직 막달라 마리아와 다른 마리아에게 초점을 맞춘다. 이들도 제자들처럼 3일 후 부활하실 것이라는 예수님의 말씀을 기억하지 못한 것으로 보인다.

그들이 무덤에 도착하자 큰 지진이 나고 하나님의 천사가 하늘에서 내려와 무덤을 입구를 막았던 돌을 굴려내고 그 위에 앉았다(2절). 예수님의 죽음과 연관해 이번이 두 번째 지진이다. 첫 번째 지진은 십자가에서 숨을 거두실 때 일어났다(27:51). 상상의 나래를 펴서 이 상황을 보면 예수님이 숨을 거두시자 땅이 통곡하며 예수님의 시신을 받았다가, 예수님이 죽은 자 가운데서 살아나시자 할렐루야로 하나님을 찬양하고 있는 듯하다.

천사들은 예수님의 탄생에 관여했다(1:20-21; 2:13, 19). 그러므로 그들이 예수님의 부활에 관여하는 것은 당연한 일이다. 마태복음의 서론 부분을 장식하는 예수님의 탄생과 책을 마무리하는 예수님의 부활에 하나님이 보내신 천사들이 출연하는 것은 이 두 사건 사이에 기록된 하나님의 아들이요 메시아이신 예수님의 말씀과 사역이 곧 천사들을 보내신 하나님 아버지의 말씀이고 사역이라는 것을 암시한다(Wilkins). 하나님과 예수님이 함께 말씀하시고 사역하신 것이다.

예수님의 시신을 훔쳐 가지 못하도록 입구를 막은 돌이 천사가 앉는 의자가 되었다! 돌을 제거한 것은 부활하신 예수님이 무덤에서 편히 나가시게 하려는 것이 아니다. 부활하신 예수님은 닫혀 있는 문과 벽도 지나다니신다(눅 24:36; 요 20:19). 따라서 누구든지 빈 무덤을 확인하고자 하는 사람은 들어가서 예수님이 부활하신 것을 확인하라는 의미에서 무덤의 입구를 막고 있던 돌을 제거한 것이다.

돌 위에 앉아 있는 천사의 형상이 번개 같고 입고 있는 옷은 눈같이 희다(3절). 구약에 등장하는 천사들의 모습과 같다(cf. 삿 13:19-20; 10:6). 다니엘이 환상을 통해 본 '옛적부터 항상 계신 이'도 흰옷을 입으셨다(단 7:9). 변화산에서 예수님의 모습도 이러했다(17:2).

누구나 이런 상황을 목격하게 되면 두려워할 것이다. 예수님의 무덤을 경비하던 로마 군인들도 얼마나 무서운지 떨며 죽은 사람처럼 되었다(4절). 당시 세상에서 가장 용맹스러운 로마 군인들도 별수 없었다. 죽은 사람을 지키던 산 사람들(로마 군인들)은 죽은 사람처럼 되고, 그들이 지키던 죽은 사람(예수님)은 살아나셨다는 점이 아이러니하다(Hagner).

여인들도 군인들처럼 두렵기는 마찬가지지만, 천사는 '무서워하지 말라'는 부드러운 말로 그들을 위로한다(5a절). 구약에서 이러한 표현은 하나님의 구원을 상징한다(cf. 사 37:6; 44:8; 렘 40:9; 단 10:12). 천사들은 예수님이 탄생하실 때도 요셉에게 같은 말로 위로하며 인류가 경험해 보지 못한 성육신에 대한 놀라운 메시지를 주었다(1:20). 이번에도 천사들은 인류가 경험해 보지 못한 부활에 대한 놀라운 메시지를 준다. 참으로 두려울 수밖에 없는 상황에서 하나님이 참된 평안(pax dei)을 주신 것이다.

여인들은 십자가에 못 박히신 예수님을 찾아왔다(5b절). 천사가 예수님의 시신을 보러 찾아온 여인들에게 준 메시지는 매우 간단하지만 온 인류가 상상하지 못한 굿 뉴스(good news)다. "그가 살아나셨느니라!"(6a절). 예수님은 더는 십자가에 못 박혀 죽은 메시아가 아니라, 그분의 말씀대로 살아난 하나님의 아들이시다. 천사는 여인들에게 이 사실을 직접 확인해 보라며 무덤으로 들어가 예수님의 시신이 누워 있던 곳이 비어 있음을 살펴보라고 한다(6b절).

예수님은 평소에 말씀하신 대로 살아나셨다(6절; cf. 16:21; 17:23; 20:19). 그러나 제자들은 이 말씀을 믿지 않았다. 하나님은 그들의 불신과 상관없이 원래 계획하신 대로 죽은 예수님을 살리셨다. '살아나셨느니라'(ἠγέρθη)는 신적 수동태다. 하나님이 하신 일이라는 뜻이다(Boring). 인간의 불신이나 방해는 하나님의 역사를 절대 방해할 수 없다.

천사는 여인들에게 빨리 가서 제자들에게 예수님이 부활하셨다는 소식을 알리라고 했다(7a절). 망연자실해 있을 제자들이 조금이라도 빨리 정신을 차리도록 이 복음을 신속하게 알려 주라는 것이다.

천사는 증표로 제자들에게 갈릴리로 가서 부활하신 예수님을 뵈라고 한다(7b절). 부활하신 예수님은 이곳에 계시지 않으니 그들이 소식을 듣고 찾아와도 빈 무덤밖에는 없다. 그러므로 예수님을 만나고자 한다면 갈릴리로 가야 한다. 예수님은 이미 제자들에게 이 말씀도 하셨다. "내가 살아난 후에 너희보다 먼저 갈릴리로 가리라"(26:32).

갈릴리는 예수님이 제자들과 함께한 3년 중 대부분을 함께 보내신 곳이다. 이곳에서 훈련 대부분이 이뤄졌다. 그러나 그들은 완전히 실패하고 절망과 좌절 속에서 시간을 보내고 있다. 예수님은 그들을 처음 만났던 장소로 돌아가 그들에게 새로운 기회를 주고자 하신다. 아닌 밤중에 홍두깨를 얻어맞은 듯 제자들은 일주일 동안 예루살렘 주변에 머물면서 무슨 일이 일어났는지 점차 깨닫아갈 것이며, 깨닫고 나면 예수님을 뵈러 갈릴리로 갈 것이다.

이 말씀은 인류가 기독교 교리 중 가장 믿기 힘들어하는 예수님의 부활에 대해 간단하면서도 가장 확실한 증거를 제시한다. 바로 얼마 전까지 예수님의 시신이 누워 있던 빈자리를 보라는 것이다. 부활에 대해 빈 무덤보다 더 확실한 증거는 없다.

그리스도인이 되기 전에는 예수님의 부활을 믿는 것은 누구에게나 어려운 일이다. 그러므로 하나님의 도움이 필요하다. 하나님이 믿음을 주셔야 가능하다. 그러므로 전도할 때 무엇보다도 하나님이 그 사람에게 믿음을 먼저 선물로 주시도록 기도해야 한다.

Ⅶ. 말문: 예수님의 수난과 부활과 대사명(26:6-28:20)
B. 부활(28:1-15)

2. 여자들에게 오심(28:8-10)

8 그 여자들이 무서움과 큰 기쁨으로 빨리 무덤을 떠나 제자들에게 알리려고 달음질할새 9 예수께서 그들을 만나 이르시되 평안하냐 하시거늘 여자들이 나아가 그 발을 붙잡고 경배하니 10 이에 예수께서 이르시되 무서워하지 말라 가서 내 형제들에게 갈릴리로 가라 하라 거기서 나를 보리라 하시니라

천사들을 통해 예수님이 부활하셨다는 소식을 들은 여인들은 두렵지만 참으로 기쁘다. 예수님이 그들 곁을 떠나신 후 그들의 삶은 어두움과 절망으로 가득했는데, 다시 빛과 소망으로 가득하다. 그들은 이 기쁜 소식을 제자들에게 전하기 위해 전속력으로 달리고 있다(8절). 여인들의 모습이 마치 이사야가 예언한 전령과 같다. "너희는 예루살렘의 마음에 닿도록 말하며 그것에게 외치라…아름다운 소식을 시온에 전하는 자여 너는 높은 산에 오르라 아름다운 소식을 예루살렘에 전하는 자여 너는 힘써 소리를 높이라 두려워하지 말고 소리를 높여 유다의 성읍들에게 이르기를 너희의 하나님을 보라 하라"(사 40:2, 9; cf. 사 40:1-9). 그들은 제자들로 하여금 부활하신 하나님을 보게 하려고 힘을 다해 달리고 있다.

그때 예수님이 그들을 만나 주셨다. 예수님은 "평안하냐?"라며 인사도 건네셨다(9a절). 여인들은 예수님의 발을 붙잡으며 흐느껴 경배했다(9b절). 천사들이나 사도들은 절대 사람들의 경배를 받지 않는다(행 10:25-26; 14:11-15; 계 22:8-9). 오직 하나님만 예배를 받으실 수 있다. 그러므로 예수님이 이곳과 17절에서 경배를 받으시는 것은 그분이 하나님임을 드러내는 일이다.

여인들이 예수님의 발을 붙잡고 경배한 일은 부활이 어떤 것인지 조금이나마 가르쳐 준다. 부활하신 예수님은 닫혀 있는 문과 벽도 지나다니신다(눅 24:36-37; 요 20:19). 그러므로 자칫 잘못하면 유령으로 생각할 수도 있다(cf. 눅 24:37). 그러나 여인들이 예수님의 발을 붙잡았다는 것은 부활한 예수님이 육체적 몸을 지니셨다는 것을 뜻한다. 그렇기 때문에 예수님이 부활하시면서 시신도 사라졌다. 그러나 우리는 예수님이 어떻게 벽을 지나다니면서도 사람이 붙잡을 수 있는 육신을 지녔는지 도저히 알 수 없다. 이 문제는 천국에 가야 알 수 있는 신비다. 그럼에도 불구하고 예수님이 여인들이 붙잡을 수 있는 몸을 지니셨다는 것은 부활의 성격에 대한 매우 중요한 단서가 된다.

어떤 이들은 본문에 기록된 사건이 실제로 있었던 일이 아니라고 하지만, 여인들이 부활하신 예수님을 맨 처음 만났다는 것은 역사적 사실이다. 당시 랍비 중에는 상당수가 여자들의 증언을 인정하지 않았다. 그러므로 만일 이 일이 실제로 있었던 일이 아니고 마태가 만들어 낸 이야기라면 남자들을 처음 목격자로 세웠을 것이다. 또한 예루살렘 성 안에 숨어 있는 비겁한 남자들(제자들)과 이 용감한 여인들은 큰 대조를 이루며 당시 남자를 여자보다 우월하게 생각했던 사람들의 마음을 불편하게 했을 것이다. 그러므로 이 여인들이 첫 증인이 아니라면 마태가 이들의 이야기를 굳이 기록할 이유가 없다. 여인들이 부활하신 예수님을 처음으로 만난 것은 이 일이 실제로 있었던 역사적 사실임을 강조한다.

여인들은 부활하신 예수님을 경배하면서도 무서워한다. 당연한 일이다. 천사들의 현현도 인간에게는 두려운 일인데(4-5절), 부활하신 하나님을 직접 뵈니 얼마나 더 떨렸겠는가! 예수님은 '무서워하지 말라'며 그들을 안심시키신다(10a절).

예수님은 여인들에게 '내 형제들에게 갈릴리로 가라'는 소식을 전하라며 그곳에 오면 그들이 주님을 만날 수 있을 것이라고 하신다(10b절). 무섭다며 예수님을 버리고 도망간 자들을 '내 형제들'로 부르신다. 그들이 회개하기 전에 예수님이 그들을 회복시키셨다(Osborne). 예수님의 '형제들'에는 열한 제자뿐 아니라 예수님을 영접한 사람 모두 포함되어 있다(Carson, Osborne, Wilkins, cf. 고전 15:6).

예수님이 주님을 따르는 사람들을 '내 형제들'(τοῖς ἀδελφοῖς μου)이라고 부르시는 것은 하나님 나라의 새로운 가족, 곧 교회의 시작을 알린다(Wilkins). 예수님이 세우신 교회는 이방인과 유대인으로 구성될 것이며(cf. 4:15), 신분의 높낮이가 없는 가족 관계로 형성될 것이다. 예수님은 갈릴리에서 제자들을 만나 첫 교회를 세우실 것이다. 갈릴리는 예수님이 어린 시절을 보낸 곳이며(2:23) 사역을 시작하신 곳이다(4:12-17). 더욱이 '선한 것이 나올 수 없는'(요 1:46) 낮은 자들이 사는 곳이다. 그러므로 예수님이 제자들을 갈릴리에서 만나시는 것은 이방인 선교의 의지를 재확인하는 것이며(cf. 4:15), 잠시 후에 선포하실 대사명(28:18–20)을 예비하는 일이다.

이 말씀은 예수님이 단순히 '영적으로' 부활하신 것이 아니라, '육체적으로' 부활하신 사실을 선언한다. 천국에 가야 비로소 예수님과 우리의 부활이 어떤 것인지 정확히 알게 되겠지만, 일단은 육체도 포함한다는 사실이 중요하다. 우리는 우리 몸을 등한시해서는 안 된다. 건강하고 아름답게 가꿔야 한다. 주님이 우리를 부활시키실 때 우리 몸도 사용될 것이기 때문이다.

실패는 하나님과 우리 사이를 갈라놓을 수 없다. 예수님은 제자들이 용서를 구하기 전에 먼저 그들을 용서하시고 그들을 위해 새로운 기회와 계획을 준비하셨다. '인생의 쓴맛'과 '사역의 실패'를 경험하더라도 좌절하지 말자. 예수님은 언제든 우리에게 새로운 기회를 준비해 놓고 기다리신다. 그러므로 실패로 인해 절망할 시간에 기도로 주님께 나가야 한다.

Ⅶ. 말문: 예수님의 수난과 부활과 대사명(26:6–28:20)
B. 부활(28:1–15)

3. 경비병들의 거짓 보고(28:11–15)

11 여자들이 갈 때 경비병 중 몇이 성에 들어가 모든 된 일을 대제사장들에게
알리니 12 그들이 장로들과 함께 모여 의논하고 군인들에게 돈을 많이 주며
13 이르되 너희는 말하기를 그의 제자들이 밤에 와서 우리가 잘 때에 그를 도
둑질하여 갔다 하라 14 만일 이 말이 총독에게 들리면 우리가 권하여 너희로
근심하지 않게 하리라 하니 15 군인들이 돈을 받고 가르친 대로 하였으니 이
말이 오늘날까지 유대인 가운데 두루 퍼지니라

여인들이 제자들에게 소식을 알리기 위해 급히 가는 것처럼 경비병들도 급히 대제사장들에게 가서 소식을 알렸다(11절) 여인들은 예수님이 부활하셨다는 좋은 소식을, 군인들은 지진이 일어나고 천사가 임하는 등 이상한 일이 일어나 시체가 없어졌다는 나쁜 소식을 전하기 위해서다. 같은 사건이 참으로 대조되는 상황을 만들어냈다.

군인들은 왜 총독에게 가지 않고 대제사장들을 찾아간 것일까? 만일 그들이 총독에게 가서 일이 일어난 대로 보고하면 책임을 피할 수가 없다(cf. 14절). 그러므로 그들은 대제사장들을 찾아가 방법을 강구한다. 빌라도에게는 예수님의 시체가 사라진 것이 별 이슈가 아니지만, 유대교 지도자들에게는 그들의 거짓이 드러나는 매우 중요한 이슈이기 때문이다.

군인들의 말을 들은 장로들과 대제사장들이 신속하게 모여 의논했다(12절). 악인들이 다시 한번 머리를 맞대고 있다. 그들이 예수님 시체를 지키고자 했던 계획은 수포로 돌아갔다(cf. 27:62-66). 이야기를 들어보니 군인들을 문책할 상황도 아니다. 만일 군인들이 진실을 말하면 예수님의 부활이 온 천하에 드러날 것이기 때문이다. 그러므로 그들은 오히려 경비에 실패한 군인들에게 돈을 주며 거짓말을 하게 한다.

그들이 뇌물을 주며 하라고 한 거짓말은 밤에 군인들이 잠든 사이에 예수님의 제자들이 와서 시체를 도둑질해 갔다고 하는 것이다(14절). 이 말을 논리적으로 분석해 보면 도무지 이해가 되지 않는다. 경비를 선 군인이 하나도 아닌데 모두 잠을 잤다. 게다가 잠자는 동안 제자들이 시체를 훔치는 것을 보고도 일어나 막지 않고 내버려 뒀다! 그러나 사람은 자기가 원하는 말만 듣지, 원하지 않는 말은 듣지 않기 때문에 이런 어이없는 말이 사람들에게 먹힐 것이다.

대제사장들과 장로들은 천사와 지진 등 초자연적인 현상에 대한 내용은 모두 삭제한 채 인간이 만들어낼 수 있는 인위적인 말로만 거짓말을 만들어 냈다. 만일 이들이 이 같은 초자연적인 현상과 금요일에 성전 휘장이 찢어진 것과 어둠이 온 세상을 덮은 것과 지진이 있었던 것을 하나님이 하신 일이라 인정하고 회개했더라면 얼마나 좋았을까! 이 모든 일이 하나님이 하신 일이라는 사실을 인정하지 않는 종교 지도자들은 자신들의 죄를 덮기 위해 새로운 죄를 짓고 있다. 게다가 제자들이 예수님의 시신을 훔치지 못하도록 조치했다가(27:62-66) 이제는 아예 그들이 훔쳤다고 한다! 예수님의 시신이 사라진 것을 제자들이 한 일이라며 애먼 사람들에게 뒤집어씌우고 있다.

대제사장들은 혹시 군인들이 하고 다니는 말이 총독에게 들어가게 되면 자기들이 나서서 수습해 그들에게 피해가 가지 않게 하겠다는 약속도 했다(14절). 빌라도가 군인들이 하고 다니는 말을 들으면 그들이 경비를 서다가 졸았고, 시체를 훔쳐 간 제자들을 잡지 못했다며 엄청난 문책을 받을 것이기 때문이다. 유대교 지도자들은 종교인을 떠나서 진실이나 정의에는 아예 관심이 없는 인간 말종이다.

걱정하며 대제사장들을 찾은 군인들은 돈을 두둑이 받고 안전도 보장받았다. 그러므로 그들은 종교 지도자들이 요구한 대로 떠들고 다녔으며, 그들의 말은 '오늘날'(마태가 복음서를 집필할 때)까지 유대인 사이에 두루 퍼졌다(15절). 유대인 사이에 이처럼 어이없는 거짓말이 계속 도는 것은 인간은 진실 여부에 별 관심이 없으며 자기가 듣고자 하는 말만 듣는 나쁜 습성을 지녔기 때문이다. 대제사장들이 만들어 낸 말은 지금 우리 주변에도 있다.

이 말씀은 죄는 쌓는 것이 아니며, 곧바로 회개하는 것이라고 한다. 대제사장들과 장로들은 이미 지은 죄를 회개하지 않다가 그것을 덮기 위해 더 많은 죄를 짓고 있다. 이러한 악순환은 계속 악화될 뿐 좋아지지 않는다. 반복되는 악의 고리를 끊는 유일한 방법은 회개다.

C. 대사명(28:16-20)

16 열한 제자가 갈릴리에 가서 예수께서 지시하신 산에 이르러 17 예수를 뵈
옵고 경배하나 아직도 의심하는 사람들이 있더라 18 예수께서 나아와 말씀하
여 이르시되 하늘과 땅의 모든 권세를 내게 주셨으니 19 그러므로 너희는 가
서 모든 민족을 제자로 삼아 아버지와 아들과 성령의 이름으로 세례를 베풀
고 20 내가 너희에게 분부한 모든 것을 가르쳐 지키게 하라 볼지어다 내가
세상 끝 날까지 너희와 항상 함께 있으리라 하시니라

거의 모든 학자가 이 말씀을 마태복음에서 가장 중요한 말씀으로 간주한다. 마태복음의 주요 주제들이 모두 이 말씀에 배어 있기 때문이다(Wilkins, cf. Blomberg, Carson, Hagner, Keener, Osborne). (1)예수님은 하나님의 권세를 가진 하나님의 아들이시므로 우리가 경배해야 한다(1-2장; 3:17; 4:1-11; 14:33). (2)예수님은 제자도를 통해 인종적, 성별적, 종교적 테두리를 초월해 새로운 믿음 공동체인 교회를 세우셨다(12:46-50; 16:18-19; 18:17-18). (3)예수님은 하나님이 이스라엘과 맺은 언약적 약속을 모두 이루셨으며 하나님 나라의 복음을 온 열방에 선포해 그들에게 구원을 제시하셨다(1:1; 10:5-6; 15:21-28). (4)예수님이 요구하시는 의(義)는 예수님의 가르침과 하나님의 자기 백성에 대한 뜻에 순종하는 것이다(5:20-48; 15:1-20). (5)제자들과 영원히 함께하겠다는 예수님의 약속은 그분이 임마누엘임을 통해 이루어졌다(1:23). 따라서 이 짧은 말씀은 교회의 정체성과 사역에 매우 큰 영향을 미쳤으며, 이러한 영향력은 예수님이 다시 오실 때까지 지속될 것이다.

가룟 유다가 자살했으니 열한 제자가 남았다. 그들은 예수님이 지시하신 대로 갈릴리에 있는 산으로 갔다(16절). 제자들은 겟세마네에서 예수님을 버리고 도망친 후 처음으로 모습을 보인다(cf. 26:56). 이 일은 제자들이 예루살렘과 주변에 머물며 일주일 동안 무교절을 지낸 후 있었던 일이다.

제자들은 예수님을 뵙고 경배했다(17a절). 얼마나 뵐 면목이 없었을까! 저지른 일이 있으니 그들은 한없이 죄송했을 것이다. 예수님은 그들을 용서하시고 위로하셨다. 제자들은 더 낮게 엎드려 마음을 다해 예수님을 예배했다. 그들은 이제 경배하지 않고는 예수님을 뵐 수 없게 되었다(cf. Osborne).

그러나 제자 중에 아직도 예수님의 부활을 의심하는 사람들이 있었다(16b절). 누가 의심했다는 것인가? 학자들은 이 문장을 시작하는 문구(οἱ δὲ)를 서로 다르게 해석해 (1)열한 제자 중 일부(Blomberg, Davies & Allison, France, Gundry, Hill, McNeile), (2)열한 제자 모두(Bruner, Hagner), (3)열한 제자들을 제외한 사람 중 일부(Carson, McNeile, Morris, Osborne, Wilkins)가 의심했다는 세 가지 가능성을 제시했다. 그러나 의심하는 무리에서 열한 제자들은 배제해야 한다. 예수님을 뵙고 예배한 사람들이 돌아서자마자 의심할 일은 없기 때문이다. 그러므로 세 번째 해석이 문맥에 가장 잘 어울린다.

예수님은 하나님이 하늘과 땅의 모든 권세를 그분에게 주셨다고 하신다(18절). 다니엘 7:13-14이 부분적으로 실현되고 있다. "인자 같은 이가 하늘 구름을 타고 와서 옛적부터 항상 계신 이에게 나아가 그 앞으로 인도되매 그에게 권세와 영광과 나라를 주고 모든 백성과 나라들과 다른 언어를 말하는 모든 자들이 그를 섬기게 하였으니 그의 권세는 소멸되지 아니하는 영원한 권세요 그의 나라는 멸망하지 아니할 것이니라." 제자들은 이 말씀이 종말에 모든 나라와 민족이 보는 앞에서 최종적으로 성취될 것을 소망하며 전도와 선교를 통해 성실하게 이루어 나가야 한다.

마태복음은 예수님이 다음과 같이 다양한 '권세'(ἐξουσία)를 가지셨다고 한다. 하늘과 땅의 모든 권세를 가지신 것이다. 이 권세는 하나님이 예수님에게 주신 것이며, 예수님은 제자들에게 주셨다(cf. 10:1). 교회는 제자들을 통해 이 권세를 받았다(cf. 16:16-19). 교회의 정체성과 연관된 것들이다.

예수님이 주신 권세	성경 구절
치료하는 권세	4:23-24; 9:35
가르치는 권세	7:29
명령하는 권세	8:9
귀신을 쫓는 권세	8:29-32; 12:22; 17:18
죄를 용서하는 권세	9:6, 8
하나님을 계시하는 권세	11:27
재판하는 권세	13:41
하늘의 권세	21:23-27

예수님은 제자들에게 그분이 받으신 권세를 줄 터이니, 이를 활용해 모든 민족을 제자로 삼으라고 하신다(19절). 일명 '대사명'(Great Commission)이다. 대사명은 교회의 정체성을 정의하며, 성도들에게는 삶의 방식(lifestyle)이 되어야 한다. 교회는 모든 민족을 제자로 삼기 위해 이 땅에 존재한다.

어떤 이들은 '모든 민족'(πάντα τὰ ἔθνη)이 예수님을 거부한 유대인들을 배제한다고 하지만, 신앙은 유대인들을 선교와 전도 대상에서 배제하지 않는다. '모든 민족'은 모든 이방인과 유대인을 포함하는 표현이다(Davies & Allison, Keener, Wilkins, cf. 요 3:16; 행 2:22; 13:38-39; 롬 1:16; 5:8; 엡 2:11-18). 예수님은 10장에서 제자들을 이스라엘의 잃어버린 양들에게만 보내셨는데, 이제 온 세상 모든 민족에게 보내신다.

예수님은 제자들에게 (1)가는 것, (2)제자 삼는 것, (3)세례를 베푸는 것, (4)가르치는 것 네 가지를 요구하신다. 이 중 주동사는 '제자로 삼으라'(μαθητεύσατε)는 명령문이다. 나머지 세 가지는 분사(participle)로 표현되어 있다. 문장이 이렇게 구성되어 있을 때는 분사들이 주동사인 '제자 삼으라'는 명령어 성격을 공유한다(Zerwick). 따라서 대사명은 (1)가라(πορευθέντες) (2)제자로 삼으라(μαθητεύσατε) (3)세례를 베풀어라(βαπτίζοντες) (4)가르쳐라(διδάσκοντες)라는 네 개의 명령어로 구성되었다고 할 수 있다. 이 중 가장 중요한 핵심 명령은 '제자 삼으라'이다. 교회가 이 땅에 존재하는 한 계속해야 하는 일이 바로 세상 모든 민족을 제자로 삼는 것이다(Carson).

마태복음에서 '제자가 되다'(μαθητεύω)는 이 본문을 포함해 세 차례 사용되는 동사다. 다른 두 사례는 '제자가 된'(μαθητευθεὶς, has become a disciple, 13:52), '제자가 되었던'(ἐμαθητεύθη, had become a disciple, 27:57)으로 모두 수동태로 사용된다. 마태복음에서 이 동사가 처음 두 차례는 수동태로, 마지막은 능동태로 표현이 되는 것은 마치 "너희가 제자로 세워졌으니, 이제는 가서 제자들을 세우라"라고 하는 듯하다. 하나님의 구원하시는 은혜를 경험한 사람이 세상 사람들에게 자신이 경험한 은혜를 베풀 때가 되었다는 뜻이다.

사람들은 '제자'를 교회 안에서 특별히 구분되거나, 성도 중에서 다른 사람보다 헌신도가 높은 사람을 의미하는 것으로 생각한다. 그러다 보니 '제자 훈련'(discipleship training) 같은 체계적인 훈련을 거쳐야 제자가 되는 것으로 생각한다. 매우 비(非)성경적인 생각이다. '그리스도인'과 가장 비슷한 말은 '제자'이다. 따라서 모든 그리스도인은 예수님의 제자다(Wilkins, cf. Bonhoeffer, Carter).

예수님의 제자가 되는 것은 요한의 제자들처럼 선지자인 스승을 추종하는 것이 아니다(9:14). 바리새인들의 제자들처럼 학문적인 것을 추구하는 것도 아니다(cf. 22:16). 예수님의 제자들은 주님이 선포하신 하나님 나라의 복음을 통해 영생을 얻으려고 예수님에게 온 그리스도인들이다. 또한 예수님의 제자가 되면 다른 사람의 제자가 될 수 없다. 오직 예수님의 제자로 평생 살아야 한다. 그러므로 교회에서 제자 훈련 프로그램을 통해 성도들을 예수님의 제자가 아니라 사역자들의 제자, 혹은 그들의 아바타(avatar)로 삼는 것은 심각한 범죄다.

예수님은 모든 민족을 제자로 삼는 일이 무엇을 의미하는지 세 가지로 설명하신다. 첫째, '가는 것'(πορευθέντες)이다. 그리스도인들과 교회는 세상 사람들이 찾아오기를 기다리면 안 된다. 사람들은 스스로 하나님을 찾을 생각을 하지 못한다. 그러므로 예수님이 우리에게 하신 것처럼 우리가 먼저 그들을 찾아가 손을 내밀어야 한다. 이 말을 하면서도 나는 항상 하나님께 죄송함을 느낀다. 신학교 교수로 살다 보니 의도적으로 계획하지 않는 한 믿지 않는 사람들을 만날 기회가 별로 없다. 주중에 강의실과 연구실에서 만나는 학생들은 목회자 지망생들이고, 주일에는 교회에 가서 성도들만 접한다. 방학 때는 선교지에서 신학생들과 목회자들을 만난다. 무언가 획기적인 변화가 있어야 한다는 것을 알면서도 이렇게 사는 나 자신이 한없이 부끄럽다.

둘째, '세례를 베푸는 것'(βαπτίζοντες)이다. 예수님은 그 누구에게도 세례를 주지 않으셨다. 제자들에게도 세례를 주지 않으신 것이 확실하다. 그러므로 마태복음이 지금까지 언급한 유일한 세례는 요한의 세례다(3:1-6). 예수님도 요한의 세례를 받으셨다(3:13-17). 이제 예수님은 제자들에게 그리스도인들도 세례를 줄 때가 이르렀다고 하신다. 세례는 예수님을 영접한 사람이 공개적으로 하나님의 백성이 되었음을 드러내는 신앙의 표현이다. 기독교인이 되었음을 공표하는 중요한 예식(ritual)이라 할 수 있다.

예수님은 세례를 베풀 때 아버지와 아들과 성령의 이름으로 하라고 하신다. '이름으로'(εἰς τὸ ὄνομα)는 단수로 표기되어 있다. 세 분이신 하나님의 하나 됨을 상징하며, 복음서에서 가장 확실한 삼위일체 하나님에 대한 표현이다(Wilkins). 구약은 곳곳에서 하나님의 삼위일체를 암시한다. 창세기에서만 1:26-28, 3:22, 11:7, 18장 등을 예로 들 수 있다(cf. 『엑스포지멘터리 창세기』). 삼위일체 하나님의 이름으로 세례를 베푸는 것은 하나님과 교제하며(Albright & Mann) 하나님의 다스림 아래 살게 하라는 뜻이다(Carson). 삼위일체 하나님의 이름으로 세례를 받는 사람은 하나님과 새로운 관계를 시작하는 것이다(Davies & Allison).

셋째, '가르치는 것'(διδάσκοντες)이다. 예수님께 배운 것을 새 그리스도인들에게 그대로 전수하라는 의미다(20절). 가르치는 목적은 분명하다. 배운 이들이 예수님의 말씀을 지키게 하기 위해서다. 배운 것을 머리에 새기는 것으로 끝나는 것이 아니라 마음을 다해 실천하게 하는 것을 뜻한다. 말씀을 배워 실천하는 것은 예수님이 제정하신 '새 율법'(nova lex)이다.

예수님은 제자도의 성례적인 면과 실천적인 면을 세례와 가르침으로 규형을 유지하라고 하신다(Osborne). 또한 제자도는 '가는 것'을 통해 아우트리치(outreach)하는 것이며, 배움을 통해 인리치(inreach)하는 것이다(cf. Blomberg). 외부적인 활동을 통해 전도의 열매를 맺는 것이며, 내부적인 인격 훈련을 통해 성령의 열매를 꾸준히 맺어가는 것이다.

그리스도인들은 열방을 하나님께 인도하는 제사장 역할을 해야 한다. 그러나 하나님은 시내산에 모인 이스라엘 백성에게 말씀에 대한 순종과 실천이 없이는 제사장의 나라가 될 수 없다고 하셨다. "세계가 다 내게 속하였나니 너희가 내 말을 잘 듣고 내 언약을 지키면 너희는 모든 민족 중에서 내 소유가 되겠고 너희가 내게 대하여 제사장 나라가 되며 거룩한 백성이 되리라"(출 19:5-6). 예수님도 제자의 삶에서 순종과 실천이 필수라고 하신다.

마지막으로 예수님은 세상 끝 날까지 우리와 항상 함께 계실 것이라고 하신다(20절). 마태는 임마누엘(1:23, '하나님의 우리와 함께하신다')로 시작한 책을 예수님의 편재(omnipresence)에 대한 이 말씀으로 마무리한다. 또한 예수님은 언제든지 그리스도인들이 모이면 그들 중에 계실 것이라고 하셨다(18:20). 편재는 하나님의 고유한 성품이다. 그러므로 편재는 예수님이 하나님이심을 뜻한다.

마태복음 전체가 대사명으로 끝나고 있다. 또한 대사명은 예수님이 남기신 마지막 말씀이다. 주님이 다시 오실 때까지 교회와 그리스도인들은 이 말씀을 실현하는 삶을 살아야 한다. 우리는 예수님이 주신 대사명의 역사를 써 내려가고 있다. 성실하고 신실하게 이 역사의 한 장을 장식하면 좋겠다.